U0536221

林芝巴宜年鉴

ཉིང་ཁྲི་བྲག་ཡིབ་ཀྱི་ལོ་རེམ་མེ་ལོང་།

2020

林芝市巴宜区地方志办公室　编

中国书籍出版社
China Book Press

图书在版编目（CIP）数据

林芝巴宜年鉴.2020 / 林芝市巴宜区地方志办公室
编.–– 北京：中国书籍出版社，2021.1

ISBN 978-7-5068-8349-8

Ⅰ.①林… Ⅱ.①林… Ⅲ.①区（城市）– 林芝地区 –
2020 – 年鉴 Ⅳ.①Z527.52

中国版本图书馆CIP数据核字（2021）第027633号

林芝巴宜年鉴·2020

林芝市巴宜区地方志办公室　编

责任编辑　李　新
责任印制　孙马飞　马　芝
装帧设计　品汉文化
出版发行　中国书籍出版社
地　　址　北京市丰台区三路居路97号（邮编：100073）
电　　话　（010）52257143（总编室）　　（010）52257140（发行部）
电子邮箱　eo@chinabp.com.cn
经　　销　全国新华书店
印　　刷　河南金雅昌文化传媒有限公司
开　　本　889毫米×1194毫米　1/16
字　　数　575千字
印　　张　21.25
版　　次　2022年1月第1版
印　　次　2022年1月第1次印刷
书　　号　ISBN 978-7-5068-8349-8
定　　价　350.00元

数字林芝巴宜

2019

土地面积：85.58万公顷

年末常住人口：65805人

地区生产总值：84.59亿元

第一产业：1.65亿元

第二产业：28.95亿元

第三产业：53.99亿元

全社会固定资产投资增长：1.9%

全社会消费品零售总额：31.15亿元

地方公共财政预算收入：2.3亿元

工业增加值：6.36亿元

招商引资到位资金：6.05亿元

农村居民人均可支配收入：20029元

城镇居民人均可支配收入：33041元

领导关怀

　　2019年7月14日，原国务委员、第十一届全国人大常委会副委员长、中国老科学技术工作者协会会长陈至立（前中）一行在鲁朗镇调研旅游产业发展情况

　　2019年2月24日，中宣部副部长蒋建国（左四）一行在西藏自治区党委常委、宣传部部长边巴扎西（右三），自治区人大常委会副主任、林芝市委书记马升昌（右一）等领导的陪同下与巴宜区干部群众座谈交流并合影留念

2019年11月11日，中央扫黑除恶第13督导组组长朱维群（前排右二）一行在巴宜区鲁朗镇对扫黑除恶专项斗争总体情况及整改落实情况进行"回头看"督导调研。西藏自治区党委常委、政法委书记何文浩（右一），巴宜区委书记米次（前排左一）等陪同

2019年6月17日，国务院扶贫办党组书记、主任刘永富（前排右四）在巴宜区嘎拉村出席西藏自治区深度贫困地区脱贫攻坚现场推进暨深化对口援藏扶贫工作现场会，图为刘永富在巴宜区林芝镇嘎拉村现场听取党建促脱贫工作汇报，西藏自治区党委副书记、人大常委会主任洛桑江村（前排右三），自治区党委副书记、自治区政府主席齐扎拉（前排右二），自治区党委常委、区政府常务副主席罗布顿珠（前排右五），自治区人大常委会副主任、林芝市委书记马升昌（前排右一）等领导参加活动

2019年7月14日，西藏自治区党委书记吴英杰（前排右二）在巴宜区百巴镇调研"三岩片区"工作进展情况，图为与基层干部、当地群众面对面交流，听取关于脱贫攻坚、易地搬迁等工作的意见建议

2019年3月7日，西藏自治区党委常委、组织部部长陈永奇（中）一行在巴宜区工布商业城警务站看望慰问值班民警，并对警务站值班备勤、便民服务、社会面防控等工作进行调研

2019年6月16日，西藏自治区人大常委会副主任李文汉（前右二）带队自治区人大调研组在巴宜区视察"基本解决执行难"和公益诉讼工作

2019年7月11日，西藏自治区人大常委会副主任纪国刚（右三）一行在巴宜区八一镇小学就《中华人民共和国预防未成年人犯罪法》和《西藏自治区实施中华人民共和国预防未成年人犯罪法办法》贯彻落实情况进行检查

2019年8月28日，西藏自治区人大常委会副主任、林芝市委书记马升昌（左二）在巴宜区公安局检查指导新中国成立70周年大庆安保相关工作

2019年9月24日，林芝市委副书记、政府市长旺堆（右三）一行在巴宜区国安指挥部检查指导维稳工作。巴宜区委书记米次（右二）等陪同

　　2019年7月4日，林芝市委副书记、政府常务副市长、广东省第九批援藏工作队领队刘光明（前排右三）一行在巴宜区人民医院调研在建项目进展情况。巴宜区委副书记、政府区长严世钦（前排右一）等陪同

2019年3月14日，林芝市委副书记谢英（左一）在巴宜区调研扫黑除恶专项斗争宣传工作

2019年4月1日，西藏自治区高级人民法院党组成员、副院长郝银钟（左三）在巴宜区人民法院参加诉调中心揭牌仪式

2019年6月4日，林芝市委常委、组织部部长刘业强（前）在八一镇唐地村调研基层党建工作

重要活动

2019年5月27日，巴宜区委书记米次（左二）在区公安局督导检查扫黑除恶专项斗争工作

2019年9月30日，巴宜区委副书记、政府区长严世钦（右一）一行在八一镇卫生院调研指导工作

2019年1月16日，巴宜区召开创先争优强基础惠民生活动第八批驻村工作部署大会

2019年1月23日，巴宜区第二届人民代表大会第三次会议召开第一次全体代表大会，会议应到代表103名，实到代表72名，因事、因病请假31名，出席人数符合法定人数

2019年1月25日，林芝市春节、藏历土猪新年《双节同庆 幸福林芝》电视综艺晚会精彩上演，来自巴宜区民间艺术团的18名演员在此次晚会中展示了精湛的舞蹈技艺和艺术综合素质

2019年3月14日， 由中共巴宜区委员会、巴宜区人民政府主办，巴宜区委政法委、文旅局承办的以"幸福不忘共产党，阳光路上梦启航"为主题的纪念西藏民主改革60周年专场文艺演出在厦门广场举行

2019年3月27日，巴宜区召开三级医院对口帮扶工作座谈会

2019年5月4日，巴宜区艺术团在喇嘛岭寺开展文艺演出活动，图为演出结束后演职人员同寺庙僧尼及活动组织人员合影留念

2019年6月19日，为庆祝新中国成立70周年、纪念西藏民主改革60周年，充分展现党的十八大以来以习近平同志为核心的党中央治边稳藏重要论述在西藏的成功实践和丰硕成果，由西藏自治区党委宣传部、区文化厅等单位主办的主题文艺《共产党来了苦变甜》巡演组在巴宜区进行首场演出

2019年7月5日，巴宜区召开自治区"时代楷模"索朗朗杰同志先进事迹报告会，追思追忆追记原巴宜区中学原党总支书记索朗朗杰先进事迹

2019年7月20日，为深入贯彻落实巴宜区第二十四个党风廉政建设"宣教月"活动，共同营造风清气正、廉洁从政的工作氛围，由巴宜区纪委监委主办，巴宜区教育体育局、巴宜区中学承办的巴宜区首届"清莲杯"八人制足球赛在巴宜区中学足球场开幕

2019年7月29日，在林芝市2019年度"军事日"活动中，巴宜区应急连民兵表演盾棍术

2019年7月31日，八一镇巴吉村世界柏树王园林景区一棵树龄3200多年的巨柏"拉辛秀巴"被世界纪录（WRCA）认证为"世界树龄最长的巨柏"，WRCA代表现场宣布了认证结果，并向巴宜区颁发了认证证书，区委常委、政府副区长吴永帅参加活动

2019年9月5日，巴宜区退休老干部在"三岩"搬迁点开展政策宣讲暨文艺演出活动

　　2019年9月10日，巴宜区召开庆祝全国第35个教师节文艺会演暨表彰大会，区教育局、区中小学、幼儿园教职工及学生和家长代表共480余人参加会议。图为区委书记米次（二排右九），区委副书记、政府区长严世钦（二排右八）等领导与获奖单位与个人代表合影留念

　　2019年9月30日，由巴宜区委、区政府主办，区委宣传部、林芝市森林消防支队、巴宜区新时代文明实践中心承办，区文化和旅游局协办的庆祝中华人民共和国成立70周年文艺晚会《我和我的祖国》，在巴宜区东莞文化活动中心举行

2019年10月13日，巴宜区委"不忘初心、牢记使命"主题教育离退休老干部洛桑顿珠讲授"新旧西藏对比"专题党课

2019年10月14日， 为进一步教育广大党员干部不忘初心、牢记使命，筑牢拒腐防变的思想道德防线，巴宜区组织在岗县处级党员干部、部分单位党组书记共30余人，在林芝市党风廉政建设警示教育基地接受学习教育

2019年10月28日，巴宜区赴厦门疗养退休老干部在英雄三岛开展重温入党誓词活动后合影留念

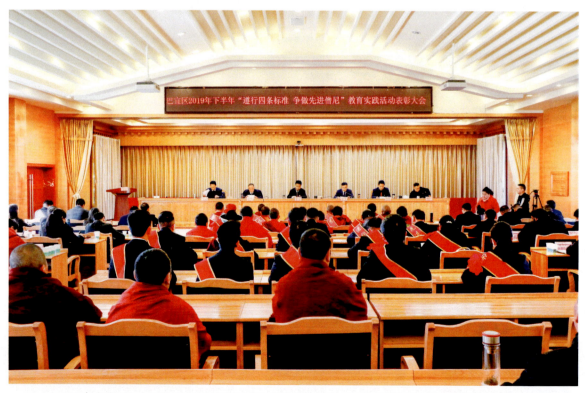

2019年10月30日，巴宜区召开2019年下半年"遵行四条标准，争做先进僧尼"教育实践活动表彰大会

2019年11月20日，有着"户户党员村"的米瑞乡色果拉村成立了巴宜区第一支村级文艺演出队

2019年11月26日，巴宜区举办"初心使命齐担当 民族团结熠生辉"主题演讲比赛活动

2019年11月26日，林芝森林消防中队参加林芝市处置森林火灾综合应急演练活动

2019年12月21日，2019年中国体操节在山东日照开幕，由巴宜区文旅局选派艺术团的17名演员代表西藏参加2019年"舞动中国"全国排舞锦标赛。经过激烈的角逐，选报的《幸福拉萨》和《健康西藏动起来》2个曲目，以最高分荣获两个组别一等奖。图为演出结束后艺术团演职人员合影留念

旅游胜地

巴宜新城

鲁朗雪景

鲁朗扎西岗村遥看工布拉尊

鲁朗小镇篝火晚会

鲁朗小镇扎塘鲁措湖畔

美丽拉丁嘎

秋染巴宜

鲁朗扎西岗村田园景色

编辑说明

一、《林芝巴宜年鉴》2016年开始编纂，每年出版1卷，2020年卷为第5卷。

二、《林芝巴宜年鉴》以马克思列宁主义、毛泽东思想、邓小平理论、"三个代表"重要思想、科学发展观、习近平新时代中国特色社会主义思想为指导，坚持辩证唯物主义和历史唯物主义的立场、观点、方法，始终坚持"实事求是、质量第一、存史资政、服务大众"的办鉴宗旨，全面、系统、翔实地记述巴宜区上一年度政治、经济、文化、社会等各项事业的基本情况，为社会各界与国内外人士了解和研究当今巴宜区提供翔实资料。

三、《林芝巴宜年鉴》正文采取分类编辑法，以类目、分目、条目为主要框架结构，个别包含多方面资料的条目，则在段落间加插楷体标题提示，方便读者查阅全书。

四、《林芝巴宜年鉴·2020》载录巴宜区2019年经济社会发展的基本资料，设有特载、综述、大事记、政治、军事、法治、群众团体、经济·社会事业、乡镇·概况、附录等内容。

五、《林芝巴宜年鉴》的编辑宗旨，在于求真务实，力求真实生动地反映林芝巴宜区在改革开放和现代化建设中取得的崭新成就。

六、《林芝巴宜年鉴》所提供的内容和数据，分别来自于林芝巴宜区各有关部门和乡（镇）人民政府，但由于口径与统计方法不同，恐有不一致之处，使用时应以区统计局提供的数据为准。本书中农田土地面积的计量单位使用"亩"。

目　录

政　治

军　事

法　治

乡镇·街道

附　录

索　引

特　载

中共林芝市巴宜区委员会二届四次 全委会工作报告

巴宜区委书记　米　次

（2020 年 3 月 31 日）

　　2019 年是新中国成立 70 周年，是西藏民主改革 60 周年，也是新时代巴宜各项事业取得更大收获的一年。在自治区党委、林芝市委坚强领导下，区委常委会高举习近平新时代中国特色社会主义思想伟大旗帜，全面贯彻党的十九大和十九届二中、三中、四中全会精神，坚持稳中求进工作总基调，认真履行把方向、管大局、作决策、保落实职责，持续实施"2156"发展思路，团结带领全区干部群众锐意进取、苦干实干，确保党中央、自治区党委、林芝市委决策部署在巴宜全面正确有效贯彻落实，不断拓展党的建设和党的事业新局面。

　　一年来，党的建设在严实中全面加强。按照市委"135"基层党建工作思路，以宣传索朗朗杰同志先进事迹为抓手，扎实推进"不忘初心、牢记使命"主题教育，大力推行商圈党建，加大基层组织建设力度，党的执政基础不断夯实。突出以"鼓励激励、能上能下、容错纠错"为导向的制度建设。坚持"有案必查、有腐必惩",严格落实"一案双查"制度,接受举报问题线索 85 件,党纪政纪处分 10 人。

一年来,常委班子在改革中奋进发展。区委常委会坚持以政治建设为统领,不断加强自身建设。牢固树立"四个意识",严守政治纪律和政治规矩,自觉与以习近平同志为核心的党中央保持高度一致,把"两个维护"落实到具体工作中。注重理论学习,坚持学以致用。严格执行民主集中制,确保班子团结坚强有力。严肃党内政治生活,召开高质量"不忘初心、牢记使命"主题教育专题民主生活会,认真开展批评与自我批评。带头坚持求真务实,坚决纠治形式主义、官僚主义突出问题,带头落实中央八项规定及其实施细则精神,树立良好家风,为全区各级领导干部作出表率。带头弘扬斗争精神、增强斗争本领,妥善应对各类风险挑战,做到守土有责、守土负责、守土尽责。

一年来,特色产业在壮大中不断提质。以生态旅游业为核心,统筹其他产业,积极推进资源整合、培育产业集群、延伸产业链条,不断拓宽群众增收渠道。2019 年农牧民人均可支配收入达 2 万余元,在全自治区 74 个县中排名第二,增速排名第五十四。生态旅游业提质增效,积极推动 A 级景区集群创建提升,卡定沟景区顺利通过 4A 级创建,工布原乡景区、多布湖景区、东阳光景区总体规划已编制完成,被评为全国"最美全域旅游取景地"。特色农牧业稳步发展,围绕"一带一园六基地"总体规划,建成水果基地 1.8 万亩、蔬菜基地 9600 亩,现存栏藏猪 1.5 万余头、商品鸡 15.68 万余羽。被认定为首批国家产业融合发展示范园。现代服务业生机勃发,投资 2.72 亿元的巴宜区建筑构件产业园建设完成 50%,投资 2.4 亿元的更章现代农业产业园建设完成 41%,投资 2.37 亿元的巴吉村物流园一期已完成建设。

一年来,民生事业在发展中有效改善。总投资达 10.37 亿元的 76 个产业扶贫项目扎实推进,"两不愁、三保障"基础不断夯实,贫困群众人均可支配收入达 1.2 万余元,建档立卡户实现动态清零。着力提升教育品质,落实教育资金 5898 万元,教育设施得到进一步完善,控辍保学稳步推进,全区中小学入学率、巩固率均达到 100%。多渠道开发就业岗位 535 个,全区转移就业 8119 人次,实现增收 4000 余万元。国家级慢性病示范区创建成功,投资 1.7 亿元的区人民医院项目基本完工,"二级乙等"医院创建完成终评,医疗基础条件不断稳固。统筹城乡社会救助体系,完善最低生活保障制度,基本养老和医疗保险制度基本建立。

一年来,生态环境在监管中持续优化。深入开展国土绿化行动,以国家森林城市创建为载体,构建了森防高空云台热成像监控系统。农村建设用地增减挂钩试点工作扎实推进,第三次国土调查通过国家验收。组织实施了国土"打非治违"专项整治行动,拆除林芝镇康扎村违法建筑 102 处,全区累计拆除违建 11 万平方米。开展环境质量监测,我区水、大气、土壤达标率 100%,在国家重点生态功能区环境质量检测中,巴宜区成为全自治区唯一一个环境总体"轻微变好"县区。

一年来,民族团结在共建中持续巩固。广泛开展民族团结进步创建活动,大力促进各民族交往交流交融;援藏工作力度不断加大,巴宜区第九批援藏工作组,坚持以民生援藏为龙头,产业援藏和智力援藏为两翼的总体思路,拟定三年计划,全面启动了投资 4000 万元的 8 个小康示范村项目,争取计划外资金 540 万元,推进受援地"造血"功能提升;全面落实《宗教事务条例》,依法管理宗教事务,持续推进"遵行四条标准,争做先进僧尼"教育实践活动,旗帜鲜明地消除宗教消极影响;深化和巩固寺庙"六建""六个一"活动成果,民族团结进一步增强,2019 年区委获得"全国民族团结进步模范集体"荣誉称号。

一年来,社会局势在坚守中持续稳定。全面贯彻落实自治区党委"十项维稳措施",充分发挥护城河、防火墙作用,形成了以人防为重点、技防、物防为辅助的乡村治安防控网。扎实推进国防动员和后备力量建设,有重点、分批次推进乡镇"青年民兵之家"建设。积极开展矛盾纠纷排查调处工作,排查各类矛盾纠纷 964 起,已解决 926 起,正在调处 38 起。突出打好防范化解重大风险攻坚战,深入推进"扫黑除恶"专项整治及回头看工作，共收集线索99条，办结88条，办结率88.9%。

以上工作的开展和成绩的取得，根本在于习近平新时代中国特色社会主义思想的科学指引，离不开自治区党委、林芝市委的坚强领导，离不开东莞市的无私援助，离不开全区上下齐心协力、奋力拼搏，也离不开全委会同志们对区委常委会工作的充分信任、大力支持。在此我代表区委常委会，向各位委员，向奋战在各条战线的全体党员干部表示衷心感谢，并致以崇高敬意！

虽然我们的工作取得了一些成绩，但也要清醒地认识到，巴宜区的发展还面临诸多困难和问题，工作中还存在不少差距和不足。主要是多元支撑的产业结构尚未形成，实现高质量发展任重道远；部分脱贫产业稳定性不足，巩固提升脱贫成效措施需进一步强化；群众的长效增收机制构建还需进一步加强；全区总体上担当作为的大环境已经形成，但是部分领导和干部工作不担当、不作为、慢作为，作风建设成果需进一步巩固，对这些问题和差距，区委常委会将高度重视，认真研究解决。

同志们，在年初的区委经济工作会议上，我们已经对全年的工作目标任务进行了全面的安排部署，但是在这次新冠疫情的影响下，第一季度我们各项工作任务推进缓慢，目前疫情影响正在逐步降低，希望大家按照既定目标加大工作任务推进力度。下面，就抓好工作任务落实，我再强调几点。

第一点，就是要着眼全面从严，夯实执政基础。始终把党的政治建设摆在首位，以习近平新时代中国特色社会主义思想为指导，深入贯彻落实十九届四中全会部署要求，探索构建践行初心使命长效机制。一要加强组织提升，推进打造一批基层党建示范点，组织实施"基层党建提升年"活动，以提升组织力为重点，充分发挥基层党组织作用，调动农牧民群众主观能动性，引导群众破除迷信，崇尚科学。各级党组织在全市行业系统走在前列，以有特色、有亮点、有实效为目标，突出责任、纪律、人才培养等管理措施，加强领导班子和干部队伍建设，大力引进和培养各类紧缺创新人才。二要深化作风建设，严格执行中央八项规定及其实施细则，紧盯"四

风"问题，持之以恒正风肃纪，树立正确导向，加强对干部的全方位管理。三要突出标本兼治，深化运用监督执纪"四种形态"，充分发挥巡察"利剑"作用，加快推进基层巡察全覆盖，充分发挥震慑作用。

第二点，就是要着眼脱贫巩固，确保全面小康。聚焦脱贫攻坚巩固提升，严格落实"四个不摘"的政治要求，保持脱贫攻坚政策总体稳定。仅2019年区委常委会就有13次研究扶贫工作，近期区委也将专题研究脱贫攻坚，推动工作落实。接下来一要持续精准施策，紧扣"两不愁三保障"，围绕"两不愁三保障"，在"智志"双扶上下功夫，摸清重点巩固对象发展需求，为脱贫户量身定做巩固提升措施，补齐工作短板。二要健全完善机制，建立脱贫成效监测和返贫预警机制，持续加强对贫困群众动态管理，制定解决相对贫困长效机制措施，防止边缘户致贫、脱贫户返贫。三要做好"三岩"搬迁，请区三岩办加快各搬迁安置点产业项目推进力度，全力做好后续各项安置工作，以"四讲四爱"、法律"七进"为载体，采取政策入户、新旧对比、联谊活动等方式，加大宣传力度，做好群众思想引导。四要严格开展普查，梳理开展脱贫攻坚以来，专项巡视、成效考核、日常巡查等发现的普遍性问题，找差距、查问题、强整改，确保群众满意，确保脱贫攻坚成果经得起历史和人民检验。

第三点，就是要着眼特色产业，推进提质增效。按照市委经济工作会议上马升昌书记指示"巴宜区作为市委、市政府驻地，要立足人口较为集中、产业较为集聚、发展基础较好这一最大特点，加快发展壮大产业园区，走优先发展路子"，我们要把握这一工作重点，创新性地贯彻好上级决策部署，创造性地解决困难和问题。一要加快全域旅游步伐，打造一批知名旅游景区和精品旅游线路，全力提升尼洋景观体验游、生态文明游、民族特色游能级，稳步开发商务休闲、健康养老等高端旅游产品。二要狠抓现代农业发展，大力发展园林农业和休闲观光体验农业，做大做强龙头企业，培育新型农业经营主体，抓好农产品精深加工企业发展，扎实推进米瑞蔬菜基地建设，着力打造一批集约化、特色化的现代农业园区。三要推动现代服务业提档，强化藏东南物

流集散中心地位,扎实推进巴吉物流园区二期建设,构建永久市场产业规划,聚焦商贸物流、电子商务、文化旅游等重点领域,推动催生现代服务业新业态。

第四点,就是要着眼乡村振兴,打造巴宜样板。突出地域特色,一要大力发展乡村旅游、观光农业、建筑建材等产业,做精做大"农家乐""林家乐"等品牌,培育农牧区发展新动能,稳步壮大村集体经济。二要突出抓好人居环境整治,推进村容村貌治理和垃圾污水处理,补齐入户道路硬化、卫生厕所改造、污水管网建设基础设施短板。三要全力实施村级组织活动场所标准化全覆盖,广泛开展农牧民基层民主法治示范村镇、平安村镇、文明村镇创建活动。同时,利用村级组织活动阵地宣传好党的方针政策,引导群众增收致富。四要持续挖掘文化遗产资源,积极培育民间文化力量,繁荣丰富乡村文化活动,做好文化资源保护传承、挖掘开发、宣传推介。

第五点,就是要着眼共享共建,增进民生福祉。一要积极促进就业创业,着力抓好创业服务扶持和群众就业工作,持续提升农牧民实用技术技能培训,动态消除城镇家庭"零就业"。二要全面发展教育事业,全面推进中小学标准化建设和巴宜区中学综合提升工程,整合资金、分类实施,提升基础设施功能,不断补齐偏远乡镇教育教学短板。强化师资队伍建设,加大紧缺型教育人才培养和引进,加强教育软件方面力度,提升教育综合实力。三要着力打造健康巴宜,持续加大基层医疗投入力度,加快人民医院后续建设,统筹做好藏医院规范化建设,不断改善乡村基础设施条件,持续巩固提升医疗服务水平。四要不断优化社保体系,深入推进全民参保计划,建立健全城乡低保、临时救助、抚恤优待等社会保障体系和社会救助体系。

第六点,就是要着眼绿色发展,筑牢生态高地。以创建森林城市为抓手,制定出台总体规划,着力构建绿色生态屏障。一要推进国土绿化工程,加大城镇绿化力度,抓好单位院落、主干道、乡村的绿化美化工作,扶持发展庭院经济。二要建设绿色生态走廊,落实河湖长制,推进生态安全屏障防护林、重点区域生态公益林建设。三要优化自然生态空间,建立统一高效的以国家公园为主体的保护区管理体制机制。四要强化生态环境监管,健全覆盖所有资源环境要素的监测网络体系,以"零容忍"态度依法查处环境违法行为。

第七点,就是要着眼综合治理,促进社会和谐。一要全力促进社会和谐稳定,严格落实自治区党委"十项维稳措施",突出防范重大风险,注重化解信访矛盾,继续深入推进"扫黑除恶"专项斗争,深入开展"先进双联户"创建评选活动,积极构建群防群治维稳格局。二要重点抓好民族宗教工作,以"四讲四爱"教育实践活动和"遵行四条标准 争做先进僧尼"为载体,深入开展反分裂斗争教育,严格落实党的宗教工作方针,依法加强对宗教事务的管理。同时,进一步巩固民族团结示范创建成果,增强"五个认同",深化民族团结进步教育,铸牢中华民族共同体意识,加强各民族交往交流交融,不断促进各民族像石榴籽一样紧紧抱在一起。四要扎实推动法治巴宜建设,稳妥推进司法体制改革,增强树立领导干部法治理念,扎实推进法律"八进",加强法律文本翻译宣传工作,引导各族群众全面增强法治观念,提高依法治区工作水平。

同志们,船到中流浪更急,人到半山路更陡。让我们紧密团结在以习近平同志为核心的党中央周围,在自治区党委、林芝市委的坚强领导下,凝心聚力、提神振气,不忘初心、牢记使命,继续前进,为巴宜区长足发展和长治久安而努力奋斗!

林芝市巴宜区人民代表大会常务委员会
工作报告

——在林芝市巴宜区第二届人民代表大会第四次会议上

巴宜区委副书记、人大常委会主任人选 荆 涛
（2019 年 12 月 27 日）

2019 年主要工作回顾

一年来，巴宜区人大常委会始终高举习近平新时代中国特色社会主义思想伟大旗帜，全面学习贯彻落实党的十九大和十九届三中、四中全会精神，深入学习贯彻落实习近平总书记关于坚持和完善人民代表大会制度的重要思想，在区委的正确领导和市人大的悉心指导下，紧扣区委中心工作，扎实履行人大职责，不忘初心、牢记使命、开拓创新、奋发进取，为推进巴宜区长足发展和长治久安提供了坚强的民主法治保障。

一、围绕中心，服务大局，旗帜鲜明讲政治

区人大常委会坚持以政治建设为统领，坚定理想信念，坚定政治信仰，始终在政治立场、政治原

则、政治方向、政治道路上同以习近平同志为核心的党中央保持高度一致，始终把坚持党的领导作为人大工作不可动摇的生命线，立足于区委"2156"总体思路，助推改革发展稳定大局，确保围绕中心不偏、服务大局有力。

（一）加强理论学习，坚定理想信念。人大常委会班子坚持把加强理论学习作为提升政治能力、坚定理想信念的根本途径，积极参加区委理论中心组集体学习 19 次，召开人大常委会党组集体学习会 14 次。始终把学深悟透、学懂弄通习近平新时代中国特色社会主义思想作为政治任务，深入学习习近平关于坚持和完善人民代表大会制度的重要思想、习近平对地方人大常委会工作的重要指示批示精神和习近平关于治边稳藏的重要论述，系统学

习栗战书委员长在纪念地方人大设立常委会40周年座谈会上的讲话精神、认真学习区党委吴英杰书记、洛桑江村主任、市委马升昌书记、区委米次书记关于人大工作的各项指示批示精神，跟进学习党的十九届四中全会精神，反复研读党章党规，全面重温党史、新中国史和西藏革命建设史。通过全面系统学、及时跟进学、深入思考学、联系实际学，进一步解决本领恐慌，提升思想境界和工作能力。

（二）把牢政治方向，做到"两个维护"。人大常委会始终牢固树立"四个意识"、坚定"四个自信"，做到在思想上拥戴核心、政治上维护核心、行动上紧跟核心。一是教育引导人大机关党员干部不断强化核心意识、领袖意识，坚决维护习近平总书记党中央的核心、全党的核心地位，维护党中央权威和集中统一领导。二是坚定不移地拥护党的领导，坚持和贯彻落实党的治藏方略，坚决维护祖国统一和民族团结，自觉与十四世达赖集团划清界限，坚决反对分裂，在大是大非面前始终保持坚定的政治立场。三是认真贯彻落实党的路线方针政策，有目标、有抓手、有步骤地推动党的重要决策部署和区委的要求落实落地，用做好全区人大工作的实际行动诠释对党的绝对忠诚。

（三）坚持党的领导，紧跟区委步伐。党政军民学，东西南北中，党是领导一切的。人大常委会党组牢固树立全区一盘棋思想，坚持在区委的领导下思考、谋划和推进人大工作。一是坚持人大常委会党组向区委请示报告制度。切实做到重大事项事先请示、重大问题事先报告、重要工作实时汇报、主要情况及时提供、疑难问题善于建议。二是坚定不移贯彻落实反分裂、保稳定的方针政策。严格贯彻落实区委决策部署，坚决服从全区维稳工作大局，在重要敏感时间节点，人大常委会党组5名县级领导深入各自包片的乡镇、街道，扎实开展重点地区、重点寺庙维稳督导工作。三是紧紧围绕全区工作大局，制定了党组及常委会年度工作要点和代表工作、执法、监督等工作计划。第一时间传达落实区委和市人大有关精神，研究部署贯彻落实意见。

二、立足用权，着眼尽责，凝心聚力促发展

人大常委会党组紧紧围绕区委中心工作，从改革发展需要、人民群众期盼出发，依法履行人大法定职责，选准抓实议题，增强履职实效，切实为全区经济社会发展做出积极贡献。

（一）围绕党委意图和人民意愿，依法行使好人事任免权。坚持党管干部与人大依法任免相统一的原则，开展了依法任免国家机关工作人员和补选部分人大代表的工作。今年以来，依法任免"一府一委两院"干部54人、人民陪审员91人；接受代表辞职8人，补选代表14人，对1名涉嫌违法的代表作出采取强制措施许可的决定；组织召开人大例会表决通过人大财经委主任委员1人，补选常委会委员7人。

（二）围绕经济发展，依法行使好重大事项决定权。组织召开人大年度例会，审议批准"一府两院"工作报告，审查批准计划、预算报告；全年累计召开常委会会议9次，先后听取区政府落实中央第三巡视组脱贫攻坚反馈意见的专项报告、相关部门落实述职评议反馈意见的情况报告、扫黑除恶打非治乱专项斗争视察报告，审查批准区政府财政预算安排、财政预算调整方案、上半年财政预算执行情况报告、上半年国民经济和社会发展计划执行情况报告、鲁朗林海景区总规，提出10条审议和审查意见，及时转交区政府研究处理，确保区委重大决策部署得到全面贯彻落实；认真做好规范性文件的报备、登记、存档工作，对区人民政府报送的3件规范性文件及时进行初步审核和备案登记。

（三）围绕重点工作，依法行使好监督权。以实地调研和视察、听取专题报告、代表专题询问、满意度测评和督促整改等多种方式，围绕城乡建设、教育发展、巩固提升脱贫攻坚成果和扶贫产业建设、人大代表依法履职等情况进行监督，形成了专项视察报告并提出6条意见建议交区政府研究处理。精心组织了对区人民法院等3个部门和4名人大选举、任命干部的工作评议，收集常委会委员和代表所提建议29条，有效督促被评单位和个人以评促改、主动整改、履行职责，进一步强化了部门和干部监督。

（四）围绕社会热点，依法开展好立法调研和执法检查工作。组织市区乡三级人大代表以实地察看、听取汇报和督促整改等方式,开展执法检查10次。对我区贯彻落实《水污染防治法》《工会法》《预防未成年人犯罪法》等"一法一办法"情况开展了执法检查。同时,配合自治区人大开展2019年中华环保世纪行——西藏行活动、全区检察机关公益诉讼和人民法院"基本解决执行难"工作情况专题调研,督促了"一府两院"严格履行法定职责,保证法律法规有效实施,维护了法律权威。

三、聚焦主责,突出主业,服务代表有实效

始终支持和保障代表依法履职,充分发挥代表在反映人民意志、服务科学发展中的积极作用,不断提高代表工作实效。

(一)完善学习制度,提高代表履职能力。一是举办讲座领着学。举办了2019年度人大业务培训班,邀请自治区人大财经委和市委党校老师为部分区级人大代表和区人大"一室三委"、乡镇、街道人大工作者进行专题授课,并以调研、视察、执法检查等方式对人大代表进行实地培训;今年以来,组织各乡镇人大开展了"学习、研究、宣传、贯彻习近平关于坚持和完善人民代表大会制度的重要思想"专题活动和以《宪法》《组织法》《选举法》等相关法规为主要内容的学习培训。二是组织交流互相学。鼓励和支持乡镇人大干部和代表赴区内外学习考察,今年来,八一镇、布久乡、鲁朗镇人大代表共计3批次30余人次赴拉萨市、山南市、日喀则市各县区和林芝市其他兄弟县区开展学习考察。同时,我们还接待了新西兰中国统一促进会、新西兰浙江嘉兴联谊会、澳门全国人大代表、贵州省人大、内蒙古阿拉善盟、安徽省肥东县、察隅县竹瓦根镇等22批次区内外人大考察交流团来访。通过互鉴互学,代表们进一步开阔了视野,提高了履职水平。

(二)改善履职条件,丰富代表履职方式。充分利用人大代表密切联系群众的优势,坚持邀请代表列席常委会会议和专题评议会议,扩大代表在专题调研、视察调研和执法检查中的参与度,拓宽代表知情知政的渠道,增强代表的参政议政能力。今年来,组织区、乡两级人大代表共36人次参加专题调研、综合视察和执法检查,形成调研视察报告11篇,提出意见建议54条,供区委、区政府决策参考。

(三)加大交办力度,重视代表建议督办。区二届人大三次会议后及时将受理的人大代表所提的23条建议、意见和批评进行分类和梳理并转交区人民政府研究处理。7月底,及时召开意见建议督办会,在听取建议办理落实情况的基础上,现场对接领衔代表,督促办理单位高质量、高效率办好办实代表意见建议,积极回应人民群众期盼。

(四)加强阵地建设,打造代表履职平台。不断创新工作载体,着力在加强阵地建设、构建代表履职平台上下功夫,努力将"人大代表之家"和代表联络站建成学习培训之家、服务群众之家、履职交流之家、帮扶解困之家和规范活动之家,为代表履职提供坚实平台;投入资金30万积极打造白玛岗街道"人大代表之家";在林芝镇试点建成真巴、曲古两个村级代表联络站;百巴镇色贡村人大代表联络站发挥"红色喇叭"作用,积极向农牧民群众宣讲党的十九届四中全会精神,宣传党的路线方针政策,宣传法律法规,化解矛盾纠纷。

四、坚持标准,内外兼修,自身建设树标杆

主动适应新形势、新任务的要求,坚持开展党风廉政、党的政治纪律和政治规矩教育,自身建设明显强化。

(一)积极发挥"头雁"效应,带领机关党支部共创共建。一是人大常委会带头全面落实从严治党主体责任,立足实际,不断加强党的政治建设,为推进新时代长足发展和长治久安提供良好作风保障;二是带头严格控制会议数量规模,提倡务实高效文风会风,不断改进提升调查研究,以良好作风赢得民心;三是带头改进学风,用心学习领会习近平新时代中国特色社会主义思想和党的十九届四中全会精神,确保学出忠诚、学出信仰、学出担当、学出本领、学出责任、学出干劲、学出廉洁。充分发挥了在常委会工作中把方向、谋大局、定政策、促改革的作用。

(二)积极参加第二批"不忘初心、牢记使命"主题教育。人大常委会班子和成员坚持把学习教育、调查研究、检视问题、整改落实贯穿主题教育始终,紧扣学习贯彻习近平新时代中国特色社会主义思想这一主线,聚焦"不忘初心、牢记使命"这一主题,突出力戒形式主义、官僚主义和着力减轻基层负担这一重要内容,精心组织集体学习14次、召开专题研讨会10次,县级领导带头进机关、进村居讲专题党课6次,开展主题党日活动3次,为民解难题办实事12件,开展综合视察调研1次、形成调研报告9份。广泛征求意见建议,深入谈心谈话,认真梳理检视出常委会班子存在的5个方面11个问题。坚持边查边改,截至当前,问题已全部整改到位。初步实现了理论学习有收获、思想政治受洗礼、干事创业敢担当、为民服务解难题、清正廉洁作表率的目标。

常委会这一年来取得的成绩,根本在于习近平新时代中国特色社会主义思想的科学指引,离不开区委的坚强领导和高度重视,得益于"一府一委两院"和乡镇、街道人大的密切配合和团结协作,凝聚着全体代表的智慧结晶和心血汗水。在此,我代表区人大常委会向大家致以崇高的敬意和衷心的感谢!

回顾上半年的工作,区人大常委会虽然取得了一定的成绩,但对照宪法和法律的标准,对照党和人民的期盼,对照新形势、新任务的要求,对照区委中心工作,我们的工作还存在需要提高和改进的地方。主要表现在:履行人大职责水平有待进一步突破;监督工作的针对性和实效性有待进一步加强;人大代表的作用有待进一步发挥;人大自身建设有待进一步提高等等。在今后的工作中,针对存在的问题和不足,人大常委会党组将自觉接受监督,虚心听取意见,积极探索方法,努力开创人大工作新局面。

2020 年主要工作任务

2020年是全面建成小康社会收官之年,是实现100年奋斗目标的关键之年,也是全面贯彻落实党的十九届四中全会精神的重要一年。区人大常委会的总体工作思路是:坚持以习近平新时代中国特色社会主义思想为指引,全面贯彻落实党的十九届三中、四中全会精神,深入贯彻落实习近平总书记关于坚持和完善人民代表大会制度的重要思想、对地方人大及其常委会作出的重要指示批示精神,

紧紧围绕区委"2156"总体思路,自觉把人大工作置于党的领导之下,按照党的十九届四中全会提出的"坚持和完善人民代表大会制度这一根本政治制度"要求,将2020年确定为"巴宜区人大制度建设年",把全区各级人大和人大代表、人大干部的思想和行动统一到这个部署上来,接地气、察民情、聚民智,建立健全行之有效的监督、联络、组织、选举、议事等制度规范,为人大及其常委会依法履职尽责提供制度保障,为推动巴宜区经济社会持续平稳健康发展做出新的贡献。

一、以坚持党的全面领导为立足点,与区委同心同德

必须牢牢把握正确的政治方向,把增强"四个意识"、坚定"四个自信"、做到"两个维护"作为最根本的政治纪律和政治规矩,时时处处事事同以习近平同志为核心的党中央保持高度一致。要把学习宣传贯彻党的十九届四中全会精神作为重要政治任务,指导好组织好人大代表学习宣传贯彻工作,推动党的十九届四中全会精神在巴宜区落地生根、见到实效。要严格执行请示报告制度,人大工作中的重大问题、重要事项、重要情况,都及时向区委请示报告,做到在区委的全面领导下,对标对表习近平总书记对地方人大工作的指示要求,围绕区委的决策部署来开展和推进监督、决定、任免、代表工作和自身建设,确保党的领导贯穿于人大工作始终。

二、以助推全区发展为着力点,与"一府一委两院"同力同行

一是紧紧围绕区委中心工作、全区改革发展稳定大局和人民群众关心的热点难点问题,发挥人大职能优势,精心谋划年度监督议题,突出监督重点、创新监督方式、拓宽监督渠道,把专项监督与综合监督、工作监督与法律监督、事前监督与事后监督有机结合起来,有效促进"一府一委两院"依法行政和公正司法。二是正确处理好同"一府一委两院"的关系,始终做到在监督中支持,在支持中监督,与"一府一委两院"凝心聚力,密切配合,推动形成全区上下群策群力干事业、同心同德谋发展的强大合力。以更加饱满的工作热情和有力的工作举措,进一步提升为民服务能力和水平,营造干事创业的良

好氛围,在奋力开创"五个巴宜"建设过程中展现新气象、实现新作为。

三、以促进代表履职为出发点,与人民群众同根同脉

人大代表来自于人民,必须为人民发声,为人民代言。一是坚持和完善代表履职服务和保障工作机制。全面加强村级人大代表联络站建设,使人大代表联络站成为代表联系选民和群众之间的"连心桥"、代表提升履职尽责能力的"充电站"、促进民生问题解决的"加速器"。二是坚持和完善代表履职评价机制。做好履职考核和管理,组织区级人大代表向原选区选民述职述廉,增强代表依法履职和接受选民监督的自觉性。三是坚持和完善代表列席人大常委会会议、工作评议等制度。精心组织代表参加调研、视察和执法检查等活动,不断拓宽代表参与管理国家事务的渠道,进一步扩大代表在常委会活动中参与的广度和深度。四是坚持和完善常委会组成人员联系代表、代表联系选民的"双联系"制度。不断提高服务代表、服务群众的能力和水平,支持和规范代表依法履行职责,保障代表的意见建议和议案的办理工作,切实提高办理质量和水平。

四、以强化自身建设为突破点,与时代发展同频同振

一是探索建立人大"不忘初心、牢记使命"长效机制。深入总结在主题教育中形成的好经验、好做法,形成长效机制,不断推动"不忘初心、牢记使命"制度化、常态化。二是不断加强人大机关作风建设。着力在树牢党的意识、宪法意识、政治意识、人大意识、人民意识、制度意识、全局意识、监督意识"八大意识"上下功夫,着力提升学习能力、宣传党的路线方针政策能力、化解矛盾纠纷能力、语言表达与文字撰写能力、服务代表与群众能力、调查研究能力、人大业务能力、沟通协调能力"八大能力",建设政治型、学习型、服务型、效能型、廉洁型"五型机关",打造巴宜区人大机关"为民务实先锋、忠诚担当表率"党建品牌。三是加大对人大队伍的教育和培训引导力度。制定2020年度人大代表和人大干部教育培训方案和计划。采取"请进来、走出去、送下去"的方式,分层次对人大代表和人大干部开展业务培训,组织人大代表和人大干部赴区外考察交流学习,开阔视野,提升综合素质,增强依法履职能力。四是加强人大制度建设,进一步修订完善区人大常委会自身建设、代表作用发挥、双联系、述职评议等方面的制度,让制度成为推进人大工作的有力保障。

各位代表,新时代需要新担当,新征程呼唤新作为。让我们更加紧密地团结在以习近平同志为核心的党中央周围,在区委的坚强领导下,牢记初心使命、扛起群众重托,解放思想,坚定信心,奋发进取,砥砺前行,努力书写新时代人大工作崭新篇章,为建设"五个巴宜"不懈奋斗!

林芝市巴宜区人民政府工作报告

——在林芝市巴宜区第二届人民代表大会第四次会议上

巴宜区人民政府区长　严世钦

（2019 年 12 月 26 日）

2019 年工作回顾

2019 年，我们以习近平新时代中国特色社会主义思想为指导，坚持以人民为中心的发展思想，深入贯彻落实党的十九届二中、三中、四中全会精神，深入贯彻习近平总书记关于治边稳藏的重要论述精神，紧跟市委、市政府系列决策部署，紧紧围绕区委"2156"发展总思路，立足新时代、展现新作为，团结带领全区各族干部群众，顽强拼搏、锐意进取、扎实苦干，全力以赴推动乡村振兴、促进产业发展、提振民生指数、加强生态建设、深化改革合作、维护社会稳定、改进政府服务，完成全年经济社会发展主要目标任务，决胜全面建成小康社会又取得新的重大进展。2019 年地区生产总值预计完成 81.68 亿元，同比增长 12%；规模以上工业增加值预计完成 6.3 亿元，可比增长 15%；地方财政公共预算收入预计完成 2.3 亿元，同比减少 16.36%；全社会固定资产投资预计增速 1.7%；社会消费品零售总额预计完成 33.5 亿元，同比增长 15.5%；居民消费价格指数为 2.8%，控制在 3% 以内；城镇居民人均可支配收入预计达到 32945 元，同比增长 11%；农村居民人均可支配收入预达到 20207 元，同比增长 13.8%。所有村庄人均收入均过万元，城乡收入比例缩减到 1.63:1。

一年来的工作成效主要表现在以下七个方面：

（一）民生福祉实现新突破，全面巩固脱贫成果。建档立卡贫困户达到"两不愁、三保障"并实现动态清零，建立并完善扶贫产业利益链接机制 36 个。有序开展"三岩"片区搬迁安置，积极引导搬迁群众融入本地生产生活，166 户 1014 人入住新居。稳步推进社会保障。建立临时救助备用金制度，全面完成特困人员和孤儿保障、残疾人扶持。大力促进就业创业,城镇新增就业 799 人、农牧区劳动力转移就业 8263 人次,转移就业创收 4005 万余元,应届高校生毕业生就业率达到 98.19%。严格执行工资保证金制度,合法保障农民工权益。农牧民施工队参与 400 万元以下项目建设 42 个,涉及项目资金 2060 万余元。优先发展教育事业。严格落实本级财政对教育的 20% 投入,巴宜区中学整体提升一期工程建设完成,百巴镇小学素质教育基础设施提升项目一期工程全面启动,全区乡村幼儿园覆盖率达到 98.55%。"五个 100%"教育目标持续巩固。扎实开展控辍保学,义务教育各阶段入学率达 100%,入学巩固率达 100%。全区 60% 以上的中小学与广东省优秀学校建立结对关系。师资队伍建设不断加强,教育水平不断提高,小中考成绩居全市第一。文化事业繁荣发展。积极推进文化遗产"八进"活动,群众保护非物质文化遗产的意识不断提高。申报市级重点文物保护单位 2 个、自治区级非物质文化遗产代表性传承人 4 人。建成非物质文化传承基地工布藏族服饰传习所。群众文化生活不断丰富,组建村级文艺演出队 12 个,新增各类文艺节目 70 余个。着力提升医疗服务水平。医疗卫生基础设施不断完善,总投资 1.7 亿元的巴宜区人民医院基本建成,村级卫生室实现全覆盖。"两癌""三病"筛查实现全覆盖,包虫病综合防治工作进展顺利。"三级"医院对口帮扶成效显著,免费为群众实施白内障手术 42 例。家庭医生签约服务率达 95%。巴宜区卫生服务中心通过二级乙等医院终评。国家级慢性病防控示范区、国家级健康促进示范区创建工作通过国家验收。此外,2019 年安排的十件民生实事全部完成。

(二)产业发展显现新活力,旅游产业蓬勃发展。强化旅游规划引领,全域旅游规划编制工作全面启动,完成工布原乡、柏树王园林、环多布湖景区等 8 个旅游规划。卡定沟景区成功创建国家 4A 级景区。柏树王园林景区全面完成提升改造,工布原乡景区完成游客中心、道路等基础设施建设。林芝镇真巴村入选第一批全国乡村旅游重点村名录,"柏树王"获得"世界树龄最长的巨柏"世界纪录认证,圆满完成各类推介活动和 2019 年林芝市第十七届桃花

旅游文化节、2019 年西藏林芝雅鲁藏布生态文化旅游节各项工作,旅游形象和品牌影响力得到提升。强化旅游市场整治,妥善处理游客投诉,旅游市场秩序进一步规范。截至 11 月底共接待游客 215 万人次,实现旅游收入 19.64 亿元。农牧产业稳步发展。"一带一园六基地"建设扎实推进。藏猪饲料加工、猪仔繁育、藏猪养殖及加工基地建成,藏猪产业链基本形成。建成全市最大商品鸡基地,禽类养殖达 55 万只(羽)。巴宜区优质蔬菜生产基地、设施蔬菜基地等项目建成投入使用,蔬菜基地面积达 9603 亩,新增自治区无公害农产品认证 30 个。水果种植基地规模进一步扩大,种植面积达 1.8 万亩。2000 吨水果冷藏气调库项目基本建成,水果产业链有效延伸。年度农牧业总产值预计实现 2.5 亿元,农牧业增加值预计实现 1.83 亿元。基本完成打造全市稳定"五个供应基地"的目标。商贸物流业健康发展。总投资 6 亿元的巴宜区建筑构件产业园市政工程一期建设完成,引进入园企业 40 家。总投资 2.37 亿元的巴吉物流产业园建设一期项目建成投入使用。总投资 2.4 亿元的更章现代农业观光园推进成效明显,预计带动更章门巴民族乡群众户均增收 7000 余元。

(三)生态文明取得新进展。人居环境水平显著提升。加强重点区域环境综合治理,林芝镇康扎村、米瑞乡玉荣增村、米瑞乡广久片区等人居环境提升项目全面启动。全区村庄庭院绿化实现全覆盖,"绿色篱笆、花果庭院"人居环境改善工程全面启动。城镇生活垃圾处理率和村镇饮用水卫生合格率均为 100%。新增申报自治区级生态村 10 个。绿地造林持续推进,"两江四河"造林 5263 亩,义务植树 2200 亩,森林抚育 1.5 万亩。环境质量水平持续转好,全区水、大气、土壤环境达标率均实现 100%,被国家生态环境部评定为全自治区唯一环境总体"轻微变好"的县区。扎实开展"绿盾2019"自然保护区监督管理,自然保护地和林草资源得到有效保护,7 个重点沟口智能化森防高空云台热成像监测系统建成投入使用。扎实开展河湖长制工作,严格落实六项工作制度,河道"清四乱"成效明显。

（四）城乡面貌呈现新气象。积极探索乡村振兴发展思路，初步完成巴宜区乡村振兴战略实施细化方案编制工作，申报首批乡村振兴项目20个，预计总投资6亿元。完成村庄规划66个、片区规划4个。城乡基础设施不断完善，落实政府投资重点建设项目51个，完成投资约5.9亿元。林芝镇特色小城镇建设项目取得新进展，巴宜区新建公共租赁住房和8个村级组织活动场所标准化建设项目稳步推进。8个小康示范村建设项目全面启动。建设堤坝和护坡7.24公里，新建水利项目15个，尼洋河干流治理二期工程、巴宜区百朗灌区工程全面建成。巴宜区林芝镇至米瑞乡道路修复、八一镇加乃村大桥新建工程等全面完工，川藏铁路色季拉山段先期征地工作基本完成，行政村道路通畅率达94%。"四好农村路"示范县申报工作全面启动。国土整治有序推进，企业经营行为得到有效规范，"打非治违"专项整治行动取得阶段性成果，拆除违建面积达10万余平方米。

（五）改革创新迈出新步伐。圆满完成政府机构改革任务，顺利组建审计、医保等7个部门，全面理顺部门职责，切实转变政府职能。鲁朗镇托管工作初步完成。县域客运班线改革任务全面完成，旅游开发有限公司运营机制建立健全，完成西藏火柴厂吸收合并，国有林场改制工作圆满完成。持续深化"放管服"改革，严格落实中央减税降费政策，减降各类税费6461.92万元。政府资金审批和乡镇民生项目审批权限进一步下放。全面实施"多证合一"，新增各类市场主体1798户，新增注册资本46.32亿元，有效激发市场活力。大力推进"互联网＋政务服务"，政务服务中心入驻单位20家，开放服务窗口12个。审批服务事项网上可办率和"一网通办"事项梳理完成率均达100%，网上用户注册和电子证照采集签发量均居全市首位。涉农改革稳步推进，农村土地承包经营权登记颁证率达96.83%。农村集体经济产权制度改革清产核资成功通过市级验收。持续优化投资环境，全年落实招商引资项目17个，到位资金6.06亿元。第四次全国经济普查工作顺利完成。充分发挥对口援藏桥梁纽带作用，第八批援藏项目收尾工作全面完成。

（六）社会稳定得到新巩固。始终坚持"稳"字当头，时刻紧绷"维稳弦"，深入开展反分裂斗争，巩固发展民族团结，创新完善社会治理，确保了社会政治大局持续稳定。年度投入资金2000万余元用于保障维稳各项工作开展。始终保持打击违法犯罪高压态势，扎实推进扫黑除恶打非治乱等各类专项行动，侦办涉黑涉恶案件38起，侦破刑事案件79起，人民群众安全感不断增强。进一步加大矛盾纠纷排查调处力度，全年排查各类矛盾纠纷507起，化解460起，化解率达91%。受理群众来信来访34件，化解率达82.35%。围绕"治理有效"目标，全面整合基层力量，深入推进群防群治，完善联动联防机制，有效提高了乡村自主治理能力。深入开展和谐模范寺庙、爱国守法先进僧尼等系列创建评选活动，广大僧尼爱国意识、守法意识普遍增强。健全公共安全体系，完善安全生产责任制，强化食品药品安全监管。应急处置能力不断提升，非洲猪瘟疫情得到迅速有效控制，安全生产形势整体稳定。"两站两员"道路安全监管作用发挥明显，农村道路交通安全形势不断稳固。

全面加强自身建设，持续提升执政水平和服务能力，推进"两学一做"学习教育常态化制度化，认真开展"不忘初心、牢记使命"主题教育，始终树牢"四个意识"，坚定"四个自信"，坚决做到"两个维护"。深入学习党的十九届四中全会精神，系统推进政府治理体系和治理能力现代化。切实加强政府系统党风廉政建设，严格执行中央八项规定及其实施细则要求、区党委"约法十章""九项要求"和《领导干部廉洁从政若干准则》等相关规定，制定了区政府党组落实党风廉政建设主体责任清单，驰而不息整治"四风"，大力推进基层减负，政府系统会议和文件数量分别同比减少30%、75.8%。积极推进政务公开。全面加强法制政府建设，严控"三公"经费支出，制定《巴宜区财政投资评审管理暂行规定》《巴宜区资金审批简化程序》，严格执行《巴宜区人民政府议事规则》，实行政府法律顾问制度，自觉接受人大监督、监察监督、政协监督、司法监督，共承办协办市人大建议、政协提案6件，承办本级人大建议23件、政协提案42件，答复率均为100%。

即将过去的一年,看似平静如常,实则一路艰辛,这一年,经济下行压力持续加大,关键领域改革艰难跋涉,减税降费致收入大幅下降,固定资产投资增幅降低,遗留问题负面影响渐次凸显。面对压力和挑战,在区委的坚强领导下,全区上下沉着应对,迎难而上,全力答好了2019年政府工作"试卷"。特别是在脱贫攻坚、应急处突、打非治违、急难险重任务面前,全区各级党员干部勇于担当、奋勇向前,付出了艰辛努力、洒下了辛勤汗水,展示了特别能吃苦、特别能战斗的风采,巴宜区荣获"全国民族团结进步模范集体""全国'七五'普法中期先进县区"等多项荣誉。

各位代表! 改革发展稳定成绩来之不易,这是党中央、国务院亲切关怀的结果,是自治区党委、政府,市委、市政府坚强领导和区委直接领导的结果,是广东人民无私援助的结果,是全区各族干部群众团结奋斗的结果。在此,我代表巴宜区人民政府,向全区各族干部群众的辛勤付出和全体援藏干部的无私奉献,表示衷心感谢! 向各位人大代表、政协委员和离退休干部的大力支持,表示衷心感谢! 向驻地部队、武警官兵和政法干警,向关心支持巴宜发展的社会各界人士,表示衷心感谢!

在看到成绩的同时,我们也清晰地认识到,在发展过程中依然存在一些亟待解决的困难和问题。主要表现为:经济主体不活跃、创税及带动能力弱;思想不够解放,破解新时期下招商引资难题的具体措施还不够有力;城市发展缓慢、人口规模小,限制消费拉动;产业链还不健全,基础还不牢固;乡村总体发展还不平衡,特别是偏远村与城镇周边村还存在较大差距;文化和教育整体水平还需持续提升;生态环境巩固水平还不高;脱贫后解决相对贫困问题的办法措施还不多;社会综合治理体系还不完善、整体能力还不够等,这些,都需要我们在今后工作中采取有力的措施加以解决。

2020 年工作安排

各位代表! 2020 年是全面建成小康社会和"十三五"规划收官之年,是实现第一个百年奋斗目标决胜之年,是贯彻落实党的十九届四中全会精神开局之年,更是做好"十四五"规划的承上启下之年,发展任务重,责任大。面对新时期、新任务、新挑战,我们将立足当前、着眼长远、迎难而上、担当有为,奋力谱写巴宜改革发展稳定新篇章。

2020 年政府工作总体思路是:高举习近平新时代中国特色社会主义思想伟大旗帜,全面贯彻党的十九大和十九届二中、三中、四中全会精神及中央 2020 年经济工作会议精神,深入贯彻落实自治区第九次党代会和区党委九届三次、四次、五次、六次全会精神,按照市委部署要求和区委"2156"发展总思路,紧紧围绕全面建成小康社会目标,坚持稳中求进工作总基调,以供给侧结构性改革为主线,以发展为第一要务,贯彻新发展理念,继续打好三大攻坚战,持续推动"三农"工作、产业发展、城乡建设、改革创新、民生福祉、生态建设、社会稳定、自身建设八项重点任务,统筹稳增长、促改革、调结构、惠民生、防风险、保稳定,让发展更有质量,让治理更有水平,不断增强人民群众获得感、幸福感、安全感,保持经济持续健康发展和社会大局和谐稳定,与全国一道全面建成小康社会。

2020 年经济社会发展主要预期目标是:地区生产总值增长 10%,地方公共财政预算收入增长 17.6%,全社会固定资产投资增长 10%,社会消费品零售总额增长 15%,城乡居民人均可支配收入分别增长 11%、10% 以上,居民消费价格指数涨幅控制在 3.4% 以内,城镇登记失业率控制在 2.3% 以内。

围绕上述目标,2020 年我们将重点做好以下方面工作:

一、围绕实施乡村振兴战略,持续推动"三农"工作

按照"产业兴旺、生态宜居、乡风文明、治理有效、生活富裕"总要求,围绕 2020 年乡村振兴制度框架和政策体系基本形成的目标,稳步推进乡村振兴战略实施,切实推动"三农"工作向高层次发展。

——培育乡村发展新动能。推行"政府＋企业＋科研机构"等多种合作模式,加大对农牧企业的支持,扩大特色农牧产业种养殖规模,延伸产业链,扶持建立一批"产供销"一体化的特色农牧龙头

企业和合作组织。推动乡村旅游业和特色农牧业深度融合,统筹推动旅游资源开发和管理,大力支持发展体验农业、电商农业等农业新业态,全面开发乡村旅游市场。实施乡村品牌带动战略,努力培育地方农牧特色品牌,以品牌带动发展,以发展促进品牌。积极引导组建产业协会,制定行业自律公约,有效防范农产品市场风险。

——塑造美丽乡村新面貌。加大农牧区人居环境整治资金统筹整合力度,强化农牧区生活垃圾处理、污水处理、村容村貌整治,不断优化农村人居环境。坚持示范引领,积极打造一批人居环境改善示范村。继续加强城乡结合部、村镇周边等区域违搭违建违占整治工作,持续巩固乡村综合治理成果。加快推进宜林荒地、村镇周边、景区景点、河流岸线、道路沿线等重点区域造林绿化。

——焕发乡风文明新风尚。深化文明村镇、文明家庭创建评选活动,不断丰富星级文明户、文明家庭、文明村镇创建载体。加强基层群众文化建设,充分发挥农家书屋、社区书屋、寺庙书屋作用,强化文化知识普及,提升群众综合素养。充分发挥民间艺术团和基层文化带头人作用,培育民间文化力量,依托综合文化活动中心、基层文化场所,广泛开展群众性文体活动,切实丰富农牧民群众文化生活。大力开展移风易俗行动,弘扬节俭持家、勤劳卫生、孝亲睦邻等良好社会风尚,积极培育树立崇尚文明、积极健康的文明新风。

——构建乡村治理新体系。发展和完善"四位一体"村民自治机制,推动乡村治理重心下移,将涉及群众生产生活各方面的事项纳入村规民约。积极发挥乡贤示范作用,弘扬和传承乡村传统道德规范。严厉打击乡村黑恶势力,扫除黄赌毒、盗拐骗等违法犯罪,保障农牧民群众生产生活安全。深入开展基层"微腐败"专项整治行动。加快推进村级组织活动场所标准化建设,切实将活动场所打造成为政治引领、服务群众、凝聚人心、民族团结、法制宣传、文化活动的主阵地。

——拓宽增收致富新渠道。积极落实促进农牧民持续增收的各项政策,鼓励农牧民勤劳致富。建立有效激励机制,引导基层组织通过发展产业、创办企业、土地流转等方式促进村集体经济发展。全面落实就业优先政策,努力搭建农牧民就业服务平台,加强对乡村富余劳动力转移和就业技能培训,不断拓宽增收致富的渠道。创新乡村人才培育引进使用机制,加大对人才尤其是返乡创业人才在技术、资金等方面的支持力度。

二、围绕加快产业深度融合,持续促进产业发展

以产业接续和转型升级为主攻方向,按照产业发展思路,优化存量,扩大增量,提前统筹谋划"十四五"项目盘子,切实推动产业向高质量发展、融合发展、创新发展,加快形成新的经济增长点。

——提升优化生态旅游业。加大旅游基础建设,继续推进嘎拉旅游示范村、柏树王园林景区、工布原乡景区等配套设施建设,完善旅游基础设施,力争工布原乡景区年内实现试运营。支持观光农业等生态休闲新业态发展,持续建设一批具有民族特色和农牧民自主经营的农家乐、家庭旅馆。加强旅游服务和监管,完善"互联网 + 旅游"服务,推动卡定沟、柏树王、措木及日和工布原乡"智慧"景区建设,提升旅游在线服务和网上支付等信息化水平。建立完善导游管理、培训等旅游服务保障机制,加强旅游市场监管,妥善处理游客投诉,严厉打击景区景点违规运营、无证导游违规上岗、强买强卖等行为。督促旅游企业全面落实主体责任,严防涉旅安全事故发生。着力旅游产品打造,持续推进柏树王园林景区国家 4A 级景区创建。整合辖区内景区景点资源,加强四季旅游产品开发,推出一日游、多日深度游等多层次旅游线路。加大历史文化、山川资源、工布美食、特色农产品等资源挖掘,引进社会资本,开发推广具有工布文化底蕴的旅游商品,丰富游客体验度。强化旅游营销力度,积极探索旅游营销新模式,进行全景、全时、全季的元素整合,发挥新媒体营销作用,加强线路包装和推广,积极组织和参与各类宣传推介活动,努力提升旅游美誉度和影响力。推动文旅融合发展,加大工布特色文化挖掘,积极打造文化旅游演艺产品和体验产品。持续办好各类文化旅游节会。加大文化和旅游项目整合,推进非物质文化遗产进景区。

——巩固发展特色农牧业。深入推进国家级

现代农业产业融合发展示范园建设,按照"一带一园六基地"产业总体布局,示范引领绿色发展,持续推进更章现代农业核心产业园建设,积极发展田园采摘、藏家体验等生态休闲新业态。推进蔬菜基地建设,全力打造米瑞"蔬菜之乡";推进百巴镇和米瑞乡藏猪基地建设,加快完善藏猪产业链;推进林芝镇禽类养殖基地建设,切实保障禽蛋市场供应;推进布久乡、林芝镇、米瑞乡水果种植基地建设,打造"林芝苹果"品牌;推进百巴镇、八一镇花卉苗木基地建设,进一步优化农业产业结构。设立农牧特色产业发展专项资金,支持龙头企业和专业合作开展农牧品牌创建,做好林芝松茸等产品推介,提升品牌影响力和竞争力。加强农牧产业中介组织体系建设,拓宽农牧产品销售渠道。探索建立企业带动农户和专业合作组织增收效果目标考核机制,夯实企业主体责任。

——持续聚力商贸物流业。继续推进巴宜区建筑构件产业园二期项目、巴吉物流产业园二期项目、永久万吨农产品批发市场建设。大力引导城区周边企业商户入园经营生产。坚持高水平运营管理,推动园区规范化发展,积极打造专业化协作、竞争能力强、经济效益好的产业园区。

三、围绕夯实基础设施建设,持续缩短城乡差距

树立城乡联动发展理念,加大基础设施投入,统筹推进城乡规划建设,不断完善城市主体功能,切实推动城乡协同发展。

——优化城乡空间布局。强化全区"一盘棋"意识,加快形成错位发展、整体联动格局,逐步形成以城区为中心、中心镇为基本联结点的区域发展格局,稳步推进新型城镇化体系建设。借助八一镇国家级新型城镇综合试点成功经验,通过市场运作方式,加快城市综合体、旅游综合体建设,让城市发展更具生命力。全面启动林芝镇特色小城镇建设。加强援藏工作协调,推动 8 个小康示范村建设,不断提升城镇对产业发展的承载能力和群众就业的吸纳能力。

——加强基础设施建设。积极创建"四好农村路"示范县,强化对偏远乡镇、村庄特别是偏远自然村的农村道路建设,推进"四好农村公路"建设。加

大农田灌溉水利设施投入,提高水资源利用和保障能力。积极推进防洪除险、河道治理工作,提升防汛抗洪能力。加快城乡供排水网络设施、污水处理设施建设,不断提升城镇承载能力。加大保障性住房项目的申请和建设力度,增强城市居民住房保障能力。继续实施一批绿化美化提升项目,不断巩固人居环境成果。强化工作对接,主动担当作为,有序推进川藏铁路昌都至林芝段项目各项工作。

——提升城乡管理水平。树立标准化管理小城镇理念,按照宜居和便民要求,理顺管理体制,明确管理职责,不断规范小城镇市政设施、环境卫生等管理。加强乡村日常管理,推进乡村法治建设、提升乡村德治水平,增强基层群众自我管理、自我监督能力,形成共建共治共享的乡村治理格局。抓好污水、垃圾源头管理,推进群众生活垃圾分类,确保污水、垃圾减量排放。探索城区物业管理新模式,积极搭建社区物业管理服务平台,努力实现物业管理和社区服务全覆盖,重点加大对新旧小区环境卫生、设施设备维护、功能配套等方面的服务和管理力度。持续加大国土治理,消除存量违建,严禁新增违建,健全长效管控机制。

四、围绕全面深化改革创新,持续激发发展动能

坚持把改革创新作为推动高质量发展的动力源泉,全面落实上级改革部署,进一步解放思想,谋划推进好自主改革,不断提升重点领域改革成效,增强市场活力和社会创造力。

——优化提升便民营商环境。以群众和企业的真实获得感为出发点,扎实推进重点领域、关键环节改革,着力解决痛点堵点问题,在优化发展环境上更进一步、更快一步。持续推进"放管服"改革。完善"互联网 + 政务服务"平台,压缩办理时限,继续推进企业和群众办事线上"一网通办"、线下"只进一扇门"、现场办理"最多跑一次"。加快推进公共数据整合和信息网络共享,让信息多跑路、群众少跑腿。加快投资项目审批和商事制度改革,推动"双随机一公开"监管全覆盖。继续推进"多证合一""证照分离"和企业登记全程电子化等工作,进一步压缩企业开办时间。继续深化工程建设项目审批制度改革,提高办事效率,营造更便利更优质

的营商环境。

——加大对外开放与招商引资。坚持走出去和引进来并重,不断提升对外开放水平。以参加和组织各类宣传推介活动为契机,邀请发达地区优质企业来我区投资兴业。加强与对口援助省市的联络对接,强化产业项目、科技人才、社会事业等全方位对口帮扶。围绕农业供给侧结构性改革、全域旅游、生态保护和乡村振兴,突出产业链和产业集群招商,着力引进一批带动能力强、成长性好、低耗能、无污染的财源型项目。加快物流园区、农业园区、建筑构件园区建设和管理,打造区域开放发展新窗口。坚持绿色发展理念,注重选商选资,力争在"招大引强"上有新突破。健全招商工作激励机制,设立招商引资专项奖励资金,对年度投资规模较大、解决就业能力强、纳税贡献大的企业进行奖励,同时积极动员社会招商,以商招商,进一步扩大招商引资成果。落实好招商扶持政策,强化土地要素保障,切实提高服务效率,建立"亲""清"政商关系。

——积极支持非公经济发展。放开市场准入限制,实行"非禁即入",法律法规未禁止行业和领域向各类市场主体开放。创造民营企业公平竞争环境,引导企业家聚精会神办企业、遵纪守法搞经营。充分发挥创业就业示范街作用,支持高校毕业生、返乡农民工、退役军人创业。持续加大政策扶持,鼓励民间资本进入特色农牧业、生态旅游业等行业。积极引导本地企业与大企业、大集团合作交流,推动本地非公经济市场主体做大做强。严厉打击非法集资、恶意逃废债等行为,构建良性金融生态环境。

——不断深化农村综合改革。持续推进农村集体产权制度改革和土地制度改革,落实土地"三权分置"制度,保持土地承包关系稳定,切实增加农牧民财产性收入。完成第三次全国国土调查,加大土地整治力度,强化闲置低效土地清理,盘活农村存量土地,激发农村发展活力。推进农村公路养护模式改革,实行与地方财政投入到位、养护成效等挂钩的以奖代补机制,不断提升农村公路养护水平。鼓励引导工商资本参与乡村振兴,完善紧密型利益联结机制,切实带动群众增收致富。

五、围绕办实事解难事,持续增进民生福祉

坚持以人民为中心的发展理念,把工作重心向保障基本民生倾斜,推进社会事业全面发展,实现发展成果全民共享,努力为群众创造美好生活。

——巩固提升脱贫成果。完善"多位一体"的大扶贫格局,发挥产业在脱贫攻坚中的强势带动作用,最大限度防止返贫。加大对龙头企业、农牧民合作组织、致富带头人帮扶力度,转变群众发展观念,积极引导群众主动参与产业项目建设和管理。建立健全务工补贴激励机制,提高群众务工积极性。将巩固提升扶贫成果与乡村振兴有机结合,科学制定项目利益链接带动机制,进一步增加群众收入。持续做好"三岩"片区易地扶贫安置点的群众工作,加快公共服务设施、配套产业项目建设,促进群众团结互助发展,确保搬迁群众"搬得进,留得下,能致富"。积极探索新时期相对贫困长期存在的应对办法。

——完善社会保障体系。持续推进社保"一卡通"办理和发放工作,加强低保、社会救助、优抚安置、社会保险等的整合与衔接,夯实社会保障工作。加强留守和城乡困境儿童关爱保护,着力维护残疾人、老年人、妇女儿童合法权益。持续做好退役军人及其他优抚对象信息采集和安置工作。加大劳动监察力度,维护农民工合法权益。

——推进教育事业发展。坚持把教育摆在优先发展的重要地位,着力建立健全现代教育体系,努力办好人民满意的教育。认真落实义务教育和"三包"政策,继续做好控辍保学工作,全面提升学前改革办学水平。继续以创建"五个一流"中学为目标,持续改善办学条件,完成巴宜区中学整体提升二期工程、百巴镇小学素质教育基础设施提升工程、更章门巴民族乡小学和布久乡小学整体提升工程,高质量落实"五个100%"教育目标。实施教师队伍提升工程,提高教师综合素质,提升教育教学质量。抓好德育工作,培育合格学生。

——强化医疗健康保障。积极与"三级"医院对口帮扶单位对接,加快巴宜区人民医院基础设施和硬件设施配套,力争年内投入使用。加大人才引进和培养力度,不断充实临床一线队伍。持续抓好家庭医生签约服务、孕前优生健康检查、"两癌""三病"筛查等惠民工程。传承发展藏医药业，推进民族医药业健康发展。全面实施健康扶贫工程，防止"因病致贫、因病返贫"。加强医保基金监管，提高医保基金运行效率和安全系数。

——加大创业就业力度。进一步完善稳就业、促创业、控失业的综合政策体系，充分发挥国有企业、劳务市场、就业创业孵化基地等作用，抓好高校毕业生、退役军人、困难群众、搬迁群众等重点群体就业创业工作。加快农牧民实训基地申报，实施新型职业农牧民培育工程，搭建农牧民就业服务平台，积极打造保安、家政、导游等劳务品牌，鼓励和支持村镇劳务公司的组建，帮助农牧民创新理念、拓展增收渠道，开展农牧民就业技能培训550人次以上，实现农牧民转移就业7200人次以上。扎实开展"一对一""多对一"高校毕业生就业帮扶，完善各项高校毕业生就业帮扶政策，持续加大岗位开发，实现高校毕业生就业率达90%以上。

各位代表！利民之事，丝发必兴。我们始终把人民群众日益增长的美好生活需要作为奋斗目标，用心办好与群众密切相关的实事、好事、身边事。今年，我们将办好以下十件民生实事：

一是实施更章门巴民族乡小学和布久乡小学整体提升工程，改善软硬件设施，提升教育教学水平。二是完成鲁朗镇东久村、百巴镇大坝村、百巴村，林芝镇康扎村、八一镇巴吉玉米自然村、米瑞乡米瑞村、更章门巴民族乡娘萨村、布久乡嘎玛村等8个小康示范村建设，切实提升人居环境水平。三是加大对偏远村的基础设施投入，完成百巴镇开朗村和强嘎村农村安全饮水改造、米瑞乡嘎萨村农田道路、米瑞村农田灌溉水渠、更章门巴民族乡娘萨村村内道路等项目。四是完成米瑞乡、布久乡垃圾转运站建设，提升垃圾无害化处理能力。五是推进村级组织活动场所标准化建设全覆盖，进一步提升基层政权管理能力。六是推进4个"三岩"片区易地扶贫搬迁安置点配套产业项目建设，促进搬迁群众增收。七是优化便民服务，完善"互联网＋政务服务"平台建设，简化办事流程，推行医保一站式结算服务工作，压缩办事时限30%，让群众少跑路。八

是完成全区所有村（居）文艺演出队的组建，丰富群众文化生活。九是建立生猪养殖和屠宰监控平台，确保人民群众餐桌上的安全。十是完善旅游基础服务设施建设。

六、围绕巩固发展绿色生态，持续深化生态文明

深入践行"两山"重要思想，统筹山水林田湖草综合治理，全面推进巴宜区生态文明建设进程，不断满足人民群众日益增长的优美生态环境需要。

——巩固生态环境治理成效。对大气、水、自然保护区等重点领域开展常态化执法检查，确保辖区环境空气质量优良率达100%，水质达标率100%。严把"产业导向、项目准入、节能减排"3个关口，继续加大环境"双随机"执法力度，强化对企业环保履责的监管。深化集体林权改革制度，加强对征占用林地、林政资源和草原的管理，严厉打击各类破坏森林、草原和野生动植物资源的违法犯罪行为。抓好畜禽养殖污染治理，依法拆除非法养殖设施。

——不断深化生态环境保护。全面推进生态红线划定的勘界定标工作，明确生态功能区空间分布，健全负面清单，严禁触碰生态红线。建立耕地占补平衡台帐，落实最严格的耕地保护制度和节约集约用地制度。扎实开展造林绿化工程。深化落实河长制、湖长制、林长制。全面铺开国家森林城市创建工作，确保顺利通过国家验收。大力发展生态苗木经济，积极引导群众走生态路、吃生态饭，不断厚植生态资源优势。

——继续加强环保设施建设。加强城市生态屏障建设，积极推进城市周边绿化提升工程。持续加大环保基础设施建设资金的争取和投入力度，积极开展生态乡镇、生态村创建。强化统筹整合，再启动一批乡村生活垃圾、污水处理、人畜分离等环保基础设施建设。

七、围绕维护社会全面稳定，持续打造安全和谐巴宜

牢牢把握社会稳定和长治久安这个着眼点和着力点，全面推进治理体系和治理能力现代化，坚持多措并举、综合施策，推动形成共建共治共享的社会治理格局，全力维护社会大局稳定。

——抓好治安防控工作。完善社会矛盾排查

预警调解和社会稳定风险评估机制,进一步畅通信访渠道,用法治思维预防和化解社会矛盾。继续深化扫黑除恶打非治乱专项斗争成果。持续开展"七五"普法、"法律七进"等宣传教育活动。强化村(居)网格化服务管理和水平提升。加强人民武装和国防动员建设,加大驻军部队保障力度。

——抓好民族宗教工作。持续推进民族团结进步创建,不断加强民族融合。加强宗教事务管理,深化"遵行四条标准、争做先进僧尼"教育实践活动成果,积极引导各寺庙(拉康)和广大僧尼争当先进模范。积极教育引导群众,淡化宗教消极影响,过好今生幸福生活。

——抓好应急管理工作。严格落实安全生产责任制,持续推进道路交通、建筑施工、消防安全、森林防火等重点行业领域的安全生产整治工作。加强食品药品安全监督管理,全力做好动物疫病防控工作。推进防灾、减灾、救灾和救援队伍建设,有效防范遏制重特大事故发生。

新时代、新目标,须有新气象、新作为。始终坚持党的领导,坚持以人民为中心,弛而不息加强自身建设,强化责任担当,提高行政效能,努力建设人民满意的政府。

——坚定政治方向。党政军民学,东西南北中,党是领导一切的。我们将切实把思想和行动统一到习近平新时代中国特色社会主义思想上来,统一到党中央关于坚持和完善中国特色社会主义制度、推进国家治理体系和治理能力现代化的决策部署上来,统一到区委安排部署上来,增强"四个意识",坚定"四个自信",做到"两个维护",强化主责意识,提高政治站位,以高度的政治责任感抓好各项决策部署落实落地。

——严格依法行政。持续加强法治政府建设,继续落实政府权力清单和负面清单制度,推行政府决策民主化、科学化和法治化。完善"五公开"制度,保障群众的知情权、参与权和监督权。自觉接受人大的法律监督、政协的民主监督,主动接受社会和舆论监督,让权力在阳光下运行。坚持科学、民主、依法决策,认真听取人大代表、政协委员意见,积极支持工会、共青团、妇联等群团组织工作。加强对

重点领域、关键环节、重要岗位权力运行的监督制约,强化政务督办、审计监督,持续巩固风清气正的良好政治生态环境。

——提升工作能力。始终坚持以发展为第一要务,加强政治理论、市场经济、法律、科技等理论学习,不断提高领导能力和水平。保持积极进取的精神状态,加强学习和调查研究。坚持以群众需求为导向,解决好群众在教育文化、就业收入、医疗卫生、社会保障等方面的需求,努力提升群众的幸福指数。

——转变工作作风。力戒形式主义、官僚主义,着力为基层减负,让干部从文山会海、迎检迎评、材料表格中解脱出来,把精力用在解决实际问题上。大力弘扬严实作风,倡导实干精神,创新服务方式,提高办事效率,持续推进作风转变,着力解决表态多、调门高、行动少、落实差等问题,坚决铲除"怕、慢、假、散"作风顽疾。

各位代表!实干托起梦想,奋斗铸就辉煌。新时代赋予新使命,新发展彰显新作为。让我们更加紧密地团结在以习近平同志为核心的党中央周围,在自治区党委、政府和市委、市政府坚强领导及区委直接领导下,以更加开阔的视野、更加务实的作风、更加有为的担当,凝心聚力、奋勇前行,不断谱写巴宜经济社会发展新篇章,决胜全面建成小康社会。

名词解释

1. "2156"发展总思路:牢牢把握发展和稳定两大主题,以"建设经济强区、构建和谐巴宜"为目标,围绕"生态巴宜、旅游巴宜、文化巴宜、宜居巴宜、幸福巴宜"建设,全力以赴"强基础、惠民生、谋发展、促改革、抓生态、保稳定"。

2. 一带一园六基地:"一带"指国道318和拉林高等级公路经济带。"一园"指更章现代农业观光园。"六基地"指百巴镇、米瑞乡藏香猪养殖基地;百巴镇、八一镇花卉苗木基地;八一镇物流电商基地和藏香猪繁育基地;林芝镇奶牛养殖、商品鸡基地;布久乡、林芝镇、米瑞乡水果种植加工基地;米瑞乡蔬菜种植基地。

3. 五个供应基地：林芝市稳定的蔬菜、水果、花卉苗木、禽蛋肉、藏香猪种猪及猪仔供应基地。

4. 一网通办：把政务服务数据归集到一个功能性平台，企业和群众只要进一扇门，就能办成不同领域的事项。

5. 三权分置：在坚持农村土地集体所有的前提下，促使承包权和经营权分离，形成所有权、承包权、经营权三权分置，经营权流转的格局。

6. "两山"思想：习近平总书记提出的"绿水青山就是金山银山，冰天雪地也是金山银山"的重要思想。

7. 五公开：对决策、执行、管理、服务、结果公开。

8. 文化"八进"：进学校、进军营、进企业、进机关、进工地、进社区、进寺庙、进农牧区。

中国人民政治协商会议第二届林芝市巴宜区委员会常务委员会工作报告

——在政协第二届林芝市巴宜区委员会第四次会议上

巴宜区政协主席 戴 平

（2019 年 12 月 24 日）

2019 年工作回顾

2019 年，区政协以习近平新时代中国特色社会主义思想为指导，深入贯彻中共十九大和十九届二中、三中、四中全会精神，全面贯彻习近平总书记关于加强和改进人民政协工作的重要思想和中央、西藏自治区政协工作会议精神，坚持团结和民主两大主题，锚定使命任务，忠诚履职尽责，务实协商议政，勤力建言献策，政协履职迈出新步伐，政协事业呈现新气象。

一、坚持政治导向，在担负新使命中加强党的全面领导

常委会把坚定政治立场、旗帜鲜明讲政治作为担负新时代人民政协使命担当的鲜明政治特征，将坚持党的领导和加强党的建设贯穿于政协工作的各方面和全过程，为提质增效和高质量发展提供坚强政治保证。

（一）深刻领会和宣传习近平新时代中国特色社会主义思想。举办专题培训班，重点学习习近平新时代中国特色社会主义思想和习近平总书记关于治边稳藏、统一战线、加强和改进人民政协工作系列重要论述。编印学习读本，印制十九大、十九届二中、三中、四中全会和中共中央及各级党委关于政协系统党建工作实施意见、新时代加强和改进人民政协工作实施意见等精神。加强网络宣传，发挥微信公众号等平台宣传优势，转载推送新时代新思想新理念。落实委员走访制度，及时了解委员思想、工作、生活情况，传达和解读党的路线方针政策，转达委员及社会各界人士的意见建议。全年慰问委员60人次。

（二）深化加强新时代人民政协党的建设工作。按照新时代党建工作总要求，贯彻落实《中共中央关于加强新时代人民政协系统党的建设工作若干意见》及自治区党委、林芝市委《实施意见》，积极参加各级政协组织关于政协系统党的建设理论研讨交流会议，提出基层政协党建工作思路和举措；健全政协党组、政协办党支部、专委会党支部统筹推进、各司其职的组织体系；创建党建工作活动阵地；完成政协党组重大事项向同级党委报告请示制度等 5 项工作任务；切实增强了政协党组把方向、管大局、保落实的领导能力，为担负新时代使命任务奠定了坚强保证。

（三）深入开展"不忘初心、牢记使命"主题教育。结合政协机关巡察整改和区委二届二次全会关于政协工作的重要部署等任务，把主题教育与委员队伍思想政治建设相融合，组织党员委员参观中国共产党建党图展，召开庆祝中华人民共和国成立 70 周年暨人民政协成立 70 周年座谈会，组织机关党员开展 10 轮集中学习和专题研讨，党组成员深入基层，走访委员、群众，开展形式多样的党课教育和实地调研活动，广泛听取意见建议，形成调研报告 5 篇，查摆检视问题 20 余项，政协上下受到了深刻的思想洗礼，坚定了信仰，增强了担当。

二、坚持履职创新，在高质量发展中展现政协新作为

今年是全面建成小康社会、实现第一个百年奋斗目标的关键之年。面对决战决胜任务紧迫性、艰巨性，常委会切实增强政治担当、历史担当、责任担当，为全面建成小康社会献计献策。

（一）强化民主监督职能。发挥协商式监督特色优势，将监督性议题纳入年度协商计划，促进监督寓于会议、视察、提案、专题调研、社情民意信息等日常工作之中。引导委员主动参与党委政府重大决策、关键问题的协商议政。区委安排政协主要领导为机关年度综合考评主要负责人，带领考评组对区直 34 个职能部门进行全方位综合考核。政协班子成员、部分政协委员根据乡镇（街道）、区直部门贯彻落实党委政府决策部署情况进行评议打分。

（二）提升提案工作质量。学习贯彻《政协全国委员会关于提高提案质量的实施意见》。积极参加市政协提案专题培训会，邀请广州市政协提案工作专家学者，联合市政协提案委举办提案工作座谈会，紧扣提高提案工作质量谋思路、定举措。建立健全提案工作奖励机制，表彰优秀提案和优秀承办单位，激励和调动提案工作各方面积极因素，促进提案工作高质量发展。

（三）加大视察调研力度。聚焦党政关注、群众关心的热点、难点问题，围绕精准脱贫、扫黑除恶、营商环境、城市服务功能等课题，组织各界别委员开展实地调研 5 次，召开协商座谈会 7 场，形成《改进工作机制提升营商环境》《关于推进三岩片区异地搬迁群众安置工作的建议》《关于提升喇嘛岭养老机构服务品质的意见》等调研报告、意见建议 5 份。

（四）积累基层协商经验。1 月至 4 月，组织委员深入八一镇巴吉、永久、尼西等 9 个行政村和白玛岗、觉木两个街道，以推进八一城乡一体化发展为主题，开展首次专题协商。收集整理经济界工商界委员诉求，通过调研报告、提案、社情民意等多种渠道，向党委政府提出意见建议。探索实地调研、走访座谈、分析论证、监督落实等协商议政工作方法 6 种，丰富了协商形式，提升了协商质量，增强了协商实效。

（五）积极开展对外交流。接待广东、内蒙古、青海、甘肃、云南、拉萨市、日喀则、山南等政协考察团 37 批 200 余人，就扶贫攻坚、环境保护、基层政权建设、生态旅游发展等工作开展了交流。组织委员前往广西壮族自治区考察学习，参观红色教育基地，调研民族文化旅游产业发展，开阔委员眼界、拓展发展思路，提升委员共同团结奋斗的思想自觉和行动自觉。

三、坚持服务中心，在推动重点工作中发挥政协新作用

东西南北中，党是领导一切的。常委会主动把政协工作放到全局工作中谋划部署，与党委同唱一首歌、共谋一盘棋，谋良策、出实招，把全区各方面的智慧和力量，汇聚到全面建成小康社会的奋斗目标上来。

在维护稳定方面，政协机关全力以赴落实各项值班备勤任务，班子成员蹲点督导乡（镇）落实维稳措施，妥善调处化解矛盾。围绕庆祝中华人民共和国成立 70 周年大庆活动，政协主要领导深入重要聚

集区、重点活动场所开展巡回督导,排查风险隐患、化解突出矛盾。组织委员召开"迎国庆、述发展、颂祖国、话感恩"主题座谈会,开展进村入户走访慰问,宣传党的伟大成就等丰富多彩的庆祝活动。在增进民族团结方面,走访民族界宗教界委员,引导宗教界人士模范带动信教群众爱国爱教,促进宗教与社会主义相适应,促进民族关系、宗教关系和谐发展。在解决"非洲猪瘟疫情"方面,政协班子成员连续3个多月奋战在第一线开展督导检查,配合区政府圆满完成了防疫整治任务。在"土地整治和打非治违"专项整治方面,班子成员进驻专项整治领导小组,协助政府部门开展法律咨询、政策宣传等相关工作。在"扫黑除恶打非治乱"专项斗争方面,政协积极参与、主动作为,组织委员召开专题座谈会,印发扫黑除恶打非治乱倡议书,专题调研形成《关于增强扫黑除恶打非治乱宣传工作实效的建议》。在大学生就业创业方面,政协充分发挥联系广泛优势,配合区政府一对一开展应届大学毕业生就业指导,征求工商经济界政协委员意见,积极推介工作岗位。在脱贫攻坚巩固提升方面,持续开展"千干扶千人"结对活动,定期走访慰问,加强扶智和扶志力度,巩固脱贫成果,增强帮扶对象勤劳致富的信心。广大政协委员也积极响应扶贫号召,副主席白玛赤烈关心关注弱势群体,多次走访慰问残障人士;委员尼玛次仁累计为我区困难群众捐款18000余元;委员张元来向唐地村困难群众累计捐款10000余元;委员汪志伟、倪艳关注章麦村基础设施建设,主动提供资金改善公房办公设施。

四、坚持改革创新,在从严从实从细中推进政协新提升

严格落实人民当家作主基本方略,把人民当家作主落实到国家政治生活和社会生活之中,不断提升政协机关和各位委员适应新时代新要求工作能力和水平,充分发挥政协优势和作用。

(一)推进机构改革。增设提案专委会、经济环境资源社会教科文卫专委会和文史民族宗教法制专委会,明确政协机关"三委一室"的工作职责,建立政协机关主任工作会议制度,强化了政协经常性、基础性工作的执行力度,为人民政协工作提质增效打下了坚实基础。

(二)延伸政协触角。积极推进乡镇(街道)政协联络室建设。以有人员、有场地、有制度、有活动、有设施为标准,反复调研协商,相继健全完善了《乡镇(街道)政协联络室工作规则(试行)》等3项工作制度。

(三)打造特色亮点。实施政协党建廉政文化长廊工程,推进政协基层组织阵地标准化规范化建设;成立政协专委会党支部,以服务引导党员委员发挥先锋模范作用、实现党的工作全覆盖为具体目标;完善委员履职档案,制作政协委员联系卡,多种形式畅通委员咨政建言渠道,激发委员履职为民尽责情怀。

(四)力促巡察整改。根据区委第五轮巡察反馈意见,认真制定整改方案,驰而不息纠四风、转作风、加强和改进工作制度,强化制度执行力和约束力,提升干部综合能力,增强使命担当意识。截至目前,整改完成7方面19个问题,制定整改措施53条,制定完善制度机制7项。

各位委员,一年的成绩,得益于区委的正确领导、区人大、政府的大力支持和社会各界密切配合,得益于全体政协委员团结协作、共同奋斗。在此,我代表区政协常委会向大家表示衷心的感谢,并致以崇高的敬意!

看到成绩的同时,我们的工作与新时代新任务要求相比、同人民群众期待相比,还存在薄弱环节和不足之处:一些同志对政协理论学习不重视,对新时代政协工作的历史使命把握不准确,对如何更好发挥专门协商机构作用认识不足等。这些问题需要切实加以重视和改进。

2020 年工作计划

2020年是实现第一个百年奋斗目标,全面建成小康社会的决胜之年。政协工作要求是:以习近平新时代中国特色社会主义思想为指导,全面贯彻十九大和十九届二中、三中、四中全会,中央及西藏自治区政协工作会议精神,增强"四个意识",坚定"四个自信",做到"两个维护",坚持团结和民主两大主题,围绕巴宜区委"2156"发展思路,聚焦决胜全面建成小康社会、打好三大攻坚战等重点任务,认真履行政治协商、民主监督、参政议政职能,为决

胜全面建成小康社会贡献政协力量。

（一）坚持初心使命，筑牢新时代共同奋斗同心圆。始终把理论学习摆在更加突出的位置，把学习习近平新时代中国特色社会主义思想，特别是加强和改进新时代人民政协工作重要思想贯穿政协工作始终，坚决贯彻全国、全区政协系统党的建设工作座谈会精神，毫不动摇坚持党的领导。持续强化"不忘初心、牢记使命"主题教育成果，推进同步学习、调研、检视、整改工作机制常态化。健全完善党组会、主席会、常委会、机关支部会、委员培训会等内容丰富、形式多样的学习制度体系。加强改进专委会学习引领机制，推动实现以党员委员为重点的学习全覆盖，力争政协履职工作做到哪里，思想政治引领就跟进到哪里，为决胜全面建成小康社会寻求最大公约数，画出最大同心圆。

（二）坚持履职创新，求真务实提升协商议政能力。把握新时代赋予人民政协职能定位的新内涵，努力践行群众路线和民主集中制，加强对基层政协专门协商机构制度机制的探索和经验总结。聚焦党委政府工作重点、群众生产生活的难点、社会治理的焦点开展民主协商；丰富协商形式。完善协商议政组织格局，发挥好全体会议协商履职的最高形式作用，逐步搭建起以界别为依托、专委会为基础的协商议政平台；健全协商规则。落实党委会同政府、政协制定年度协商计划制度，完善协商于决策之前和决策实施之中的落实机制；培育协商文化。坚持"有事好商量、众人的事情由众人商量"原则，促进不同思想观点的充分表达和深入交流，营造既畅所欲言、各抒己见，又理性有度、合法依章的良好协商氛围；提高协商能力。引导委员树立协商理念，遵守协商规则，培养专业协商能力和协商精神，拓展委员知情明政渠道，提升协商议政质量，为全面提高政协协商能力和水平提供支撑。

（三）坚持为民履职，聚焦党政中心工作建言资政。做到与区委政府同唱一台戏，共谋一盘棋，党委政府的工作推进到哪里，政协工作就跟进到哪里，主动把政协工作放到党委全局工作中谋划部署。协助党委政府做好协调关系、化解矛盾、理顺情绪的工作，广泛凝聚维护祖国统一、加强民族团结、建设美丽西藏的思想共识。坚持以人为本理念，密切关注民生和社会保障，发挥桥梁纽带作用，积极向党委政府反映群众合理诉求，把群众最关心最直接最现实的利益问题作为协商议政的重要议题，通过政协协商渠道推动落实。围绕我区产业转型升级、脱贫攻坚巩固、生态环境保护、维护社会安定团结等重大任务，深入开展调查研究，为党委政府决策部署出实招、谋良策。着眼党政部门政风、行风、作风开展协商式监督，对党委政府重要决策、重大项目、重点建设贯彻落实情况进行跟踪监督，通过提案、社情民意、视察评议等方式，如实提出意见建议，助推党委政府决策部署落实到位。

（四）坚持问题导向，扎实抓好政协自身制度建设。落实党对政协组织实施领导的制度规定，完善政协党组、政协办党支部、专委会党支部工作规则。健全新型政党制度的优势机制，制定党外人士在政协发表意见、提出建议的经常性规范化工作制度。完善政协履职工作制度，逐步建立健全会议组织、履职活动等规则，完善党政领导同志出席政协会议及活动工作规范，健全办公室、专委会向主席会议报告工作和主席会议向常委会议报告工作制度。强化专委会工作制度，发挥在政协工作中的基础性作用。突出提案工作质量导向，加强关键环节跟踪督导。延伸委员基层履职触角，加快乡镇（街道）政协委员联络室建设。加强履职管理，健全委员联络机制，完善履职工作规则。

（五）强化责任担当，彰显委员为国履职为民尽责情怀。广大委员要旗帜鲜明讲政治，增强"四个意识"，坚定"四个自信"，做到"两个维护"。要担负好人民政协制度参与者、实践者、推动者的责任。要增强人民政协是国家治理体系重要组成部分的意识，增强人民政协是一线岗位的意识，自觉投身凝心聚力、协商建言、国家治理等具体实践当中。要自觉践行"懂政协、会协商、善议政，守纪律、讲规矩、重品行"的要求。要崇尚学习、善于学习，提高政治把握能力、调查研究能力、联系群众能力、合作共事能力，增强履职本领。要自觉锤炼道德品行、严格廉洁自律，自觉做党的政策宣传者、群众利益的维护者、社会和谐的促进者，团结群众跟党走。

牢记初心使命 忠诚履职尽责
为巴宜区高质量跨越式发展提供坚强保障

——在中国共产党林芝市巴宜区第二届纪律检查委员会
第四次全体会议上的工作报告

区委常委、纪委书记、监委主任　米　军

（2020 年 3 月 25 日）

这次全会的主要任务是：以习近平新时代中国特色社会主义思想为指导，深入贯彻党的十九大和十九届二中、三中、四中全会精神，按照十九届中央纪委四次全会、自治区纪委九届五次全会和市纪委一届六次全会部署，回顾 2019 年纪检监察工作，部署 2020 年任务。刚才，米次书记作了讲话，提出要认真学习贯彻习近平总书记重要讲话精神，一以贯之、坚定不移全面从严治党，坚持和完善党和国家监督体系，强化对权力运行的制约和监督，并结合实际，作出新部署、提出新要求，我们要认真学习领会，坚决贯彻落实。

一、2019 年工作回顾

2019 年以来，面对新形势新任务新要求，全区各级党组织在区委的坚强领导下，认真落实从严管党治党的政治责任，强化责任担当，细化党风廉政建设主体责任，特别是党组织负责人做到重要工作亲自部署，重大问题亲自过问，重点环节亲自协调，重要案件亲自督办，定期向区委和纪委报告主体责任落实情况，做到集体领导不松手、"一把手"尽责不甩手、班子成员履责齐上手。全区纪检监察机关在上级纪委和区委的坚强领导下，严格落实监督责任，认真研究党风廉政建设和反腐败工作，发挥反

腐败组织协调作用，督促党风廉政建设责任制落实，层层传导压力，让"两个责任"落地生根，形成了实实在在的工作支撑。

一年来，我们围绕重大部署开展政治监督，"两个维护"有力落实。一是坚决扛牢政治责任。始终坚持党中央、区党委、市委和区委决策部署到哪里，监督检查就跟进到哪里，通过完善纪委（纪检组）党风廉政建设监督责任清单 38 项，强化日常政治监督，先后严肃查处问题 8 起，问责 5 个党组织、党员干部 11 人，确保党中央方针政策落实落细、落地见效。二是强化新冠肺炎疫情防控政治监督。面对突发的新冠肺炎疫情，我们毫不动摇把疫情防控工作作为当前压倒一切的重大政治任务来抓，第一时间出台"十个严禁"的纪律要求，第一时间派出区乡两级"11 支队伍"开展纪律督查，对疫情防控中的违纪违法问题实行"当日调查、当日处理、当日通报"，截至目前，发现并督促整改问题 296 个，立案 1 件 1 人，组织处理 3 人，要求当地派出所训诫 4 人，通报三起典型问题，用"铁"的纪律坚决护航疫情防控阻击战。三是面对脱贫攻坚重任，坚持"摘帽"不"摘"监督，深入治理扶贫领域腐败和作风问题。共受理扶贫领域问题线索 26 件，立案 3 件、函询 3 件。组织处理 16 人，其中，诫勉谈话 1 人、约谈 9 人、提醒谈话 3 人、谈话提醒 2 人、批评教育 1 人；留党察

看处分 1 人,严重警告处分 1 人,警告处分 1 人;下发监察建议书 3 份,检查建议书 1 份,共追缴违纪资金 25.1 万元;通报三起扶贫领域典型案例,强化警示教育作用,压实党委(党组)脱贫攻坚主体责任和部门监管责任;2019 年 3 月,在落实中央第三巡视组脱贫攻坚专项巡视反馈意见整改任务中,针对涉及的 4 类问题、19 项整改任务,制定并落实整改措施 42 条,有力推动脱贫成效巩固提升。四是严格落实习近平总书记关于扫黑除恶的重要指示精神,推动"打伞破网"工作扎实开展。先后 7 次召开专题工作部署会、推进会,成立工作领导小组,制定《巴宜区纪委 2019 年关于在扫黑除恶专项斗争中强化监督执纪问责的工作方案》《关于巴宜区纪检监察机关与政法机关建立扫黑除恶打非治乱案件和线索快速移送处置机制》;各级纪检监察机关开展督查累计 54 次,线索排查 97 次;受理问题线索 16 件,其中,立案 4 件,"一案三查" 6 件;其中,开除党籍 2 件 2 人,党内严重警告 1 件 2 人,组织处理 2 件 6 人,切实解决群众关心的热点和敏感问题。

一年来,我们聚焦八项规定纠治"四风"问题,党风政风持续向好。一是严格落实中央八项规定及其实施细则精神,以及自治区、林芝市实施办法,紧扣"三大节日"、清明、五一、端午、中秋、国庆等重要时间节点,以形式主义和官僚主义问题为重点,常态化开展纠"四风"监督检查 20 次。二是协助区委制定印发《关于进一步做好集中整治不作为慢作为、文山会海等形式主义官僚主义突出问题自查工作的通知》,明确提出"两个严格"工作机制,发现并有效整改不作为慢作为、文山会海等形式主义、官僚主义突出问题 6 条,立案 2 件 2 人。三是严把政治关、品行关、作风关、廉洁关,回复党风廉政意见 158 批次 2257 人。

一年来,我们坚持改革面前守正创新,不断推动制度优势转化为治理效能。一是率先在全市研究制定《巴宜区纪委贯彻〈中国共产党纪律检查机关监督执纪工作规则〉实施办法》,进一步规范审查调查工作程序,共使用谈话、讯问、询问、查询、调取、鉴定等 6 种调查措施 609 次,其中,谈话 310 次,讯问 1 次,询问 50 次,查询 22 次,调取 225 次,

鉴定 1 次。二是修订完善《中共巴宜区纪委常委会 巴宜区监委委务会工作规则(试行)》等各项工作制度、流程图,以及乡镇(街道)纪委、村(居)务监督委员会规章制度共计 57 项,推动实现纪法贯通。三是制定出台《巴宜区纪委监委信访举报件和案件线索管理办法(试行)》《关于向巴宜区纪委监委报送信访举报和问题线索处置情况工作办法(试行)》,进一步健全线索管理机制。四是为有效提高线索处置效率和规范化水平,出台《巴宜区纪委监委问题线索督办"红黄牌"预警管理办法(试行)》,自 2019 年 8 月 1 日试行以来,共出示黄牌 19 张、红牌 1 张。五是研究制定《巴宜区纪检监察机关与司法机关等行政执法机关相互移送(移交)案件(线索)的规定(试行)》,累计相互移送案件 6 起。六是自 2018 年 7 月我区启动自治区首个县(区)审理试点工作以来,共审理案件 20 件,其中 2018 年 8 件,2019 年 10 件,2020 年一季度 2 件。七是全面落实监察工作向乡镇(街道)延伸改革试点工作,巴宜区监察委员会成立 8 个派出乡镇(街道)监察室,印发规范工作流程类文书 3 份,确保稳妥开展监察工作。

一年来,我们立足首要职责坚持挺纪在前,监督效能全面提升。一是切实将监督挺在前面。通过听取汇报、个别谈话、检查抽查等形式,对全区各级各部门及 2800 余名监察对象开展经常性监督,形成纪律监督、监察监督、巡察监督、派驻监督同向发力的监督格局。二是充分运用监督执纪"四种形态"。全年处置 129 人,其中第一种形态处置 118 人,同比增长 20.6%;第二种形态处置 4 人,同比减少 57.1%;第三种形态处置 1 人,同比增长 100%;第四种形态处置 6 人,同比增长 200%;下发监察建议书 10 份,检查建议书 4 份,进一步推动监督执纪由"惩治极少数"向"管住大多数"拓展。三是着力深化巡察监督。确保巡察"利剑"在各领域高悬,区委六轮巡察完成了 104 个基层党组织的巡察工作,共发现问题 801 个,移交问题线索 25 个。其中,立案 1 件,拟立案 2 件;给予党纪处分 1 人,约谈 10 人,诫勉谈话 3 人,通报批评 4 个党组织,书面检讨 20 人,挽回直接经济损失 130 余万元,进一步夯实防腐拒变基础。四是着力强化派驻监督。突出实

践探索,采取"1+N"工作模式,紧盯关键节点、重点领域、重点项目、重点资金等方面开展日常监督检查80余次,发放《廉政提醒卡》40余份,发现并整改问题41个。督促教育系统整改"三包"经费使用管理问题6个,处理党员干部3人;督促住建局开展保障房清退整治工作,追缴住房保证金126万元,追缴房租103.4万元;督促驻在部门领导干部开展谈心谈话共125人次,对驻在部门主体责任人进行专门提醒谈话50余人次。高标准严要求完成各级纪委机关交办的问题线索16件,其中立案2件,处置党员4人,不断释放越往后执纪越严的信号。

一年来,我们突出政治关怀和正向激励,进一步保护干部干事创业的积极性。为进一步营造激浊扬清、干事创业的良好政治生态,积极探索建立正向激励机制,进一步实践惩前毖后、治病救人的工作方针,打出了探索容错纠错、公开澄清正名、严查诬告陷害、关爱"特殊干部"的"组合拳"。一是探索建立《巴宜区运用监督执纪"第一种形态"的实施办法(试行)》,"第一种形态"占处理总人数的92.1%,"咬耳扯袖""红脸出汗"成为常态。二是组织召开干部澄清大会两场次,为受到诬告错告的党员干部卸下思想包袱。三是组织开展"关爱'特殊干部',不让一人掉队"的暖心随访活动5次,为7名正在处分期的干部送去组织的关怀和温暖,实现了处分期间干部面对面谈心谈话全覆盖,彰显纪律的"温度",确保在严格的监督和真诚的关爱中体现政治关怀和人文情怀,为干部干事创业"保驾护航"。

一年来,我们强化审查调查维护纪法权威,正风反腐力度不减。一是充分整合区纪委监委审查调查室、派驻纪检组、乡镇纪委力量,一体管理,着力提高审查调查质量和效率。2019年以来,全区纪检监察组织共接受信访举报和处置问题线索95件,同比增长115%;立案16件,同比增长15.2%,其中2019年13件,2020年3件,拟立案4件。党内严重警告3人,党内警告1人,留党察看1人,开除党籍5人,开除公职1人。其中,各乡镇(街道)纪委独立处置问题线索15件,同比增长46.6%;独立立案1件,协助立案5件。二是认真坚守办案安全和质量"双底线",制定并严格执行《巴宜区纪委监委审查调查安全责任追究实施办法(试行)》《巴宜区监察委员会审查调查安全工作衔接办法(试行)》,实现审查调查安全"零事故"。三是做好执纪审查"后半篇文章",通报三起党员干部(农牧民党员)违反国家法律法规典型案例,一体推进"不敢腐、不能腐、不想腐"。

一年来,我们突出创优载体加强廉政教育,崇廉氛围更为浓厚。一是依托"清风巴宜"微信公众号,定期推送纪检监察工作、转发反腐倡廉等信息760余条,其中,自治区纪委采用42条,市纪委采用28条。二是在第二十四个党风廉政建设宣教月活动中,突出特色推出首届"清莲杯"八人制足球赛、"新时代、清风颂"廉政歌咏合唱比赛、软弱涣散基层党组织廉政教育和"清风巴宜"廉政微信测试等"创新动作";同时,推进"不忘初心、牢记使命"主题教育党风廉政警示教育月活动,参与建设林芝市"不忘初心、牢记使命"主题教育党风廉政警示教育基地,组织全区60个单位23批共1070余名党员干部参观,深化廉政宣传教育链。三是创优区乡村廉政文化平台,目前有巴宜区检察院廉政教育基地、更章门巴民族乡人民政府廉政文化警示教育基地、布久乡朵当村廉政文化充电站、八一镇章麦村"廉政文化花园"等14个廉政文化品牌,使廉政文化深入基层、深入群众。

一年来,我们坚持刀刃向内严格自身管理,铁军形象更加凸显。一是深入开展第二批"不忘初心,牢记使命"主题教育,坚持把学懂弄通做实习近平新时代中国特色社会主义思想作为首要政治任务,区纪委常委会及时跟进学习习近平总书记重要讲话、重要指示批示精神,先后开展集中学习11次,专题研讨11次,形成调研成果6个,确保在常学常新中找准精神坐标,砥砺初心使命,带动全区纪检监察系统真学、真懂、真信、真用,不断增进政治认同、思想认同、情感认同,自觉用党的创新理论武装头脑、指导实践、推动工作。二是抓牢班子建设,对照习近平总书记提出的"五个过硬"标准,严格落实"打铁必须自身硬"的总要求,区纪委常委会严格落实民主集中制和党内生活制度,带头讲政治带头讲学习、带头讲奉献、带头讲团结、带头讲纪律。三是抓实能力建设，大力实施素质提升工程，通过推进巴宜区纪检监察系统"四个规范化"建设，举办为期7天的区乡纪检监察干部全员培训班，安排6期16人乡镇（街道）纪检专干跟班学习、安排18人跟案学习等，促使纪检监察干部精准运用党言党语、纪言纪语、法言法语，提高政治素质和业务水平。四是抓好作风建设，坚持内立规矩、外树形象，不断健全纪检监察干部队伍内控机制，严管干部"八小时以外"活动，确保每一名纪检监察干部时刻自重、自省、自警、自励。

　　一年来，巴宜区全面从严治党和反腐败斗争取得新成效，始终离不开习近平新时代中国特色社会主义思想的指引，离不开上级纪委和区委的坚强领导，离不开区人大常委会的鼎力支持，离不开全区各级各部门党组织的密切配合，离不开广大党员干部和人民群众的积极参与，离不开全体纪检监察干部的忠诚担当和不懈努力。在此，我代表区纪委常委会，向长期奋战在监督执纪一线的纪检监察干部和长期关心支持纪检监察工作的各位领导、同志们表示崇高的敬意和衷心的感谢！

　　在总结成绩的同时，我们也要清醒认识到，反腐败斗争形势依然严峻复杂，全面从严治党依然任重道远。一些乡镇（街道）、区直部门党委（党组）党风廉政建设主体责任落实还不够到位；一些干部"四个意识"树得不够牢，担当实干热情不高，贯彻落实上级决策部署还不够到位；一些纪检监察干部对新形势和新任务的认识上还有不足；隐形变异的"四风"问题深挖细查不够，监督检查方式不够创新；纪检监察机关监督意识还需加强，履职的方式方法还需探索创新，适合区乡村三级的监督体制还未完全成型；派驻机构对驻在部门的监督方式还有待创新；纪检监察干部的综合能力，特别是发现处置问题线索的能力还需提升；乡镇（街道）纪委人员在岗不够固定、业务能力不足、办案力量薄弱。对这些问题，必须高度重视、认真解决。

　　二、认真贯彻中央纪委、自治区纪委和市纪委全会新要求

　　巴宜区各级纪检监察组织要把学习贯彻十九届中纪委四次全会、自治区纪委九届五次全会和市纪委一届六次全会作为第一要务，充分发挥监督保障执行和促进完善发展作用，奋力谱写新时代纪检监察工作新的篇章。

　　（一）坚决履行保障制度执行的政治使命。各级纪检监察机关要强化政治监督，保障制度执行，增强"两个维护"的政治自觉。要坚决履行党章赋予的职责，对全面从严治党各项制度和纪律要求不折不扣执行到位。要围绕构建全覆盖的制度执行监督机制，强化日常监督和专项检查，推动党员干部履职尽责。要督促党员干部强化制度意识、自觉尊崇制度、严格执行制度，坚决杜绝制度执行搞变通、打折扣的现象，坚决查处制度空转背后的责任问题、作风问题、腐败问题，真正做到用制度管权管事管人。

　　（二）全面扛牢健全党和国家监督体系的政治职责。各级纪检监察机关要切实发挥专责机关职能，把监督的触角全方位融入社会治理体系，确保权力运行到哪里，监督就跟进到哪里；权力在哪里集中，监督就聚焦到哪里。要坚持以党内监督为核心，着力推动纪律监督、监察监督、派驻监督、巡察监督与人大监督、民主监督、行政监督、司法监督、群众监督、舆论监督和审计监督、统计监督无缝对接、高效统一，有效保障正风肃纪反腐的精准性、有效性。

　　（三）从严落实一体推进不敢腐不能腐不想腐的政治重任。各级纪检监察机关要稳住高压态势、稳住惩治力度、稳住干部群众对反腐惩恶的预期，坚持有贪肃贪、有腐反腐，坚决予以查处。要推动形成合理分解权力、科学配置权力、严格职责权限的权力结构和运行机制，用制度理性对抗权力任性。既要把"严"的主基调长期坚持下去，又要善于做到"三个区分开来"，充分运用"四种形态"提供的政策策略，通过有效处置化解存量、强化监督遏制增量，扎实巩固反腐败斗争压倒性胜利。

　　（四）始终恪守纪检监察机关强化自我约束的政治规矩。各级纪检监察机关要带头加强党的政治建设，做忠诚干净担当、敢于斗争、善于斗争的战士；要始终做到敬畏法纪，牢固树立法治意识、程序意识、证据意识，严格依法依规依纪履职；要适应新

形势新任务新要求，不断提高自身素质，严格执行《监督执纪工作规则》《监督执法工作规定》《纪检监察机关处理检举控告工作规则》推进纪检监察工作规范化、法治化；要自觉接受监督，习惯在监督下工作和生活，在一言一行中恪守忠诚、保持干净、彰显担当，打造让党放心、人民信赖的纪检监察铁军！

三、2020年主要任务

2020年是实现第一个百年奋斗目标和"十三五"规划的收官之年，是全面建成小康社会的决战决胜之年，做好纪检监察工作意义重大、任务艰巨。今年纪检监察工作的总体要求是：坚持以习近平新时代中国特色社会主义思想为指导，全面贯彻党的十九大和十九届二中、三中、四中全会精神，全面落实习近平总书记关于新时代纪检监察工作的重要论述和系列重要讲话精神，按照十九届中纪委四次全会、自治区纪委九届五次全会和市纪委一届六次全会和区委要求，增强"四个意识"，坚定"四个自信"，做到"两个维护"，始终坚持稳中求进工作总基调，按照巴宜区纪委"坚定维护以习近平同志为核心的党中央权威和党的集中统一领导；以从严落实'两个责任'为抓手；突出持续加强纪律建设，持续深化纪检监察体制改革，持续完善反腐倡廉制度建设，持续整治扶贫领域、民生领域和扫黑除恶方面群众身边腐败和作风问题，持续纠正'四风'问题新表现，持续巩固全区纪检监察系统规范化建设成果的'六个持续'重点工作；切实打造一支听党指挥、作风优良、惩腐坚定、专业高效的新时代巴宜纪检监察队伍"的新的"1261"工作思路，认真履行协助职责和监督专责，坚定不移推进党风廉政建设和反腐败斗争。

（一）始终把党的政治建设摆在首位，自觉担负起"两个维护"的重大政治责任。坚持以党的政治建设为统领，进一步突出政治监督，坚持党中央和市委重大决策部署到哪里，监督检查就跟进到哪里，确保令行禁止。一要强化对践行"四个意识"，贯彻党章和其他党内法规，执行党的路线方针政策和决议情况的监督，将贯彻落实习近平总书记重要指示批示精神作为监督的重要内容，督促各级党组织和广大党员干部进一步改进作风、担当作为、狠抓落实，解决好各自职责范围内的"最后一公里"问题，把"两个维护"落实在实际行动上。二要进一步严明政治纪律和政治规矩，善于从政治上观察、分析、解决问题，认真核查反映党员干部违反政治纪律的问题线索，严肃查处政治上离心离德、思想上蜕化变质、组织上拉帮结派、行动上阳奉阴违等问题，对典型案件进行通报，发挥警示教育作用。三要认真做好党风廉政意见回复工作，确保党的组织路线落到实处。

（二）创新纪检监察体制机制，把制度优势不断转化为治理效能。深化纪检监察体制改革，在新起点上持续推进纪检监察体制改革，以改革创新激发内生动力。一要坚持党对反腐败工作的集中统一领导，发挥党委反腐败协调小组统筹协调作用，进一步健全纪检监察机关与政法机关、审计机关问题线索移送、技术调查等协作配合机制，不断增强反腐败工作合力。二要抓住线索管理、审查调查、处分处置等重点环节，探索推行统一线索管理、统一研判、统一调配力量、统一安全监管、统一审理把关运作机制，巩固深化查办腐败案件以上级纪委领导为主的工作成果。三要认真履行对党委全面从严治党的协助职责，强化对下级党组织的监督，使主体责任、监督责任贯通协同、形成合力，推动各级党委（党组）坚决担负起管党治党责任。四要进一步完善乡镇（街道）纪检组织建设，指导乡镇（街道）派出监察室开展工作，把法定监察对象全部纳入监督范围。五要提高纪法贯通、法法衔接的水平，坚持纪严于法、纪在法前，认真执行《中国共产党纪律处分条例》，严格依法行使监察权，把握政策界限，健全转化机制，一体推进监督执纪和监察执法。六要整合规范纪检监察工作流程，依托纪检、拓展监察、衔接司法，完善审查调查转换衔接办法、监察调查与刑事司法衔接机制，一体运行的执纪执法工作机制，推动形成与审判机关、检察机关、执法部门互相配合、互相制约的体制机制。

（三）做深做细做实监督职责，在监督上全面从严、全面发力。围绕监督这一基本职责、第一职责,推进纪律监督、监察监督、派驻监督、巡察监督协调衔接,使监督更加聚焦、更加精准、更加有力。一要提高日常监督效能,积极探索创新把监督融入日常的有效办法和途径,敢于监督、善于监督、规范监督,注重抓早抓小、咬耳扯袖,贯通运用"四种形态",切实把日常监督实实在在地做起来、做到位、做到监督常在、形成常态。二要注重谈话和函询相结合,严格落实接受谈话函询情况在民主生活会上作说明制度,加大对函询结果抽查核实力度,提高函询工作针对性、实效性。三要强化政治担当,督促各级党组织、党员干部认真落实监督责任,加强对党员领导干部的日常管理监督,做到管好关键人、管到关键处、管住关键事、管在关键时,形成严格有效监督与自觉接受监督的浓厚氛围和良好习惯。四要着力强化精准监督,把精准思维贯穿到监督全过程,找准靶心、精准发力,不断提升监督的精准度和科学性。五要立足"监督的再监督"职能定位,继续推行精准监督工作机制,坚决防止出现"监督变牵头、牵头变主抓、主抓变负责","三转"回头转的问题。六要准确把握"三个区分开来"要求,严肃查处诬告陷害行为,保护党员权利,旗帜鲜明地为敢于担当的干部担当。

(四)完善巡察工作机制,充分彰显巡察监督严肃性和公信力。认真贯彻党章和巡察工作条例,深化政治巡察,抓好巡察"后半篇"工作,充分发挥巡察的政治监督作用。一要加强区委巡察和巡察整改日常监督,把巡察反馈意见整改工作纳入纪检监察机关日常监督、巡察和全面从严治党主体责任落实情况检查的重要内容,加强对各部门各单位整改情况的跟踪督查,推动持续抓好后续整改各项工作,不断巩固扩大巡察整改成果。二要强化巡察成果运用,完善纪检监察机关、组织部门加强巡察整改日常监督的工作机制,形成有序衔接、互为补充、协调一致的整改监督链条,对整改责任不落实、敷衍整改,甚至边改边犯的严肃问责,进一步提高区委巡察全覆盖质量。

(五)保持正风反腐力度不减、节奏不变,巩固发展反腐败斗争压倒性胜利。坚持有贪肃贪、有腐反腐,持续深化标本兼治,一体推进不敢腐、不能腐、不想腐,以永远在路上的坚韧和执着把反腐败斗争推向纵深。一要有力削减存量、有效遏制增量,持续强化不敢腐的震慑。紧盯重大工程、重点领域、关键岗位,强化对权力集中、资金密集、资源富集、资产聚集的部门和行业的监督,严肃整治领导干部利用名贵特产类特殊资源谋取私利问题,依法查处贪污贿赂、滥用职权、玩忽职守、徇私舞弊等职务违法和职务犯罪,坚决清除甘于被"围猎"的腐败分子,推动构建亲清政商关系。二要查改并进、以案促改,构建不能腐的制度体系。在坚持惩治这一手不放松的同时,探索运用"一案一总结""一案一整改"等方式,推动各部门各单位改革体制机制、健全规章制度,强化对权力运行的制约和监督,督促掌握公权力的部门、组织合理分解权力、科学配置权力、严格职责权限。三要发挥综合效应,构筑不想腐的堤坝。深入开展警示教育,用好忏悔录等反面教材,以案为鉴,筑牢思想防线。同时,持续完善反腐倡廉制度建设,确保用制度建设夯实反腐根基,切实增强"不想腐"的自觉。四要巩固拓展作风建设成果,把刹住"四风"作为巩固党心民心的重要途径,坚持问题导向解决党风问题,持续抓好落实中央八项规定及其实施细则精神和区党委、市委实施办法情况的监督,紧盯形式主义和官僚主义,重点整治群众反映强烈的突出问题、易发多发问题和隐形变异新动向新表现,从严查处不收敛不收手行为,对典型案例通报曝光,坚持不懈、注重实效,促进规范、化风成俗。五要从全区纪检监察系统精选业务骨干,分级分类建立审查调查人才库,强化人才保障。

(六)深化细化实化专项治理,打好整治群众身边腐败和作风问题攻坚战。各级纪检监察机关要把整治群众反映强烈的腐败和作风问题放在突出位置,加大督查督办、直查直办和通报曝光力度,对查结的问题线索进行抽查复核,对失职失责的从严问责,以更大的力度、更实的举措、更好的成效,增强人民群众获得感、幸福感、安全感,切实让群众感受到正风反腐的成效和变化,为全面建成小康社会收官打下决定性基础提供坚强有力保障。一要继续在扶贫领域腐败和作风问题专项治理上持续精准发力,以严明纪律全力保障脱贫攻坚战决战决胜。围绕脱贫攻坚各项政策要求落实情况,健全扶贫领域腐败和作风问题线索处置机制,对问题线索快速研判、精准界定、快速受理、快速查处,确保脱贫攻坚任务在哪里,监督执纪就跟进到哪里。二要在民生领域突出问题专项治理上持续精准发力,聚焦群众痛点难点焦点,解决教育医疗、生态环境保护、食品药品安全等方面侵害群众利益问题,严查小官大贪和"微腐败",对基层干部贪污侵占、虚报冒领、截留挪用、优亲厚友等行为,发现一起,查处一起,决不手软。三要在涉黑涉恶腐败专项治理上持续精准发力。继续深挖彻查涉黑腐败和黑恶势力"保护伞",坚决清除包庇、纵容黑恶势力的腐败分子,严肃查处党员干部和公职人员助长黑恶势力坐大成势、干预和阻挠案件调查处理等问题,严肃查处"村霸"、宗族恶势力和黄赌毒背后的腐败行为,推动以案促改、综合治理。

(七)从严从实加强队伍建设,打造忠诚干净担当的纪检监察铁军。建设高素质专业化队伍,是履行新时代纪检监察机关职责使命的内在要求。一要坚持政治标准,认真巩固"不忘初心、牢记使命"主题教育成果,坚定信仰信念信心,带头加强党的政治建设,增强"四个意识";带头自觉同以习近平同志为核心的党中央保持高度一致,坚决做到"两个维护",不断提高政治站位、政治觉悟、政治能力。二要增强履职本领,深化大学习大培训,强化调查研究能力、学习思考能力,增强纪法思维、辩证思维,提高干部执行政策水平、执纪执法水平、思想政治工作水平和信息化工作水平,锤炼严实深细作风。三要突出抓好基层建设,加强对基层纪检监察干部业务的指导把关、实务培训,继续强化纪检监察业务"全员培训",促进全区纪检监察系统上下贯通领会、理解、落实党中央、区党委、市委和区委部署要求,以及纪检监察工作各项政策、制度、任务,切实适应新时代要求,跟上改革步伐。四要加强干部培养,进一步锻炼优秀干部特别是年轻干部,让干部经风雨、见世面、长才干、壮筋骨,敢于斗争、善于斗争,在重大斗争一线学真本领、练真功夫。同时,加强正面典型宣传,激励干部担当作为。五要严格监督管理,认真履行纪检监察机关自身建设主体责任,建立健全管思想、管工作、管作风、管纪律的从严管理体系,严格执行监督执纪工作规则,把执纪执法权力关进制度笼子,确保依纪依法、安全文明办案;完善内控机制,对执纪违纪、执法违法者"零容忍",坚决防范被"围猎",坚决防止"灯下黑"。自觉接受党内监督和其他各方面监督,始终做到忠诚坚定、担当尽责、遵纪守法、清正廉洁。

林芝市巴宜区人民法院工作报告

——在林芝市巴宜区第二届人民代表大会第四次会议上

巴宜区人民法院院长人选　万　春

（2019 年 12 月 26 日）

2019 年工作回顾

2019 年，巴宜区人民法院在区委、区政法委领导下，在区人大及其常委会和上级法院监督指导下，在区政府、政协和社会各界关心支持下，高举中国特色社会主义伟大旗帜，紧紧围绕习近平新时代中国特色社会主义思想，增强"四个意识"，坚定"四个自信"，做到"两个维护"。以"不忘初心、牢记使命"主题教育为指导，深入贯彻落实党的十九大、十九届二中、三中、四中全会和习近平总书记系列重要讲话精神和治国理政新理念新思想新战略。紧紧围绕"努力让人民群众在每一个司法案件中感受到公平正义"的目标，坚持服务大局，牢牢把握司法为民、公正司法工作主线，忠实履行宪法法律赋予的职责，突出审判和执行主业，深化司法体制改革，加强政法干部队伍建设，全面推进信息化升级，积极服务和保障全区社会经济发展。一年来，我院共受理案件 1395 件，新收 1137 件（旧存 258 件），已结 1111 件，未结 284 件，结案率 79.64%。诉前保全 11 件，新收 11 件，结案率 100%。案件数量占林芝市两级法院案件总量的 65% 以上。与去年同期相比，案件总量增加了 385 件，增长率为 38%；民事案件增加了 101 件，增长率为 14%；刑事案件增加了 37 件，同期增长率为 50%；执行案件增加了 238 件，增长率为 104%；行政案件增加了 2 件，增长率为 100%；诉前保全案件增加了 8 件，增长率为 267%。来信来访数量增加了 603 件，同期增

长率为 123%。我院共收取诉讼费 1447837.85 元，于 2019 年 8 月 26 日上缴国库 862198.92 元，8 月 26 日后收取诉讼费 585638.93 元，计划 11 月 22 日之前上缴国库。诉讼费减免缓金额 32860.85 元，10 件 10 人，其中缓交金额为 24174.5 元、免交金额为 8686.35 元。今年，我院被评为全市法院先进集体，1 名干警被评为全国法院办案标兵，1 名干警被评为全市法院办案标兵，5 名干警被评为优秀公务员。我院通过充分发挥审判职能作用，为统筹推进"五位一体"总体布局和协调推进"四个全面"战略布局提供有力司法服务和保障。

一、坚持正确政治方向，抓好思想政治教育，促进党风廉政建设，提升司法能力

（一）加强思想政治建设。按照区委的要求，始终把政治建设摆在首位，坚持把学习习近平中国特色社会主义思想和党的十九届四中全会精神作为首要政治任务。在深入开展"不忘初心，牢记使命"主题教育活动中，牢牢把握住"守初心、担使命、找差距、抓落实"的总要求，我院组织了全院干警开展"不忘初心，牢记使命"承诺书签订活动，有效激发了全体干警的参与热情。通过举办"喜迎建国 70 周年暨不忘初心牢记使命——我和我的祖国"演讲比赛，营造了浓厚的学习氛围，提升了全员干警凝聚力、战斗力。组织全院干警前往林芝军分区参观军史馆，重温入党誓词，缅怀了革命先烈的丰功伟绩，学习了老西藏精神，坚定了全院干警践行司法为民、公正廉洁的决心。通过学习调研、座谈讨

论、党组(支部)书记上党课,召开支部组织生活会、党组民主生活会、撰写心得体会、广泛征求人大代表、政协委员、离退休老同志及社会各界的意见,在提高认识的基础上,找准了法院工作中存在的突出问题,并制定了整改台账,在完善机制上下功夫,达到了提高认识、创新理念、转变作风、破解难题的目标。思想政治建设的加强,使全院干警的工作热情明显提高,工作作风明显转变,办案质量和效率明显提升。

(二)加强领导班子建设。按照政治坚定、求真务实、开拓创新、勤政廉洁、团结协作的要求,不断改进领导方式和工作方法、坚持民主集中制原则,规范议事规则,增强工作的计划性、科学性。注重加强自身学习,研究和解决各种新情况、新问题,切实履行带队伍、抓业务的双重职责。班子成员讲大局、讲团结、讲党性、重品性、做表率,增强了凝聚力、战斗力,成为开拓进取、勇于创新的坚强领导集体。

(三)加强党风廉政建设。我院党组坚持思想教育入手,注重源头治腐,强化防范意识,始终把抓党风廉政教育放在重要的工作位置。坚持利用党组中心理论组学习和每周五下午干警集中学习的机会,开展了党风廉政教育活动,教育引导全院干警坚定理想信念、筑牢拒腐防变思想防线,增强不敢腐、不想腐的自觉性。围绕党的理念信念和立党为公、执法为民、廉洁司法的主线,促进了党风廉政建设教育效果的落实。把严明政治纪律和政治规矩作为最大的政治责任,始终在思想上、政治上、行动上同以习近平同志为核心的党中央保持高度一致,自觉维护党中央的权威。严格落实《关于新形势下党内政治生活的若干准则》、“三重一大”制度,院党组与各部门之间层层签订党风廉政建设责任状,通过层层签责任状,形成一级抓一级,层层传导压力。全面落实党风廉政建设责任制,明确指导思想和具体目标,以反腐倡廉、公正司法为主要内容的廉政党课,开展讨论,结合部门和个人的思想、工作实际,谈认识、谈体会,增强搞好反腐败工作的信心和决心。

(四)加强司法能力建设。联系实际,认真学习十九大精神,端正干警意识形态,形成正确思想引领。通过组织开展“不忘初心,牢记使命”“两学一做”等活动,教育干警牢固树立社会主义法治理念。我院把提高审判质量作为提高司法能力的有效措施,加大教育培训力度,组织干警参加自治区的各项业务培训。今年,我院干警累计参加各种业务培训6批132人次,通过各项培训,全体干警把握大局、驾驭庭审、诉讼调解、法律适用、文书制作、矛盾化解能力得到加强,案件质量和效率有了新的提高。

二、狠抓审判执行工作,维护社会公平正义

(一)以维护稳定为重点,加强刑事审判。我院充分发挥刑事审判职能,认真贯彻宽严相济刑事政策,坚持依法惩处犯罪与保障人权并重,突出打击重点,加大打击力度。对抢劫、强奸、故意伤害、涉毒、危险驾驶等严重影响群众安全的多发性犯罪,依法判处。为认真贯彻落实扫黑除恶专项斗争工作,切实履行好人民法院在扫黑除恶专项斗争工作中的职能职责,严格依照中央部署,精心谋划,快速行动,组织专门力量,依法打击涉黑涉恶犯罪,快速审结达某、泽某、恩某寻衅滋事罪、聚众斗殴罪、赌博罪案件;依法严惩相关职务犯罪,审结次某受贿罪、挪用公款罪、巨额财产来源不明罪案件。上述案件审理时,积极邀请了人大代表、政协委员以及相关职能部门工作人员及社会群众共78人全程参与旁听庭审。加强了与人大代表、政协委员的沟通交流,增进了人民群众和社会各界对法院审判工作的了解,有效地推进了司法公开化。截至目前,我院刑事审判庭共受理案件111件(其中新收104件,旧存7件),审结101件,未结10件,结案率为90.99%;上诉18件,上诉率为18%;上诉已结13件中,维持9件,改判3件,改判率为23.08%;发回重审1件,发回率为7.69%。纵观全年,审结案件的具体类型主要包括:危害公安安全罪20件,侵犯公民人身权利、民主权利罪16件,贪污贿赂罪2件,破坏社会主义市场经济秩序罪4件,妨害社会管理秩序罪21件,侵犯财产罪47件。

(二)以促进社会和谐为重点,加强民商事审判。随着经济的发展和群众法治意识的不断增强,民商事案件日趋增多。在审理民商事案件中,我院按照"调解优先,调判结合"的民商事审判工作原则,以促进社会发展为目标,以建立社会和谐为重点,依法保护各类平等诉讼主体的合法权益。牢固树立服务大局观念,不断加强司法审判工作,促进社会公平正义,保障人民安居乐业。本院受理民商事案件802件,新收621件(旧存181件),已结656件,未结146件,结案率81.8%,同期增长率为2%。其中判决结案295件,调解结案240件,撤诉结案104件,按撤诉处理17件,案件调撤率达52.4%。案件特点:买卖合同纠纷总数151件,居案件首位,占18.8%;民间借贷纠纷总数127件,列居第二。民商事审判坚持司法公正与诉讼效率相结合,坚持化解群众矛盾与维护社会稳定相结合,不断加大调解力度,化解各类矛盾纠纷,维护人民群众合法权益。

(三)以完善行政案件协调工作机制为重点,加强行政审判。加强行政审判工作,正确行使司法审查权,妥善处理行政纠纷。2019年,我院行政庭共受理行政案件4起(其中1件系不服治安管理罚款处罚、1件系确认行政行为无效、2件系行政非诉审查案件),新收4件,结案率为100%。我庭在处理非诉审查案件中做到快办、快审、快结,及时审查,及时协调处理,缩短工作期限。司法实践中我院坚持依法保护行政相对人合法权益与监督支持行政机关依法行政并重,依法维护合法行政行为,纠正违法行政行为。协调公共权力与公民权利的关系,依法审查、执行行政机关申请人民法院强制执行的非诉行政案件,保护公民、法人和其他组织的合法权益,维护和监督行政机关依法行政,妥善化解行政争议,维护社会和谐稳定,促进地方经济发展。并加强与区直有关职能部门沟通交流,建立健全司法与行政良性互动,为行政机关依法行政提供法律指导,促进法治政府建设。

(四)以维护司法权威为重点,加强执行工作。我院建立了执行领导小组,将旧存的长期未结案件进行梳理,由专人负责跟进,将新收案件,实行专人专案。全年本院共受理执行案件466件(其中旧存70件),新收296件,执结399件,综合结案率72.75%,执行案件执行到位金额为4042万元。

加大财产查控力度,破解查询难题。深化网上"点对点"查控被执行人银行存款,与公安、银行等多个单位建立网络执行查控系统。通过信息化、网络化手段查控被执行人及其财产,有效破解查人找物和财产变现难题。并在法院门户网站上,对"老赖"身份信息予以曝光,依法采取查封、冻结、扣押、司法拘留等强制措施。

加大惩治拒执力度,实施信用惩戒。本院充分运用公布失信被执行人名单、限制高消费等惩戒措施,转变执行作风,执行手段由被动变主动,形成强大的执行威慑,强力实施信用惩戒,切实提高执结率。2019年,本院通过被执行人管理系统,公开被执行人1155人次,将135名被执行人纳入失信系统,限制高消费295例,限制1067人次购买机票,限制74人次购买动车、高铁票,拘留失信被执行人8人,"一处失信,处处受限"的信用惩戒格局初步形成。

加强部门执行联动,提高执结效率。在当地党委政府的支持下,与36家单位建立了执行联动,并定期召开执行联动会议,推动本级相关部门将失信名单嵌入该部门工作系统,联合惩治失信行为,我院已将失信名单嵌入巴宜区政府门户网站。

(五)以司法为民为根基,尽力满足司法需求。

加大基础设施升级。大力实施网络基础设施换代升级,改造数字法庭、高清监控设备等设施,加快推进诉讼档案数字化及电子卷宗随案同步生成工作,方便当事人查询诉讼档案。全年累计查询30余人次,为当事人、律师、相关单位提供诉讼档案材料40余份。

加快推进司法公开。完善门户网站设置,加快推进审判流程公开、裁判文书公开、执行信息公开三大平台建设。全年,裁判文书上网1068件,庭审直播719期,微信公众号推送文章56篇,邀请各单位代表及普通民众178人次旁听案件庭审。

切实提高司法效率。推进矛盾纠纷多元化解和案件繁简分流,适用简易程序审结案件529件,简易程度适用率71%,坚持发扬"枫桥经验",健全诉讼与非诉讼相衔接矛盾纠纷解决机制,引导当事人选择调解、仲裁等方式化解矛盾,诉前调解3件,诉前和解1件。

三、重视基础设施建设，保障服务审判措施得力

（一）积极推进智慧法院建设，实现科技便民。我院积极推进智慧法院建设，提供坚强的信息化基础支撑。推进"互联网＋阳光司法"，促进法院工作公开透明便民，使人民群众有更强的司法获得感。今年，国家投资 306 万元的诉讼服务中心项目建设已完工，诉讼服务中心的设备现正在积极协调购买，后期投入使用后将促进审判更加智能化、促进服务更加便捷化，从而有效地解决日益增长的群众需求和有限的司法资源的矛盾。

（二）设立家事法庭及派出法庭，实现服务便民。充分结合发展实际，我院创设了家事审判法庭。在婚姻、抚养、继承等家事纠纷审理中充分贯彻司法便民原则，体现了家事审判保障未成年人、老年人、妇女合法权益的宗旨。新型审判场所的建立，更能突出家事审判文化，营造家庭和谐氛围。今年我院家事法庭共受理家事案件 30 件（旧存 1 件），已结 22 件，未结 8 件。已结案件中，其中判决 5 件、撤诉 3 件、调解 14 件，调撤率达已结案件的 77.2%。我院还下设八一法庭、鲁朗法庭、百巴法庭共三个派出法庭，均建设完成。派出法庭工作的开展，能够在一定范围内给群众解决诉讼难的问题，给当事人带来便捷。今年，鲁朗人民法庭共受理各类案件 10 件，其中包括：合同类案件 8 件、侵权类案件 2 件，诉前调撤 3 件。已结 7 件，未结 3 件。前来咨询人数 70 余人次，开展法制宣传 5 次，发放宣传资料 100 余份，全镇专题矛盾纠纷排查、法制宣传工作 1 次，累计受教育人次 500 余人。百巴人民法庭共受理各类案件 7 件，其中撤诉 3 件（调解撤诉）、调解 2 件、判决 2 件，已结 7 件。

（三）开展法院内网建设，实现审判工作信息化。通过信息化建设大力提升工作效率。电子签章、审批流转、公文发布等具体应用逐渐实现了无纸化办公，科技信息化建设改善了以往繁杂的办公模式，使法院各项工作有了飞速的发展。通过信息化网络建设，积极宣传法院工作。自开通法院微博和微信关注号以来，通过广泛使用自媒体和新媒体，及时正面宣传报道人民法院各项工作开展情况，选派网络评论员积极正面引导社会舆论，营造良好舆论氛围；同时专门制作审判流程图、诉讼须知、各类诉讼文书样式等宣传材料，方便当事人了解、使用。

（四）成立速裁法庭，实现快立快调快审快结的目标。为顺应审判工作需要，更好地通过方便、快捷、高效的审判模式为人民群众快速处理纠纷，减少诉累，保障当事人的合法权益，进而通过繁简分流，优化审判资源配置，有效地缓解人民法院案多人少的矛盾，巴宜区法院专门设立了速裁法庭，速裁法庭大力开展诉前调解、庭前调解工作，以调解方式结案，更有利于解决社会矛盾，更有利于实现法律效果与社会效果的有机统一。为群众提供了方便快捷解决纠纷的方式，不但缓解了审判工作的压力，还提升了群众对法院工作的满意度。我院速裁法庭现有 1 名员额法官、1 名法官助理、1 名书记员。通过集中审理简易民商事案件，实现快立快调快审快结的目标。

四、加强驻村工作，落实帮扶政策，创先争优强基惠民活动有序开展

（一）下村调研，了解村情民意，破解发展难题。全心全意为人民服务是我们党的宗旨，也是我们党的优良传统。巴宜区法院紧紧围绕驻村工作队的安排，认真开展调研，谈心交流，送法维权，排忧解难。在调研走访过程中，针对每户的情况进行谈心、交流，第一时间了解群众所想、所需、所盼，认真做好民情记录。结合调研走访遇到的实际问题，有针对性地开展各项工作。我院派驻林芝镇的 2 个工作队和八一镇的 1 个工作队 6 名工作队队员紧紧围绕驻村工作"七项任务"，不断加大实施力度、完善措施办法，千方百计为农牧民群众谋福利，推动了驻村工作深入开展。

（二）知民情、解民忧，为群众办实事。巴宜区法院驻村工作队协调有关部门落实项目 1 个（立定村绵羊养殖基地扩建），总投资 30 万元，三个驻村工作队共计慰问 62 人，慰问对象包括贫困户、三老人员、孤儿、住院病人。慰问金达 12200 元。慰问物资包括大米、面粉、牛奶等。各驻村工作队还通过开展扶贫济困送温暖活动，在春节、藏历新年期间为"五保"人员、贫困群众送去酥油、面粉、罐头等慰问品，让他们感受到党的温暖和组织的关怀。立定村驻村工作队利用旅游业的优势，采取与旅游公司合

作共赢的方式,为村集体增收 12 万元。公众村驻村工作队帮助老百姓对土地进行出租,年收入达 6 万元左右。并前往产业园基地协调,解决 50 余人的就业问题。增加群众的收入,年收入达 15 万元左右。

一年来,我院全体干警以习近平新时代中国特色社会主义思想为指导,认真贯彻区委部署要求,凝心聚力、开拓创新、扎实工作,进一步增强司法服务大局的能动性和有效性,充分发挥审判职能,维护我区局势稳定、社会和谐、人民安居乐业和经济持续健康发展提供了有力的司法保障和服务。法院工作取得的成绩和进步,离不开区委的正确领导,离不开上级法院的悉心指导,离不开人大及其常委会的有力监督,离不开政府、政协的支持,离不开各位代表、委员和社会各界的关心和帮助。在此,我代表巴宜区法院,向关心支持法院工作的领导和同志们致以崇高的敬意和衷心的感谢!

2019 年,我院的各项工作取得了较好的成绩,但仍然存在一些困难和问题,主要表现在:一是由于社会经济发展,我院案件数量持续增长,案件数占全市法院总数的 65% 以上,案多人少的矛盾日益突出,审执工作质效有待进一步提高;二是我院执行案件较多,且分布在全国各地,因此执行难度有所增加,由于执行案件派车次数较多,导致车辆运维费用紧张;三是法院队伍建设有待提高,干警的司法能力和素质与司法责任制的要求仍有一定的差距;四是信息化投入还不够,依靠科技推进司法办案的成效还不够明显。面对这些困难,相信在区委的正确领导下,在区人大的有力监督下和区政府、政协和社会各界的大力支持下,我们将努力采取措施,积极加以解决。我们将以实际行动报答区委、区政府以及人大代表、政协委员对我们的厚爱、帮助、关心与支持。

2020 年工作安排

巴宜区法院的总体工作思路是:以习近平中国特色社会主义思想为指导,坚持司法为民、公正司法工作主线,狠抓依法办案,积极推动深化司法体制改革,不断提高司法公信力,为巴宜区社会经济全面、和谐、快速发展和长治久安提供更加优质高效的司法保障。

一、围绕坚定法治理想信念,学习宣传贯彻党的十九大、十九届二中、三中、四中全会精神

把学习贯彻党的十九大、十九届二中、三中、四中全会精神作为当前和今后一个时期人民法院的首要政治任务来抓,坚定不移地以习近平新时代中国特色社会主义思想武装头脑指导工作,将学习贯彻十九大精神转化到具体的执法办案行动中,落实到审判的每一件案件中,忠实履行法律赋予的神圣职责,公正司法,奋力开创新时代法院新局面。

二、着力服务大局,推进审判执行质效

坚持以人民为中心,努力满足人民群众司法需求。依法审理民商事案件,紧紧围绕民生保障,平等保护各方当事人利益,营造公正规范的法治环境。依法审理刑事案件,坚决打击犯罪与保护人权并重,营造安全稳定的社会环境。加强行政审判,继续推进行政争议实质性化解,助推法治政府建设。加大执行工作力度,提高执行信息化水平,强化联合惩戒,切实保障胜诉当事人合法权益。

三、着力从严治院,提高队伍素质能力

坚持全面从严治党、从严治院,建设过硬人民法院队伍。通过岗位练兵、案例教学、结对帮带等,提升法官的庭审驾驭能力、法律适用能力、裁判文书写作能力。围绕人民群众反映强烈的突出问题,加强党的建设、队伍建设和作风建设,继续开展党风廉政建设教育,坚决防止"四风"问题反弹回潮,把党风廉政建设和反腐败斗争不断引向深入。

四、围绕"智慧法院",保障基础设施建设

深化司法体制改革和智慧法院建设,推进审判体系和审判能力现代化。加快推进智慧法院建设,着力在业务办理网络化、司法公开阳光化、司法服务智能化等方面实现更大提升。着力构建开放、动态、透明、便民的阳光司法机制,全力为群众提供优质服务。

各位代表! 在下一步工作中,我们将忠实履行宪法和法律赋予的职责,勇于担当,砥砺前行,努力开创法院工作新局面,为推动巴宜区社会经济跨越式发展和长治久安做出更大贡献!

林芝市巴宜区人民检察院工作报告

——在林芝市巴宜区第二届人民代表大会第四次会议上

巴宜区人民检察院检察长(人选) 乔次仁

(2019年12月26日)

2019年工作回顾

一年来,在区委和上级检察院的坚强领导、人大的依法监督、政府的大力支持、政协的民主监督下,我院以习近平新时代中国特色社会主义思想为指引,认真学习贯彻党的十九大精神,紧紧围绕我区经济社会发展大局,忠实履职,主动作为,各项工作取得了新的进展,为推进巴宜区经济社会高质量发展提供了有力的司法保障。

一、坚持党的领导,确保检察工作正确的发展方向

我院不断加强党的领导,引导干警增强"四个意识",坚定"四个自信",做到"两个维护",自觉把检察工作摆到巴宜区经济社会大局中来谋划,有效确保了检察工作正确的发展方向。

(一)坚定政治理想信念,进一步明确检察工作方向。我院始终把党员干部思想教育摆在突出位置,以政治理论为指导,不断提升全体干警的思想政治素质。以学习贯彻党的十九大精神为重点,以深入开展"不忘初心、牢记使命"主题教育为契机,引导党员干部牢固树立"四个意识",坚定理想信念,提升政治站位,始终在政治上思想上行动上时刻与党中央、区党委保持高度一致。共组织集中学习40次,开展专题研讨10次。

(二)切实加强党组自身建设,确保政令检令畅通。认真贯彻民主集中制原则,强化党组在重要工作部署、重大案件决策、检察人员任免中把关定向

作用,落实"三重一大"决策程序,促进民主决策、科学决策,党组领导核心作用得到有效发挥。认真履行从严治党主体责任,强化以"一岗双责"为核心的党建工作责任制,加强和改进党支部工作,认真落实"三会一课"制度,进一步严肃党内政治生活,党组织凝聚力、战斗力得到增强。

二、坚持依法履职,认真做好新形势下各项检察工作

我院坚持以执法办案为中心,认真履行法律监督职责,更好地发挥检察机关在推进平安巴宜建设中的作用。

(一)依法突出打击刑事犯罪职能。一是紧盯社会治安和公共安全领域出现的新特点、新动向,依法履行审查逮捕、起诉等职能,维护社会和谐稳定。加大对盗抢骗、黄赌毒等严重影响群众安全感的刑事犯罪打击整治力度,切实维护公共安全。共受理提请批捕案件59件76人,经审查,批准逮捕49件61人。受理移送审查起诉案件89件122人,经审查,向区法院提起公诉87件116人。加大矛盾纠纷化解力度,全年共受理群众来信来访20人次,办理控告申诉案件3件3人。综合运用领导接访、带案下访、司法救助等多种手段,既解"法结"又解"心结",确保重大节日及重要敏感时期无涉检信访人员非访事件发生。二是畅通监检衔接机制,形成打击职务犯罪工作合力。办理原林芝地区林业局调研员、西藏林升森工有限责任公司原党委书记、董事长次某挪用公款、受贿、巨额资

产来源不明一案，并将庭审现场作为"零距离""面对面"的"现场教学"，为旁听人员上一堂释法说理的"法治公开课"。

（二）深入推进扫黑除恶专项斗争。深化线索摸排机制，对近3年办理的故意伤害、寻衅滋事、敲诈勒索、组织容留卖淫、组织参加黑社会性质组织等案件进行倒查，对此类案件重新进行分析研究，排查涉黑涉恶线索；排查辖区派出所治安案件月报表，与已经办理的刑事案件串并分析，深挖涉黑涉恶线索；对社区矫正人员的涉黑涉恶线索进行排查，加强对社区矫正人员的监督和教育；自开展扫黑除恶专项斗争开展以来至今，向巴宜区人民法院提起公诉被告人达某等涉嫌聚众斗殴、寻衅滋事、赌博罪的恶势力犯罪1件3人，有力震慑了黑恶势力犯罪，起到了良好的辐射效应。在办理辅警田某涉嫌容留妇女卖淫一案时，我院主动作为，经审查认为田某涉嫌渎职犯罪，后将案件移送监委，并依法追究田某帮助犯罪分子逃避处罚的刑事责任。扫黑除恶工作中，我院注重深挖"保护伞"线索，坚持把扫黑除恶与"破网打伞"同步推进，为惩治犯罪分子，保障人民安居乐业，社会安定有序贡献了检察力量。

（三）切实强化诉讼监督职能。加强刑事侦查和审判活动监督，共办理立案监督案件3件6人，得到有罪判决2件5人，正在侦查1件1人；健全提前介入引导侦查工作机制，提前介入重大、疑难、复杂案件引导侦查取证10次；通过出庭公诉，向法庭提出量刑建议87件并均予采纳，采纳率100%。加强刑事执行检察监督，办理羁押必要性审查案件2件，提出变更强制措施建议2人，采纳2人。办理社区矫正人员再犯罪案件1件1人，针对社区矫正工作中存在的问题向相关部门下发检察建议2份，完善社区矫正工作机制。对缓刑人员进行社区矫正监督检查41人次，进行谈话教育45人次，开展专项检查2次；加强生态检察监督，组建全自治区首个生态保护无人机巡查队，为及时准确掌握重点区域生态环境情况，护航美丽巴宜建设奠定坚实基础。

（四）积极推进公益诉讼工作。2019年，我院全面落实中央和上级检察机关的部署要求，主动作为、勇于探索，坚持以服务大局为前提，牢固树立以办案为中心的理念，围绕生态环境保护、食品药品安全、国有财产保护等方面，充分发挥公益诉讼作用，有针对性地开展专项监督活动，加大保护生态环境和自然资源的监督力度，加强食品药品安全领域案件办理，为更好地守护巴宜区绿水青山、保障人民群众"舌尖上的安全"和健康贡献检察力量。今年共办理公益诉讼案件19件，线索19条，发出诉前检察建议18份。督促引导涉生态环境资源保护刑事附带民事公益诉讼案件服刑人员家属，在补植复绿基地补种苗木100余株，积极开展补植复绿进行生态修复。大力开展宣传活动，扩大公益诉讼影响力。积极开展"扫黄打非护苗2019"专项检查活动，调查走访校园周边商店、小卖部、餐饮服务行业等50余家，进一步落实了校园食品安全措施。发挥公益诉讼职能，针对乡镇卫生院、诊所及巴宜区人民医院开展了医疗废弃物专项检查活动，对医疗废弃物处置和管理进行了专项检查。在工作中，我院注重与其他行政机关协调配合，形成互利共赢的良好工作格局。

（五）积极开展未成年人检察工作。认真落实对涉罪未成年人的"教育、感化、挽救"方针，对涉案未成年人开展教育训诫1次，联合教体局召开贯彻落实最高检"一号检察建议"推进会1次，开展以未成年人保护为主题、面向中小学师生的检察开放日活动2次，选派5名检察官担任中小学法制副校长，并在2019年"新学期开学第一课"活动中开展法治副校长进校园巡讲宣传11场次，为巴宜区七个乡镇及区直学校共2000余名学生进行法治安全宣传教育，做到辖区内法治进校园全覆盖。10月30日，由最高人民检察院、教育部联合组织的"法治进校园三区三州"巡讲团走进巴宜区中学，以"远离毒品及预防性侵"为主题，为900余名师生开展法治宣讲，增强了学生的法纪意识和自我保护意识，反响热烈，取得了良好的法律效果和社会效果。

（六）全面深化司法责任制改革。严格执行检察官权力清单，员额检察官全部配置到一线办案部门，入额院领导全年带头承办案件16件，占全院员额检察官办案总量的12.9%。开展聘用制书记员招录工作。招录4名聘用制书记员协助司法办案，探索检察人员分类管理新模式。率先试行"捕诉一体"办案机制，同一案件由一名检察官完成批捕、起诉工作，不仅减少了承办检察官在证据审查方面的重复劳动，整合办案人力资源，同时也进一步强化了承办检察官的办案责任，有助于提升案件质量和效率。

三、坚持服务大局，助力巴宜经济社会发展

以区委"五个巴宜"工作思路为引领，切实提升服务全区发展大局的针对性和实效性。一是着力服务和保障民生。2019年5月成功办理跨省司法救助与精准扶贫对接案件一件，发放救助金2万元。二是充分发挥廉政教育基地和党员教育之家作用，今年接待参观80余场，涉及央企、国企、市及区、县单位近百家，参观人数达6000人次。三是全力开展"法律七进"活动，深入学校、乡镇、企业等地，针对不同群体精心组织了20余场法治宣讲，受众人数约10000人。四是多渠道宣传提升司法公信力。"巴宜检察"微信公众号发布信息162条，被自治区、市院和网信巴宜转发57条，"两微一端"的累计阅读量达到8万人次；编发简报信息92篇，被市院转发13篇，被自治区检察院转发11篇。

四、坚持从严治党，始终保持检察队伍的先进性纯洁性

我院全面贯彻从严治党要求，不断加强对检察人员的教育、管理和监督，始终保持检察队伍的先进性纯洁性。

（一）坚持把组织建设抓在手上。切实发挥领导班子核心引领作用，将检察工作全面置于党的领导之下，全面落实从严治党、从严治检要求，牢固树立"两个责任"意识，对党风廉政建设和反腐败工作定期安排部署，层层传导压力，形成了齐抓共管的良好局面。坚持用制度来规范党组活动，对工作纪律、财务运行、考勤等方面制度进行了规范。

（二）坚持把纪律规矩挺在前面。坚持将党风廉政教育当作一项常态化工作来抓，通过认真学习贯彻《条例》《准则》等规章制度，引导党员干警严格遵守党的政治纪律和政治规矩。积极开展重温入党誓词、观看警示教育片、听取专题讲座等学习

实践活动，不断提升党性党风党纪和检察职业道德修养。切实加强党内监督，对存在的问题早发现、早提醒、早纠正。

（三）持续深入抓好纪律作风建设。严格落实中央"八项规定"及其实施细则的要求，持之以恒纠正"四风"，紧盯年节假期、八小时外，坚持领导干部带头，督促干警做到自重、自省、自警、自励。围绕重点业务部门和重要办案环节完善风险防控机制建设，加强监督，确保自身清正廉洁。

五、增强宪法意识，自觉全面接受人大监督

我院将采取多种形式加强同人大代表的联系，走访全国人大代表2人。迎接自治区人大常委会副主任纪国刚专题调研未检工作1次，自治区人大常委会副主任李文汉专题调研公益诉讼工作1次。邀请人大代表、政协委员和社会各界视察检察工作4次，认真听取征求意见和建议。主动向区人大常委会汇报工作2次。

各位代表，2019年我院各项工作取得了较好的成绩。先后获得"全区检察机关公益诉讼工作先进集体""全区检察机关新闻宣传工作先进集体"等荣誉。成绩的取得，得益于区委和上级检察院的正确领导，得益于区人大及其常委会的依法监督，得益于区政府的大力支持和区政协的民主监督，得益于各位代表、社会各界和人民群众的关心帮助。在此，我代表巴宜区检察院向长期关心支持检察工作的区委、人大、政府、政协及有关部门，向各级代表、政协委员和社会各界表示衷心的感谢和崇高的敬意！

在看到成绩的同时，我们清醒地认识到，与上级的要求和人民群众的期待相比，我们的工作还存在一定的差距，仍存在与新形势不相适应的突出问题。一是服务大局、服务民生、服务经济发展的思路还需要进一步拓宽；二是检察工作开展不平衡，存在短板；三是从严治党责任落实还不到位，压力传导存在层层递减的情况。对于存在的问题，我院要采取有效措施，认真加以改进。

2020年主要任务

2020年，我院将始终坚持以习近平新时代中国

特色社会主义思想为指引,深入学习贯彻党的十九大和十九届四中全会精神,按照上级检察院总体部署,围绕中心、服务大局、司法为民,持续提升政治站位、聚焦四大领域、完善制度机制、加强队伍建设,努力提供更精准、优质的检察服务,在推进国家治理体系和治理能力现代化中贡献检察力量。

一是服务大局,保障全区中心工作。我们要全面把握习近平总书记新时代、新使命、新征程、新思想的深刻内涵,把围绕中心、服务大局、维护群众合法权益作为开展工作的出发点和落脚点,务实创新,开拓进取,紧密围绕区委中心工作和总体部署,在重点工程项目建设、创优营商环境等方面提供优质高效的司法服务。

二是打击刑事犯罪,维护公平正义。严厉打击各类刑事犯罪,切实维护人民群众合法权益,营造稳定安全的社会环境,让群众在每一起案件中都能体会到公平正义,不断增强人民群众的获得感、幸福感、安全感。

三是持续深入推进扫黑除恶专项斗争。进一步提高认识,以更强的政治担当履职尽责,切实推动深挖根治、依法严惩、长效常治全面到位;紧盯破网打伞、打财断血的要求,不断加大办案力度,加快办案进度,形成新一轮的强大攻势;着力完善制度机制,积极探索构建扫黑除恶长效常治机制,推动扫黑除恶工作常态化制度化。

四是补齐监督短板,做出巴检亮点。要扎实推进公益诉讼工作,聚焦环保、食品、药品、国土等民生领域,以更强的责任心、更精的业务素养,实现公益诉讼新的突破;要创新未成年人检察工作,围绕"教育、感化、挽救"的方针,充分发挥检察职能,打响未成年人检察品牌。

五是深化综合配套改革,打造过硬检察队伍。要继续深化司法体制改革,推进各项配套措施,坚持以提高司法公信力为根本尺度,努力提升人民群众对改革的获得感和对公平正义的满意度。

下一步,我院将以习近平新时代中国特色社会主义思想为指导,深入学习贯彻党的十九大、十九届四中全会精神,牢固树立抓党建带队建促发展的工作理念,全面落实从严治党、从严治检"两个责任",紧紧围绕我区经济社会发展大局,以执法办案为中心,以规范司法为着力点,依法全面履行检察职能,为法治巴宜、平安巴宜、和谐巴宜、美丽巴宜建设做出新的更大的贡献。

名词解释

1.**12309 检察服务中心**:根据最高人民检察院要求,12309 由过去的职务犯罪举报电话转型升级为 12309 检察服务热线,检察机关受理接待中心也相应变更为 12309 检察服务中心。该中心分为网络平台和实体大厅两部分,向社会公众提供控告、申诉、国家赔偿、法律咨询等综合检察服务。

2.**公益诉讼制度**:2017 年 6 月 28 日,全国人大常委会正式通过修改《民事诉讼法》和《行政诉讼法》的决定,以立法的形式确立检察机关具有提起公益诉讼的职能,即检察机关根据法律规定,在生态环境和资源保护、食品药品安全、国有财产保护、国有土地使用权出让等四大领域,对造成国家和社会公共利益损害或有损害危险的违法行为,可以提起公益诉讼;针对行政机关在国家和社会公共利益遭受损害过程中的不当履职、怠于履职行为,检察机关通过制发检察建议履行诉前程序,督促行政机关依法履行保护公益职责,督促无效后检察机关可以向人民法院提起行政公益诉讼,确保国家利益和社会公共利益得到有效保护。

3.**员额检察官**:根据中央和最高人民检察院规定,从具有助理检察员以上法律职务的人员中,经过严格的标准和程序择优选任,依法行使检察权的人员。入额检察官必须在司法一线办案,按照"谁办案谁负责、谁决定谁负责"的原则,依法独立对案件提出处理意见或作出处理决定,并承担相应的办案责任,对案件质量终身负责。

4.**羁押必要性审查**:是《刑事诉讼法》赋予检察机关保障在押人员权利的一项新增职能,即人民检察院对被依法逮捕的犯罪嫌疑人、被告人,可依据自身职权或犯罪嫌疑人的申请,对其羁押的必要性进行审查。对不需要继续羁押的,检察机关建议办案机关予以释放或者变更强制措施。

5.**社区矫正**:是指针对被判处管制、宣告缓刑、裁定假释、暂予监外执行这四类犯罪行为较轻的对象所实施的非监禁性矫正刑罚。其目的是通过政府、社会的帮助，使矫正对象改正恶习，促进其顺利回归社会。

6. **补植复绿基地**：是检察机关履行生态检察职能，创新生态恢复机制，守护绿水青山的重要举措之一。基地主要用于因滥伐盗伐林木、非法占用林地、失火等破坏森林资源的违法犯罪当事人，在依法承担刑事责任的同时，进行补植，开展生态修复。

7. **提前介入**：是检察机关派员参加侦查机关对重大、疑难、复杂案件的侦查活动，并对证据调取、事实认定、法律适用和侦查行为的合法性提出意见和建议的一项制度。

8. **与法院数据差异说明**：检察院统计的数据为立案侦查、审查逮捕、审查起诉等检察机关审理阶段的案件；法院统计的是法院审判监督的案件，统计区间不同，故两者数据存在一定差异。

林芝市巴宜区2019年国民经济和社会发展执行情况与2020年国民经济和社会发展计划(草案)的报告

——在林芝市巴宜区第二届人民代表大会第四次会议上

巴宜区发展和改革委员会

(2019年12月26日)

一、2019年国民经济和社会发展执行情况

2019年,我们以习近平新时代中国特色社会主义思想为指导,坚持以人民为中心的发展思路,遵循新时代坚持和发展中国特色社会主义基本方略,深入贯彻落实党十九届二中、三中、四中全会精神,深入贯彻习近平总书记关于治边稳藏的重要论述,紧跟市委、市政府系列决策部署,紧紧围绕区委"2156"发展思路,着力供给侧结构性改革、乡村振兴、"三大攻坚战"等重要抓手,团结带领全区各族干部群众,全力稳增长、促改革、调结构、惠民生、保和谐。全区项目建设推进有力,全年经济社会发展计划执行情况总体良好,主要目标任务已基本完成,社会保持和谐稳定。预计2019年地区生产总值完成81.68亿元,同比增长12%;受国家减税降费政策影响,全区地方财政公共预算收入预计完成2.3亿元,同比减少16.36%,完成全年预算数的161.22%;全社会固定资产投资预计增速1.7%,社会消费品零售总额预计完成33.5亿元,同比增长15.5%;规模以上工业增加值预计完成6.3亿元,可比增长15%;农牧民人均可支配收入预计完成20207元,同比增长13.8%;城市居民人均可支配收入预计完成32945元,同比增长11%。

(一)重点项目稳步推进。我们以抓重点项目建设,促进固定资产投资增长,保持全区经济社会平稳健康发展,通过将投资重点转向高原特色农牧业和旅游业,拓展结构调整空间,增强转型发展后劲,重点聚焦助推"三大攻坚战"、补齐发展短板、调整产业结构、惠及社会民生、建设生态文明等领域。2019年,共计划落实政府投资重点建设项目51个,涉及资金14.12亿元,年内计划完成投资约6.09亿元,预计年内完成投资约5.90亿元,完成重点项目建设25个。共落实招商引资项目17个(续建14个,新建3个),概算总投资约34.57亿元,已到位资金6.06亿元。通过实施一系列重点项目,加快推动了我区打赢"三大攻坚战"的步伐,补齐了关键领域和薄弱环节短板,解决了群众关注的热点难点问题,人民群众生活水平不断提高,幸福感和获得感不断增强。

(二)产业发展质效明显。我区产业发展以生态文化旅游业为龙头产业,把发展高原特色种植业作为产业结构调整突破口,大力推广农村实用先进技术和测土配方技术,优化粮种结构,积极推进"一带一园六基地"农牧业产业空间布局,打造全市稳定的蔬菜、水果、禽蛋肉、花卉苗圃和藏香猪种猪及猪仔"五个稳定的供应基地"。农牧业产业:2019年,我区农作物总耕地面积4.1万亩,总播种面积4.33万亩,创建绿色高质高效耕地2.8万亩,粮食生产功能区划定总面积2.42万亩(青稞8356.52亩,

小麦 15891.35 亩），其中小麦亩产达 503 公斤以上、青稞亩产达 385 公斤以上、玉米亩产达 550 公斤以上。全区水果种植规模 1.8 万亩，促进农牧民增收 640 万元，蔬菜基地 1 万亩，预计产量 8711.83 吨；全区家禽存栏 12.59 万羽，累计出栏 558987 万羽，牛、羊存栏 6.1 万头，累计出栏 6847 头；禽肉产量 222.31 吨，禽蛋产量 1.49 吨，奶产量 1562.92 吨；藏猪存栏 72720 头，其中能繁母猪 11158 头，种公猪 5226 头，新生仔猪 46680 头，促进农牧民增收 1308.96 万元。引进 2000 头规模化藏香猪养殖企业 1 家，规划沟壑藏香猪养殖点三个。旅游产业：全区创建国际生态旅游区和全域旅游示范区建设初见规模，成功创建卡定沟 4A 级景区、柏树王园林景区 4A 级景区创建总体规划和控规已提交自治区审批，措木及日 4A 级景区创建规划已通过复审，并已完成网上及现场公示，环多布湖景区规划已完成复审。总投资 3200 余万元的工布原乡旅游配套产业续建项目完成主体验收。2019 年 1-11 月，累计接待游客 215 万人次，实现旅游总收入 19.64 亿元。新兴产业：我区立足旅游城市定位，结合美丽乡村建设，完善功能规划、合理划分片区，加快推进新兴产业园区建设，着力打造建筑产业构建园、巴吉仓储物流园、林芝万吨农副产品冷链储存批发配送中心及更章现代农业观光园。其中建筑构件产业园市政一期工程进入竣工收尾阶段，二期工程已全面启动，入驻商户 40 户；巴吉现代物流产业园一期全部完工投产，入驻商户 84 户；引进企业投资建设的更章门巴民族乡现代农业观光园，已完成园区建设的 41%，种植瓜果 400 余亩。

（三）乡村振兴工作有序推进。我们始终坚持"规划先行、整体推进"的工作基调，切实将推进乡村振兴战略作为抓好新时代"三农"工作的总抓手，稳步提升乡村内生发展动力。目前我区乡村振兴战略实施细化方案（初稿）编制完成，共申报总投资约 6 亿元的首批 20 个乡村振兴工程项目，择选确定的 4 个乡村振兴战略试点村庄已陆续进入规划设计阶段。根据《巴宜区农户庭院绿化工作实施方案》，狠抓农牧区人居环境整治，已完成我区所有村庄庭院绿化全覆盖任务目标。加快推进农村重

点领域改革，累计完成农村土地（耕地）确权约 7.22 万亩、颁证 3409 户，颁证率 97.7%，累计完成农村集体土地确权 3189 宗、颁证 2934 宗，颁证率 92%。农村集体产权制度改革整县推进试点工作全面铺开，67 个行政村清产核资工作基本完成。

（四）城乡基础设施建设不断完善。2019 年，我区实施了一大批基础设施建设工程，助推城乡一体化建设发展，其中年内计划开工建设的总投资 924.84 万元的 8 个村级组织活动场所标准化建设项目，目前已开工 5 个；总投资 5175.54 万元的尼洋河干流治理二期工程、总投资 4188.81 万元的尼洋河巴宜区百朗灌区工程和总投资 1700 万元的八一镇加乃村大桥新建工程顺利完工并投入使用；总投资 12447 万元的尼洋河巴宜区重点河段治理工程和总投资 2010.36 万元的巴宜区 2018 年新建公共租赁住房建设项目均按计划开工，目前进展顺利。"四好农村公路"示范县申报工作全面启动，农村客运班线改革扎实推进，目前已正式投入运营。

（五）民生保障有力改善。社会事业不断巩固，2019 年，全区兑现 20 户 76 人次农村最低生活保障资金 9.026 万元，兑现 124 户 293 人城镇最低生活保障资金 110.22 万元，为 125 户困难群众落实救助资金 95.5 万元，发放特困救助资金 181.9 万元。1-11 月，机关事业单位养老保险征缴人数共计 1921 人，金额 5573.3 万元；企业养老保险征缴人数共计 552 人，金额 623.3 万元；城镇职工基本医疗保险征缴人数共计 2789 人，金额 2108.3 万元；工伤保险征缴人数共计 2758 人，金额 135.67 万元；生育保险征缴人数共计 1996 人，金额 158.58 万元；失业保险征缴人数共计 1085 人，金额 89.83 万元（含私企工伤）。实现城镇新增就业 799 人，实现农牧区劳动力转移 3867 人，转移就业 8263 人次，转移就业创收 4005 万余元，共开发、收集岗位 535 个，应届高校生实现就业 371 人，就业率达 98.19%。文化产业不断繁荣，巴宜区现有米纳羌姆、林芝藏族服饰 2 个国家级非物质文化遗产，工布毕秀竞赛等 7 个自治区级非物质文化遗产，9 个自治区级文物保护单位。2019 年我们通过文化遗产日、桃花文化旅游节、大峡谷文化旅游节、非遗进校园、工布毕秀竞

赛暨工布民间歌舞爱好者分享会、文化遗产"八进"等专题活动对优秀的非物质文化遗产进行宣传和展演,不断加大非遗保护工作的宣传力度,完善文化旅游品牌产业链,加深"文化遗产"普查力度,深入挖掘"非遗"文化,积极申报重点文物保护单位,做好文物保护单位隐患排查。2019年,成功申报桑吉次仁等四名非遗传承人为第四批自治区级非物质文化遗产代表性传承人,积极申报"工布扎念博咚"为第五批国家级非物质文化遗产保护项目,积极申报第八批全国重点文物保护单位和第七批自治区级文物保护单位,申报鲁朗知青点和曲觉拉康为第一批市级文物保护单位。教育工作蓬勃发展,教育设施逐步完善,巴宜区中学校园整体提升一期工程、八一镇小学饮水安全维修工程、布久乡小学电路改造工程、八一镇小学改扩建学生宿舍项目均已完工并通过验收。巴宜区中学校园整体提升二期工程、百巴镇小学学生宿舍改扩建工程、更章门巴民族乡小学集中供暖工程等项目正在稳步推进。着力做好学前教育,今年新开设幼儿园3所,其中"三岩"片区搬迁安置点2所,全区乡村幼儿园基本实现全覆盖。高质量落实五个"100%"教育目标,控辍保学工作稳步推进,严格落实"三包"政策,执行营养改善计划,健全配餐制度,目前全区在校总数人4044人,其中三包生3607人,营养餐人数为2758人。赛课评课工作取得新进展,在林芝市第三届中小学(幼儿园)微课制作大赛中,报送县级优秀微课38节,14节获得市级奖励。卫生服务水平显著提高,截至目前农牧区医疗大病统筹报销住院费用769.52万元、1049人次,核查统计上报农牧区"一孩、双女"困难家庭扶助559人,兑现资金53.66万元,兑现特殊扶助子女家庭扶助58人,兑现资金30.24万元。国家级慢病示范区创建工作、巴宜区卫生服务中心"二级乙等"医院创建工作顺利通过考评组评估。医疗卫生基础设施建设稳步推进,巴宜区人民医院建设项目完成总工程量98%,预计12月底完成建设;巴宜区米瑞乡、布久乡卫生院改扩建项目完成总工程量80%,预计12月底完成建设;林芝镇卫生院新建项目完成总工程量80%,预计2020年1月底完成建设。全年受理卫生行政许

可38件,查处2起非法行医案件,取缔1处非法行医场所,下达监督意见书50余份,监督覆盖率达到100%。全面执行家庭医生签约服务制度,引导当地群众合理有序就医,家庭医生签约率100%,同时,在此基础上对重点人群开展家庭医生签约服务,服务率达95%以上。

(六)生态建设再创佳绩。我们牢固树立"绿水青山就是金山银山"的发展理念,始终把绿色发展理念贯穿到经济社会发展的全过程,严把项目准入关、企业监管关、执法检查关、案件办理关,落实责任,严格监管,大力整治,不断优化生态环境。第三次全国土地调查工作通过国家检查,完成三调初步成果自检和37963个图斑内外业质量检查,提交异议图斑各类型20宗。全面开展国土"打非治违"专项整治,积极推进巴吉村违建排查工作,目前巴吉村违建地租户违建信息登记和测量工作已经全部完成,共登记造册40余份,完成拆除任务50%以上。累计拆除林芝镇康扎村违法建筑102处,面积达3338.86平方米,拆除围墙1382.8米,处置非法圈占草场39起。修订完善《林芝市巴宜区环境网格化监管方案》,全区共配置2815名生态岗位人员,并配发上岗证。全面实施"两江四河"流域造林绿化、2018年度巴宜区造林绿化工程、2018年度苹果种植基地建设等项目,总造林面积7500余亩,扎实开展春季义务植树,完成绿化面积2200余亩。持续加大林区管护力度,研究制定《林芝市巴宜区生态公益林管理暂行办法》,严肃查处涉林案件11起。国家森林城市创建工作有序开展,目前已解决80万元的方案编制经费和工作经费。严格执行林业有害生物防治工作,2019年以来开展复检42次,防治面积共计400亩。八及曲流域生态恢复成效明显,种植绿化苗木2568株,累计覆土面积约7000立方米,清理林地面积4.9公顷。

二、2020年经济社会发展的主要任务和措施

总体思路:2020年是全面建成小康社会和"十三五"规划圆满收官之年,是实现第一个百年奋斗目标之年,也是巴宜区经济发展和深化改革的重要一年,我们将紧紧围绕全面建成小康社会目标,高举习近平新时代中国特色社会主义思想伟大旗

帜,坚持以人民为中心的发展理念,深入贯彻落实十九届二中、三中、四中全会精神和中央第六次西藏工作座谈会精神,深入贯彻落实自治区第九次党代会和区党委九届三次、四次、五次、六次全会精神,紧跟市委、市政府系列决策部署,坚持稳中求进的工作总基调,紧紧围绕区委"2156"发展总思路,我们将统筹推进稳增长、促改革、调结构、惠民生、防风险、保稳定,积极化解人民日益增长的美好生活需要和不平衡不充分的发展之间的矛盾,着力抓好项目建设、产业发展、生态建设、民生改善、乡村振兴、改革开放、维护稳定等重点工作,坚定信心决胜全面建成小康社会。

主要目标:地区生产总值增长10%,地方公共财政预算增长17.6%,全社会固定资产投资增长10%,社会消费品零售总额增长15%,农牧民人均可支配收入增长10%,城乡居民可支配收入增长11%。经济发展继续保持在全市前列,继续保持社会局势全面稳定、生态环境总体良好的局面。

围绕上述目标,我们重点抓好以下几方面工作:

(一)全力推进项目建设,以项目建设推动经济增长。继续严格执行重点项目分管县级领导督导责任制,发挥区重大项目办公室的综合协调作用,每月定期通报重大项目形象进度、责任单位工作情况、研究协调解决问题等内容,督促各项目建设主管单位明确措施、倒排工期、挂图作战,抢抓项目建设的"黄金时段",紧盯目标任务,紧扣时序进度,紧抓工作落实。加快推动特色农牧产业发展,确保堆龙藏香猪养殖项目(总投资3000万元)、米瑞乡玉荣增村蔬菜种植项目(总投资2500万元)、蓝莓种植项目(800万元)年内开工建设,推进高标准农田建设项目施工进度,加快对巴宜区100户贫困(边缘)户进行"双百"模式养殖示范巩固提升,扩大藏鸡养殖规模(20万羽)项目落地,打造20亩高品质苗木花卉基地;加快指导区旅游开发有限公司对全区7家现有景区景点旅游资源整合,与合作对象商议合作条件并签订协议,全面理顺政企关系,强化国企融资能力。加紧大柏树、措木及日4A级景区规划跟踪评审及创建工作,推进景区景点基础设施建设,确保嘎拉村农业综合体项目全面建成,统筹

推进工布原乡景区规划建设,预计完成旅游主题精品线路规划打造;加快建筑构件产业园、更章现代农业观光园、巴吉物流园等重点园区建设,确保在2020年内完成建设,并组织引导企业入园发展,发挥产业聚集效益。

(二)着力扩大有效投资,增强投资发展后劲。进一步聚力"招商引资"工作,强化项目招商引资、分类调度和要素保障,推动项目建设落地生效,投产达效。围绕建设现代经济体系、乡村振兴和区域协调发展等战略,突出重点产业,精心策划和引进一批建链、造链、强链、补链项目,抓住国家适度扩大总需求,加强基础设施建设的机遇,在水利、电信基础设施、环境治理等方面努力争取新的投资项目,稳定基础设施投资。支持民间投资健康发展,扩大市场准入,鼓励、引导和支持民间投资进入基础设施、基础产业和公共事业等领域,为投资可持续增长注入后劲和活力。积极协调银行信贷,发挥政府性投资"四两拨千金"的作用,盘活财政存量资金,提高财政支出效益。重点推动多布湖景区开发、工布原乡文化旅游景区建设、巴宜区建筑构建园入园企业的"包装—推介—洽谈"3个重点招商项目的相关工作,积极与东莞市衔接举办对口招商引资推介会,加快引导组织相关企业入驻巴宜区建筑构建产业园投资建设,将辖区符合产业导向的社会投资项目纳入招商引资对象范围,同时,加快巴宜区永久核心区100亩储备用地前期规划工作,招商项目落地做好准备。

(三)立足于县域实际,加快产业结构调整。我们要结合实际放大特色优势,发展特色经济,加快培育支撑县域经济发展的支柱产业。首先,要整合利用县域内资源优势,做好特色产业发展规划,围绕贯彻落实党和国家的宏观方针政策,充分"盘点"全区的农业资源、生态资源以及文化旅游资源,围绕高效益综合开发利用,进行大力度的整合,以生态文化旅游为主导,以城镇化为支撑,以农业现代化为基础,形成从资源利用到产业发展、从城镇开发到民生改善等完整的规划体系,着力打造独具特色的新型产业基地,重点推进米瑞乡蔬菜基地和林芝万吨农副产品冷链存储批发配送中心项目建设,

继续加大建筑构件产业园招商力度,逐步实现示范园区带动区经济增长,努力实现居民增收、财政增长、后劲增强的"三增"目标。其次,要深化合作,聚集项目,依靠项目带动产业优化升级。要始终坚持以特色资源聚集项目、以良好环境吸引项目,全方位接轨域外经济社会发展,最大限度地招大引强,形成资金、技术、企业和人才向县域流动的凹地效应。要着力发展与生态环境相协调的园区工业、现代农业、旅游产业,进一步膨胀县域主导产业规模,培育知名品牌,拉长产业链条,加速产业集聚,增强县域自我发展能力,在区域竞争中占据主导地位。最后,要坚持全民创业,兴起民营经济蓬勃发展的热潮。民营经济是县域经济的最大特色,在县域经济实力普遍较弱、政府投资相对乏力的形势下,必须进一步激发各类民间主体创新创业的热情,让民营经济成为壮大县域经济的主战场,成为推进城乡统筹发展的重要力量。要进一步放宽准入门槛,坚持县、乡、村齐头并进,一、二、三产业全面放开,为民营经济彻底松绑、放行,让更多的群众加入到民营经济行列中来。同时,要从解决民营经济"融资难"入手,在建设完善金融担保、技术服务、创业培训三个体系上下工夫,使更多的民营企业膨胀崛起,形成拉动县域经济发展的"企业航母"优势。

(四)注重公共服务,不断增加民生福祉。坚持优先发展教育,计划实施百巴镇小学、更章门巴民族乡小学及布久乡小学素质教育基础设施提升项目,深入推进基层学校标准化建设,完善软硬件设施,确保全区教育教学质量稳固提升。改善医疗卫生服务,继续实施好全区户籍农牧民在区、乡两级医疗机构就医费用全免政策,强化医疗人员培训,完善医疗设备配置,多渠道争取资金,确保巴宜区人民医院、林芝镇、米瑞乡和布久乡卫生院尽早投入使用。争取援藏资金新建29个村标准化卫生室,提高基层就医保障能力。努力推进大病统筹资金透支问题化解。深入推进基层劳动就业社会保障公共服务平台标准化建设,指导建立12个基层劳动就业社会保障公共服务平台工作,完善各种规章制度及工作标准。计划完成农牧民实用技能培训1400人。发挥市场主导作用,通过创业示范街、

人才招聘会、政府购买岗位、"一对一"帮扶等方式,拓宽我区就业渠道,促进高校未就业毕业生就业创业。继续抓好养老、医疗、工伤、失业、生育、养老保险工作。进一步扩大社会保险覆盖面,全面落实各项社会保险补贴、政策,做到应保尽保。全力巩固脱贫成效,在加快推进现有扶贫产业项目的同时,继续强化项目跟踪问效,全力确保所有建成项目均能够发挥长期扶持带动作用。2020年申报实施38个重点扶贫项目,其中产业类24个,计划申请资金13936万元,基础设施类14个,计划申请资金3935万元,同时要加大对接力度,撬动社会投资和金融投资,力争项目全部顺利落地,为群众脱贫增收提供支撑。

(五)紧扣乡村振兴主题,加快农业优化升级。坚持农业农村优先发展,推进城乡统筹和一二三产融合发展。启动实施乡村振兴,围绕产业兴旺,优化区域布局,加快推进规划编制以及城乡一体化规划修编工作,依托农业现代观光园、布久简切村水果基地和米瑞蔬菜基地,继续实施特色农业品牌创建行动,进一步做大做强高原特色产业,实现传统农业向现代特色农业转变。围绕生态宜居,持续推进村容户貌整治、"厕所革命"和农村环境治理。围绕乡风文明,持续深化农村精神文明创建工作,树立健康文明、积极向上的新风尚,加强特色村居、传统村落的保护,挖掘文化内涵,开展镇村历史文化展示工程,留住乡村记忆。围绕治理有效,加快构建乡村基层治理新模式,完善推行自治、法治、德治相结合的联动体系,积极推进网格化服务管理,加快推进城乡环卫一体化步伐。围绕生活富裕,拿出硬招实招,投入真金白银,把发展壮大村集体经济作为提升农村基层党组织力、拖动脱贫攻坚和乡村振兴的重要举措来抓,通过壮大村级财力,增强广大群众致富增收的积极性,促使广大群众积极投身到新时代美丽乡村建设中来。

(六)加强基础设施建设,全力推动城乡融合。坚持优化城镇化布局,推进城镇化建设和管理水平,全力推进林芝镇、米瑞乡新型城镇和美丽乡村、小康示范村、组织活动场所等重点项目建设,计划申报嘎吉村至318国道大桥建设项目。加快乡村

基础设施互联互通,健全全民覆盖、普惠共享的基本公共服务体系,加大对乡村的投资力度,进一步降低城乡差距,重塑城乡关系,把农牧业发展融入到县区性产业链的重要环节。同时,加快推进农村土地确权登记颁证工作,建立规范高效的农村土地所有权、承包权、经营权运行机制,加快农村土地流转经营。全面完成农村集体产权制度改革整县推进试点工作,推进农村集体资产清产核资、明确集体产权所有制、强化集体资产财务管理,稳慎推进集体经营性资产产权制度改革。

（七）继续抓住重点精准发力,坚决打赢"三大攻坚战"。打好"防范化解重大风险、精准脱贫、污染防治"三大攻坚战是全面建成小康社会的关键一步。2020年,我区将继续以高质量发展为方向,打好打赢"三大攻坚战"。持续开展扫黑除恶专项斗争,有效排查预防化解社会矛盾纠纷,有效防范各类安全生产事故,做好突发重大公共安全事件处置和防汛抗旱、森林防火以及气象、地震等防灾减灾工作,保障社会大局安全、和谐、稳定。继续壮大扶贫产业,做好脱贫攻坚巩固提升,健全完善"返贫预警"机制,进一步增强生态环境保护责任意识,建立健全生态保护长效机制,持续推动国土绿化、植树

造林行动,有序推进防护林体系建设项目、防沙治沙项目及重点区域营造林工作,推动形成人与自然和谐发展、县城环境共建共享的良性格局,让人民有更多获得感、幸福感、安全感。积极开展森林防火演练,全面提高应急能力,同时严厉打击破坏森林及野生动物资源的违法犯罪行为,全面落实"河长制""湖长制"工作,加强巡查整治力度,收集完善河湖水资源、水功能区、取排水口、水源地、水域岸线等基础信息,有序开展"一河一策"和"一河一档"编制工作,为落实保护河湖工作奠定基础。

各位代表,面对当前外部环境复杂多变、经济下行压力不减、全区经济发展减速、财政收入减低的局面,我们要看到,随着"一带一路"深入推进,开放合作带来更多机遇,国家更大规模减税降费、促进消费、营商环境改革等政策红利逐步释放,经济发展的积极因素仍不断累积。我们将全面贯彻落实自治区党委、政府和市委、市政府的决策部署,狠抓薄弱环节,在区人大依法监督下,认真执行这次会议的各项决议,攻坚克难、开拓创新,加快解决发展中的突出问题,全力推动经济社会更高质量、更加充分、更可持续发展。

2019 年林芝市巴宜区财政预算执行情况与 2020 年财政预算（草案）的报告

——在林芝市巴宜区第二届人民代表大会第四次会议上

巴宜区财政局

（2019 年 12 月 26 日）

一、2019 年财政预算执行情况

2019 年以来,面对复杂严峻的国内外经济形势及全国减税降费效益明显的情况下,全区各级各部门在区委、区政府的坚强领导下,紧紧围绕区委"2156"工作总思路,依法组织财政收入,认真落实各项预算支出,坚持科学发展,积极保障和改善民生、统筹区域协调发展等重点工作,促进了我区经济社会平稳健康发展。2019 年受减税降费、大型项目陆续完工、一次性收入减少等影响,全年预计完成财政收入 23000 万元,预计同比降低 4500 万元,比减 16.36%。预计完成全年预算的 161.22%,为"十三五"规划的顺利收关,打下了坚实基础,为我区经济发展提供了必要的财力支撑。

（一）2019 年财政收入情况

1. 2019 年巴宜区公共财政预算预计收入 23000 万元,降低 16.36%。其中:

（1）税收预计收入 18000 万元,预计降低 14.02%。

（2）非税预计收入 5000 万元,预计降低 23.83%。

2. 2019 年巴宜区基金预算预计收入 10000 万元,降低 17.1%。其中:

（1）国有土地收益基金预计收入 1184 万元,降低 2.95%。

（2）农业土地开发资金预计收入 92 万元,增加 39.39%。

（3）国有土地使用权出让预计收入 8724 万元,

降低 19.04%。

2019 年,区公共财政预算预计收入 14266 万元,上级税收返还预计收入 2823 万元、上级补助预计收入 92385 万元、动用预算稳定调节基金 16613 万元;政府性基金预算预计收入 10000 万元、政府性基金上级补助预计收入 672 万元。2019 年可支配财力预计为 126087 万元。

（二）2019 年财政支出情况

2019 年,区公共财政预算预计收入 23000 万元,对比年初预算 14266 万元,实现超收 8734 万元,根据《预算法》要求,财政预算超收部分不安排当年支出,已全部调入补充预算稳定调节基金,用于次年预算安排支出。

1. 2019 年区财政预计支出 122507 万元。

（1）一般公共服务支出,预算数为 16929 万元,预计完成数为 25014 万元,完成预算数的 147.76%。主要为区委、人大、政府、政协、纪检委、组织部、宣传部、统战部、乡镇人民政府等部门的人员工资、公用经费、专项经费等支出。

（2）公共安全支出,预算数为 8156 万元,预计完成数为 11867 万元,完成预算数的 145.50%。主要为公检法司等部门的人员工资、公用经费、专项经费等各项支出以及消防、武装部、森警、区中队等单位的业务经费支出。

（3）教育支出,预算数为 3274 万元,预计完成数为 15619 万元,完成预算数的 477.06%。主要为

教育局及下辖9所学校的人员工资、公用经费、政府对教育投入、教育事业费(含营养改善计划、"三包"经费)等各项支出。

(4)科学技术支出,预计完成数为103万元。主要为相关科技经费投入。

(5)文化旅游体育与传媒支出,预算数为755万元,预计完成数为2399万元,完成预算数的317.75%。主要为文化旅游局及下辖事业单位的人员工资、公用经费、新闻出版广播影视、文化活动、文物保护等专项经费支出。

(6)社会保障和就业支出,预算数为9151万元,预计完成数为10407万元,完成预算数的113.73%。主要为民政局、人社局人员工资、公用经费、社保经费财政补贴部分、城乡低保、医疗救助、公益性岗位补贴等社会保障类资金支出。

(7)卫生健康支出,预算为2089万元,预计完成数为4191万元,完成预算数的200.62%。主要包括卫计委、食药局、人民医院、藏医院、疾控中心等部门人员工资、公用经费、医疗卫生各项支出等。

(8)节能环保支出,预算数为186万元,预计完成数为1710万元,完成预算数的919.35%。主要包括环保局人员工资、公用经费、环境监测监察、自然生态保护等各类支出。

(9)城乡社区支出,预算数为1315万元,预计完成数为2078万元,完成预算数的158.02%。主要包括城建局、白玛岗街道办、觉木街道办人员工资、公用经费、民房屋顶改造、村级活动场所建设等经费支出。

(10)农林水支出,预算数为6709万元,预计完成数为33989万元,完成预算数的506.62%。主要包括农牧、林业、水利、扶贫等部门的人员工资、公用经费、农牧业专项、农牧防灾减灾、农机具购置补贴、草原生态保护奖励、森林生态效益补偿基金、"两江四河"流域造林绿化工程、水利工程运行维护、精准扶贫专项经费(含产业、基础建设、生态岗位工资、定向政策补助)、农村综合改革等各类支出。

(11)交通运输支出,预算数为198万元,预计完成数为281万元,完成预算数的141.92%。主要为交通局人员工资、公用经费、专项经费等各类支出。

(12)资源勘探信息等支出,预算数为110万元,

预计完成数为1595万元,完成预算数的1450%。主要为支持中小企业发展支出。

(13)自然资源海洋气象等支出,预算数为292万元,预计完成数为7928万元,完成预算数的2715.07%。主要为自然资源局人员工资、公用经费、土地确权、违章土地治理等各类支出。

(14)住房保障支出,预算数为2614万元,预计完成数为2613万元,完成预算数的99.96%。主要为住房公积金支出。

(15)灾害防治及应急管理,预算数为193万元,预计完成数为432万元,完成预算数的223.83%。主要为应急管理局人员工资、公用经费、安全生产监管和扶持中小企业等各类支出。

(16)预备费,预算数为855万元。

(17)其他支出,预计完成数为2176万元。

(18)债务付息支出,预计完成数为105万元。主要为2016—2017年政府转贷收入利息支出。

2. 2019年基金预算预计支出10000万元。主要为征地拆迁补偿支出和上级下达的社会福利彩票支持社会福利、体育、残疾人等基金支出。

3. 2019年一般公共预算可支配财力预计为126087万元,2019年一般公共预算预计支出122507万元,收支相抵,一般公共预算预计结余3580万元。

4. 2019年政府性基金预算可支配财力预计为10000万元,2019年政府性基金支出预计为10000万元,收支相抵,政府性基金预算结余0万元。

(三)2019年我区财政预算执行主要特点

1. 建立中期财政规划,加强财政预算管理。

不断完善财政预算体系,按照一般公共预算、政府性基金预算收支范围,实行中期财政规划管理,建立跨年度预算平衡机制,规范财政预算标准,针对重大改革、重要政策和重大项目实际,在地方财力有限的情况下,合理安排资金预算使用,特别是针对乡镇层面尚无财政收入,全部依靠县级财力保障的实际,我们将财政预算资金大部分安排至乡镇建设领域,确保了地方各项事务有序开展。切实加强结转结余资金管理,存量资金盘活率达90%以上,统筹用于精准扶贫、义务教育、医疗卫生、生态环保等重点领域。

2. 推进财政改革,提高财政管理水平。

深入推进预决算公开。2019 年,在巴宜区政府门户网站公开 56 家一级预算单位(除涉密信息外)2019 年预算信息,全面接受社会公开监督。开展乡镇财务检查,强化财务风险防控意识。依照区委、区政府指示,我局于 2019 年 2 月赴各乡镇开展财政专项资金检查工作。根据检查情况,制定了乡镇为民办实事资金分配方案,促进乡镇财务规范化管理。开展涉农资金整合。为深入贯彻落实精准扶贫、精准脱贫基本方略,优化财政涉农资金供给机制,提高资金使用效益,编制了《2019 年度统筹整合使用财政涉农资金实施方案》,更好地服务于脱贫攻坚工作。简化资金审批,提高行政效能。为了进一步加强政府投资项目和专项资金管理,切实提高行政效能,继续加大简政放权、放管结合、优化服务等改革力度,加快项目建设,促进经济发展,结合巴宜区实际,制定了《巴宜区财政局关于对简化资金审批程序相关事宜的通知》。

3. 加强风险防控,建立现代财政制度。

加强政府性债务管理。为全面规范地方政府性债务行为,有效控制债务规模,确保风险总体可控,我们先后制定出台了地方政府性债务管理暂行办法和地方政府性债务应急管理制度,严禁以虚假"PPP"合作项目和政府购买服务等方式变相融资,严禁违规使用债券资金,严禁违法违规担保、兜底和承诺行为,定时通报债务规模和风险情况,杜绝出现隐性债务。目前,我区地方政府性债务总额3000 万元,主要为自治区层面转贷债务,债务规模和杠杆率较低,风险总体可控。国库集中支付改革推行良好。我区作为林芝市首个国库集中支付改革试点县(区),目前已成功上线运营两年。在新的资金支付模式下,财政资金通过代理银行实行第三方支付,直达最终收款人,实现了财政资金支付从"逐级转"到"直通车"的重大突破,使预算单位"花钱不见钱",有效提高了预算执行效率和透明度。进一步减税降费。全面完成了国务院取消、调整的部分政府性基金和行政事业性收费项目清理工作,并对地方性税收优惠政策进行梳理取消。

各位代表,过去一年,我们锐意改革,攻坚克难,较好地完成了各项财政工作任务。同时,我们也清醒地认识到,财政运行中还存在不少困难和问题:一是财政收入持续快速增长的基础还不够牢固,需要进一步培植财源;二是财政收支矛盾日益突出,2020 年,受减税降费的持续影响,财政收入增长将面临巨大压力,同时养老金等社保刚性支出不断增大,需进一步精打细算,优化支出结构;三是区域发展不平衡的现象仍然突出,需要进一步完善转移支付制度,加大对欠发达乡镇村的扶持力度;四是部分财政专项资金的使用效益有待提升,需要进一步强化绩效意识,用好每一笔财政资金。对于这些困难和问题,我们将采取有效措施加以解决。

二、2020 年财政预算草案

2020 年是十三五规划收关之年。2020 年我区财政收支预算安排的指导思想是:全面贯彻落实党的十九大和十九届二中、三中、四中全会精神及中央、自治区、市经济工作会议精神,继续以建设经济强区、构建和谐巴宜为总目标,坚持稳中求进,着力扶持实体经济发展,提高经济增长质量和效益;坚持改善民生,着力优化公共财政支出结构,不断提高公共服务保障水平;坚持统筹发展,着力完善转移支付制度,增强乡镇村发展后劲;坚持厉行节约,压一般,保重点,着力降低行政运行成本;坚持深化改革,进一步完善预算管理制度,提高财政资金使用绩效。

(一)2020 年财政收入预算

1. 公共财政预算收入。根据我区经济社会发展计划,2020 年来源于巴宜区的预计财政收入 15696万元,比上年增收 1430 万元,增长 10%,其中:

(1)税收收入 14951 万元,增长 10%。

(2)非税收入 745 万元,增长 10%。

2. 基金预算收入。2020 年预计基金预算收入13000 万元。

3. 可支配财力。2020 年公共财政预算收入15696 万元,上级补助收入 36850.43 万元、动用预算稳定调节基金 3000 万元,2020 年预计基金预算收入13000 万元,2020 年我区可支配财力为 55546.43 万元。

(二)2020 年财政支出预算

1. 2020 年区财政支出预算 55546.43 万元。

（1）一般公共服务预算支出20808.56万元，比上年预算数增加22.92%。

（2）公共安全预算支出17481.32万元，比上年预算数增加114.34%。

（3）教育预算支出2267.17万元，比上年预算数减少30.75%。

（4）文化旅游体育与传媒预算支出963.25万元，比上年预算数增加27.58%。

（5）社会保障和就业预算支出1723.81万元，比上年预算数减少81.16%。

（6）卫生健康预算支出4533.59万元，比上年预算数增加117.02%。

（7）节能环保预算支出301.32万元，比上年预算增加62%。

（8）城乡社区预算支出2767.20万元，比上年预算数增加110.43%。

（9）农林水预算支出3044.82万元，比上年预算数减少54.62%。

（10）交通运输预算支出312.71万元，比上年预算数增加57.93%。

（11）自然资源海洋气象等预算支出467.87万元，比上年预算数增加60.23%。

（12）灾害防治及应急管理预算支出213.61万元，比上年预算数增加10.68%。

（13）预备费预算支出556.2万元，比上年预算数减少34.95%。

（14）债务付息预算支出105万元，较上年预算数无变化。

（三）2020年我区财政支出安排的主要情况

1. 狠抓收入，实现新突破。

依法组织财政收入。适应经济发展新常态，实事求是，确定收入目标，牢固树立科学任务观。从年初开始，贯彻始终，认认真真抓收入。坚持依法提高收入质量，深化收入分析，重点做好景区门票等非税收入的征收工作。完善横向分工协作，纵向紧密联动分析制度。

2. 大力推进财政改革，提高财政管理水平。

一是增强财政统筹能力。进一步清理财政支出项目库，加强预算执行管理，盘活用好财政存量资金，

根据《国务院办公厅关于进一步做好盘活财政存量资金工作的通知》（国办发〔2014〕70号）等文件精神，继续抓好收缴盘活2018—2019年财政存量资金使用工作。二是深入推进预决算公开。2020年，除涉密信息外，所有预算部门的预决算公开，将在人大批复后20日内，通过政府门户网站向社会公开，广泛接受社会监督。三是加快预算执行进度。狠抓预算执行管理，加快预算执行进度，提高预算执行质量。重点抓好发展类项目预算执行进度。需政府采购的项目，提前论证，尽早开展前期工作，对重点项目资金，及早研究实施方案，确保预算执行达到支出进度要求，确保财政资金安全规范使用。四是加快建立现代财政制度。进一步推进财政改革，推动依法行政，提升基层财政管理水平，以达到简化流程，建设效率性机关的工作目标。五是建立健全绩效评价力度。把资金投入到最急需的地方，并让这部分资金发挥最大效益，真正做到让上级部门放心、农牧民满意。树立投入产出理念，通过建立健全绩效评价指标体系、绩效评价制度、绩效评价运用机制，做实绩效管理。总的来说，财政财务的政策、项目、资金，最后都要落实到绩效上。

3. 厉行勤俭节约，严格控制一般性支出。

坚决贯彻中央八项规定精神、区党委"九项规定""约法十章"，认真落实《党政机关厉行节约反对浪费条例》，严格控制一般性支出，切实降低行政运行成本。一是严控"三公经费"。按照"三公经费"及会议费只减不增的原则，2020年安排的"三公经费"、会议费分别不得超过2019年相关预算规模。二是严控会议和培训费。严格执行会议、培训等经费先行审核机制，无预算或超预算的会议、培训等一律不得安排计划和实施。三是严控公务用车。加强公务用车运行和使用管理，严格按照规定用途使用公务用车，切实降低使用和维修保养成本。四是严控公务接待。严格执行《公务接待管理办法》，严格控制公务接待范围，加强对公务接待经费的预算管理，合理限定接待费预算总额。

4. 保驾护航，继续做好精准扶贫保障工作。

为不断扩大脱贫攻坚成果，不断增强乡村经济发展的内生动力，使困难的群众真正断穷根、富长久，2020年，将继续加大精准扶贫工作的资金投入力度。

综　　述

【概况】　巴宜区地处青藏高原念青唐古拉山东南麓,雅鲁藏布与林芝母亲河尼洋河在此相汇,东西长 177.2 公里,南北宽 98.6 公里,平均海拔 3000 米。川藏公路 318 国道和 306 省道横贯全区,距首府拉萨 400 公里,距西南中心城市成都 1700 公里,距林芝机场约 50 公里。区域面积 10238 平方公里,下辖 4 镇 3 乡 2 个街道、73 个村(居)。2019 年末,全区常住人口 65805 人,其中城镇人口 48772 人,乡村人口 17033 人。民族以藏族为主体,聚居着汉、藏、回、门巴等 10 个民族和僜人。

2019 年,巴宜区实现地区生产总值(GDP)84.59 亿元,公共预算收入 2.3 亿元,公共财政预算支出 13.9 亿元。社会消费品零售总额达 31.15 亿元,实现工业增加值 6.36 亿元。招商引资项目投资总概算 34.57 亿元,已到位投资资金 5.43 亿元。农村居民人均可支配收入 20029 元,城镇居民人均可支配收入 33041 元。

2019 年,巴宜区荣获 "全国'七五'普法中期先进县区""第七届全国道德模范提名奖""全国民族团结进步模范集体""全国最美全域旅游取景地""全国乡村旅游重点村" 等国家级荣誉 8 项;荣获 "西藏自治区文明单位""全区检察机关公益诉讼工作先进集体""新中国成立 70 周年大庆安保工作第一阶段集体三等功" 等自治区级荣誉 7 项;荣获 "宣传思想工作先进集体""脱贫攻坚先进集体""'先进双联户'创建评选先进县(区)" 等市级荣誉 37 项,并先后受到各级领导的充分肯定。

【民生福祉】　巩固脱贫成果。2019 年,巴宜区建档立卡贫困户达到 "两不愁、三保障" 并实现动态清零,建立并完善扶贫产业利益链接机制 36 个。有序开展 "三岩" 片区搬迁安置,积极引导搬迁群众融入本地生产生活,166 户 1014 人入住新居。

社会保障。大力促进就业创业,城镇新增就业 799 人、农牧区劳动力转移就业 8263 人次,转移就业创收 4005 万余元,应届高校生毕业生就业率达到 98.19%

教育事业。严格落实本级财政对教育的 20% 投入,巴宜区中学整体提升一期工程建设完成,百巴镇小学素质教育基础设施提升项目一期工程全面启动,全区乡村幼儿园覆盖率达 98.55%。扎实开展控辍保学,义务教育各阶段入学率达 100%,入学巩固率达 100%。全区 60% 以上的中小学与广东省优秀学校建立结对关系。

文化事业。积极推进文化遗产 "八进" 活动,群众保护非物质文化遗产的意识不断提高。申报市级重点文物保护单位 2 个、自治区级非物质文化遗产代表性传承人 4 人。群众文化生活不断丰富,组建村级文艺演出队 12 个,新增各类文艺节目 70 余个。

医疗服务。医疗卫生基础设施不断完善,总投资 1.7 亿元的巴宜区人民医院基本建成,村级卫生室实现全覆盖。"两癌""三病" 筛查实现全覆盖,包虫病综合防治工作进展顺利。"三级" 医院对口帮扶成效显著,免费为群众实施白内障手术 42 例。

家庭医生签约服务率达 95%，巴宜区卫生服务中心通过二级乙等医院终评。国家级慢性病防控示范区、国家级健康促进示范区创建工作通过国家验收。

【产业发展】　农牧产业。2019 年，全区农林牧渔业总产值完成 25497.95 万元，增长 6%，其中，农业产值 12087.66 万元，增长 9.9%；林业产值 368.34 万元，增长 21.2%；牧业产值 12462.95 万元，下降 0.6%；渔业产值 272 万元，增长 240%；农林牧渔服务业产值 307 万元，增长 5.9%。

旅游产业。2019 年，巴宜区卡定沟景区成功创建国家 4A 级景区，柏树王园林景区全面完成提升改造，工布原乡景区完成游客中心、道路等基础设施建设。林芝镇真巴村入选第一批全国乡村旅游重点村名录，"柏树王"获得"世界树龄最长的巨柏"世界纪录认证，圆满完成各类推介活动和 2019 年林芝市第十七届桃花旅游文化节、2019 年西藏林芝雅鲁藏布生态文化旅游节各项工作，旅游形象和品牌影响力得到提升。2019 年，巴宜区接待游客 215 万余人次，旅游总收入 20.34 亿元，增长 2.6%。

商贸物流业。总投资 6 亿元的巴宜区建筑构件产业园市政工程一期建设完成，引进入园企业 40 家。总投资 2.37 亿元的巴吉物流产业园建设一期项目建成投入使用。总投资 2.4 亿元的更章现代农业观光园推进成效明显，带动更章门巴民族乡群众实现增收。

【生态文明】　2019 年，巴宜区村庄庭院绿化实现全覆盖，"绿色篱笆、花果庭院"人居环境改善工程全面启动。城镇生活垃圾处理率和村镇饮用水卫生合格率均为 100%。绿地造林持续推进，"两江四河"

造林 5263 亩，义务植树 2200 亩，森林抚育 1.5 万亩。环境质量水平持续转好，全区水、大气、土壤环境达标率均实现 100%，被国家生态环境部评定为全自治区唯一环境总体"轻微变好"的县区。

【城乡面貌】　2019 年，巴宜区积极探索乡村振兴发展思路，初步完成巴宜区乡村振兴战略实施细化方案编制工作，申报首批乡村振兴项目 20 个。完成村庄规划 66 个、片区规划 4 个。城乡基础设施不断完善，落实政府投资重点建设项目 51 个，完成投资 5.9 亿余元。林芝镇特色小城镇建设项目取得新进展，巴宜区新建公共租赁住房和 8 个村级组织活动场所标准化建设项目稳步推进。8 个小康示范村建设项目全面启动。建设堤坝和护坡 7.24 公里，新建水利项目 15 个，尼洋河干流治理二期工程、巴宜区百朗灌区工程全面建成。巴宜区林芝镇至米瑞乡道路修复、八一镇加乃村大桥新建工程等全面完工，川藏铁路色季拉山段先期征地工作基本完成，行政村道路通畅率达 94%。

【社会稳定】　2019 年，巴宜区始终坚持"稳"字当头，时刻紧绷"维稳弦"，深入开展反分裂斗争，巩固发展民族团结，创新完善社会治理，确保了社会政治大局持续稳定。始终保持打击违法犯罪高压态势，扎实推进扫黑除恶打非治乱等各类专项行动，侦办涉黑涉恶案件 38 起，侦破刑事案件 79 起，人民群众安全感不断增强。加大矛盾纠纷排查调处力度，全年排查各类矛盾纠纷 507 起，化解 460 起，化解率达 91%。受理群众来信来访 34 件，化解率达 82.35%。围绕"治理有效"目标，全面整合基层力量，深入推进群防群治，完善联动联防机制，有效提高了乡村自主治理能力。

（李艳坪）

大事记

1月

3日　巴宜区召开2018年乡镇(街道)党(工)委和区直行业系统党(工)委书记抓基层党建工作述职评议会,林芝市委组织部副部长彭易到会指导工作。巴宜区委常委、组织部部长陈昌茂主持会议,在岗常委及区党建工作领导小组成员、区直行业系统代表、两代表一委员、群众代表、退休干部代表等共68人出席会议。会上,各乡镇(街道)和区直行业系统党(工)委书记分别就2018年抓基层党建工作取得成效、存在问题及下一步工作计划展开了报告述职并进行现场评议。

8日　林芝市委副书记、政府市长旺堆在巴宜区鲁朗镇实地检查指导脱贫攻坚巩固提升及"三岩"搬迁安置工作,并走访慰问了东巴才村已脱贫群众达瓦桑杰一户,走访慰问中,旺堆详细询问了达瓦桑杰一家的家庭、生活、收入、健康等情况,并为他们送去了慰问品、慰问金及相应药品。

6—8日　国务院省级党委政府扶贫开发成效省际交叉考核组河南省考核组在西藏自治区、林芝市脱贫攻坚及相关单位人员的陪同下,对巴宜区脱贫攻坚各行业、各乡(镇)工作进行考核。巴宜区委副书记、政府常务副区长陈涛代表巴宜区委、区政府就巴宜区基本情况以及脱贫攻坚的主要做法、取得成效、存在困难、下一步打算作了详细汇报。考核组分组就精准识别、精准帮扶、资金投入保障到

位方面,特别是教育、医疗、易地搬迁等方面采取有效措施帮助贫困户是否实现"两不愁、三保障"等问题,对布久乡、米瑞乡、鲁朗镇等乡(镇)进行全面细致地检查。

9日　在2019年新春、藏历新年来临之际,巴宜区委副书记、人大常委会主任达瓦带领区委组织部、老干部局、人社局相关人员一行在拉萨市开展"节日送温暖"活动,并召开了喜迎2019年新春、藏历新年座谈会,居住在拉萨市的41名离退休干部职工参加座谈会。

11日　巴宜区委统战部、民宗局以"遵行四条标准,争做先进僧尼"教育实践活动为抓手,牵头组织区林业局(森林公安局)、区司法局及区消防大队组成宣讲团,在5个寺管会开展送法规、送政策进寺庙活动,宣讲内容涉及《中华人民共和国宪法》、新修订的《宗教事务条例》(二、三、四章)、森林防火和林地保护相关法律法规、如何防范电信诈骗、寺庙消防安全和火灾自救逃生等。

同日　由巴宜区文旅局、住建局、发改委、财政局、人社局组成的项目验收组,对巴宜区林芝镇卡斯木村氆氇加工坊升级改造项目进行验收。该项目于2018年10月开工,巴宜区文化局从文化产业专项资金中投入75万余元,历时2个多月时间,完成了一楼加工坊的装修和二楼展示厅的加层改造,项目的建成,改善了林芝镇卡斯木村氆氇加工坊的基础条件,进一步带动群众增收致富。

16日　巴宜区召开"创先争优 强基础惠民"

生活动第八批驻村工作部署大会,区委常委、组织部部长、强基办主任陈昌茂对第八批干部驻村工作和村(居)党支部第一书记工作进行再安排再部署。区直各派驻单位负责人,各乡镇(街道)党(工)委书记、强基办主任、强基干事、区第八批驻村(居)工作队队员和村(居)党支部第一书记,区强基办成员共 240 余人参加会议。

22 日 政协第二届林芝市巴宜区委员会第三次会议在巴宜区党政五楼会议室举行,会议应到委员 86 人,因事因病请假 19 人,实到委员 67 人。区委副书记、人大常委会主任达瓦,区委常委、纪委书记、监委主任米军,区委常委、政府副区长吴永帅,政府副区长次欧、格桑明久,区法院院长周汉军出席大会。会议由区政协副主席张潇文主持。各乡(镇)、街道、区直各部门、企事业单位的主要负责人列席会议。大会听取了区政协主席戴平所作的《政协第二届林芝市巴宜区委员会常务委员会工作报告》、副主席次仁多吉所作的《政协第二届林芝市巴宜区委员会第二次会议以来的提案工作情况报告》,传达学习了全国、全区政协系统党的建设工作座谈会精神和自治区、林芝市两会精神。

23 日 上午,巴宜区第二届人民代表大会第三次会议召开第一次全体代表大会,会议应到代表 103 名,实到代表 72 名,因事、因病请假 31 名,出席人数符合法定人数。区委副书记、人大常委会主任达瓦主持会议,政协林芝市巴宜区二届三次会议全体委员及非人大代表的区委、区政府领导、市级人大代表、各乡镇主要负责人、区直各部门主要负责人列席会议。会上,巴宜区政府区长严世钦代表区政府向大会作工作报告,报告从民生保障、产业成效、城乡建设、改革合作、生态保护、社会和谐六个方面总结了巴宜区政府 2018 年的工作,并对 2019 年的工作作出安排。下午,巴宜区二届人大三次会议第二次全体代表大会召开,区人大常委会副主任德吉尼玛主持会议,会议听取了《巴宜区人大常委会工作报告》《巴宜区人民法院工作报告》《巴宜区人民检察院工作报告》。区委副书记、人大常委会主任达瓦代表巴宜区人大常委会向大会作工作报告,报告从政治建设、依法履职、服务代表、自身建

设四个方面肯定了巴宜区人大常委会 2018 年的工作成果,并对 2019 年的工作进行安排部署。

25 日 为表彰先进,树立典型,进一步巩固"四讲四爱"群众教育实践活动成果,大力营造深入学习贯彻习近平新时代中国特色社会主义思想和党的十九大精神浓厚氛围,巴宜区召开 2018 年"四讲四爱"群众教育实践活动总结表彰大会,表彰在活动中涌现出的"四讲四爱"最美人物、"四讲四爱"群众教育实践活动先进集体、先进个人和优秀宣讲员。区委各部委、区直各单位党组织书记,区"四讲四爱"群众教育实践活动领导小组成员,各乡镇(街道党(工)委书记、宣传委员等共 110 余人参加会议。

26 日 巴宜区委宣传部组织林芝市文联、百巴镇、区文化局、人社局等 11 家单位的干部职工、专家医生和文艺演出人员在百巴镇连别村,举行巴宜区 2019 年文化科技卫生法律和爱国爱教宣传服务"五下乡"活动。活动吸引了连别村及其周边群众 260 余人参加,共发放价值 2 万余元的常用药品、农用物资、文体用品和 3000 余份各类宣传资料。

27 日 西藏自治区人大常委会副主任、林芝市委书记马升昌一行在巴宜区百巴镇和更章门巴民族乡督导检查值班带班和各项维稳措施落实情况,关切询问基层干部职工的工作、学习和休假安排情况。在百巴镇连别村调研了村集体经济、农牧民人均纯收入等情况,要求连别村充分发挥地理优势和资源优势,因地制宜发展种养殖、庭院经济等特色产业,鼓励剩余劳动力通过发展运输转移就业,千方百计拓宽农牧民群众增收渠道,提高工资性收入。

28 日 在春节、藏历新年即将来临之际,巴宜区政协主席戴平一行在林芝镇立定村、曲古村、真巴村等 9 个村开展节前走访慰问活动。此次慰问对象包括村"三委"成员、驻村工作队、"三老人员"及困难党员共 141 名,发放慰问金 63000 元。

2 月

2 日 由巴宜区委、区政府主办,区文化局、工青妇承办的以"欢庆、健康、文明、向上、和谐、奋进"

为主题的"双节"欢庆活动在林芝市福建公园拉开帷幕,舞蹈《绝美工布》《幸福生活向太阳》《祝福》《林芝美》《欢欢喜喜过新年》等节目为广大观众留下了深刻印象,同时还举办了抖音翻滚障碍、蒙眼敲锣、水中捞宝、绑腿跑、猜灯谜等趣味游戏,现场观众积极参与其中,营造了团结友爱、凝心聚力、文明和谐的良好氛围。此次活动共吸引市民群众1000余人观看参与。

1月23日—2月2日　巴宜区"四大班子"领导对全区"三老人员"、青年志愿者、村(居)组织班子成员、困难党员、援藏干部、第一书记、大学生村官、驻村(居)工作队集中开展春节藏历新年慰问活动,共计慰问1084人,发放慰问金50.35万元。

21日　巴宜区委副书记、政府区长严世钦,区委常委、政府副区长扎西朗杰,政府副区长次欧、格桑明久及有关部门负责人一行在百巴镇色贡村("三岩"搬迁点)、伍巴村、银丰农牧藏香猪养殖基地、强嘎村阿姆拉藏香猪养殖基地、增巴村双联户藏香猪养殖合作社、更章门巴民族乡小集镇、门仲村、娘萨村、萨嘎村("三岩"搬迁点)、八一镇加乃村("三岩"搬迁点)、藏香猪养殖基地,督导调研"三岩"易地扶贫搬迁、棚户区改造、藏香猪养殖项目等工作。

3月

8日　西藏自治区党委常委、组织部部长陈永奇一行在巴宜区鲁朗小镇游客服务中心、创客中心调研小镇发展规划、旅游业发展情况。自治区党委组织部部务委员吕叶辉,西藏消防救援总队参谋长扎西平措,林芝市委常委、组织部长刘业强一同调研。

14日　由中共巴宜区委员会、巴宜区人民政府主办,巴宜区委政法委、文旅局承办的以"幸福不忘共产党,阳光路上梦启航"为主题的纪念西藏民主改革60周年专场文艺演出在厦门广场举行。文艺演出在舞蹈《舞动夕阳》中拉开帷幕,欢快的节奏,精湛的表演瞬间点燃了全场的气氛。分别来自巴

宜区乡镇、民间艺术团、退休老干部局等单位演绎了《雪域警魂》《幸福林芝》《这里是歌舞的海洋》等11个精彩节目,用歌声和舞蹈的形式隆重纪念西藏民主改革60周年,展现了改革以来巴宜区经济发展、社会进步、民生改善等方面取得的喜人成就,表达了全区广大干部职工及各族人民群众坚决拥护党,紧跟党的步伐一同迈向新时代的心声。林芝市委副书记谢英,市人大常委会副主任尼玛,政府副市长丁勇辉,市政协副主席央宗等领导出席活动。整场文艺活动历时1小时,吸引了1500余名广大市民观看。

同日　巴宜区人社局举办以"促进转移就业,助力脱贫攻坚"为主题的"2019年林芝市春风行动"旅游行业专场招聘会。巴宜区扶贫开发创业投资有限责任公司、啦咧思餐饮有限责任公司、中国人寿保险股份有限公司(林芝分公司)、中国人民财产保险股份有限公司(林芝分公司)等60家企业提供了副总经理、项目管理员、行政文员等各类岗位800余个。

15日　为充分发挥妇联组织协调优势,巴宜区妇联为1名贫困母亲和2名困难职工发放了"两癌"救助金每人1万元,共计3万元。

16日　巴宜区召开机构改革工作推进会,此次改革细化了资产经费调配、人事安排、深化党的组织机构改革、深化政府机构改革、深化群团组织和事业单位机构改革、深化民主法治领域机构改革、纪律监督等7个专项组和机改办19条工作任务,为全面做好巴宜区机构改革部门办公场所调配、班子配备、人员转隶、集中挂牌、档案移交、新公章刻制和旧公章回收保管、资产清查及划转、预算调整和经费安排、编制"三定"规定等工作打下坚实基础。

25日　西藏自治区党委常委、组织部部长、赴林芝市维稳督导组组长陈永奇一行,在巴宜区林芝镇嘎拉村督导检查维护稳定、桃花旅游文化节安全保卫等工作。

26日　巴宜区觉木街道举办以"党恩道不尽・幸福更绵长"为主题的红歌大赛。此次活动邀请了林芝市人民医院党委、林芝市第三幼儿园党支部、中国电信林芝分公司党支部、林芝市第三退休

党支部、林芝健民医院党支部、双拥路社区党支部及沿河社区党支部共 7 个党支部的 100 多名党群代表参加。

27 日 巴宜区召开三级医院对口帮扶工作座谈会，解放军总医院第六医学中心政委尹令名，东莞市卫生健康局副调研员申洪香，东莞市人民医院副院长周柯，林芝市卫生健康委党组副书记、主任王洪举，巴宜区委副书记、政府区长严世钦，区委常委、组织部部长陈昌茂，巴宜区三级医院对口帮扶领导小组各成员单位负责人参会。

28 日 巴宜区白玛岗街道办组织白玛岗社区、尼池社区、辖区驻居工作队、居民代表和干部职工，通过开展文艺联欢、观看纪念西藏民主改革 60 周年大会等系列活动庆祝西藏民主改革 60 周年。

4 月

1 日 第十七届林芝桃花旅游文化节鲁朗分会场活动在鲁朗国际旅游小镇举行。

同日 巴宜区林芝镇第五届尼洋旅游文化艺术节在林芝镇嘎拉村成功举行，林芝镇 9 个行政村农牧民群众带来了精彩纷呈的歌舞节目，朗欧村表演了《欢庆丰收》，嘎拉村表演了《撸起袖子加油干》，帮纳村表演了《春满林芝》，真巴村表演了《欢乐的海洋》等。歌舞表演结束后，在场观众及游客还参观参与了农牧民体育竞赛、民族手工艺品展览等各种民俗活动。

2 日 巴宜区林芝镇尼洋旅游文化艺术节赛马大会在柳树山庄赛马场开赛。来自 9 个行政村的 18 位骑手参加比赛。在激烈的角逐中，17 号卡斯木村骑手杰布获得比赛第一名。赛马大会除了跑马比赛活动，还有燃枝祈福、欢歌庆贺、围炉聚餐等传统民俗活动。

4 日 巴宜区召开 2019 年"四讲四爱"群众教育实践活动动员部署大会。区四大班子在岗领导，各乡镇（街道）党（工）委书记、宣传委员，区"四讲四爱"群众教育实践活动领导小组各成员单位，各寺管会负责人，区中学、小学负责人代表及区国资

委所属企业负责人，共 70 余人参加会议。受区委书记米次委托，区政协主席戴平出席大会并作动员讲话，区委常委、组织部部长陈昌茂主持会议，区委常委、政府副区长吴永帅宣读了《巴宜区"讲党恩爱核心、讲团结爱祖国、讲贡献爱家园、讲文明爱生活"群众教育实践活动实施方案》。

同日 《林芝县志（2006—2015）》复审会召开。巴宜区委常委、政府副区长吴永帅，林芝市方志办主任张若愚出席会议。各乡镇（街道）、各部门负责人和区方志办工作人员共 60 余人参加会议。会议认为《林芝县志》复审合格，决定原则通过复审。

同日 全国援藏展览馆在鲁朗国际旅游小镇举行揭幕仪式。西藏自治区党委组织部副部长、第八批援藏干部人才总领队郭强，自治区人大常委会副主任、林芝市委书记马升昌，全国十七个地市的援藏工作队领队、代表，泛华集团董事长杨天举，恒大酒店管理集团副总经理、中国旅游饭店业协会监事唐伟良出席仪式并进行揭幕。全国援藏展览馆位于 318 国道旁的鲁朗游客服务中心，是整个鲁朗国际旅游小镇打造红色鲁朗的集中展示区。该馆 2018 年 6 月开始实施建设，历时 8 个月，于 2019 年 2 月落成。展览馆建筑面积 620 平方米，占地面积 330 平方米，分为上下 2 层，展示了全国援藏综述、援藏组团医疗教育、17 省市援藏展示、缅怀牺牲援藏干部等几大板块，展馆以图片、视频、实物展示等方式详细介绍了北京、江苏、广东、上海、山东、黑龙江、吉林、湖南、湖北、安徽、天津、重庆、福建、浙江、辽宁、河北、陕西共 17 个省市 20 多年来的援藏成果和先进事迹，是唯一一座涵盖这么多省市的大型展览馆。

同日 全国援藏文旅连锁超市在巴宜区鲁朗创客双创产业园举行揭牌仪式。西藏自治区组织部副部长、援藏总领队郭强，林芝市委副书记、政府常务副市长、广东省第八批援藏工作队领队许典辉，林芝市政府副市长、广东省第八批援藏工作队副领队黄细花出席活动并揭牌。全国援藏文旅连锁超市总投入 520 万元，占地面积 1400 平方米，整合了西藏自治区七地市 17 个援藏队的 458 种产品、2000 余件商品。

5日 根据巴宜区委、区人民政府安排，由巴宜区民政局、退役军人事务局牵头，组织林芝军分区军人代表、退役军人代表、现役军人家属代表、共青团代表、少先队代表、城区街道代表、农牧民代表、区直各部门党员代表等共180余人在巴宜区烈士陵园举行"缅怀革命先烈·传承老西藏精神"祭奠活动。

10日 巴宜区召开国土"打非治违"专项整治动员部署会。会议由区委副书记、政府常务副区长陈涛主持，在岗县级领导出席会议，各乡镇（街道）党（工）委书记、相关部门主要负责人参加会议。会议通报了巴宜区国土领域存在的问题和国土"打非治乱"专项整治行动领导小组办公室成员名单。

16日 巴宜区召开2019年宗教领域"四讲四爱"暨"遵行四条标准、争做先进僧尼"教育实践活动动员部署会。巴宜区委常委、统战部部长益西江措，政府副区长格桑明久，林芝市委党校讲师格桑次仁出席会议。区委统战部副部长、区民宗局局长洛桑群培主持会议。格桑明久传达了《巴宜区宗教领域"讲党恩爱核心、讲团结爱祖国、讲贡献爱家园、讲文明爱生活"群众教育实践活动实施方案》《巴宜区深入开展"遵行四条标准 争做先进僧尼"教育实践活动方案》，明确了全年目标任务和各项工作要求。全区统战民宗干部、各寺管会及寺庙僧尼代表共30余人参加会议。

22日 巴宜区民政局携手TCL集团、美的集团、西藏文泰商贸有限公司联合开展"企业家电下乡、惠民捐助工程"活动。此次活动TCL集团提供惠民补贴资金100万元，作为购买家电的专项补助，对有购买需求的贫困家庭凭"惠民补贴卡"可享受每台惠民直补500元的优惠。本次惠民补助活动由西藏自治区民政厅与TCL集团在全自治区整体宣讲、推广，共发放惠民卡2000份，惠及巴宜区城乡低保、特困人员、残疾人、重点优抚对象、建档立卡户、公益性岗位人群和边缘户。

24日 巴宜区举行退役军人及其他优抚对象光荣牌悬挂启动仪式，政府副区长格桑明久出席仪式，区直机关企事业干部职工参加活动。

29日 林芝市委常委、宣传部部长、八及弄巴曲市级河长、措木及日湖市级湖长张海波，巴宜区政府副区长、八及弄巴曲区级河长、措木及日湖区级湖长赵政权及八一镇镇级河长、八及弄巴曲沿线村庄河湖长一同开展了四级河湖长巡河湖工作。

同日 由国家投资700万元的巴宜区林芝工布藏族服饰保护利用传习所项目通过终验。该项目政府划拨总用地面积3193.14平方米，其中，建设规模1774.01平方米，是近几年巴宜区最大的非物质文化遗产保护传承项目。

5月

4日 巴宜区召开"青春心向党 建功新时代"纪念五四运动100周年暨2018年工作总结表彰大会，共有来自巴宜区各行各业青年代表、少先队代表200人参加大会。

同日 巴宜区举行纪念五四运动100周年图文展及"争做神圣国土守护者 争做美丽家园建设者"誓言墙签名活动。

6日 由桂强芳全球竞争力研究会（CICC）、香港亚太环境保护协会（APEPA）、香港世界文化地理研究院（ICGA）联合研究评价完成的"桂强芳榜、第十六届（2019）中外避暑旅游目的地排名"在香港向全球旅游者发布。本次榜单包括了2019年全球避暑名城榜、2019中国避暑名城榜、2019中国避暑名山榜、2019中国避暑休闲百佳县四个分榜，其中，林芝市在中国避暑名城中位列第18位（共70个），巴宜区在中国避暑休闲县位列第13位（100个）。

同日 巴宜区人民检察院举行国家司法救助金发放仪式，向被害人发放国家司法救助金，区扶贫办和工商联负责人应邀出席。仪式上，办案检察官介绍了《实施意见》，并表示区检察院要担当好脱贫攻坚的政治责任和司法责任，从检察机关工作实际出发开展司法救助，立足检察职能，为脱贫攻坚作出应有努力。

7日 林芝市卫健委党组书记、副主任边巴卓玛带领调研组一行在林芝镇卫生院、帮纳和达则村卫生室，实地查看精准扶贫、包虫病防治、家庭医生签约等工作,并调研了巴宜区人民医院综合楼新建项目进展情况。巴宜区委常委、政府常务副区长向军等陪同。

同日　巴宜区民间艺术团20名演员带着精心排练的14个歌舞节目,深入到巴宜区中学建筑工地,为20余名建筑工人及500多名师生送上了一场丰富的文化大餐。

8日　巴宜区召开2019年度总河长会议暨河(湖)长制工作安排部署会。区级河长、各乡镇总河长、区河长制办公室成员单位主要负责人参加会议。会议传达了林芝市2019年度河(湖)长制重点工作推进会议精神,通报了河(湖)长制工作中存在的问题,并对全年河(湖)长制工作进行安排部署。

13日　西藏自治区纪委副书记、监委副主任龚会才等一行在巴宜区纪委监委调研指导监督检查和审查调查工作。林芝市委常委、纪委书记、监委主任人选喻昌,市纪委副书记、监委副主任张华磊,巴宜区委副书记、政府区长严世钦,区委副书记、人大常委会主任(人选)荆涛等陪同。

13—14日　巴宜区委副书记、人大常委会主任(人选)荆涛一行对林芝镇、鲁朗镇、百巴镇、米瑞乡、更章门巴民族乡采取实地查看、座谈会和听取汇报等形式,详细询问了各乡镇基本情况、人员配备和日常工作运转情况,重点了解了人大规章制度、乡规民约上墙落实情况和人大工作开展情况等。

16日　巴宜区委召开理论学习中心组第九次(扩大)会议。区委理论学习中心组成员和区直各单位主要负责人共60余人参加学习。会上,西藏欧珠律师事务所主任律师欧珠永青作了题为《开展扫黑除恶专项斗争,创造安全稳定社会环境》的讲座,通过具体案例和数据讲解了扫黑除恶专项斗争有关文件精神、目标任务、基本原则等内容,为深入开展扫黑除恶专项斗争奠定了坚实的理论基础。

21日　巴宜区农业农村局聘请自治区农牧科学院专家其美旺姆在米瑞乡达则村开展"冬青稞(冬青18号)高产栽培及复种技术"培训。全乡12个行政村科技特派员、农民技术员、村"两委"班子共80余人参加培训。

23日　由西藏自治区人大常委会委员、科教文卫副主任鲁韬任组长,自治区教育厅党组成员、副厅长永旦扎巴任副组长的义务教育均衡发展调研组一行8人,在巴宜区中学检查指导义务教育均衡发展等各项工作。巴宜区委常委、政府常务副区长向军,区教育局长顿珠等陪同。

27日　西藏自治区人大常委会副主任、林芝市委书记马升昌一行在白玛岗街道检查指导扫黑除恶打非治乱专项斗争工作。巴宜区委书记米次等陪同。

28日　巴宜区退役军人服务中心举行揭牌仪式,巴宜区委常委、区人武部部长杨镇闻,政府副区长尼玛次仁,区人武部政委苏文等出席活动。

29日　巴宜区召开干部任前集体谈话会,区委书记米次出席会议,区委常务副书记张立鹤宣读区委任职决定,区委副书记、政府常务副区长陈涛宣读政府任免职文件,区人大常委会副主任苏晓峰宣读人大任免职决定,区委常委、纪委书记、监委主任米军作廉政讲话,区委副书记、政府区长严世钦主持会议,会议共有180余人参加。

31日　巴宜区委副书记、政府区长严世钦一行在八一镇加乃村三岩搬迁安置点就林卡项目和搬迁群众的土地整治情况进行专题调研。

6月

2日　西藏自治区人大常委会副主任、林芝市委书记马升昌一行在巴宜区就藏猪产业发展、昌都三岩片区搬迁、建筑构件产业园等工作开展情况进行调研。林芝市委常委、秘书长梅家奎,巴宜区委书记米次等陪同。

3日　巴宜区离退休老干部到西安健康疗养行程圆满结束,共有40名离退休老干部参加活动。

4日　西藏自治区扶贫办主任、区脱贫攻坚指挥部办公室主任尹分水一行在巴宜区布久乡考察扶贫产业项目。巴宜区委书记米次等陪同。

6日　巴宜区总工会组织人员在特困人员集中供养服务中心开展"党建引领,关爱职工"主题慰问活动。此次活动采取升国旗、文体(游园)活动、现场慰问等方式举行,发放活动奖品及慰问金共计9500元。

10日　巴宜区文化和旅游局在综合文化活动中心举行贫困村文化活动室设备发放仪式,共为7个贫困村发放音响设备12套、笔记本电脑4套、台式电脑3套、主席台会议椅10张、会议桌椅35套,总价值14万元。

11日　民政部社会组织管理局工作组一行在巴宜区,就城乡低保专项整治工作开展情况进行实地调研。西藏自治区民政厅社会救助处、巴宜区民政工作分管领导陪同。

同日　参加中国西藏发展论坛近100人的中外嘉宾乘车到八一镇巴吉村参观考察,实地感受西藏民众生活、经济社会发展和生态环境保护等方面的发展状况。

12日　巴宜区委书记米次主持召开配合中央扫黑除恶第十三督导组开展工作动员部署会。区委副书记、人大常委会主任(人选)荆涛,区政协主席戴平,市公安局党委委员、区委常委、政法委书记、公安局局长旺青,区委常委、组织部部长陈昌茂,区委常委、纪委书记、监委主任米军出席会议,区委、人大、政府、政协有关县级领导和扫黑除恶专项斗争领导小组各成员单位负责人参加会议。会议传达学习了中央扫黑除恶第十三督导组督导西藏自治区工作动员会精神、林芝市扫黑除恶专项斗争视频推进会精神,并对配合中央扫黑除恶第十三督导组开展工作进行了再安排再部署再强调。

14日　林芝市医保局局长蒲前亨带领调研组一行,在巴宜区卫生服务中心、藏医院、八一镇卫生院等地,检查医疗保险政策法规落实、医疗行为规范、特殊住院人群服务和打击欺诈骗保行为等工作开展情况。

16日　西藏自治区人大常委会副主任李文汉带领调研组一行在巴宜区调研,林芝市人大常委会副主任才佳、巴宜区委副书记、人大常委会主任(人选)荆涛等陪同。

同日　西藏自治区生态环境厅党组书记胡为民带领调研组对巴宜区生态环境保护工作开展调研,巴宜区政府副区长次欧及区生态环境保护局主

要负责人陪同。调研组首先对中央生态环境保护督察反馈问题进行现场核查,随后调研组到八一镇恰巴村宇高生态农业开发有限公司现场了解畜禽养殖粪污资源化利用工作开展情况。调研组充分肯定了巴宜区在中央、自治区两级环保督察整改、污染防治攻坚战、饮用水源地保护等方面所做的工作,并要求巴宜区再接再厉,进一步理清职责、划转职能、加强队伍建设,以新担当新作为,坚决打好污染防治攻坚战,守护好巴宜区蓝天、碧水、净土。

17日　国务院扶贫办党组书记、主任刘永富一行在巴宜区嘎啦村出席西藏自治区深度贫困地区脱贫攻坚现场推进暨深化对口援藏扶贫工作现场会。

18日　巴宜区组织召开第八批援藏干部期满座谈会,区委书记米次出席会议,区委副书记、政府区长严世钦主持会议,区四大班子成员、受援单位负责人和第八批援藏工作组、群众代表参加会议。米次对第八批援藏工作组的艰辛付出表示衷心感谢,并对第八批援藏工作组三年来援藏工作取得的成绩给予高度肯定,同时鼓励全体援藏干部继续发扬援藏精神,奋发有为、再立新功。区四大班子领导向第八批援藏工作组敬献了哈达,白玛岗街道、尼池社区居委会和布久乡麦巴村村委会为第八批援藏工作组送上感谢锦旗。

17—18日　国务院经济普查办一行16人在巴宜区开展数据质量抽查工作。此次抽查对象共有4个普查小区、70家个体、企业事业单位。主要抽查内容一是小区内单位是否存在错报、漏报;二是主要经济指标填写是否准确无误;三是单位性质是否鉴定准确,行业编码及经济活动代码是否填写准确;四是计算机平台、手持电子终端、纸介质报表、单位财务报表数据是否机表一致。

19日　为庆祝新中国成立70周年,纪念西藏民主改革60周年,充分展现党的十八大以来,以习近平同志为核心的党中央治边稳藏重要论述在西藏的成功实践和丰硕成果,由西藏自治区党委宣传部、区文化厅等单位主办的主题文艺《共产党来了苦变甜》巡演组,在巴宜区进行首场演出。西藏自治区文化厅厅长岗青,林芝市委常委、宣传部长张

海波,市人大常委会副主任才佳,政府副市长丁勇辉,巴宜区委书记米次,区政协主席戴平,区委常委、组织部长陈昌茂等领导及巴宜区直部门干部职工、农牧民群众、离(退)休老干部代表共 400 余人观看演出。

20 日　林芝市委副书记、政府市长旺堆一行在巴宜区八一镇加乃村三岩搬迁安置点看望慰问搬迁群众。

21 日　中央扫黑除恶督导组一行在巴宜区公安局督导检查扫黑除恶专项斗争开展情况,并观看了巴宜区扫黑除恶专项斗争展板和文化走廊。

22 日　巴宜区文旅局以“文化和自然遗产日”为契机,在八一镇福建公园开展“魅力非遗·传承发展”为主题的工布毕秀竞技比赛暨文化遗产保护、宣传“八进”活动。活动吸引了广大群众和响箭爱好者慕名前来参观。本次比赛共有 6 支代表队参赛,每队由 20 名身着工布盛装的队员(射手、箭舞、箭童)组成,经过 5 轮激烈角逐,布久麦巴村响箭传承队、普拉民间响箭传承队、百巴工布卓玛农家乐响箭传承队分别获得了此次比赛的团体冠亚季军。布久麦巴村响箭传承队的罗布、普拉民间响箭传承队的其布,分别以个人 56 分和 32 分获得了“箭神”称号。活动现场还开展了观众体验古老响箭、非遗和文物保护知识有奖问答、非遗项目展示等活动。

24 日　巴宜区委常委、政府副区长、“三岩”搬迁工作领导小组办公室主任扎西朗杰主持召开“三岩”片区易地扶贫搬迁第四批入住安排部署会。区人大常委会副主任、“三岩”搬迁工作领导小组办公室副主任苏晓峰,政府副区长、“三岩”搬迁工作领导小组办公室副主任次欧和领导小组各成员单位负责人参加会议。会议传达了《关于做好第四批搬迁相关事宜的通知》《关于印发贡党县跨地市搬迁行程安排的通知》《林芝市巴宜区“三岩”片区跨市整体易地扶贫搬迁入住工作实施方案》;听取了百巴镇及各相关部门关于搬迁入住前准备情况汇报。

26 日　公安部党委委员、副部长孟庆在巴宜区学院路派出所视察全国公安工作会议精神贯彻落实情况,实地调研基层派出所工作。

同日　巴宜区组织召开村(居)党支部书记和第一书记培训会,全区 52 个村(居)党支部书记和第一书记共 90 余人参会。会上,部分优秀村党支部书记、第一书记、驻村工作队长代表结合自身工作实际和体会作交流分享;巴宜区纪委以发生在群众身边的典型事例为切入点,教育和引导与会人员加强自身学习,主动担当作为,持续加强党风廉政建设。会议强调,党支部书记、第一书记要引领村(居)走好“正路”和“富路”,结合正在开展的“不忘初心、牢记使命”主题教育,准确定位、主动作为、团结一心,大力发展壮大村集体经济,为推进乡村振兴战略提供坚强组织保证和产业保障。

27 日　百巴镇全体干部职工和各村群众代表,在嘎吉村举行欢迎仪式,热情迎接“三岩片区”搬迁群众。上午 11 时许,满载着搬迁群众和行李的大巴车、卡车缓缓驶入百巴镇嘎吉村,干部职工和群众代表夹道欢迎,掌声、欢呼声响成一片。搬迁户一下车,全镇干部职工和各村群众明确分工,热情帮助搬迁户搬运行李、清洁卫生,带领他们前往各自的新宅,让搬迁群众充分感受到了党和政府的关心和温暖。

28 日　巴宜区召开 2019 年“四讲四爱”群众教育实践活动第一、二节点转段工作推进会,总结全区“四讲四爱”群众教育实践活动第一节点工作开展情况,安排部署下一阶段工作。会议由区委副书记、人大常委会主任(人选)、区“四讲四爱”群众教育实践活动领导小组副组长荆涛主持,区委书记米次出席会议。区“四讲四爱”群众教育实践活动领导小组成员,各乡镇(街道)党(工)委书记,各区直单位负责人,各中小学“四讲四爱”负责人,各寺管会负责人,各国有企业负责人,区“四讲四爱”活动办全体工作人员共 64 人参加会议。

29 日　第八批、第九批援藏干部迎送大会在东莞文化活动中心召开,区委书记米次出席会议,区委副书记、政府区长严世钦主持会议。第八批、第九批全体援藏干部,巴宜区在岗县级领导,各乡镇(街道)党政主要负责人、区直各单位负责人参加会议。会上,区委常委、组织部部长陈昌茂介绍了广东省第九批援藏工作队巴宜区工作组全体成员,广东省第八批援藏工作队巴宜区工作组组长张立鹤、工作组成员和第九批援藏工作队巴宜区工作组组长卢达明分别发言。

30日　以清华大学中国农村研究院副院长张红宇为组长的国家农村集体产权制度改革督导组一行，在巴宜区林芝镇嘎拉村和鲁朗镇扎西岗村检查指导工作。西藏自治区农业农村厅副厅长金文成等陪同。

同日　林芝市委副书记、政府常务副市长、广东省林芝市第九批援藏工作队领队刘光明一行，在巴宜区布久乡参观、指导小康示范镇建设情况。巴宜区政府副区长王胜等陪同。布久乡小康示范镇建设项目是由广东省第八批援藏工作队巴宜区工作组东莞市对口援建，项目总投资4163万元。该项目于2017年3月正式启动，2018年12月基本完工，已完成总投资的98%。

7月

2日　巴宜区召开2019年度国防动员委员会第一次全体会议，区委书记、国动委主任、人武部第一书记米次出席会议，区委副书记、政府区长、国动委常务副主任严世钦主持会议，区国动委副主任、委员共47位参会。会上，严世钦宣读了《中共林芝市巴宜区委员会国防动员委员会成员名单》；区人武部政治委员、国动委副主任苏文宣读了《巴宜区"精武民兵"群众性练兵比武活动方案》；区人武部部长、国动委副主任杨镇闻总结了巴宜区国防后备力量建设情况，并对下半年工作进行安排部署。

同日　为宣传表彰基层干部先进典型，经过层层推荐、公示审核，巴宜区对涌现出的一批满怀激情干事创业、带领群众增收致富、维护社会和谐稳定、大力加强基层基础工作的3名优秀村党组织书记和1名机关党支部书记进行表彰。巴宜区在岗区直单位主要负责人、各乡（镇）街道党委书记、各村（居）党支部书记共123人参加会议。

3日　巴宜区180多名干部职工冒着大雨，早早地来到了第八批援藏干部下榻的酒店，热烈欢送

第八批援藏干部离藏返乡。巴宜区委书记米次，区委副书记、政府区长严世钦，林芝市公安局党委委员、区委常委、政法委书记、公安局局长旺青，区委常委、组织部部长陈昌茂，政府副区长、发改委主任王胜等前来送行。

4日　巴宜区举行2019年第一期科技特派员培训班开班仪式。林芝市科协技术局副局长普琼，市科协技术局专家旦真次仁，巴宜区科学技术局副局长仁青巴珍等参加开班仪式，来自各乡镇40余名科技特派员参加培训。

2—4日　巴宜区组织全区党员干部、群众代表计450余人集中观看了红色影片《周恩来回延安》，让党员们重温战争岁月，了解和学习老一辈革命家的红色斗争精神，坚定理想信念、不忘初心、牢记使命、担当作为，以更加饱满的工作热情投入到各项工作中来。

11日　西藏自治区人大常委会副主任纪国刚一行在巴宜区，就《中华人民共和国预防未成年人犯罪法》和《西藏自治区实施〈中华人民共和国预防未成年人犯罪法〉办法》贯彻落实情况进行检查指导。巴宜区委书记米次等陪同。

同日　在2019"一带一路"中国拉萨国际攀岩大师赛女子攀石决赛中，巴宜区布久乡选手白玛玉珍荣获冠军。

14日　西藏自治区党委书记吴英杰一行在巴宜区百巴镇调研"三岩片区"易地扶贫搬迁工作。

同日　林芝市委副书记、政府常务副市长、广东省第九批援藏工作队领队刘光明一行在巴宜区人民医院调研在建项目进展情况。巴宜区委副书记、政府区长严世钦等陪同。

16日　巴宜区司法局联合巴宜区人民法院举行新任人民陪审员任命暨宣誓大会，向新任的63名人民陪审员颁发任命证书。

18日　全国政协副秘书长、书画室副主任刘家强带领全国政协书画室考察组一行13人，在巴宜区开展以"人与自然生态和谐共处""自然风光"等为主题的采风写生活动。西藏自治区政协副主席桑杰扎巴，林芝市政协党组书记、政协主席候选人谢英，巴宜区政协主席戴平等陪同。

同日　西藏农牧学院、巴宜区米瑞乡联合开展惠民政策现场宣讲和文艺汇演活动。此次活动重点宣讲了"四讲四爱"教育实践活动、养老保险相关政策、失业保险宣传手册、社会保障一卡通、消防知识、医疗救助政策、国土知识宣传手册、女性健康及儿童安全知识手册等内容，均以知识问答的形式开展。

19日　巴宜区召开2019年妇女儿童工作委员会全体会议，区委副书记、政府常务副区长杨兴会，区人大常务委员会副主任乔德吉出席会议，巴宜区直各单位委员、联络员，各乡镇、街道妇女联合委员会主席共70余人参会。会议宣读了巴宜区人民政府妇女儿童工作委员会工作规则，并签订了2019年《两规》实施目标责任书。

同日　巴宜区委老干部局组织28名离退休老同志召开"我看新中国成立70周年新成就"专题座谈会，观看了《2018年巴宜区经济社会发展》影片。座谈会上，6名老同志结合各自实际，畅谈了旧西藏农奴制和社会主义制度的前后对比及新旧西藏妇女地位巨大转变等，切身感受了中华人民共和国成立70周年特别是西藏民主改革60周年以来巴宜区人民群众的幸福生活。

20日　由巴宜区纪委监委主办，巴宜区教育体育局、巴宜区中学承办的巴宜区首届"清莲杯"八人制足球赛，在巴宜区中学足球场开幕。本届足球赛是推动干部职工足球运动的一次盛会，也是对全区广大干部职工身体素质和精神风貌的一次检阅，更是一次展示各参赛单位团队精神、群体意识、竞争意识、顽强拼搏精神的盛会。

同日　由林芝市政协党组成员、副主席达瓦带领市政协文史委视察团在巴宜区，就食品"三小一摊"市场监督管理工作、维护"舌尖上的安全"等开展专题监督式协商活动，巴宜区政协主席戴平、政府副区长格桑明久及相关部门负责人陪同。

22日　巴宜区召开2019年招商引资工作第二次推进会，区委副书记、政府常务副区长杨兴会主持会议，区招商引资工作领导小组副组长、政府副区长王胜及成员单位主要负责人参加会议。

23日　巴宜区喇嘛岭寺体育健身工程项目开工建设，建设内容为新建一间90平方米健身房，配置室内健身器材和室外全民健身器材，总投入47.6万元，全部为西藏自治区党委统战部和自治区体育局投资。

24日　西藏自治区政府副主席多吉次珠先后在巴宜区八一镇唐地村、八一镇公众村工布圣香合作社，调研基层文化站、村级艺术团工作。林芝市政府副市长丁勇辉，市区两级文化旅游部门负责人陪同。

26日　为进一步加强巴宜区基层宣传思想文化工作和精神文明建设，打通宣传群众、教育群众、关心群众、服务群众的"最后一公里"，提升群众文明素质和社会文明程度，巴宜区举行新时代文明实践中心揭牌仪式。区委常委、组织部长陈昌茂出席仪式并讲话，各乡镇（街道）党（工）委书记、宣传委员，区直各部门负责人，区委宣传部全体干部职工参加揭牌仪式。

25—26日　内蒙古自治区呼和浩特市新城区政协党组书记、主席杨祥麟带领考察组一行10余人在巴宜区考察交流工作。巴宜区政协党组书记、主席戴平等陪同。考察组先后在喇嘛岭寺管会、鲁朗镇，实地考察了巴宜区创新寺庙管理、生态景区开发与保护、生态园林保护、乡村旅游发展等情况。

25—27日　西藏自治区党委统战部副部长、西藏佛学院党委书记张良田带领督查工作组一行，在巴宜区督查宗教工作重点任务落实情况。林芝市委常委、统战部部长达瓦等陪同。

28日　由文化和旅游部主办的全国乡村旅游（民宿）工作现场会在四川成都战旗村召开。会上，由文化和旅游部、国家发展和改革委员会确定的第一批全国乡村旅游重点村名单正式发布，巴宜区林芝镇真巴村、波密县古乡巴卡村上榜。

29日　由巴宜区纪委监委主办，区文旅局、巴宜区总工会协办的巴宜区第二十四个党风廉政建设宣教月"新时代、清风颂"廉政歌咏合唱比赛在区文化活动中心举行。区委书记米次，区政协主席戴平，区委常委、宣传部部长周必容，区委常委、政府副区长吴永帅，区人大常委会副主任德吉尼玛，区政协副主席、米瑞乡党委书记卢俊平，区人民法院党组书记、院长周汉军等县级领导出席活动,区委常委、纪委书记、监委主任米军致辞。比赛在巴宜区党委系统《明天会更好》歌声中拉开帷幕,来自巴宜区各单位的 12 个代表队共 300 余人参加此次活动。

30 日　东莞市中医院对口帮扶调研座谈会在巴宜区召开,巴宜区委副书记、政府常务副区长杨兴会主持会议。会上,签订了对口帮扶协议,明确了对口帮扶总体目标、时间节点、任务内容、量化考核评价指标,将帮扶任务具体到专科建设、项目落实、技术培养等。

31 日　巴宜区人大常委会组织召开区二届人大三次会议代表建议督办会,对 23 件人大代表建议进行集中督办。区委常委、政府副区长吴永帅,区人大常委会副主任德吉尼玛、乔德吉出席会议,提出建议的人大代表、各建议承办单位主要负责人参加会议。

25—31 日　巴宜区政协主席戴平,区委常委、政府常务副区长向军,区人大常委会副主任德吉尼玛,政府副区长尼玛次仁,政府副区长、八一镇党委书记赵政权分别带队,对辖区驻地官兵进行走访慰问,向他们致以诚挚的问候和节日的祝福,并发放慰问品和慰问金共计 2.5 万元。

8 月

1 日　中央党校培训部副主任李清池带领中央党校调研组一行,以实地考察、个别访谈的形式,先后在巴宜区八一镇巴吉村和觉木街道办就村级组织活动场所建设、村集体经济发展和城市党建开展情况、社会治理等内容进行调研并提出指导意见。

同日　巴宜区农业农村局、西藏临沭农机推广有限公司在布久乡杰麦村开展农业机械现场观摩学习活动,农机专业合作社及种植大户共 80 余人参加活动。活动展示了新型机械五位一体播种机、旋耕机、扬场机、圆捆打捆机、液压翻转犁、深松免耕施肥播种机等 6 台大型新型农机具,并由西藏临沭农机推广有限公司技术员对安全操作技能及使用规则进行讲解。

2 日　为表彰先进、选树典型,巴宜区召开上半年"遵行四条标准 争做先进僧尼"教育实践活动表彰大会。政府副区长格桑明久主持会议。区宗教工作领导小组成员单位负责人,受表彰的先进集体和先进个人代表参加会议。区委、区政府授予白玛赤烈等 62 名僧尼"优秀僧尼"称号,授予巴桑卓嘎等 10 名同志"优秀驻寺干部"称号,授予喇嘛岭寺管会等 3 家管委会"先进组织单位"称号,授予喇嘛岭寺等 5 座寺庙"模范寺庙"称号。

4 日　世界柏树王园林巨柏"拉辛秀巴"被世界纪录认证为"世界树龄最长的巨柏"。世界纪录认证机构代表现场宣布了认证结果,并向巴宜区颁发了认证证书,现场农牧民群众及游客手捧哈达庆祝这一盛事。受认证的巨柏"拉辛秀巴"树龄 3200 年,2018 年 4 月被全国绿化委员会办公室、中国林学会评为"中国最美古树"之一,2018 年 11 月被上海大世界吉尼斯总部评为"中国树龄最长的巨柏"。

13 日　解放军总医院第六医学中心田光主任带领义诊队一行,在巴宜区卫生服务中心开展义诊活动,此次义诊团涉及康复科、心内科、呼吸内科、眼科、高压氧科 5 个专科领域专家,义诊活动为期 3 天,义诊人数 420 余人次,免费发放药品价值 2 万余元。

10—13 日　鲁朗镇政府举办"第三届鲁朗工布牧歌民俗文化旅游节"。此次活动主要内容有开幕式、工布传统文化展、响箭比赛、赛马比赛、大型林卡休闲活动、民俗体育趣味活动、望果节、千人石锅宴、篝火晚会等。

12—14 日　林芝市委组织部副部长赵敬一行在巴宜区 6 个乡镇机关、2 个街道和 10 个村居、2 个社区,就基层党建重点工作开展、强基惠民工作和村级组织活动场所标准化建设工作现状等情况进行为期 3 天的走访调研。

15 日　西藏军区副司令员土旦赤列一行在巴宜区人武部,专题调研人武部全面建设特别是国防后备力量建设情况。巴宜区委书记、区人武部第一书记米次,区委常委、人武部部长杨镇闻,政府副区长赵政权,区人武部政委苏文陪同。

20日 巴宜区委常委会召开第37次会议,会议听取了区政协、区委政法委、区委组织部等部门工作开展情况汇报。区委书记米次对近期重点工作进行安排部署。会议还审定研究了区委统一战线工作领导小组2019年工作要点、工作规则及工作细则和区委、区政府领导工作分工等事项。

23—24日 巴宜区民政局结合"不忘初心、牢记使命"主题教育活动,由区残联牵头在百巴镇、布久乡举行以"残疾预防,从生命源头做起"为主题的第三次全国残疾预防日宣传教育活动。西藏自治区残疾人康复服务中心副主任罗布等9位专家及林芝市残联党组成员、副理事长陈建国等参加活动。此次活动为43名残疾人发放了辅助器具,包括成人轮椅11个、儿童轮椅2个、各类助听器17台、各式拐杖9根、盲杖3根、坐便器1个。

26日 巴宜区召开2019年"四讲四爱"群众教育实践活动第二、三节点转段工作推进会,会议总结了全区"四讲四爱"群众教育实践活动第二节点工作开展情况,安排部署了第三节点工作。区委常务副书记卢达明主持会议。区"四讲四爱"群众教育实践活动领导小组成员,各乡镇(街道)党(工)委书记、宣传委员,各区直单位负责人,各中小学"四讲四爱"负责人,各寺管会负责人,各国有企业负责人,区"四讲四爱"活动办全体工作人员共74人参加会议。

28日 西藏自治区人大常委会副主任、林芝市委书记马升昌一行,在巴宜区信访局、巴宜区国安指挥部等地,检查指导新中国成立70周年大庆相关工作。林芝市委常委、秘书长梅家奎,巴宜区委副书记、政府区长严世钦陪同。

同日 在天津市举行的全国第十届残疾人运动会暨第七届特殊奥林匹克运动会男子垒球12岁至15岁年龄组比赛中,巴宜区八一镇加当嘎村残疾儿童尼玛乔奋勇拼搏,在强手如林的赛场上,以骄人的成绩为西藏代表队赢得一枚金牌。

29日 西藏自治区人大常委会副主任、林芝市委书记马升昌先后深入市科技示范园和八一镇多布村蓝莓种植基地,调研特色产业发展情况及带动

群众增收情况。林芝市委常委、秘书长梅家奎,市政府副市长扎西达杰一同调研,巴宜区委副书记、政府区长严世钦陪同。

同日 林芝市政协党组书记、政协主席候选人谢英一行在巴宜区政务服务中心检查指导工作。林芝市、巴宜区两级行政审批和便民服务局相关负责人陪同。

同日 巴宜区举办庆祝中华人民共和国成立70周年暨"礼赞新中国·奋进新时代"主题演讲比赛。区委常务副书记卢达明,区委常委、政府副区长吴永帅出席活动。来自各乡镇(街道)、各行业系统的13名参赛选手参加此次演讲比赛。

同日 林芝市委常委、组织部长刘业强一行3人在党木街道调研城市基层党建工作。巴宜区委常委、组织部长陈昌茂等陪同。

9月

3日 巴宜区组织召开迎接中央精准扶贫督查巡查工作部署会,传达上级领导讲话精神,安排部署迎检工作。区委书记米次主持会议,市脱指办社扶科科长罗停月应邀出席会议。巴宜区四大班子在家领导,各乡镇(街道)、区直各单位负责人参加会议。

同日 在中秋佳节即将来临之际,77575部队官兵代表在巴宜区林芝镇真巴村开展节前慰问走访活动,向真巴村退役老军人、五保户、孤儿和70岁以上老人发放了价值8000余元的大米、小麦粉、食用油等慰问品。

5日 第七届全国道德模范座谈会在北京举行,林芝市巴宜区中学原党总支部书记索朗朗杰荣获全国道德模范提名奖。索朗朗杰生前系林芝市巴宜区中学原党总支部书记,男,藏族,1967年6月出生,中共党员,大学学历,西藏拉萨尼木县人。2018年7月1日,他重病缠身,却仍然主持学校"七一"主题党日活动,带领全体党员重温入党誓词。2018年11月30日,年仅51岁的索朗朗杰倒在了工作岗位上。2019年,索朗朗杰被评为西藏自

治区"时代楷模",入选中华人民共和国成立 70 周年"最美奋斗者"候选人。

同日　巴宜区委统战部组织寺管会党员干部和寺庙僧尼到林芝军分区军史馆参观学习,参观过程中,军史馆讲解员为大家详细讲解了军分区的历史沿革、领导名录、战斗历程、主要业绩、新时代风貌、英雄名录等。一件件实物、一张张图片,再现了军分区在西藏民主改革等过程中的不畏艰难,以及在脱贫攻坚、教育、医疗等各个方面的带头模范作用,令在场党员干部和寺庙僧尼深受鼓舞。通过参观军史馆,使所有党员干部、寺庙僧尼深切感受到,国无防不立、民无防不安,没有中国共产党 90 多年的砥砺奋斗,没有强大的国防,就没有西藏安定团结的大好局面,更没有我们今天的幸福生活。

10 日　西藏自治区人社厅厅长李富忠一行在巴宜区人社局调研指导工作。调研中,李富忠详细询问和了解了巴宜区养老保险、治欠保支、就业等具体业务情况,对人社局党建工作、办公环境及工作人员精神面貌给予了充分肯定,并鼓励人社干部职工要继续发扬优良的工作作风,以扎实、勤廉、务实的姿态,树立人社良好形象,更好地为人民群众服务。

同日　巴宜区召开庆祝全国第 35 个教师节文艺汇演暨表彰大会。区委书记米次,区委副书记、政府区长严世钦等出席会议,区教育局、区中小学、幼儿园教职工及学生和家长代表共 480 余人参加会议。会上,区教育局局长顿珠通报了《2018—2019 学年各类考试成绩情况》;区委常委、政府副区长吴永帅宣读了区委、区政府的表彰决定,对巴宜区优秀校长、优秀教师、模范班主任、乡村幼儿教育先进工作者、师德标兵、优秀教育工作者、优秀工勤人员共 7 个奖项的 75 名教师进行表彰奖励。

8 月 30—9 月 5 日　巴宜区商务局协调区应急管理局、公安局和林芝市生态环境局巴宜区分局组成联合检查组,对巴宜区商务领域进行为期 5 天的安全生产"百日大检查"以及扫黑除恶线索摸排工作。此次检查组先后对巴宜区 16 家再生资源回收有限公司、11 家加油站进行安全生产检查,主要对企业是否落实《安全生产法》有关规定,是否建立安全生产主体责任制,是否存在较大危险因素的生产场所、设施或者设备,是否存在重大危险源并建立台账,是否建立并组织实施了本单位事故隐患排查治理制度等 5 个方面进行全面排查,同时对各企业扫黑除恶线索进行摸排。

11 日　林芝市政协副主席、市第一督导组组长央宗一行在巴宜区国安指挥部、扫黑办、八一镇、退役军人事务局、检察院、米瑞乡、德木寺等地就值班备勤、脱贫攻坚、村集体经济等工作开展情况进行督导检查。巴宜区委书记米次,区委常委、政法委书记、公安局局长旺青,区政协副主席、米瑞乡党委书记卢俊平陪同。

16 日　林芝市人大常委会副主任次旺晋美,市人大社会建设委员会副主任熊灿文一行,在巴宜区基层检查就业"一法一办法"贯彻落实情况。巴宜区委常委、政府常务副区长向军等陪同。

17 日　为确保新中国成立 70 周年大庆期间意识形态领域绝对安全,西藏自治区教育厅思想政治工作处副处长袁天虎及区党委宣传部文化安全监管处主任科员杨剑一行在巴宜区开展 2019 年"扫黄打非"第二次联合专项检查。林芝市委宣传部部务会成员谷立辉,巴宜区委宣传部常务副部长扎西群培,区网信办、区"扫黄打非"办、区文化市场综合执法大队、区教育局、区治安大队负责人陪同检查。

同日　巴宜区委政法委联合区综治成员单位,在厦门广场开展以"喜迎建国 70 周年 全力构建平安林芝"为主题的 2019 年"9·16"平安西藏宣传日集中宣传活动。

同日　巴宜区人大常委会党组和人大机关党支部以"情系民生守初心,心怀群众担使命"为主题开展党日活动,对百巴镇嘎吉村和更章门巴民族乡娘萨村"三岩"片区易地扶贫搬迁群众进行慰问。区委副书记、人大常委会主任(人选)荆涛率区人大常委会班子成员德吉尼玛、吕宏、乔德吉以普通党员身份参加此次活动。活动中,人大机关全体党员自愿募捐 7300 元,为结对帮扶的 8 户"三岩"片区易地扶贫搬迁群众送去了清油、大米、糌粑等生活用品。

18 日　西藏自治区党委常委、纪委书记、区监委代理主任王卫东带队区党委"不忘初心、牢记使命"主题教育第四巡回指导组一行9人在巴宜区开展巡回指导工作,并听取了巴宜区主题教育工作开展情况汇报。林芝市委常委、纪委书记、市监委代理主任喻昌,市委组织部副部长古桑朗卓、彭易,巴宜区四大班子在岗领导、区委"不忘初心、牢记使命"主题教育活动领导小组成员、区委主题教育巡回指导组组长、副组长共55人参会。

19日 西藏自治区统计局局长索朗扎西、林芝市统计局局长熊义东一行在巴宜区检查指导统计工作。

同日 林芝市政府副市长、市公安局党委副书记、局长、督察长任卫东在巴宜区调研公安基层基础工作。市公安局党委委员、巴宜区委常委、政法委书记、国安办主任、公安局党委书记、局长旺青,市公安局交警支队支队长阿江,区公安局党委委员、八一镇派出所所长杜元武,市公安局治安支队"三化办"、区公安局办公室、治安大队等部门负责人陪同。

20日 广东省人民医院党办主任张忠林、团委书记马萍协带领2名志愿者与巴宜区团委2名工作人员一同,在更章门巴民族乡完全小学,对全校208名学生进行助学物资捐赠。共捐赠书包、文具类210套,价值3万元。

22日 巴宜区总工会联合林芝市总工会、林芝市委老干部局在更章门巴民族乡久巴村,开展以庆祝新中国成立70周年"送温暖、送文化、送法律、送政策、送医药"为主题的"五送"活动。此次活动带去文艺节目8个以及价值1万余元的药品。

23日 林芝市委副书记、政府市长旺堆一行在巴宜区建筑构件产业园,就巴宜区藏香猪饲料加工厂厂房功能布局、生产设备、原料供应、年产出量以及西藏天路股份有限公司林芝水泥粉磨站工程进展等情况进行实地调研。林芝市政府副市长扎西达杰、强巴央宗一同前往,巴宜区委副书记、政府区长严世钦及相关部门主要负责人陪同。

同日 为庆祝中华人民共和国成立70周年和中国人民政治协商会议成立70周年,巴宜区政协在党政二楼会议室召开以"迎国庆、话辉煌、爱祖国、感党恩、聚共识"为主题的座谈会。会上,政协各界别代表围绕主题踊跃发言,畅谈了各自在政协

大家庭的工作经历、履职经验,从不同角度回顾往事,总结经验,展望未来,表达了全区各级政协组织和政协委员们热爱伟大祖国、热爱人民政协事业的政治情感。

21—25日 由解放军总医院第六医学中心主任陈昊阳带领11名专家团队,在巴宜区为农牧民群众进行白内障筛查及手术,共实施白内障筛查110例,完成31台白内障手术。

26日 巴宜区积极组织企业代表参加2019年西藏林芝雅鲁藏布文化旅游节暨第十五届林芝市投资贸易洽谈会。区委副书记、政府常务副区长杨兴会出席活动,并代表巴宜区政府与利源公寓项目负责人、林芝市巴宜区现代农业扶贫产业园项目负责人举行了签约仪式。此次洽谈会巴宜区招商引资签约项目共2个,总签约金额达15000万元,包括合同类项目1个,签约金额12000万元,意向类项目1个,签约金额3000万元。

同日 林芝市第五届藏药材辨识大赛暨藏医药文化发展论坛在鲁朗镇开幕,共有32名选手参赛,其中,林芝市7县区代表28名,林芝市藏医院医护人员4名,巴宜区藏医院参赛选手4名。参赛者严格按照比赛规则,通过观外形、闻气味、尝味道等方式,对动物、植物、矿物等150种常用药材进行识别鉴定。经过激烈角逐和严格评判,巴宜区藏医院布谷、乔烈分别取得了个人一等奖、个人二等奖的优异成绩,巴宜区藏医院赢得本届"藏药材辨认团体一等奖。

同日 巴宜区委书记米次,广东省第九批援藏工作队东莞工作组成员看望慰问从广东安装假肢并康复归来的米瑞乡玉荣增村才旦旺久及其家属。此次救助,由东莞援藏工作组协调广东省天行健慈善基金会和广东省假肢康复中心,免费为才旦旺久安装智能假肢,并在广东省假肢康复中心进行了21天的康复训练。

30日 由巴宜区委、区政府主办,区委宣传部、林芝市森林消防支队、巴宜区新时代文明实践中心承办,区文化和旅游局协办的庆祝中华人民共和国成立70周年文艺晚会《我和我的祖国》,在巴宜区东莞文化活动中心举行。区委书记米次,区委副书

记、政府区长严世钦,区委副书记、人大常委会主任(人选)荆涛,区委常委、政府副区长吴永帅,森林消防支队领导、干部职工、农牧民群众代表,共计600余名观众观看了演出。

10月

1日 巴宜区全区各族干部群众激情满怀,分别通过电视、广播、网络直播等多种形式收听收看了庆祝中华人民共和国成立70周年大会、阅兵和群众游行直播,收听收看人数达13000余人。

2日 在新中国成立70周年之际,为进一步体现党和政府对生活困难党员、老干部、老党员的关心关怀,巴宜区包片蹲点县级领导分别在3镇3乡2街道开展走访慰问活动。此次活动共慰问55人,慰问金额达2.75万元。

3日 共青团林芝市委员会、共青团巴宜区委员会、巴宜区文旅局联合在福建公园组织开展"辉煌七十年 奋进新时代"隆重庆祝中华人民共和国成立70周年"巴宜区专场"游园活动。巴宜区各界各族干部群众共2000余人参加活动。

4日 林芝市委常委、市政府副市长杨赤卫一行在巴宜区喇嘛岭寺管委会督导检查寺庙消防工作。林芝市民族宗教事务局、市应急管理局、林芝市消防支队、巴宜区委统战部等相关人员陪同。

5日 在举国欢庆中华人民共和国成立70周年之际,林芝市政协副主席、市第一督导组组长央宗一行在巴宜区吉日寺管委会开展督导慰问工作。巴宜区委副书记、政府区长严世钦等陪同。

7日 在重阳佳节之际,巴宜区委老干部局积极组织离退休干部职工共100余人召开座谈会,共同欢度重阳佳节。区委书记米次、区委副书记、政府区长严世钦、区委常委、组织部长陈昌茂出席座谈会。

9日 西藏自治区佛教协会宣讲团一行在巴宜区喇嘛岭寺开展"遵行四条准则、争做先进僧尼"教育实践宣讲活动,中国佛教协会西藏分会副会长直贡穷仓·洛桑强巴,中国佛教协会西藏分会教务处长边巴次仁出席活动,林芝市民宗局副局长蒋永丰等42人参加宣讲。

13日 西藏自治区本级环境保护督察组组长普布丹巴带队一行在巴宜区百巴镇对垃圾填埋场进行督察。林芝市生态环境局副局长梁霄龙,巴宜区政府副区长次欧及相关单位负责人陪同。

同日 巴宜区委副书记、政府区长严世钦一行在新城区农贸市场采取现场办公的方式,研究解决农贸市场周边车辆拥堵、道路拥挤等问题。严世钦要求,各单位务必要高度重视市政管理问题,特别是林芝祥发贸易有限公司要切实履行主体作用,优化管理格局,规范管理手段,确保农贸市场周边秩序井然。

14日 为进一步教育广大党员干部不忘初心、牢记使命,筑牢拒腐防变的思想道德防线,巴宜区组织在岗县处级党员干部、部分单位党组书记共30余人,在林芝市党风廉政建设警示教育基地接受学习教育。

同日 巴宜区委副书记、政府区长严世钦召集区政府党组班子成员,召开"不忘初心、牢记使命"主题教育第二次专题研讨会。会议集中学习了《延安时期维护党中央权威的历史启示》《坚决做到"两个维护"是民主集中制原则的内在要求》。班子成员围绕学习贯彻习近平新时代中国特色社会主义思想、自觉做到"两个维护"为主题,紧密结合自身思想和工作实际分别作了交流发言。

15日 巴宜区委副书记、政府常务副区长杨兴会带领区发改委、自然资源、生态环境、农业农村、文化旅游、商务、林草等部门主要负责人深入项目现场,对重点招商引资项目推进情况进行调研。杨兴会一行实地察看了桃花谷康养文化旅游项目、米瑞果蔬生产基地建设项目、东阳光系列建设项目,详细询问项目推进情况,认真听取企业存在的困难和问题,并在现场与各职能部门研究解决措施。

23日 东莞市卫健局副局长、市人民医院党委书记张亚林带领调研组一行,在巴宜区卫生服务中心考察对口帮扶工作。调研组查看了门诊部、手术室、内镜室、检验科、住院部等科室的医疗设备及住院环境,详细了解了服务质量和水平,并就如何优化医疗服务、拓展工作范围、提升诊疗效果等方面进行探讨交流。

同日 林芝市发改委副调研员朱东伟率领调研组在巴宜区米瑞乡果蔬菜产基地及东阳光高原生物产业园调研招商引资产业工作。

28日 东莞市民政局党组书记、局长张春扬一行8人先后在巴宜区八一镇巴吉村,米瑞乡色果拉村、玉容增村,特困人员集中供养中心慰问援藏干部并实地考察援藏工作开展情况。

同日 巴宜区赴厦门疗养的退休老干部共40人在英雄三岛开展重温入党誓词活动,教育和引导老干部感党恩、忆党史、重温党的峥嵘岁月,为"退休不褪色"奠定扎实的思想基础。

31日 巴宜区委副书记、政府区长严世钦召集区政府党组班子成员,召开了"不忘初心、牢记使命"主题教育第5次专题研讨会。会议集中学习了《习近平总书记在中央第六次西藏工作座谈会上的讲话精神》《旗帜鲜明开展反分裂斗争摘编》。班子成员围绕"严守反分裂斗争纪律,淡化宗教消极影响"主题,紧密结合自身思想和工作实际,分别作交流发言。

11月

6日 西藏自治区党委"不忘初心、牢记使命"主题教育第四巡回指导组副组长刘世安一行,在巴宜区林芝镇调研指导主题教育工作。林芝市强基办副主任尼玛次仁,巴宜区委常委、组织部长陈昌茂等陪同。

同日 巴宜区人大常委会组织召开2019年部门及干部述职评议大会。区委副书记、人大常委会主任(人选)荆涛主持会议,区人大常委会组成人员,区委、"一府一委两院"在岗领导,各乡镇、街道办主要负责人,区直各政府职能部门主要负责人,部分市、区、乡三级人大代表参加会议。会上,区委常委、政府常务副区长向军,政府副区长次欧等4名人大选举、任命的国家机关工作人员和区人民

法院、区人民检察院等3个部门负责人结合自身岗位实际,向人大常委会作了述职报告,并接受评议。

同日 巴宜区委副书记、政府区长严世钦召集区政府党组班子成员,召开"不忘初心、牢记使命"主题教育第6次专题研讨会和学习贯彻党的十九届四中全会精神专题研讨会。会议集中学习了《为人民服务》《心无百姓莫为"官"》《中国共产党第十九届中央委员会第四次全体会议公报》,并传达了《中共中央关于坚持和完善中国特色社会主义制度、推进国家治理体系和治理能力现代化若干重大问题的决定》。

同日 巴宜区委统战部结合"不忘初心、牢记使命"主题教育活动,联合巴宜区人民医院,组织寺庙在编僧尼开展免费健康体检活动。此次体检内容包括"包虫病"筛查、肝功、血常规等项目。

10日 巴宜区委常委、组织部部长陈昌茂带领各乡镇党委书记、组织委员一行11人,在工布江达县金达镇嘎木村、金达镇机关和仲莎乡机关参观学习基层党建工作。

11日 中央扫黑除恶第13督导组组长朱维群一行在巴宜区鲁朗镇下沉督导,并对扫黑除恶专项斗争总体情况及整改落实情况进行"回头看"督导调研。巴宜区委书记米次等陪同。

19日 西藏自治区人大常委会副主任、林芝市委书记马升昌一行在巴吉物流园调研项目前期工作。巴宜区委书记米次等陪同。

24日 巴宜区迎2020年工布新年群众歌舞大赛颁奖晚会在区文化活动中心举行。林芝市政府副秘书长卓玛,巴宜区委书记米次,区委副书记、政府区长严世钦,区委副书记、政府常务副区长杨兴会,区委副书记、鲁朗景区管委会党组书记旦增拉姆等领导出席活动。

25日 林芝市沃圃生农业开发有限公司代表带着油、米、水果、鸡蛋等慰问品,在更章门巴民族乡集中看望慰问困难群众、退休老干部,随后专程到娘萨村三岩搬迁点多吉康珠、阿来等五户群众家中,为他们送去工布新年的祝福,并送去价值1万余元的慰问品。

12 月

5 日　受巴宜区委副书记、政府区长严世钦委托，区委常委、区政府党组成员、常务副区长向军召集区政府党组班子成员，召开了"不忘初心、牢记使命"主题教育对照党章党规找差距专题会。会议集中学习了《中国共产党章程》《关于新形势下党内政治生活的若干准则》《中国共产党纪律处分条例》等。班子成员围绕对照党章党规找差距，紧密结合自身思想和工作实际，分别作交流发言。

19 日　巴宜区召开《林芝县志（2006—2015）》终审会，区委办二级主任科员邱志勇主持会议，区委办四级主任科员尼玛伟色通报了《林芝县志（2006—2015）》终审稿编撰情况。《林芝县志（2006—2015）》记述了2006—2015年事务，上限接前志，部分内容追溯至事务发端，下限至2015年，共19篇目63个章节60余万字。

20 日　巴宜区召开区委理论学习中心组2019年第二十次（扩大）会议，区委常务副书记卢达明主持会议，区四大班子领导和区直各单位主要负责人参加。会议邀请了林芝市审计局法规科科长周娅作《领导干部经济责任审计应注意的问题》专题授课，并集中观看了警示教育片。

21 日　晚，2019年中国体操节在山东日照开幕，由巴宜区文旅局选派艺术团的17名演员代表西藏参加2019年"舞动中国"全国排舞锦标赛。经过激烈的角逐，选报的《幸福拉萨》和《健康西藏动起来》2个曲目，以最高分荣获2个组别一等奖。西藏代表队作为参赛队伍中唯一一支被邀请参加此次开幕式表演的队伍，被授予"团体体育道德风尚奖特别奖"。

24 日　巴宜区召开"不忘初心、牢记使命"主题教育情况通报暨测评会，向广大党员干部群众及社会各界人士代表通报了区委、人大、政府、政协四大班子和全区主题教育进展情况，通报了区委常委班子专题民主生活会情况，并对全区及四大班子主题教育开展情况进行满意度测评。

同日　巴宜区政府副区长、巴宜区扶贫公司董事长普布它确，区扶贫办主任、区扶贫公司总经理吕铁柱，区交通局副局长、区扶贫公司副总经理杨和军一行10余人，在八一镇加乃村看望慰问搬迁群众，并送去了酥油、高压锅、清茶等价值2.1万余元的慰问品。

25 日　西藏自治区统计局巡视员达顿带领根治拖欠农民工工资工作调研组一行4人，在巴宜区开展根治拖欠农民工工资工作专题调研，全面了解巴宜区根治欠薪工作推进情况。林芝市政府副秘书长旺堆，市人社局局长李继承，市人社局副局长杨运英，巴宜区委常委、政府副区长吴永帅，区人社局局长张琨琳等陪同。

25—26 日　政协第二届林芝市巴宜区委员会第四次会议召开。区政协主席戴平代表政协第二届林芝市巴宜区委员会常务委员会向大会报告工作。会议审议通过了政协第二届林芝市巴宜区委员会第四次会议提案审查情况的报告，政协第二届林芝市巴宜区委员会常务委员会工作报告的决议，政协第二届林芝市巴宜区委员会二届三次会议以来提案工作情况报告的决议，政协第二届林芝市巴宜区委员会第四次会议政治决议。

27 日　林芝市巴宜区第二届人民代表大会第四次会议第三次全体代表大会在区北门二楼会议室召开。会议应到代表107名，实到代表91名，因事、因病请假16名，符合法定人数。会议由区委书记米次主持。会上，区人大常委会副主任、议案审查委员会主任委员吕宏作了关于议案、建议和意见处理情况的报告；区委副书记、政府常务副区长杨兴会作了区二届人大三次会议代表所提议案、建议和意见办理情况的报告；听取了巴宜区二届人大四次会议各项人事安排说明；表决通过大会选举办法（草案），表决通过办法（草案）和总监票人、监票人名单（草案），表决通过白玛次旦为巴宜区人大财政经济委员会主任委员、刘向宙为区人大教育科技文化卫生委员会主任委员、拉巴为区人大社会建设委员会委员、刘萍为区人大财政经济委员会副主任委员、庆美央宗为区人大教育科技文化卫生委员会副主任委员，补选了刘向宙、拉巴、格桑旺堆为巴宜区二届人大常委会委员。

30日　巴宜区教育局党委书记、局长顿珠带队在广东韶关学院开展交流学习活动,并与韶关学院党委书记孔云龙,韶关学院校长廖益等校领导座谈交流,顿珠简要介绍了巴宜区教育情况,对韶关学院给予的支持与帮助表示衷心感谢,并希望学院继续关心、支持巴宜区的教育事业,多选派既有较强专业理论知识、又有一定教学技能的学生到巴宜区支教,推动援藏支教工作走得更深更广。

同日　由巴宜区政府副区长、食安委副主任格桑明久带领卫健委、农业农村局、市监局等相关食安委成员单位相关人员,开展市场联合检查工作。此次共检查市场主体25家,检查过程中,食安委各相关单位执法人员按照各自行业职责,对涉及检查的市场主体认真开展行业领域检查,对部分经营环境卫生不达标、无健康证、明码标价执行不严、虚假宣传等市场主体下达了整改通知书,责令整改。

政　治

中共林芝市巴宜区委员会

【概况】 2019 年,中共巴宜区委员会深入贯彻党的十九大和历次中央全会精神,在自治区党委和林芝市委的坚强领导下,团结带领全区各族干部群众,凝心聚力谋发展、尽心竭力惠民生、齐心协力促和谐,谱写了党建引领、经济发展、民生改善、生态进步、改革进取、社会稳定的又一精彩篇章。

2019 年,巴宜区实现地区生产总值(GDP)84.59 亿元,可比增长 8%,其中,第一产业增加值 1.65 亿元,增长 3%;第二产业增加值 28.95 亿元,增长 7.6%;第三产业增加值 53.99 亿元,增长 8.7%。全区公共预算收入 2.3 亿元,下降 16.36%。公共财政预算支出 13.9 亿元,增长 12.1%。完成固定资产投资比上年同期增长 1.9%,其中,民间投资同比增长 85.9%。社会消费品零售总额达 31.15 亿元,同比增长 7.4%。实现工业增加值 6.36 亿元,可比增长 6.8%。招商引资项目投资总概算 34.57 亿元,

已到位投资资金 5.43 亿元。规模以上工业增加值 6.21 亿元,同比增长 13.2%。农村居民人均可支配收入 20029 元,城镇居民人均可支配收入 33041 元。

2019 年,巴宜区荣获了"全国'七五'普法中期先进县区""第七届全国道德模范提名奖""全国民族团结进步模范集体""全国最美全域旅游取景地""全国乡村旅游重点村"等国家级荣誉 8 项;荣获了"西藏自治区文明单位""全区检察机关公益诉讼工作先进集体""新中国成立 70 周年大庆安保工作第一阶段集体三等功"等自治区级荣誉 7 项;荣获了"宣传思想工作先进集体""脱贫攻坚先进集体""'先进双联户'创建评选先进县(区)"等市级荣誉 37 项,并先后受到各级领导的充分肯定。

2019 年 11 月 19 日,西藏自治区人大常委会副主任、林芝市委书记马升昌(前排左一)在巴吉物流园调研项目前期工作。巴宜区委书记米次(前排左二)等陪同

【产业发展】 生态旅游战略支柱产业。2019年，巴宜区以建设世界旅游目的地和内地入藏"第一站"为目标，以全域旅游为导向，按照"一核两轴四镇"旅游发展格局的总体思路，统筹整合全区8个旅游资源，推动A级景区集群创建提升，工布原乡景区、多布湖景区、东阳光景区总体规划已编制完成，姆多村旅游示范村、全域旅游标识标牌建设完成，总投资4300万元的工布原乡旅游配套产业、大柏树厕所及管网等项目扎实推进，在"第四届中国文旅产业巅峰大会"上巴宜区被评为全国"最美全域旅游取景地"，真巴村荣获"全国乡村旅游重点村"称号，巴吉巨柏王完成"世界树龄最长的巨柏"世界纪录认证。2019年，全区旅游业累计接待国内外游客222.43万人次，减少11.5%；旅游总收入20.34亿元，增长2.6%。

特色农牧业。实施"一带一园六基地"的空间布局，坚持走精细、高效、绿色、安全的农业发展路子，努力发展家庭农场、种养大户、合作社等多形式适度规模经营。投资1.05亿元的八一镇永久村万吨农副产品冷链批发配送中心项目扎实推进。成立农牧民专业合作社266家，注册资金达3.5亿元。建成水果基地1.8万亩、蔬菜1万亩，存栏藏猪7.2万余头、商品鸡12.59万余羽，形成了以米瑞乡、布久乡为重点的果蔬种植、商品鸡养殖片区，百巴镇、八一镇为重点的藏香猪养殖、苗木种植片区。2019年2月，国家发改委等七部委认定巴宜区为首批国家

2019年10月7日，在重阳佳节之际，巴宜区委老干部局积极组织离退休干部职工共100余人召开座谈会，共同欢度重阳佳节。区委书记米次（二排左五），区委副书记、政府区长严世钦（二排右八），区委常委、组织部长陈昌茂（二排右二）出席座谈会

产业融合发展示范园。

物流服务现代新兴产业。借助优越的区位优势和便利的交通条件，全面打造全市重要的商贸物流集散地，促进传统产业逐步向现代服务业转变，有力推进文化创意、水电能源、现代物流等生产性服务业向专业化和价值链高端延伸。投资2.72亿元的巴宜区建筑构件产业园建设完成总工程量的50%，已入驻企业4家，其余36家企业正在办理入园手续。投资2.4亿元的更章现代农业产业园建设完成总工程量的41%，42座温室大棚主体、200亩葡萄种植、100亩桃树种植已建设完成。投资2.37亿元的巴吉村物流园一期已完成建设，已入驻企业28家，签约企业49家。

传统民族民俗文化产业。突出民族文化传承和保护，持续加大非遗保护力度，不断完善文化

旅游品牌产业链，推进"文化遗产"普查，投资700万元的工布藏族服饰保护利用传习所、21万元尼池拉康文化展示厅提升改造等项目全面完成，申报"工布扎念博咚"为第五批国家级非物质文化遗产保护项目，上报了第穆萨摩崖石刻、德木寺、达则寺保护规划，依托工布阿吉林合作社、卡斯木村氆氇加工坊等重点文化产业发展主体，开发创意文化旅游产品55件，民族文化特色得到充分挖掘和展现。同时，《八一镇志》作为自治区首部镇级志书，成功入选中国名镇志文化工程。

【项目建设】 2019年，巴宜区城乡基础设施不断完善，落实政府投资重点建设项目51个，完成投资5.9亿余元。聚焦薄弱环节，紧盯重点领域，扎实推进巴宜区"十四五"项目编制工作，规划涉

及民生改善、基础设施建设、生态环境保护、基层政权和社会管理能力、特色优势产业发展、能源开发等6大类总投资203.73亿元的189个项目。坚持"输血"与"造血"相结合,制订了"倾斜兜底保障建设一批、强党建引领锦上添花一批、着重造血产业扶持一批"的小康村建设思路,投资4000万元的8个小康示范村建设项目已全面启动。

【城乡融合】 以一体规划促进融合。2019年,巴宜区始终坚持城乡一体设计、功能互补,不断优化空间布局,"一个中心城区,三个重点城镇"总体布局、"多点支撑、城乡一体、全域发展"县域经济发展新格局基本形成,制订了《巴宜区乡村振兴实施战略》,编制完成66个行政村村庄规划;以优化环境促进融合。突出抓好人居环境三年整治行动,积极推进"三清一改"(清理农村生活垃圾、清理村内塘沟、清理畜禽养殖粪污等农业生产废弃物;改变影响农村人居环境的不良习惯),落实"绿色篱笆、花果庭院"建设要求,大力实施人畜分离、庭院绿化,投资4010.58万元的林芝镇、更章门巴民族乡污水处理厂和38个"厕所革命"投入使用,投资820万元的布久乡、米瑞乡生活垃圾无害化处理设施稳步推进;以完善设施促进融合。城乡基础设施不断完善,农村安全饮水供水保证率及农村公路路面硬化率均达100%,和谐宜居巴宜逐步构建,投资4132.34万元的工布民俗街改造、

2019年10月14日,为进一步教育广大党员干部不忘初心、牢记使命,筑牢拒腐防变的思想道德防线,巴宜区组织在岗县处级党员干部、部分单位党组书记共30余人,在林芝市党风廉政建设警示教育基地接受学习教育。图为区委书记米次带头在廉政承诺墙上签字

林芝镇双拥路改建、公共租赁住房等项目扎实推进,投资2730万元的新城区休闲公园、八一镇多布村牧场公路、加乃村大桥等项目已投入使用,投资9365万元的尼洋河干流治理、百朗灌区项目全面完成。

【社会事业】 加大学前教育,推进"幼有所育"。2019年,巴宜区共有20所幼儿园(包括1个区级,6个乡镇级,13个村级),乡村幼儿园基本实现全覆盖。全区共有幼儿学生1093人,实现学生入园率100%。同时,稳步强化师资力量,共招聘大学毕业生社会实践幼儿教师28人,幼儿保育人员16人。

提升教育品质,推进"学有所教"。坚持教育优先,全年共落实区级教育投入资金5898万元,按照重点推进的原则,投资7616.38万元的巴宜区中学校园整体提升工程、百巴镇小学素质教育基础

设施提升工程及更章门巴民族乡小学集中供暖项目扎实推进,投资403.08万元的布久乡小学电路改造、八一镇小学饮水安全维修、八一镇小学改扩建学生宿舍等项目已基本完成,全区教育设施逐步得到完善。控辍保学工作稳步推进,全区中小学入学率、巩固率均达100%。发挥教育奖励激励机制引领作用,持续加大各类紧缺学科教师培训培养力度,40名韶关学院支教大学生分赴各校开展教学,全区办学水平和教育质量全面提升。

深化双创工程,推进"劳有所得"。落实更加积极的就业政策,不断加大就业岗位开发力度,有效激发巴宜区就业创业示范街和百巴镇农牧民就业创业服务街创新创业活力。全年多渠道开发就业岗位535个,转移就业8119人次,实现增收4000余万元。2019年,全区高校毕业生387人,已就业355人,就业率达91.73%。

改善医疗服务，推进"病有所医"。继续积极落实各项医疗报销政策，为全区农牧民购买了意外伤亡保险，新型农村合作医疗参保政策覆盖率达100%，国家级慢性病示范区创建成功，家庭医生签约实现全覆盖，米瑞乡、布久乡、林芝镇卫生院改扩建项目已完成工程量的70%，总投资1.7亿元的巴宜区人民医院建设项目已完成总工程量的98%，"二级乙等"医院创建已完成终评，医疗基础条件不断稳固。

加强养老服务，推进"老有所养"。全民参保登记有效推进，共采集信息54137条，制作社保卡47709张。94名有意愿特困人员集中供养率实现100%，城市低保标准提高至每人每月800元，农村低保保障标准提高至每人每年4450元。在贯彻和深化集中供养政策基础上，投资500万元实施的老人日间照料中心项目已建设完成，着力为有需要的老年人提供有偿生活照料。中宣部副部长蒋建国在巴宜区调研时，高度赞扬和评价了巴宜区社会救助工作。

深化安居保障，推进"住有所居"。以加强群众住房安全保障为重点，持续强化群众住房安全保障，2019年经排查仅有9户群众房屋存在不同程度损坏，修复加固工作正在推进。以"搬得进、稳得住、富得起、融得入"为目标，扎实推进昌都"三岩"片区易地扶贫搬迁安置工作，八一、更章、百巴、鲁朗4个安置点的搬迁任务顺利完成，共安置搬迁群众166户1014人。同时，积极解决搬迁群众增收致富问题，为69名搬迁群众提供就业岗位，总投资3343.95万元的14个配套产业项目已完成80%。

关注弱势群体，推进"弱有所扶"。统筹城乡社会救助体系，完善最低生活保障制度，逐步提高最低生活保障标准和社会供养能力，全年发放城镇低保金119.25万元、医疗救助金68.3万元、特困人员保障金及丧葬费187.73万元、残疾人两项补贴160.82万元、临时救助金95.5万元。脱贫成果持续巩固，进一步夯实"两不愁、三保障"基础，持续推进产业扶贫项目建设，总投资10.37亿余元的76个产业扶贫项目，已建成47个，正在推进29个，2019年10月建档立卡户实现动态清零。

【生态环保】 加强组织领导，明确目标责任。2019年，巴宜区成立环境保护工作领导小组，定期研究部署环保工作重点事项，区委常委会研究部署环保工作9次，切实推动环保目标责任落实。区委、区政府与各乡镇签订《环境保护目标责任书》，将工作任务分解下达到各责任单位，要求党政一把手对环保工作亲自抓、负总责。区委将生态创建、环境监管治理、森林保护等相关内容纳入各乡镇、各部门年度综合考评范围，考核结果作为年度综合排名依据。

加大环境整治，务求治病除根。中央环保督察反馈涉及巴宜区的91小项问题已整改79小项，12项任务达到序时进度，需长期坚持；自治区第六环境保护督察组反馈的6大项14小项问题，正抓紧整改，已完成12小项，2小项任务正在加紧推进。深入开展"绿盾2019"行动，不断完善自然保护地监督机制，加大自然保护区内违规违建排查力度，组织各相关部门开展排查193次，实现辖区排查全覆盖，经排查保护区无违规违建情况。

坚持问题导向，着力补齐短板。加大生态安全屏障建设力度。深入开展国土绿化行动，以国家森林城市创建为载体，构建森防高空云台热成像监控系统，完成了比日山阳坡植被恢复326.55亩、"两江四河"绿化5262.9亩、清理林地1.5万亩；持续强化环境质量监测。制订《巴宜区2019年环境质量监测方案》，实施包含空气、水及土壤的环境监测，数据显示，巴宜区环境质量保持稳定态势，水、大气、土壤环境达标率均为100%；在国家重点生态功能区环境质量检测中，巴宜区成为全自治区唯一一个环境总体"轻微变好"县区；全面推进河湖长制工作。本级财政预算安排河湖长制工作经费240万元，建立区、乡镇、村三级河湖管理机制，设立公示牌127个，开展巡河巡湖1200余人次；紧盯国土资源管理。农村建设用地增减挂钩试点工作扎实推进，第三次国土调查通过国家验收，同时组织开展了国土"打非治违"专项整治行动，累计拆除林芝镇康扎村违法建筑102处，处罚非法圈占草场39起。

【深化改革】 党政机构改革圆满

完成。2019年，巴宜区严格按照机构改革部署要求，制订了《关于深化巴宜区党政机构改革的工作方案》，完成了48个部门组织的班子组建工作，转隶干部24名，并对涉改部门67名干部进行任职，机构改革工作全面完成。同时，巩固深化机构改革成果，36家单位制订了"三定"规定，有效厘清职责边界和权责关系，各类机构运行更加顺畅。

依法行政得到不断强化。充分发挥人大、政协汇聚力量、建言献策、民主监督等重要作用，依法行政不断加强。人大增强了履职实效，认真履行宪法和法律赋予的职权，从依法行使人事任免权、重大事项决定权和监督权出发，全年任免"一府一委两院"干部54人，形成调研视察报告13篇、意见建议10余条，人大职能得到充分发挥。政府实现了依法行政，严格执行"三重一大"事项集体决策制度，深化政务公开和信息

公开，注重防范化解重大风险，建立健全行政决策风险评估机制，始终坚持推行法律顾问制度，实现决策规范化程序化，文件备案审查、行政执法监督各项工作有序开展，法治政府建设持续推进。政协凝聚了广泛共识，紧紧围绕法治巴宜、生态环保、民生改善、教育事业、文化发展等课题，充分利用社情民意和政协提案2个载体，组织委员开展专项视察，全年政协委员提出提案31件。

"放管服"改革继续深化。以"最多跑一次"为目标，大力实施"互联网+政务"服务工作，探索创新企业登记全程电子化改革试点，继续推行"多证合一、一照一码"和"先照后证"制度改革，逐步实现市场主体网上办理工商登记，新增市场主体1077户，"一网通办"政务服务网上注册达7540人，"一站式受理、一次性告知、一条龙服务"逐步实现。同时，以提质降本增效为中心，扎实推进道

路客运供给侧结构性改革，道路客运发展质量不断提升，客运班线改革全面完成。

重点领域改革扎实推进。以盘活林地存量、用活林地增量为方针，林改104地块，14276.89亩土地完成了林权制度改革；农村耕地确权3328户，发放了集体土地、耕地、宅基地等5315本证书，完成了农村土地改革；以"找经验、建机制、探路子"为抓手，全区9个乡镇（街道）、71个村（居）完成了妇联组织区域化建设和"会改联"工作；创新试行"捕诉一体"办案机制，健全员额法官检察官管理制度，法院内设机构不断完善，推进了司法体制配套改革；成立8个派出乡镇（街道）监察室，各乡镇（街道）纪（工）委独立处置问题线索15件，探索了监察工作向乡镇（街道）延伸试点改革。

【综合治理】 主动作为，打好防御战。2019年，巴宜区充分发挥护城河、防火墙作用，注重抓好重点部位防控，大力推进治安防控体系和"雪亮工程"建设，投资700余万元用于购置人像识别对比系统，建成高清探头近500个。针对敏感节点，制定全年维稳方案预案，逐步形成以人防为重点，技防、物防为辅助的乡村治安防控网。同时，扎实推进国防动员和后备力量建设，有重点、分批次推进乡镇"青年民兵之家"建设，整合2295名民兵组建成27支专业队伍，有力提升民兵履职尽责能力。

注重化解，打好歼灭战。涉法涉诉信访积案以"事要解决"

2019年4月22日，巴宜区委书记米次（前排左二）在区纪委监委调研指导工作

为核心、"案结事了"为标准,在将2018年作为"矛盾纠纷暨信访积案化解攻坚年"的基础上,把2019年确定为"巩固年",创新工作思路、举措和方法,真刀真枪破解难题,合力打赢信访积案化解歼灭战。全年共受理群众来信来访31件,已化解24件,7件正在积极协调化解中,全区未发生因信访问题而造成的负面影响。

铁拳出击,打好攻坚战。突出打好防范化解重大风险攻坚战,深入推进"扫黑除恶、打非治乱"专项整治工作及回头看工作,加大宣传引导力度,鼓励群众积极参与,开展宣传活动920余场次,发放宣传信件26万余份,共收集线索99条,办结88条,办结率88.9%;依法审判涉恶集团案1件3人,打击涉恶9类个案16起40人,涉乱各类案件206起,查处127起273人,行政拘留90人。同时,始终保持对各类刑事犯罪的高压态势,全年受理各类刑事案件309起,立案260件,破获138起。

压实责任,打好持久战。做好矛盾纠纷排查,严格落实矛盾纠纷排查调处联席会议制度和月报表制度,全年共发生各类矛盾纠纷964起,已解决926起,正在调处38起。持续开展驻村驻寺工作,充分发挥工作队和管委会职能,组织开展反分裂专题教育、"四讲四爱"、"争做神圣国土守护者 幸福家园建设者"、"遵行四条准则 争做先进僧尼"等宣传教育活动。高度重视民族团结进步创建工作,探索推进将民族团结进步创建活动向下延伸,积极开展

了示范社区、示范村镇、示范寺庙、示范家庭创建活动,2019年区委获得了"全国民族团结进步模范集体"荣誉称号。积极开展法治宣传,以"法律八进"为载体,开展法治宣传专题教育85次,受教育群众达2万余人次,出动宣传车100余辆,发放宣传资料1.5万余份,悬挂宣传标语85幅,设立法律法规咨询台42个。

【党的建设】 倡导"学",筑牢维护核心的思想根基。2019年,巴宜区始终将思想建党摆在更加突出的位置,把学习贯彻习近平新时代中国特色社会主义思想作为首要政治任务,依托"不忘初心、牢记使命"主题教育的有利契机,扎实推进新时代文明中心建设,以宣传索朗朗杰同志先进事迹为抓手,不断深化宣传思想教育工作,集中时间、人员、精力开展了3700余场次宣讲活动,3200余名党员签订了"不忘初心、牢记使

命"政治承诺书,实现党员干部群众宣传教育全覆盖,增强了干部群众核心意识。着重抓好领导干部这个"关键少数",组织开展每月读书日活动,学习型党组织逐步构建。召开中心组学习会19次,领导干部带头上党课200余次,邀请专家教授进行专题授课6次,全区党员干部政治觉悟和政治能力明显提升。抓好"学习强国"平台建设推广,加大干部培养力度,累计培训干部700余人次,进一步提高全区党员干部整体素质和能力。同时,持续推进形式主义、官僚主义集中整治,加大基层减负力度,开展专项督查18次。

实处"抓",夯实攻坚克难的战斗堡垒。突出组织力提升,扎实开展"两新"组织覆盖提升行动,先后成立8个"两新"组织党支部,持续落实党建工作指导员、党代表工作室等措施,使全区形成横向到边、纵向到底的基层党组织工作格局。健全和完善了组

2019年10月1日,巴宜区举行升国旗仪式,热烈庆祝中华人民共和国成立70周年

织领导和责任体系,明确各级党组织工作要点,层层签订党建工作目标责任书,落实挂点联系制度,立足发现和解决问题,加大督导检查力度,开展党建督导10余次,同时结合扫黑除恶专项斗争,完成4轮村(居)组织换届"回头看"和村(居)干部联审工作。扎实开展各领域基层党组织标准化建设,完成全区34个基层党组织标准化建设。统筹各方资金9640.63万元,全力推进村级活动场所标准化建设,73个村(居)活动场所标准化建设稳步推进中,2019年底64个项目已完工,剩余9个正加紧推进。

遵守"纪",营造风清气正的政治生态。深入实施清单化管理,建立健全督促考核、履职报告、约谈提醒制度,层层传导压力、层层抓好落实,充分利用微信平台,发布反腐倡廉信息540余条。充分发挥纪委监委监督执纪作用,聚焦扶贫领域,持续深化监督执纪问责,受理扶贫领域问题线索25件,立案3件。紧盯"四风"问题,开展监督检查100余次,通报违反国家法律法规典型案例3起。坚决纠治基层不正之风,严肃惩处群众身边的腐败行为,已完成五轮巡察,发现突出问题632条,向被巡察单位反馈问题614条,已整改584条,约谈10人,诚勉谈话3人,通报批评4个党组织,书面检讨20人。

精准"管",健全激励担当的制度保障。认真落实"能上能下"有关规定,提拔重用敢于冲锋、能打硬仗、能干成事的干部,坚决调整专其谈、不会干事、干不成事的干部,提拔任用干部88名,批评教育干部7名。完善管理全面、标准严格、环节衔接、措施配套、责任分明的干部管理体系,将干部"严管"与作风建设常态化相结合,以作风长效机制抓好干部管理,共开展作风督导检查20余次。健全容错纠错机制,真正重视、真情关怀、真心爱护基层干部,对5名受处分同志开展了回访教育工作,对犯过错误的同志跟踪观察,对观察期满、表现好的干部,符合条件大胆使用,对2名曾受过处分的干部进行提拔。

(李艳坪)

【机构领导】

区委书记、一级调研员
　米　　次(藏族,12月晋升一级调研员)
区委副书记、政府区长、一级调研员
　严 世 钦(12月晋升一级调研员)
区委副书记、人大常委会主任
　达　　瓦(藏族,4月免)
　荆　　涛(4月人选,12月任)
区委常务副书记
　张 立 鹤(援藏,7月免)
　卢 达 明(援藏,7月任)
区委副书记、政府常务副区长
　陈　　涛(援藏,7月免)
　杨 兴 会(援藏,7月任)
林芝市公安局党委委员、区委常委、政法委书记、国安办主任、公安局局长、督察长
　旺　　青(藏族,4月任市公安局党委委员,5月任区国安办主任)

区委常委、政府常务副区长
　向　　军
区委常委、组织部部长、三级调研员
　陈 昌 茂(12月套转)
区委常委、纪委书记、监委主任
　米　　军(藏族)
区委常委、统战部部长
　益西江措(藏族)
区委常委、宣传部部长
　周 必 容(女)
区委常委、政府副区长
　吴 永 帅
　扎西朗杰(藏族)

中共林芝市巴宜区委办公室

【概况】 2019年,在区委的坚强领导下,区委办公室团结带领干部职工紧紧围绕区委中心工作和年初工作计划,始终坚持以"建一流队伍、树一流形象、干一流工作、创一流业绩"为目标,以"五个坚持"(一要坚持党的领导,清醒坚定。二要坚持科学发展,改善民生。三要坚持深化改革,扩大开放。四要坚持尊重实践,依靠群众。五要坚持反腐倡廉,干净干事)为引领,积极发挥参谋助手、综合协调、督查落实等职能作用,较好地完成了各项工作任务,为区委各项决策落实和各项工作开展打下良好基础。

【理论学习】 2019年,区委办公室把学习摆在突出位置,以创建"学习型 服务型 廉洁型"党组织为契机,突出用好"学习强国""网信巴宜"等学习平台,结合"三会一课"和主题党日活动等,努力

营造爱学习、好学习的长效机制。学习习近平新时代中国特色社会主义思想，不断提高理论水平，增强了践行"四个自信、两个维护"的自觉性。特别是以"不忘初心、牢记使命"主题教育为载体，开展学习研讨11次，干部思想认识明显提高，达到了推动工作、解决实际问题的目的。提倡个人自学与集体学习相结合、走出去学与请进来学相结合、按需施教与学历深造相结合等方式，努力促使自上而下都能具备文字综合能力。

【主题教育】 2019年，区委办公室聚焦"守初心、担使命、找差距、抓落实"的总要求，围绕学习贯彻习近平新时代中国特色社会主义思想这一主线，分类制定不同领域党员学习教育重点，党员干部自觉运用习近平新时代中国特色社会主义思想武装头脑、指导实践、推动工作的能力不断提升。

【自身建设】 狠抓制度建设。2019年，区委办公室研究制订了《机关办文办事办会工作程序和规范》等规章制度，对各科室的职责任务、目标要求、工作程序等都作出明确规定；完善考核办法，坚持上班签到，工作逐日登记，考核同步实施，单位年终考核采取无记名投票评定等次，同时工作发生失误或问题时追究责任；改变工作作风。针对干部职工在思想、作风、纪律等方面存在的问题，从衣着、言语、待人、办事等方面进行严格要求，有效改善工作作风和服务态度。

【以文辅政】 2019年，区委办公室紧紧围绕区委的中心工作，突出高质量绿色发展这个主题，深入基层调查研究，尽可能为领导的科学决策提供带有方向性、前瞻性、借鉴性的文字材料。全年起草各类领导讲话、汇报、文件等220余篇，草拟区委、区委办文件180余件，严把部门呈送文稿的政策关、文字关、质量关，共审核部门呈送文稿80余件。

【信息服务】 2019年，区委办公室紧紧抓住信息工作，在求真、求实、求准、求深上下功夫，广泛搜集、总结提炼全区上下典型事例、先进典型、亮点特色，努力提高信息功能作用。全年累计上报日常报送信息2515条，制发《巴宜区信息摘报》46期。同时，对全区信息工作7个先进集体和6名个人进行表彰，充分调动信息工作人员的积极性、主动性。

【督查服务】 2019年，区委办公室紧紧围绕区委的重大决策、重要工作部署和人民群众反映强烈的热点、难点问题，按照"一事一办、专人负责、严格把关"原则，把领导交办和上级批办的事项作为阶段督查重点，及时做好分办、转办、催办工作，不让领导交办的工作在办公室延误，不让各种差错在办公室发生。完善《督查工作制度》《督查工作流程》，严格执行《马上就办工作制度》，严格落实

"一事一档"要求，利用LED屏、微信等平台，及时对重大事项完成情况予以公示，实现对重大事项进行实时跟踪督办问效。对重要节庆活动期间的维稳工作、特色产业的发展情况、脱贫攻坚巡视整改、项目进展情况等多项重点工作进行跟踪督查，全年编发《督查通知》34期，《督查专报》53期，《督查通报》13期。

【精文简会】 2019年，区委办公室精心组织、认真协调每次会议、每项活动，对确定召开的重要会议，坚持做到提前准备、分工负责、层层把关，会前认真制定会务方案和工作流程，认真检查会务细节，力求不留空当死角，确保会场布置整洁庄严、会风会纪严肃认真、会议材料齐无差错，切实保障了区委各项工作会议质量和效率。积极做好重要公务接待工作，从方案制定、日程安排、现场组织到后勤保障等方面，主动加强沟通协调，及时查漏补缺，确保活动有条不紊。全年共处理中央级文件58件，自治区级文件133件，林芝市级文件240件，成功组织召开各类会议138余次。与2017年相比，文件下发同比减少19%，召开会议同比减少24%。此外，按照上级要求，完成了巴宜区党委政府形式发布的党内法规和规范性文件的清理工作，废止79件，宣布失效24件，修改8件，进一步维护党内法规和党的政策的统一性权威性。

【机要保密】 2019年，区委办公

室积极推进机要标准化建设,从提高电报的传输、阅办质量出发,建立健全登记制度、催办制度、领导签批制度,做到传送及时、办报准确、保密安全。全年共收发办理密码电报1122份,电子政务网收发公文4293份,圆满完成机要视频会议保障近152场。此外,保密工作开展全覆盖培训2次,开展全覆盖工作督导检查2轮。

【档案工作】 2019年,区档案局认真贯彻落实各类档案管理规范文件,抓好上级的文件程序处理工作,对档案工作进行认真梳理、查漏补缺,着力加强档案库房和档案信息管理,做到了文件及时收管、著录、查阅。全年共接收文书档案1卷10203件。严格落实等级审批制度,健全完善档案查阅制度,确认领导或主管领导签字后方可查阅相关档案、复印有关材料。全年共接待来人来电查阅档案资料90人次,利用档案资料32卷257件,复印摘抄档案3153页。同时,不断加大档案法制宣传交流,以"国际档案日"、法治宣传日等重要活动为载体,共发放档案宣传手册830余份,接待进馆参观50人次。

【地方志工作】 2019年,区委办地方志办公室秉承"存史、资政、育人"宗旨,围绕全区中心工作开拓创新,史志、年鉴、大事记等各项工作整体推进,全区地方志工作持续健康发展。完成了2019年年鉴的编撰工作;《林芝县志(2006—2015)》已顺利通过初审、

复审、终审,待自治区验收、总编后,将印刷出版;出版完成《八一镇志》,使巴宜区成为西藏首个出版发行镇级志书的县区。

【队伍建设】 2019年,区委办公室在保证人员相对稳定的基础上,积极做好干部选优、培养、输送工作,保持整体活力。对到区委办跟班学习锻炼的18名同志,给他们加担子、交任务,在帮助他们迅速成长的同时,还在政治上关心、在生活上照顾,充分调动他们干事创业的积极性。深入开展精准驻村工作,2017—2019年,为帮扶村协助落实发展项目8个,筹措建设资金3730余万元。

（卢家俊）

【机构领导】
区委办主任
　尼玛次仁（藏族）
区委办二级主任科员
　邱 志 勇（6月套转）
区委办副主任、保密委员会办公室主任
　李 　 垚（11月免）
区委办副主任、区档案局局长
　杨 小 兰（女,5月任）
区委办副主任、国家保密局局长
　白玛普赤（女,藏族,5月任）
区委办四级主任科员
　尼玛伟色（藏族,6月套转）
　董 宏 志（6月套转）
　李 艳 坪（6月套转）
区档案局局长
　曾 　 利（女,5月免）
区委机要局副局长、密码管理局局长
　凌 　 霞（女,藏族,5月任）

区档案局副局长
　王 晓 清（女,11月免）

林芝市巴宜区人民代表大会常务委员会

【概况】 年内,在区委的正确领导和市人大常委会的悉心指导下,区人大常委会坚持以政治建设为统领,坚定理想信念,坚定政治信仰,始终在政治立场、政治原则、政治方向、政治道路上同以习近平同志为核心的党中央保持高度一致,始终把坚持党的领导作为人大工作不可动摇的生命线,立足于区委"2156"总体思路,助推改革发展稳定大局,确保围绕中心不偏、服务大局有力。2019年,区人大常委会有主任1名、副主任4名、常委会委员23名(2019年12月选举产生常委会委员3名);办公室主任1名、二级主任科员1名、副主任2名、四级主任科员1名;人大财经委员会主任委员1名,副主任委员1名;人大社会建设委员会主任委员1名,二级主任科员1名;人大教科文卫委员会主任委员1名,副主任委员1名,四级主任科员1名;2019年底,巴宜区实有区级人大代表107名。

【重要会议】 2019年12月25日,巴宜区第二届人民代表大会第四次会议召开,本次会议应到代表107名,实到代表76名,会议听取和审议了"一府两院"及区人大常委会工作报告,并作出审议决议。

2019年6月24日,在藏全国人大代表一行在巴宜区中学调研教育事业发展情况,林芝市委副书记、政府市长旺堆(前排左一),市人大常委会副主任才佳(前排中),巴宜区委副书记、政府区长严世钦(前排右一)一同调研

会议依法选举了巴宜区人大常委会主任1名,人大教科文卫委员会主任委员1名,社会建设委员会主任委员1名、副主任委员1名。

【干部任免】 2019年,区人大常委会坚持党管干部与依法任免相统一的原则,严格执行法律程序,加强对国家机关工作人员任前审查和任后监督,坚持拟任人员向宪法宣誓制度,不折不扣落实好区委各项人事意图。全年共依法任免"一府一委两院"干部54名、人民陪审员91名。

【监督工作】 2019年,区人大常委会以实地调研和视察、听取专题报告、代表专题询问、满意度测评和督促整改等多种方式,围绕城乡建设、教育发展、巩固提升脱贫攻坚成果和扶贫产业建设、人大代表依法履职等情况进行监督,形成了专项视察报告并提出6条意见建议交区政府研究处理。精心组织了对区人民法院等3个部门和4名人大选举、任命干部的工作评议,收集常委会委员和代表所提建议29条,有效督促被评单位和个人以评促改、主动整改、履行职责。

【执法检查】 2019年,区人大常委会组织市、区、乡三级人大代表以实地察看、听取汇报和督促整改等方式,开展执法检查10次。对巴宜区贯彻落实《水污染防治法》《工会法》《预防未成年人犯罪法》等"一法一办法"情况开展执法检查。同时,配合自治区人大开展2019年中华环保世纪行——西藏行活动、全区检察机关公益诉讼和人民法院"基本解决执行难"工作情况专题调研,督促"一府两院"严格履行法定职责,保证法律法规有效实施,维护了法律权威。

【决定重大事项】 2019年,区人大常委会共召开常委会会议9次,先后听取区政府落实中央第三巡视组脱贫攻坚反馈意见的专项报告、相关部门落实述职评议反馈意见的情况报告、扫黑除恶打非治乱专项斗争视察报告,审查批准区政府财政预算安排、财政预算调整方案、上半年财政预算执行情况报告、上半年国民经济和社会发展计划执行情况报告、鲁朗林海景区总规,提出10条审议和审查意见,及时转交区政府研究处理,确保区委重大决策部署得到全面贯彻落实。认真做好规范性文件的报备、登记、存档工作,对区人民政府报送的3件规范性文件及时进行初步审核和备案登记。

【代表工作】 完善学习制度,提高代表履职能力。2019年,区人大常委会举办人大业务培训班,邀请自治区人大财经委和市委党校老师为部分区级人大代表和区人大"一室三委"、乡镇、街道人大工作者进行专题授课,并以调研、视察、执法检查等方式对人大代表进行实地培训。组织各乡镇人大开展了"学习、研究、宣传、贯彻习近平关于坚持和完善人民代表大会制度的重要思想"专题活动和以《宪法》《组织法》和《选举法》等相关法规为主要内容的学习培训。组织交流互相学,鼓励和支持乡镇人大干部和代表到区内外学习考察,全年八一镇、布久乡、鲁朗镇人大代表共计3批次30余人次到拉萨市、山南市、日喀则市各县区和林芝市其他兄弟县区开展学习考察。同时，还接待了新西兰中国统一促进会、新西兰浙江嘉兴联谊会、澳门全国人大代表、贵州省人大及内蒙古阿拉善盟、安徽省肥东县、察隅县竹瓦根镇等22批次区内外人大考察交流团来访。

改善履职条件，丰富代表履职方式。充分利用人大代表密切联系群众的优势，坚持邀请代表列席常委会会议和专题评议会议，扩大代表在专题调研、视察调研和执法检查中的参与度，拓宽代表知情知政渠道，增强代表参政议政能力。2019年组织区、乡两级人大代表共36人次参加专题调研、综合视察和执法检查，形成调研视察报告11篇，提出意见建议54条，供区委、区政府决策参考。

加大交办力度，重视代表建议督办。区二届人大三次会议后，及时将受理的人大代表所提的23条建议、意见和批评进行分类和梳理，并转交区人民政府研究处理。7月底，及时召开意见建议督办会，在听取建议办理落实情况的基础上，现场对接领衔代表，督促办理单位高质量、高效率办好办实代表意见建议，积极回应人民群众期盼。

加强阵地建设，打造代表履职平台。不断创新工作载体，着力在加强阵地建设、构建代表履职平台上下功夫，努力将"人大代表之家"和代表联络站建成学习培训之家、服务群众之家、履职交流之家、帮扶解困之家和

2019年5月15日，巴宜区委副书记、人大常委会主任（人选）荆涛（前排左一）在米瑞乡朗乃村检查指导工作

规范活动之家，为代表履职提供坚实平台；投入资金30万元打造白玛岗街道"人大代表之家"，为代表参政议政、履行职责提供了良好的环境；在林芝镇试点建成真巴、曲古2个村级代表联络站；百巴镇色贡村人大代表联络站发挥"红色喇叭"作用，积极向农牧民群众宣讲党的十九届四中全会精神，宣传党的路线方针政策和法律法规，及时化解矛盾纠纷。

【自身建设】 带领机关党支部共创共建。2019年，区人大常委会全面落实从严治党主体责任，立足实际，不断加强党的政治建设，为推进新时代长足发展和长治久

2019年1月24日，在庄严的国歌声中，巴宜区第二届人民代表大会第三次会议胜利闭幕

安提供良好作风保障。严格控制会议数量规模,提倡务实高效的文风会风,改进提升调查研究,以良好作风赢得民心。改进学风,用心学习领会习近平新时代中国特色社会主义思想和党的十九届四中全会精神,确保学出忠诚、学出信仰、学出担当、学出本领、学出责任、学出干劲、学出廉洁。

第二批"不忘初心、牢记使命"主题教育。区人大常委会班子和成员坚持把学习教育、调查研究、检视问题、整改落实贯穿主题教育始终,紧扣学习贯彻习近平新时代中国特色社会主义思想这一主线,聚焦"不忘初心、牢记使命"这一主题,突出力戒形式主义、官僚主义和着力减轻基层负担这一重要内容,精心组织集体学习14次,召开专题研讨会10次,县级领导带头进机关、进村居讲专题党课6次,开展主题党日活动3次,为民解难题办实事12件,开展综合视察调研1次、形成调研报告9份。广泛征求意见建议,认真梳理检视出常委会班子存在的5个方面11个问题,并坚持边查边改,2019年底问题已全部整改到位。

（白旦益西）

【机构领导】

区委副书记、区人大常委会主任

达　瓦（藏族,4月免）

荆　涛（4月人选,12月任）

区人大常委会副主任

德吉尼玛（女,藏族）

吕　宏

乔德吉（女,藏族）

苏晓峰

区人大财经城建农牧环保委员会主任委员

白玛次旦（藏族,12月退休）

区人大教育科学文化卫生委员会主任委员

刘向宙（5月任）

区人大社会建设委员会副主任委员

拉　巴（藏族,5月任）

林芝市巴宜区人民代表大会常务委员会办公室

【概况】　巴宜区人大常委会办公室是巴宜区人大常委会下设的工作机构,2019年有办公室主任1名,二级主任科员1名,副主任2名,四级主任科员1名,工作人员4名。

【政治理论和业务学习】　2019年,区人大常委会办公室坚持把加强政治理论学习和业务学习作为提升政治能力、坚定理想信念的重要途径,深入学习习近平关于坚持和完善人民代表大会制度的重要思想、习近平对地方人大常委会工作的重要指示批示精神和习近平关于治边稳藏的重要论述,系统学习栗战书委员长在纪念地方人大设立常委会40周年座谈会上的讲话精神、洛桑江村主任在西藏自治区人大设立常委会40周年座谈会上的讲话精神,跟进学习党的十九届四中全会精神,反复研读党章党规,全面重温党史、新中国史和西藏革命建设史,认真学习《中华人民共和国宪法》《中华人民共和国人民监督法》《中华人民共和国地方各级人民代表大会和地方各级人民委员会组织法》《中华人民共和国全国人民代表大会和地方各级人民代表大会代表法》《中华人民共和国选举法》等相关法律法规,进一步坚定理想信念,提高业务水平和能力。

【服务人大常委会工作】　2019年,区人大常委会办公室健全完善公

2019年7月31日,区人大常委会副主任德吉尼玛主持召开区二届人大三次会议代表所提意见、建议督办会

文处理制度,实行分级负责制,做到层层把关,严格审核,进一步规范公文写作、审核、签发、印制、发送等程序,对来文来电及时准确地签收办理,做好上传下达,共审阅拟办各类文件近700份。严格执行机关车辆、财务、公务接待等管理,为常委会及机关提供优质高效的后勤保障。积极加强与区委、"一府一委两院"的沟通联系,为机关日常工作顺畅运转营造和谐良好的环境。从文稿起草、会议程序及筹备安排等方面入手,切实把好上会议题关、材料关、分组讨论安排关、常委会审议意见督办关,不断提高服务水平。全年精心策划常委会会议9次、主任会议9次,高效优质完成区人大二届三次会议有关筹备和会务后勤等工作。

【建议督办】 2019年,区人大常委会办公室坚持做好代表依法履职保障工作,将区二届人大三次会议上代表所提的23条建议进行分类和梳理并转交区人民政府办理。邀请领衔代表和办理单位召开督办会,听取建议的办理落实情况,督促办理单位高质量、高效率地把代表建议办成民心工程。

【老干部服务工作】 2019年,区人大常委会办公室以元旦、春节、藏历新年等重大节日为契机,积极开展走访、慰问老干部活动,向老干部讲解党的十九大、十九届三中、四中全会精神,传达区委、区政府的有关决策部署,通报区人大常委会工作情况,并向老干部咨询建议和意见,发挥老干部的政治优势、经验优势、威望优势,积极为全区经济社会的发展建言献策,促进巴宜区各项工作推陈出新。

【群众服务工作】 2019年,区人大常委会办公室根据全区工作和年度常委会监督工作谋划,围绕乡镇人大建设、环境治理等内容,组织开展相关调研,积极参与常委会执法检查、视察活动,把关注民生、维护人民群众切身利益作为工作的出发点和落脚点,积极围绕群众关心的热点难点问题、重点项目等开展调查研究,进一步密切与代表的联系,努力为人民群众解决实际困难。认真办理群众来信来访工作,坚持把人民群众的事情当大事来抓,把人民群众的事情当急事来办,妥善化解各种纠纷和矛盾,促进社会和谐稳定。

【作风建设】 2019年,区人大常委会办公室认真学习贯彻《中国共产党廉洁自律准则》《中国共产党纪律处分条例》,严守党的政治纪律和政治规矩,严格执行中央八项规定及其实施细则精神,牢固树立厉行节约、勤俭干事的思想,进一步完善制度、强化措施,自觉接受人民群众和人大代表的监督,进一步树立和维护人大机关干部的良好形象。

(白旦益西)

【机构领导】
主　任
　　达瓦次仁(藏族)
二级主任科员
　　胡　开　琼(女,11月套转)
副主任
　　拉巴卓玛(女,藏族)
副主任
　　何　兰(女)
四级主任科员
　　白旦益西(藏族,6月套转)

林芝市巴宜区第二届人民代表大会代表花名册

制表单位:巴宜区人大办公室　　　　　　　　　　　制表时间:2019年12月11日

序号	姓名	性别	民族	政治面貌	文化程度	现任职单位及职务	备注
1	米　次	男	藏	中共党员	研究生	区委书记	市、区
2	严世钦	男	汉	中共党员	本科	区委副书记、政府区长	市、区
3	荆　涛	男	汉	中共党员	本科	区委副书记、人大常委会主任人选	
4	戴　平	男	汉	中共党员	本科	区政协主席	

序号	姓名	性别	民族	政治面貌	文化程度	现任职单位及职务	备注
5	卢达明	男	汉	中共党员	研究生	区委常务副书记	
6	旦增拉姆	女	藏	中共党员	研究生	区委副书记、鲁朗景区管委会党组书记	
7	杨兴会	男	土家	中共党员	本科	区委副书记、政府常务副区长	
8	向军	男	汉	中共党员	本科	区委常委、政府常务副区长	
9	陈昌茂	男	汉	中共党员	本科	区委常委、组织部部长	
10	米军	男	藏	中共党员	本科	区委常委、纪委书记	市、区
11	益西江措	男	藏	中共党员	本科	区委常委、统战部长	
12	周必容	女	汉	中共党员	大专	区委常委、宣传部长	
13	吴永帅	男	汉	中共党员	研究生	区委常委、政府副区长	
14	旺青	男	藏	中共党员	本科	市公安局党委委员,区委常委、政法委书记、国安办主任、公安局局长、督察长	
15	扎西朗杰	男	藏	中共党员	本科	巴宜区委常委、政府副区长	
16	德吉尼玛	女	藏	中共党员	大专	区人大常委会副主任	
17	吕宏	男	汉	中共党员	中专	区人大常委会副主任	
18	乔德吉	女	藏	中共党员	本科	区人大常委会副主任	
19	苏晓峰	男	汉	中共党员	本科	区人大常委会副主任	
20	赵政权	男	汉	中共党员	本科	区政府副区长、八一镇党委书记	
21	万春	男	汉	中共党员	本科	区人民法院院长	
22	乔次仁	男	藏	中共党员	本科	区人民检察院检察长	
23	达瓦次仁	男	藏	无党派人士	大专	区人大办公室主任	
24	程翀	女	汉	中共党员	大专	区纪委副书记	
25	朱艺珍	女	汉	中共党员	本科	区委组织部副部长、编办主任	
26	次仁旺久	男	藏	中共党员	大专	区委宣传部副部长	
27	王胜	男	汉	中共党员	大专	区发改委主任	
28	李菊霞	女	汉	中共党员	本科	区财政局局长	
29	多吉	男	藏	中共党员	大专	原西藏自治区林芝市巴宜区税务局科员	退休干部代表
30	古桂云	女	汉	中共党员	本科	巴宜区中学教师	教育界妇女代表
31	曲列	男	藏	中共党员	中专	巴宜区藏医院医师	卫生科技界代表
32	姜辉	男	汉	中共党员	中专	林芝镇党委书记	三级

续表

序号	姓名	性别	民族	政治面貌	文化程度	现任职单位及职务	备注
33	边　巴	男	藏	中共党员	本科	巴宜区鲁朗镇党委书记	三级
34	达瓦尼玛	男	藏	中共党员	本科	巴宜区布久乡党委书记	
35	卢俊平	男	汉	中共党员	本科	巴宜区米瑞乡党委书记	
36	徐宝珠	男	汉	中共党员	本科	巴宜区更章门巴民族乡党委书记	
37	格桑旺堆	男	门巴	中共党员	大专	白玛岗街道办党工委书记	市、区
38	杨　烨	男	汉	中共党员	本科	八一镇党委副书记、人大主席	
39	罗　桑	男	藏	中共党员	中专	林芝镇党委副书记、人大主席	
40	布　琼	男	藏	中共党员	大专	布久乡党委副书记、人大主席	
41	格桑旺堆	男	藏	中共党员	本科	米瑞乡党委副书记、人大主席	
42	梁柏松	男	汉	中共党员	大专	更章门巴民族乡党委副书记、人大主席	
43	廖锦屏	男	汉	中共党员	本科	巴宜区鲁朗镇人大主席	
44	白玛次旦	男	藏	中共党员	大专	巴宜区人大财经委主任委员	
45	拉　巴	男	藏	中共党员	中专	巴宜区人大社建委主任委员	
46	刘向宙	男	汉	中共党员	研究生	巴宜区人大教科文卫委主任委员	
47	格桑平措	男	藏	中共党员	本科	百巴镇党委副书记、人大主席	
48	孔令雪	男	汉	中共党员	本科	百巴镇党委书记	
49	赵　凯	男	汉	中共党员	本科	巴宜区白玛岗街道人大工委主任	
50	边巴次仁	男	藏	中共党员	本科	巴宜区觉木街道人大工委主任	
51	刘　萍	女	汉	中共党员	本科	巴宜区人大财经委副主任委员	
52	庆美央宗	女	藏	中共党员	本科	巴宜区人大教科文卫委副主任委员	
53	加　巴	男	藏	中共党员	初中及以下	巴宜区八一镇公众村党支部书记	三级
54	米　玛	男	藏	中共党员	初中及以下	巴宜区八一镇巴吉村党支部书记、村委会主任	非公有制经济代表
55	布　吉	女	藏	群众	初中及以下	巴宜区八一镇巴吉村村民	
56	普布次仁	男	藏	中共党员	初中及以下	巴宜区八一镇唐地村村民	
57	云　丹	男	藏	中共党员	初中及以下	巴宜区八一镇拉丁嘎党支部书记	
58	边　巴	男	藏	中共党员	初中及以下	巴宜区八一镇章麦村党支部副书记	
59	乔　洛	男	藏	中共党员	初中及以下	巴宜区八一镇加乃村党支部书记	
60	扎西平措	男	藏	中共党员	初中及以下	巴宜区八一镇巴果绕村村民	

续表

序号	姓名	性别	民族	政治面貌	文化程度	现任职单位及职务	备注
61	拉　珍	女	藏	中共党员	初中及以下	巴宜区八一镇永久村村民	
62	益西塔克	男	藏	群众	初中及以下	林芝镇吉日寺住持	宗教界代表
63	巴　鲁	女	藏	中共党员	初中及以下	林芝镇真巴村党支部书记	三级
64	巴桑乔	男	藏	中共党员	初中及以下	林芝镇曲古村委会主任	
65	白玛乔	女	藏	中共党员	初中及以下	林芝镇立定村党支部书记	
66	次　珠	男	藏	中共党员	初中及以下	林芝镇帮纳村村民	
67	尼　玛	男	藏	中共党员	初中及以下	林芝镇尼池村委会主任	
68	乔	男	藏	中共党员	初中及以下	巴宜区鲁朗镇扎西岗村委委员	
69	阿牛次仁	男	藏	中共党员	初中及以下	巴宜区鲁朗镇拉月村委会主任	
70	达娃玉珍	女	藏	中共党员	初中及以下	巴宜区鲁朗镇东巴才村村民	
71	米玛旺堆	男	藏	中共党员	初中及以下	巴宜区鲁朗镇罗布村村民	
72	次仁罗布	男	藏	中共党员	初中及以下	巴宜区百巴镇折巴村党支部书记、村委会主任	非公有制经济代表三级
73	旦　增	男	藏	中共党员	初中及以下	巴宜区百巴镇开朗村村委会主任	
74	布　乔	男	藏	中共党员	初中及以下	巴宜区百巴镇拉格村村委会主任	
75	旺　堆	男	藏	中共党员	初中及以下	巴宜区百巴镇连别村村务监督员	
76	才旺达杰	男	藏	中共党员	初中及以下	巴宜区百巴镇百巴村村委会委员、团支部书记	
77	白玛次旺	男	藏	中共党员	初中及以下	巴宜区百巴镇色贡村村委会副主任	
78	曲　吉	女	藏	中共党员	初中及以下	巴宜区百巴镇扎地村村委会委员、妇女主任	
79	拉　珍	女	藏	中共党员	初中及以下	巴宜区百巴镇章巴村村委会主任	三级
80	次仁朗加	男	藏	中共党员	初中及以下	巴宜区百巴镇大坝村村民	
81	白玛桑旦	男	藏	中共党员	初中及以下	巴宜区布久乡嘎玛村副主任	
82	加　多	女	藏	中共党员	初中及以下	巴宜区布久乡甲日卡村妇女主任	
83	曲　珍	女	藏	中共党员	初中及以下	巴宜区布久乡孜热村妇女主任	
84	布　鲁	男	藏	中共党员	初中及以下	巴宜区布久乡杰麦村党支部书记	
85	乔次仁	男	藏	中共党员	初中及以下	巴宜区布久乡珠曲登村党支部书记	
86	桑阿尼玛	男	藏	群众	研究生	巴宜区布久乡布久拉康住持	宗教界代表

序号	姓名	性别	民族	政治面貌	文化程度	现任职单位及职务	备注
87	索朗罗布	男	藏	中共党员	初中及以下	巴宜区布久乡朵当村党支部书记	
88	边巴拉姆	女	藏	中共党员	初中及以下	巴宜区米瑞乡玉荣增村委会主任	
89	乔次仁	男	藏	中共党员	初中及以下	巴宜区米瑞乡色果拉村党支部书记	三级
90	多　吉	男	藏	中共党员	初中及以下	巴宜区米瑞乡曲尼贡嘎村党支部书记	
91	巴桑多吉	男	藏	群众	初中及以下	巴宜区米瑞乡德木寺僧人	宗教界代表
92	扎西次仁	男	藏	中共党员	初中及以下	巴宜区米瑞乡朗乃村委会副主任	
93	乔次仁	男	门巴	中共党员	初中及以下	巴宜区更章门巴民族乡白玛店村委会主任	
94	卓　卓	女	藏	中共党员	初中及以下	巴宜区更章门巴民族乡更章村委委员,团支书	
95	拉巴次仁	男	藏	中共党员	初中及以下	巴宜区更章门巴民族乡娘萨村委会主任	
96	韩　宇	男	汉	群众	高中	西藏林芝润鑫实业集团有限公司董事长	非公有制经济代表
97	次仁央宗	女	藏	中共党员	本科	林芝市艺术团干部	文艺界妇女代表
98	熊伟杰	男	汉	群众	本科	林芝市人社局副主任科员	无党派人士
99	王　芳	女	汉	中共党员	大专	林芝市市政管理局中级工	工人代表
100	李华平	男	汉	中共党员	研究生	林芝市林业局林业科技研究所所长	科技界代表
101	尼玛邓珠	男	藏	群众	初中及以下	林芝市客运公司司机	无党派工人代表
102	次旦卓玛	女	藏	群众	本科	企业法制与制度管理中心	无党派代表
103	拉巴卓玛	女	藏	群众	本科	中国石油天然气股份有限公司林芝销售分公司在职职工	无党派女工人代表
104	强巴央宗	女	藏	中共党员	博士	西藏农牧学院动物科学学院党委副书记、院长、教授	教育科技界代表
105	归桑群宗	女	藏	中共党员	本科	林芝市八一中学副校长	教育界代表
106	黄文春	男	彝	中共党员	本科	巴宜区人武部政工科科长	
107	朱明华	男	汉	中共党员	本科	武警林芝支队巴宜区中队中队长	

　　备注:巴宜区二届人大代表103名,城镇代表60名,农牧区代表43名。其中:教育界代表3名,占3%;科技界代表4名,占4%;文艺界代表1名,占1%;卫生界代表1名,占1%;无党派人士代表4名,占4%;宗教界代表3名,占3%;工人代表3名、占3%;退休干部代表1名、占1%;非公有制经济界代表3名,占3%;部队代表2名,占2%。在代表中,中共党员94名,占91%;非党员代表9名,占9%;妇女代表27名,占26%;藏族代表70名,占68%;汉族代表30名,占29%;人口较少数民族(门巴族、僜人、彝族)代表3名,占3%。

林芝市巴宜区人民政府

【概况】 2019 年，巴宜区人民政府以习近平新时代中国特色社会主义思想为指导，坚持以人民为中心的发展思想，深入贯彻落实党的十九届二中、三中、四中全会精神，深入贯彻习近平总书记关于治边稳藏的重要论述精神，紧跟市委、市政府系列决策部署，紧紧围绕区委"2156"发展总思路，立足新时代、展现新作为，团结带领全区各族干部群众，顽强拼搏、锐意进取、扎实苦干，全力以赴推动乡村振兴、促进产业发展、提振民生指数、加强生态建设、深化改革合作、维护社会稳定、改进政府服务，完成全年经济社会发展主要目标任务，决胜全面建成小康社会又取得新的重大进展。2019 年，巴宜区实现地区生产总值（GDP）84.59 亿元，可比增长

8%，其中，第一产业增加值 1.65 亿元，增长 3%；第二产业增加值 28.95 亿元，增长 7.6%；第三产业增加值 53.99 亿元，增长 8.7%。全区公共预算收入 2.3 亿元，下降 16.36%。公共财政预算支出 13.9 亿元，增长 12.1%。完成固定资产投资比上年同期增长 1.9%。其中，民间投资同比增长 85.9%。社会消费品零售总额达 31.15 亿元，同比增长 7.4%。实现工业增加值 6.36 亿元，可比增长 6.8%。规模以上工业增加值 6.21 亿元，同比增长 13.2%。农村居民人均可支配收入 20029 元，城镇居民人均可支配收入 33041 元。所有村庄人均收入均过万元，城乡收入比例缩减到 1.63:1。

【民生福祉】 巩固脱贫成果。2019 年，巴宜区建档立卡贫困户达到"两不愁、三保障"并实现动态清零，建立并完善扶贫产业利益

链接机制 36 个。有序开展"三岩"片区搬迁安置，积极引导搬迁群众融入本地生产生活，166 户 1014 人入住新居。

社会保障。建立临时救助备用金制度，全面完成特困人员和孤儿保障、残疾人扶持。大力促进就业创业，城镇新增就业 799 人、农牧区劳动力转移就业 8263 人次，转移就业创收 4005 余万元，应届高校毕业生就业率达到 98.19%。严格执行工资保证金制度，合法保障农民工权益。农牧民施工队参与 400 万元以下项目建设 42 个，涉及项目资金 2060 万余元。

教育事业。严格落实本级财政对教育的 20% 投入，巴宜区中学整体提升一期工程建设完成，百巴镇小学素质教育基础设施提升项目一期工程全面启动，全区乡村幼儿园覆盖率达 98.55%。扎实开展控辍保学，义务教育各阶段入学率达 100%，入学巩固率达 100%。全区 60% 以上的中小学与广东省优秀学校建立结对关系。师资队伍建设不断加强，教育水平不断提高，小中考成绩居全市第一。

文化事业。积极推进文化遗产"八进"活动，群众保护非物质文化遗产的意识不断提高。申报市级重点文物保护单位 2 个、自治区级非物质文化遗产代表性传承人 4 人。建成非物质文化传承基地工布藏族服饰传习所。群众文化生活不断丰富，组建村级文艺演出队 12 个，新增各类文艺节目 70 余个。

医疗服务。医疗卫生基础设

2019 年 6 月 17 日，国务院扶贫办主任刘永富（前排左三）在巴宜区调研扶贫工作。西藏自治区党委副书记、人大常委会主任洛桑江村（左二），自治区党委副书记、自治区政府主席齐扎拉（左四），自治区人大常委会副主任、林芝市委书记马升昌（右三），林芝市委副书记、政府市长旺堆（左一）等陪同

施不断完善,总投资 1.7 亿元的巴宜区人民医院基本建成,村级卫生室实现全覆盖。"两癌""三病"筛查实现全覆盖,包虫病综合防治工作进展顺利。"三级"医院对口帮扶成效显著,免费为群众实施白内障手术 42 例。家庭医生签约服务率达 95%。巴宜区卫生服务中心通过二级乙等医院终评。国家级慢性病防控示范区、国家级健康促进示范区创建工作通过国家验收。

【产业发展】 旅游产业。2019 年,巴宜区强化旅游规划引领,全域旅游规划编制工作全面启动,完成工布原乡、柏树王园林、环多布湖景区等 8 个旅游规划。卡定沟景区成功创建国家 4A 级景区。柏树王园林景区全面完成提升改造,工布原乡景区完成游客中心、道路等基础设施建设。林芝镇真巴村入选第一批全国乡村旅游重点村名录,"柏树王"获得"世界树龄最长的巨柏"世界纪录认证,圆满完成各类推介活动和 2019年林芝市第十七届桃花旅游文化节、2019 年西藏林芝雅鲁藏布生态文化旅游节各项工作,旅游形象和品牌影响力得到提升。强化旅游市场整治,妥善处理游客投诉,旅游市场秩序进一步规范。2019 年,全区接待游客 222.43 万余人次,旅游总收入 20.34 亿元,增长 2.6%。

农牧产业。"一带一园六基地"建设扎实推进,藏猪饲料加工、猪仔繁育、藏猪养殖及加工基地建成,藏猪产业链基本形成。建成

全市最大商品鸡基地,禽类养殖达 55 万只(羽)。巴宜区优质蔬菜生产基地、设施蔬菜基地等项目建成投入使用,蔬菜基地面积达 9603 亩,新增自治区无公害农产品认证 30 个。水果种植基地规模进一步扩大,种植面积达 1.8万亩。2000 吨水果冷藏气调库项目基本建成,水果产业链有效延伸。2019 年,全区农林牧渔业总产值完成 25497.95 万元,增长 6%,其中,农业产值 12087.66 万元,增长9.9%;林业产值 368.34 万元,增长21.2%;牧业产值 12462.95 万元,下降 0.6%;渔业产值 272 万元,增长240%;农林牧渔服务业产值 307万元,增长 5.9%。基本完成打造全市稳定"五个供应基地"的目标。

商贸物流业。总投资 6 亿元的巴宜区建筑构件产业园市政工程一期建设完成,引进入园企业40 家。总投资 2.37 亿元的巴吉物流产业园建设一期项目建成投入使用。总投资 2.4 亿元的更

章现代农业观光园推进成效明显,带动更章门巴民族乡群众实现增收。

【生态文明】 2019 年,巴宜区加强重点区域环境综合治理,林芝镇康扎村、米瑞乡玉荣增村、米瑞乡广久片区等人居环境提升项目全面启动。全区村庄庭院绿化实现全覆盖,"绿色篱笆、花果庭院"人居环境改善工程全面启动。城镇生活垃圾处理率和村镇饮用水卫生合格率均为 100%。新增申报自治区级生态村 10 个。绿地造林持续推进,"两江四河"造林5263 亩,义务植树 2200 亩,森林抚育 1.5 万亩。环境质量水平持续转好,全区水、大气、土壤环境达标率均实现 100%,被国家生态环境部评定为全自治区唯一环境总体"轻微变好"的县区。扎实开展"绿盾 2019"自然保护区监督管理,自然保护地和林草资源得到有效保护,7 个重点沟口智能化

2019年1月26日,巴宜区委副书记、政府区长严世钦(中)看望慰问慰问驻寺干部

2019年3月17日,巴宜区召开机构改革推进会,此次改革细化了资产经费调配、人事安排、深化党的组织机构改革、深化政府机构改革、深化群团组织和事业单位机构改革、深化民主法治领域机构改革、纪律监督等7个专项组和机改办19条工作任务

森防高空云台热成像监测系统建成投入使用。扎实开展河湖长制工作,严格落实六项工作制度,河道"清四乱"成效明显。

【城乡面貌】 2019年,巴宜区积极探索乡村振兴发展思路,初步完成巴宜区乡村振兴战略实施细化方案编制工作,申报首批乡村振兴项目20个。完成村庄规划66个、片区规划4个。城乡基础设施不断完善,落实政府投资重点建设项目51个,完成投资5.9亿余元。林芝镇特色小城镇建设项目取得新进展,巴宜区新建公共租赁住房和8个村级组织活动场所标准化建设项目稳步推进。8个小康示范村建设项目全面启动。建设堤坝和护坡7.24公里,新建水利项目15个,尼洋河干流治理二期工程、巴宜区百朗灌区工程全面建成。巴宜区林芝镇至米瑞乡道路修复、八一镇加乃村

大桥新建工程等全面完工,川藏铁路色季拉山段先期征地工作基本完成,行政村道路通畅率达94%。"四好农村路"示范县申报工作全面启动。国土整治有序推进,企业经营行为得到有效规范,"打非治违"专项整治行动取得阶段性成果,拆除违建面积达10万余平方米。

【改革创新】 2019年,巴宜区圆满完成政府机构改革任务,顺利组建审计、医保等7个部门,全面理顺部门职责,切实转变政府职能。县域客运班线改革任务全面完成,旅游开发有限公司运营机制建立健全,完成西藏火柴厂吸收合并,国有林场改制工作圆满完成。持续深化"放管服"改革,严格落实中央减税降费政策,减降各类税费6461.92万元。政府资金审批和乡镇民生项目审批权限进一步下放。全面实施"多证

合一",新增各类市场主体1798户,新增注册资本46.32亿元,有效激发市场活力。大力推进"互联网+政务服务",政务服务中心入驻单位20家,开放服务窗口12个。审批服务事项网上可办率和"一网通办"事项梳理完成率均达100%,网上用户注册和电子证照采集签发量均居全市首位。涉农改革稳步推进,农村土地承包经营权登记颁证率达96.83%。农村集体经济产权制度改革清产核资成功通过市级验收。持续优化投资环境,全年落实招商引资项目17个,到位资金6.06亿元。第四次全国经济普查工作顺利完成。充分发挥对口援藏桥梁纽带作用,第八批援藏项目收尾工作全面完成。

【社会稳定】 2019年,巴宜区始终坚持"稳"字当头,时刻紧绷"维稳弦",深入开展反分裂斗争,巩固发展民族团结,创新完善社会治理,确保了社会政治大局持续稳定。始终保持打击违法犯罪高压态势,扎实推进扫黑除恶打非治乱等各类专项行动,侦办涉黑涉恶案件38起,侦破刑事案件79起,人民群众安全感不断增强。进一步加大矛盾纠纷排查调处力度,全年排查各类矛盾纠纷507起,化解460起,化解率达91%。受理群众来信来访34件,化解率达82.35%。围绕"治理有效"目标,全面整合基层力量,深入推进群防群治,完善联动联防机制,有效提高了乡村自主治理能力。深入开展和谐模范寺庙、爱国守法先进

僧尼等系列创建评选活动,广大僧尼爱国意识、守法意识普遍增强。健全公共安全体系,完善安全生产责任制,强化食品药品安全监管。应急处置能力不断提升,非洲猪瘟疫情得到迅速有效控制,安全生产形势整体稳定。"两站两员"道路安全监管作用发挥明显,农村道路交通安全形势不断稳固。

【自身建设】 2019年,巴宜区持续提升执政水平和服务能力,推进"两学一做"学习教育常态化制度化,认真开展"不忘初心、牢记使命"主题教育,始终树牢"四个意识",坚定"四个自信",坚决做到"两个维护"。深入学习党的十九届四中全会精神,系统推进政府治理体系和治理能力现代化。切实加强政府系统党风廉政建设,严格执行中央八项规定及其实施细则要求、区党委"约法十章""九项要求"和《领导干部廉洁从政若干准则》等相关规定,制定了区政府党组落实党风廉政建设主体责任清单,弛而不息整治"四风",大力推进基层减负,政府系统会议和文件数量分别同比减少30%、75.8%。积极推进政务公开,全面加强法制政府建设,严控"三公"经费支出,制定《巴宜区财政投资评审管理暂行规定》《巴宜区资金审批简化程序》,严格执行《巴宜区人民政府议事规则》,实行政府法律顾问制度,自觉接受人大监督、监察监督、政协监督、司法监督,共承办协办市人大建议、政协提案6件,承办本级人大建议23件、政协提案42件,答复率均为100%。

（刘宗磊　周怡然）

【机构领导】
区委副书记、区政府党组书记、区长
　严　世　钦
区委副书记、区政府党组副书记、常务副区长
　陈　　涛（援藏,7月免）
　杨　兴　会（援藏,7月任）
区委常委、区政府党组成员、常务副区长
　向　　军
区委常委、区政府党组成员、副区长
　吴　永　帅
　扎西朗杰（藏族）
区政府副区长、党组成员、三级调研员
　次　　欧（藏族,12月套转）
　尼玛次仁（藏族,12月套转）
区政府副区长、八一镇党委书记
　赵　政　权
区政府副区长
　格桑明久（藏族）
　刘　迎　会（女,5月免）
　普布它确（藏族）
区政府副区长、区发改委主任
　王　　胜（5月任）

林芝市巴宜区人民政府办公室

【概况】 年内,在区委、区政府的正确领导和大力支持下,作为政府机关的中心枢纽,区政府办始终以学习贯彻落实习近平新时代中国特色社会主义思想为统领,树牢"四个意识"、坚定"四个自信"、做到"两个维护",扎实开展"两学一做"学习教育及"不忘初心、牢记使命"主题教育,全体党员干部职工始终立足岗位职责,做到严格自律,不断增强工作能力,提高服务水平,切实保障了政府政令畅通,各项决策部署得到较好较快的落实。

【支部建设与学习教育】 2019年,区政府办公室按照基层党组织场所标准化建设要求,建设了集学习、会议、党风廉政建设、党员干部谈心谈话等多功能的综合性党员活动场所"政府办公室党员之家",结束了办公室党支部无标准化活动场所的历史。

政治理论学习。重点学习习近平总书记系列重要讲话精神、习近平《谈治国理政》、十九大报告精神,《习近平治国理政》第一卷、第二卷,十九届一中、二中、三中、四中全会精神,《习近平关于"不忘初心、牢记使命"论述摘编》,习近平关于治边稳藏重要论述精神、自治区党委政府一系列重要文件会议等精神,坚持读原著、用原文、悟原理,用科学理论武装头脑,指导实践,推动工作。

推进"两学一做"学习教育常态化制度化。认真开展"不忘初心、牢记使命"主题教育活动,按照"守初心、担使命、找差距、抓落实"的总要求,深刻领会上级精神,坚持步调一致,做到确保标准、务求实效。以深入学习为抓手,凝聚共识为导向,始终把学习教育、调查研究、检视问题、整改落实贯穿主题教育全过程,确保主题教育工作高起点谋划、高标

2019年7月16日，巴宜区政府办公室组织党员干部在林芝市党风廉政建设警示教育基地接受学习教育

准推进、高质量落实。主题教育中，先后开展集中学习11次、调查研究1次、成果交流1次、专题研讨10次、对照党章党规找差距1次、廉政警示教育3次、党史教育3次、军史教育1次、重温入党誓词2次、结对帮扶2次、志愿服务1次、党课教育培训3次（其中，支部副书记上党课1次、民族干部到基层一线开展"双语党课"1次、邀请党校老师上专题党课1次，培训100余人次）、专题民主生活会1次、专题组织生活会1次，通过不同形式的教育培训，党员受教育实现全覆盖。

创新教育载体，打造党建品牌。以"不忘初心牢记使命"主题教育为契机，着力打造"巴宜表率服务先锋"党建品牌，深入推进政府办学习型、服务型、效能型、廉洁型机关党组织建设，着力在推进工作制度化、集中学习常态化、内部管理规范化、服务基层优质化、支部活动经常化上下功夫，

确保区委、区政府决策部署的贯彻落实和整体工作的高效有序运转。办公室全体党员积极履行岗位职责，及时亮明党员身份，认领党员责任，积极履行党员义务，做出了"不忘初心，牢记使命，忠诚干净担当、为民务实清廉，一言一行不忘公仆形象、一举一动常思百姓冷暖"等庄严的"服务承诺"，并在日常工作生活中积极践行初心、使命和承诺。

【队伍建设】 分工明确，责任到人。2019年，区政府办公室充分结合班子成员的特长并结合办公室工作实际，在办公室内部对班子成员进行工作分工，实行班子成员工作职责分工负责制，分工明确，各负其责，责任到人，切实做到了"事事有人管，人人有事干"。

设岗定责，落实责任。后勤服务中心、信访局、政研科、督查科、综合信息科、秘书科、外事办等科室按照因人设岗、因事定责

的原则，每个科室根据工作性质配备相关工作人员，进行设岗定责，确保各项工作顺利推进。

完善制度，规范行为。先后修改完善了公务接待、车辆管理、财务管理、学习考勤制度、保密工作制度、文件收发传阅制度等工作制度，严格实行用制度管人、管事、管钱，确保各项工作运行规范有序。

【业务工作】 起草文稿。2019年，区政府办公室重要综合性文稿从调研到起草都充分体现了区委、区政府领导的决策意图，力求形成科学、系统的政策措施，不断提升参谋服务的水平和质量。2017—2019年，先后组织政研室骨干调研起草了关于脱贫攻坚、生态环保、农牧业产业发展、藏猪养殖、招商引资、旅游资源开发等方面的高质量调研报告20余份，为政府正确决策提供参考和依据。规范文件办理，提升文稿质量，做好文件拟办、审核、传阅，妥善处理保密文件和档案资料，阅办流转文件800余份，撰写政府常务会议纪要14期、政府专题会议纪要54期；撰写政务信息800余期，下发督办通知10余份，上报督办反馈10余份；妥善处理保密文件150余份；大力提倡"少发文、发短文"，各类文件逐年减少；在行政便民服务大厅设立编译窗口，全年编译各类文件、广告、宣传资料2000余份，联合宣传、文化、质监等部门多次到辖区商户、广告店、旅游景区、寺庙开展藏语文社会用字检查，藏语文社会用字得到进一步规范。

当好助手。成立秘书科，专门负责各项事务的上传下达工作。积极加强与上级部门、区直各委、办、局及各乡镇的沟通协调，形成合力，协调推动落实重点、难点工作。

做好服务保障。严格执行政府采购，认真落实中央"八项规定"和自治区"约法十章""九项要求"，高标准严要求高质量做好公务接待、公务派车、会务服务等工作。全年公务接待176批次3191人次，投入接待经费349942元，较上年同期分别减少112批次、1999人次，接待经费减少219914元。各类会议严格按照要求召开，能现场解决问题的提倡召开现场会，会议内容相关、时间相近的能合并尽量合并或以电视电话形式召开，切实减少基层同志往返次数，落实为"基层减负"精神。2019年，共承办会务119余场次，较上年同期有所减少。

督办落实。把主要精力放在推动全区重大决策部署和工作安排的贯彻落实上，投入到领导批示和交办事项的跟踪督办上，善始善终处理解决问题。全年督办各类重点工作30余次，使各项重点工作按既定的时间节点推进。

信访工作。2019年，共排查矛盾纠纷653人次，发现问题131批(件)，已化解93批(件)；共接待来访群众52批(件)176人次，受理信访事项35(件)85人次，已协调处理信访问题25批(件)96人次，及时解决了群众所需所盼；强化政府大门口值班、油库值班等工作制度，将安全生产提上议事日程，2019年未发生一起安全事故。

帮扶工作。组织党员干部自愿捐款，多次到驻村点——百巴镇连别村和大坝村慰问帮扶精准贫困户及困难党员，投入慰问物资价值5000余元。

督办议案提案。牵头办理了市、区两级人大、政协两会的议案提案工作，全年共办理市级议案、提案6件(其中主办5件、协办1件)，区级人大议案23件、政协提案42件，满意率均达100%，及时回复了人大代表、政协委员关心关注的事项。

（彭春芳）

【机构领导】
区政府办主任
　　田　小　元（藏族，12月免）
区政府办公室副主任、二级主任科员
　　刘　宗　磊（6月套转）
区政府办二级主任科员
　　文　英（女，藏族，6月套转）
区政府办副主任科员
　　张　珍　杰（5月免）
　　扎西多吉（藏族，5月免）
区政府办副主任、外事办主任
　　永青措姆（女，藏族，5月任）
区政府办副主任
　　周　怡　然（女）
区政府办四级主任科员
　　扎　西（藏族，5月任副主任科员，6月套转）
　　任　武　剑（5月任副主任科员，6月套转）
藏语委办（编译局）主任（局长）、四级调研员
　　罗布西洛（藏族，6月套转）
藏语委办（编译局）二级主任科员
　　王　宁（6月套转）
藏语委办（编译局）副主任（副局长）
　　彭　春　芳（女）
藏语委办（编译局）四级主任科员
　　次仁卓嘎（女，藏族，5月任副主任科员，6月套转）

2019年10月15日，巴宜区政府办开展集中学习

中国人民政治协商会议林芝市巴宜区委员会

【概况】 2019年，政协第二届林芝市巴宜区委员会有主席1名、副主席4名，政协常务委员13名，政协委员90名（经政协第二届林芝市巴宜区委员会第三次常务委员会审议通过），内设政协办公室、政协提案专委会、政协经济资源环境社会教科文卫委员会、政协文史民族宗教法制委员会。政协专委会有干部7名，其中正科级干部4名，副科级干部3名。

【全体委员会议】 1月21—23日，政协第二届林芝市巴宜区委员会第三次会议在巴宜区召开，会议审议通过了政协第二届林芝市巴宜区委员会常务委员会工作报告和政协第二届林芝市巴宜区委员会常务委员会关于提案工作情况的报告；列席了二届三次林芝市巴宜区人民代表大会；听取并讨论政府工作报告；表彰了政协一届一次以来优秀提案委员和提案办理先进单位。

12月25—26日，政协第二届林芝市巴宜区委员会第四次会议第一次全体会议在巴宜区召开，会议听取并审议了政协常务委员会工作报告和政协第二届林芝市巴宜区委员会常务委员会关于政协二届三次会议以来提案工作情况的报告；传达学习了中央政协工作会议精神和习近平总书记在中央政协工作会议上的重要讲话、十九届四中全会精神、西藏自治区政协工作会议精神、区、市两级政协系统党的建设工作座谈会精神和全区基层政协工作座谈会精神。

【常务委员会会议】 1月17日，政协第二届林芝市巴宜区委员会第四次常务委员会会议在政协机关407会议室召开，会议听取和审议了政协第二届林芝市巴宜区委员会常务委员会工作报告；政协第二届林芝市巴宜区委员会常务委员会关于政协第二届二次会议以来提案工作情况的报告；传达学习了全国、全区政协系统党的建设工作座谈会精神和自治区、林芝市"两会"精神。

1月23日，政协第二届林芝市巴宜区委员会第五次常务委员会议在政协机关407会议室召开，会议听取了各小组分组讨论情况。会议审议通过政协第二届林芝市巴宜区委员会第三次会议关于常务委员会工作报告的决议（草案）；政协第二届林芝市巴宜区委员会第三次会议关于提案工作情况报告的决议（草案）；政协二届三次会议期间提案审查情况报告；政协第二届林芝市巴宜区委员会第三次会议政治决议。

12月24日，政协第二届林芝市巴宜区委员会第七次常务委员会议在政协机关407会议室召开，会议审议通过了关于召开政协二届四次会议的决定；政协二届四次会议秘书长名单（草案）；政协第二届林芝市巴宜区委员会第四次会议议程（草案）；政协第二届林芝市巴宜区委员会常务委员会工作报告及报告人（草案）；政协二届三次会议以来提案工作情况的报告及报告人（草案）；政协第二届林芝市巴宜区委员会第四次会议提案审查委员会名单（草案）。审议通过了《乡镇（街道）政协联络室工作规则（试行）》《乡镇（街道）政协联络室工作人员工

2019年7月18日，全国政协副秘书长、书画室副主任刘家强（左一）率全国政协书画室考察组一行13人，在巴宜区开展以"人与自然生态和谐共处""自然风光"等为主题的采风写生活动。林芝市政协党组书记、政协主席候选人谢英（前排左二）陪同

作职责(试行)》。

12月26日,政协第二届林芝市巴宜区委员会第八次常务委员会议在政协机关407会议室召开,会议听取各组总结交流学习中央政协工作会议精神特别是习近平总书记关于人民政协工作的重要讲话精神和各级政协系统党的建设工作会议精神情况。根据各组讨论酝酿情况,审议通过了政协林芝市巴宜区委员会常务委员、副主席候选人名单;讨论通过了《选举办法(草案)》和选举大会总监票人、监票人名单(草案);政协第二届林芝市巴宜区委员会第四次会议提案委员会关于提案审查情况报告;政协第二届林芝市巴宜区委员会第四次会议关于常务委员会工作报告的决议(草案);政协第二届林芝市巴宜区委员会关于政协二届三次会议以来提案工作情况报告的决议(草案);政协第二届林芝市巴宜区委员会第四次会议政治决

议(草案)。

【主席会议】 1月15日,政协第二届林芝市巴宜区委员会第四次主席会议在政协机关407会议室召开,会议讨论通过了关于召开政协二届三次会议的决定,政协二届三次会议秘书长、副秘书长名单(草案),政协二届三次会议提案审查委员会名单(草案),《政协常务委员会工作报告》及报告人名单(草案),《政协二届二次会议以来提案工作情况的报告》及报告人名单(草案),《关于表彰政协一届一次会议以来优秀提案、提案办理先进单位的方案(草案)》。

2月27日,政协第二届林芝市巴宜区委员会第五次主席会议在政协机关407会议室召开,会议审议了政协第二届林芝市巴宜区委员会第三次会议委员提案;《政协林芝市巴宜区委员会2019年协商议政重点工作细化分解方案》《政协林芝市巴宜区委员会

2019年协商计划》;政协第二届林芝市巴宜区第三次会议期间委员讨论意见、建议;政协巴宜区办公室、综合专委会人员分工情况。

6月26日,政协第二届林芝市巴宜区委员会第六次主席会议在政协机关407会议室召开,会议审议通过了政协第二届林芝市巴宜区委员会委员建议名单;政协第二届林芝市巴宜区委员会增选常务委员、副主席人选名单;政协第二届林芝市巴宜区委员会班子成员分工;专委会成立相关事宜及政协第二届林芝市巴宜区委员会专门委员会主任、副主任人选名单;政协经环委、文史委、提案委3个专委会职能配置、人员编制规定及政协委员会办公室、专委会人员分工情况;关于加强巴宜区乡镇(街道)基层政协委员会联络工作的方案。

【专门委员会工作】 提案交办会。4月12日,政协二届三次会议提案交办会在党政4楼召开,区委常委、政府常务副区长向军出席会议,鲁朗景区管委会负责人及政协提案承办单位负责人参加会议,区政协副主席次仁多吉主持会议。会议由区政协专委会主任其列代表政协与各提案主办单位进行提案交接,并签订了提案办理移交书。会议要求,各承办单位要高度重视,严格按照《巴宜区提案工作细则》要求,对转来的承办提案,应当逐一建立工作台账,积极主动联系协办单位和提案委员,扎实开展好提案办理工作。对确定不属于单位职责范围办理

2019年7月1日,政协巴宜区委员会召开庆祝建党98周年暨新中国成立70周年"不忘初心,牢记使命,以史为鉴,砥砺前行"专题座谈会

的,收件后15天内告知政协办公室,经同意后退回,不得自行放弃办理。

提案工作办理。政协第二届林芝市巴宜区委员会第四次会议期间,区政协委员、各参加单位和专委会共收到提案47件。根据《政协林芝市巴宜区委员会提案工作规则》,二届四次会议提案审查委员会立案及合并立案37件,转为意见10件,立案率达78.7%,其中经济建设方面12件,占35.29%;政治建设方面1件,占2.49%;文化建设方面7件,占20.59%;社会建设方面7件,占20.59%;生态文明建设方面7件,占20.59%。

【队伍建设】 5月21—30日,区政协组织部分政协委员随同市政协考察团一行到山南、日喀则、阿里开展为期10天的考察学习活动。9月24—25日,举办了以"迎国庆、话辉煌、爱祖国、感党恩、聚共识、献良策"为主题的集中学习教育和座谈会。10月22日,组织部分三级政协委员及机关干部收听收看全国政协重大专项工作委员宣讲团西藏报告会,学习贯彻中央政协工作会议精神。12月9—18日,组织部分政协委员到广西壮族自治区梧州市、百色市、南宁市进行为期10天的学习考察,参观了广西壮族自治区梧州市长洲区富万村、梧州市长洲区历史馆、长洲岛、长洲区政协文史馆及百色起义纪念馆、中国工农红军第七军旧址、田阳20万亩农林生态脱贫产业核心示范区和武鸣区南宁市中国—东盟

2019年12月25日,政协第二届林芝市巴宜区委员会第四次会议在雄壮的国歌声中开幕

工港现代工业制造综合体园区。考察期间依托座谈会和实地交流等形式就特色种养殖业、特色旅游业、产业发展、红色文化、民族文化传承保护、政协机关建设、委员履职情况等方面的做法和经验进行交流学习,并就工作开展中的困难问题和汲取的教训进行探讨借鉴。

【区内外友好交往】 6月27日,日喀则市昂仁县政协副主席次仁群培一行17人,在鲁朗扎西岗村和布久乡公布庄园考察生态文明建设、旅游产业发展等工作。巴宜区政协副主席次仁多吉陪同。

7月2日,全国政协常委、九三学社中央常委、内蒙古自治区政协副主席、九三学社内蒙古区委主委刘新乐一行9人,在巴宜区考察基础设施建设、民生保障和改善、特色产业发展及生态保护情况。巴宜区政协主席戴平陪同。

7月14日,全国政协副主席李斌率全国政协人口资源环境委员会一行10人,在巴宜区考察生态环境保护、旅游产业发展情况。巴宜区委书记米次,区政协主席戴平陪同。

7月18日,全国政协副秘书长、书画室副主任刘家强率全国政协书画室考察组一行13人,在巴宜区开展"人与自然生态和谐共处、"自然风光"等主题采风。巴宜区政协主席戴平陪同。

7月23日,阿里地区政协副主席阿旺顿珠一行10人,在巴宜区考察村集体经济、农牧民增收、文化旅游产业发展等工作。

7月25—26日,呼和浩特市新城区政协党组书记、主席杨祥麟一行10人,在巴宜区喇嘛岭寺管会、鲁朗镇考察寺庙创新管理、生态景区园林开发和保护、乡村旅游发展等情况。

7月28日,那曲市巴青县政协副主席桑布一行,在巴宜区

八一镇加乃村、米瑞乡通麦村和色果拉村考察异地搬迁、产业建设、"四讲四爱"、脱贫宣传等工作。巴宜区政协副主席(人选)、米瑞乡党委书记卢俊平陪同。

8月14日,河南省南阳市政协党组成员柳克珍一行8人,在巴宜区考察交流文旅融合发展经验和做法。巴宜区政协经环委主任扎西泽仁陪同。

8月15日,拉萨市曲水县政协一行16人,在巴宜区考察乡村振兴工作。巴宜区政协提案专委会主任其列陪同。

8月16日,重庆市沙坪坝区政协副主席崔杰一行6人,在巴宜区调研宗教工作。巴宜区政协提案专委会其列主任陪同。

8月21日,甘肃省兰州市政协副主席戈银生一行8人,在巴宜区考察医养保障机制和医养事业发展情况。巴宜区政协副主席吴建学陪同。

8月23日,贵州省黔东南州政协组织课题调研,在巴宜区调研藏医药发展情况。巴宜区政协经环委员会主任扎西泽仁陪同。

【政协第二届林芝市巴宜区委员会常务委员名单】

戴平、益西江措、张潇文、白玛赤烈、次仁多吉、吴建学、达瓦次仁、白玛让日、布古、大布穷、平措卓玛、张七林、桑杰卓玛。

(刘　欢　仁青才培)

【机构领导】

政协党组书记、主席

戴　平(藏族)

政协党组副书记、副主席

张　潇　文(女,蒙古族)

政协党组成员、副主席

白玛赤烈(藏族)

吴　建　学

次仁多吉(藏族)

卢　俊　平(5月副主席人选, 12月任副主席)

中国人民政治协商会议 林芝市巴宜区委员会办公室

【概况】　年内,区政协办公室在区委的坚强领导下,在林芝市政协的精心指导下,在区政协的直接领导下,高举习近平新时代中国特色社会主义思想伟大旗帜,认真学习贯彻十九大和十九届二中、三中、四中全会精神,认真履行政治协商、民主监督、参政议政三大职能,围绕全区中心工作积极作为,圆满完成区委交办的各项任务,为全区改革发展稳定贡献力量。2019年,区政协办公室有干部职工7名,其中正科级干部2名,副科级干部3名,科员2名,工人1名。

【政治建设】　2019年,区政协办全体机关干部认真学习习近平总书记在中央政协工作会议及庆祝中国人民政治协商会议成立70周年大会上的重要讲话精神,学习汪洋主席在全国地方政协工作经验会议上的讲话,学习中共十九届四中全会精神,并在政协办党支部集中学习会上学习《中国共产党章程》《中国人民政治协商会议章程》《中国共产党纪律处分条例》《中国共产党支部工作条例(试行)》等党内重要法规。通过各种形式的学习,较好地宣传党的思想主张及区委、区政府、区政协的决策部署,进一步增强全体机关干部、全体委员的政治认同、思想认同、理论认同、情感认同。始终把抓好党的建设工作作为首要任务,把党建工作摆上重要议事日程,纳入年度工作计划,强化对党建工作的安排部署及工作指导,真正形成支部书记亲自抓,党务工作人员具体干的齐抓共管工作格局。

【做好调研议政服务】　2019年,区政协办充分发挥政协和政协机关的优势,切实做好团结各界、凝聚人心、促进和谐的工作,认真听取不同阶层、不同群体人士意见,关注社会公平正义,协助区委和区政府协调关系,化解阻力,形成合力,把智慧和力量凝聚到实现区委、区政府提出的目标任务上来。围绕区委的中心工作,组织政协委员选择重点工程、项目建设情况、人民群众普遍关心的热点难点问题进行调查视察,形成高质量调研报告报区委、区政府。通过走访及时了解政协委员在思想、工作、生活等方面的情况,激发政协委员参政议政热情。同时,发挥政协机关"委员之家"作用,加强委员服务各项工作,增强委员履职便利,积极为区委、区政府的中心工作建言献策。主动面向社会各界特别是区政协委员推送理论政策、工作动态等视频文稿消息,同时积极向上级政协投稿,反映政协

2019年12月13日，巴宜区政协委员在广西壮族自治区百色市向百色起义革命先烈敬献花篮

【重要活动】 2019年，是新中国成立70周年，也是人民政协成立70周年，区政协办组织召开了"庆祝中华人民共和国成立70周年暨人民政协成立70周年"专题座谈会，大力弘扬爱国主义精神，凝聚各民族、各党派、各界别人民群众的精神和力量，紧密团结在以习近平同志为核心的党中央周围，在新时代共同实现中华民族伟大复兴的中国梦。同时，组织区政协委员到农牧学院参观70周年成就展等。

（李 斌）

工作动态，广泛宣传政协工作和委员的事迹，有效展示委员的风采，扩大政协的影响力。

【视察交流】 2019年，凡上级或区内（外）政协到巴宜区进行调研、视察、考察等活动，区政协办公室按照中央"八项规定"有关要求，严格执行公务接待，规范接待程序，认真拟定具体的接待方案，悉心接待。

【精心办文】 2019年，区政协办认真对照《中国共产党机关公文处理条例》和《国家行政机关公文处理办法》的规定，在起草文件和材料的过程中，做到认真拟稿，仔细缮改，力求正确无误。严格按照公文审签程序，对每份文件材料的格式、内容、语言规范性等进行认真细致的校核，确保文件格式统一、规范。对来文及时登记传阅，迅速办理、归档。

【机构领导】

区政协党组成员、办公室主任
　　苏廉程
二级主任科员
　　拉巴德庆（女，藏族，6月套转）
副主任
　　米玛玉珍（女，藏族）
　　马小瑜（女）
四级主任科员
　　李 斌

政协林芝市巴宜区第二届委员会委员

序号	姓名	性别	民族	政治面貌	现任单位及职务	界别	备注
党内委员（39名）							
1	戴 平	男	藏	中共党员	区政协主席	中共界	
2	益西江措	男	藏	中共党员	区委常委、统战部长	中共界	
3	张潇文	女	蒙古	中共党员	区政协副主席	中共界	
4	次仁多吉	男	藏	中共党员	区政协副主席	中共界	
5	吴建学	男	汉	中共党员	区政协副主席	中共界	

续表

序号	姓名	性别	民族	政治面貌	现任单位及职务	界别	备注
6	卢俊平	男	汉	中共党员	巴宜区政协副主席、米瑞乡党委书记	中共界	二届四次会议新增
7	苏廉程	男	汉	中共党员	区政协办主任	中共界	
8	扎西泽仁	男	藏	中共党员	巴宜区政协经环委主任	中共界	二届四次会议新增
9	仁青才培	男	藏	中共党员	巴宜区政协文史委主任	中共界	二届四次会议新增
10	其列	男	藏	中共党员	巴宜区政协提案委主任	中共界	二届四次会议新增
11	王会斌	男	汉	中共党员	百巴镇党委统战委员	中共界	
12	张力	男	汉	中共党员	米瑞乡党委统战委员	中共界	
13	向巴次旺	男	藏	中共党员	巴宜区发改委副主任	中共界	
14	孔特特	男	汉	中共党员	武警森林那曲支队巴宜区中队队长	中共界	
15	央金卓嘎	女	藏	中共党员	巴宜区统计局局长	中共界	
16	达娃	男	藏	中共党员	更章门巴民族乡更章村党支部书记	中共界	
17	拉巴次仁	男	藏	中共党员	鲁朗小镇餐饮协会副会长	中共界	
18	张元来	男	汉	中共党员	林芝步步高商贸有限公司董事长	工商界	
19	李勇	男	汉	中共党员	巴宜区珠海路个体私营党支部书记	工商界	
20	久旺卓玛	女	藏	中共党员	巴宜区阿吉林合作社理事长	工商界	
21	倪艳	女	汉	中共党员	巴宜区华庭房产副总经理兼党支部书记	工商界	
22	拉巴	男	藏	中共党员	巴宜区中学副校长	教育和体育界	
23	建峰	男	藏	中共党员	巴宜区小学校长	教育和体育界	
24	刘婷	女	汉	中共党员	巴宜区幼儿园副园长	教育和体育界	
25	尼玛次仁	男	门巴	中共党员	西藏林芝雅鲁藏布园林绿化有限公司总经理	经济界	
26	珠扎	男	藏	中共党员	农行巴宜支行副行长	经济界	
27	果珍	女	藏	中共党员	巴宜区农机推广站中级职称	科技界	
28	达娃卓玛	女	藏	中共党员	团区委书记	工青妇界	
29	平措卓玛	女	藏	中共党员	巴宜区组织部主任科员	工青妇界	
30	普布卓玛	女	珞巴	中共党员	更章门巴民族乡白玛店村农牧民	民族界	
31	阿成	男	藏	中共党员	百巴镇大坝村农牧民	旅游和农林界	

续表

序号	姓名	性别	民族	政治面貌	现任单位及职务	界别	备注
32	次旦多吉	男	藏	中共党员	八一镇公众村农牧民	旅游和农林界	
33	索朗拉琼	男	藏	中共党员	百巴镇拉格村农牧民	旅游和农林界	
34	罗布次仁	男	藏	中共党员	八一镇唐地村唐卡绘画技艺非遗传承人	文艺界	
35	桑 珠	男	藏	中共党员	百巴镇卫生院院长	医药卫生界	
36	次仁曲珍	女	藏	中共党员	布久乡珠曲登村医	医药卫生界	
37	顿珠江村	男	藏	中共党员	巴宜区食品药品监督管理局主任科员	医药卫生界	
38	元旦扎巴	男	藏	中共党员	巴宜区更章门巴民族乡政府主任科员	社会福利和社会保障界	
39	杨 健	男	汉	中共党员	巴宜区人社局副局长	社会福利和社会保障界	

党外委员(51 名)

序号	姓名	性别	民族	政治面貌	现任单位及职务	界别	备注
40	白玛赤列	男	门巴	党外	区政协副主席	宗教界	
41	巴桑多吉	男	藏	党外	米瑞乡德木寺住持	宗教界	
42	益西塔克	男	藏	党外	林芝镇吉日寺住持	宗教界	
43	永充旦	男	藏	党外	林芝镇色迦更钦寺僧人	宗教界	
44	桑阿尼玛	男	藏	党外	布久拉康住持	宗教界	
45	罗布桑保	男	藏	党外	布久乡珠曲登寺住持	宗教界	
46	马天伟	男	汉	党外	西藏林芝藏汉情农业开发有限公司总经理	工商界	
47	汪志伟	男	汉	党外	林芝圣域农牧综合有限公司总经理	工商界	
48	陈 新	男	藏	党外	西藏蕃王健康产业集团有限公司总裁	工商界	
49	曾 维	女	汉	党外	西藏林芝商嘉投资有限公司副总经理	工商界	
50	蒲作兵	男	汉	党外	西藏林芝嘉龙建筑房地产开发有限公司副总经理	工商界	
51	谢春雷	男	汉	党外	西藏林芝大峡谷酒店有限公司总经理	工商界	
52	张七林	男	汉	党外	巴宜区工商联主席	特邀界	
53	达瓦次仁	男	藏	党外	巴宜区人大办主任	教育和体育界	
54	陶 鸿	女	汉	党外	布久乡小学小教二级	教育和体育界	
55	罗 布	男	藏	党外	布久乡朵当村农牧民	经济界	
56	次仁旺姆	女	藏	党外	巴宜区电站干部	经济界	

序号	姓名	性别	民族	政治面貌	现任单位及职务	界别	备注
57	才旦	男	藏	党外	八一镇巴吉村农牧民	经济界	
58	次仁旺堆	男	藏	党外	八一镇永久村农牧民	经济界	
59	才旺仁青	男	藏	党外	米瑞乡色果拉村农牧民	经济界	
60	次旦	男	藏	党外	百巴镇开朗村农牧民	经济界	
61	大布穷	男	藏	党外	西藏农牧学院资源与环境科学院副教授	科技界	
62	张睿	男	汉	党外	巴宜区住建局技术员	科技界	
63	多木登	男	藏	党外	布久乡麦巴村农牧民	民族界	
64	尼玛	女	藏	党外	米瑞乡曲尼贡嘎村农牧民	民族界	
65	巴鲁	女	藏	党外	林芝镇真巴村农牧民	民族界	
66	巴桑	女	藏	党外	林芝镇嘎拉村农牧民	民族界	
67	文丕凤	女	土族	党外	巴宜区白玛岗街道办事处科员	民族界	
68	索朗玉珍	女	藏	党外	林芝市卫生局公寓楼居民	民族界	
69	巴桑	男	珞巴	党外	更章门巴民族乡扎曲村农牧民	民族界	
70	桑杰卓玛	女	门巴	党外	巴宜区人社局副局长	民族界	
71	土登	男	藏	党外	百巴镇折巴村农牧民	旅游和农林界	
72	曲扎	男	藏	党外	鲁朗镇洛木村农牧民	旅游和农林界	
73	白玛央宗	女	藏	党外	鲁朗镇罗布村农牧民	旅游和农林界	
74	次仁	男	藏	党外	林芝镇真巴村农牧民	旅游和农林界	
75	尼玛	女	藏	党外	林芝镇帮纳村农牧民	旅游和农林界	
76	旦增	男	藏	党外	林芝镇康扎村农牧民	旅游和农林界	
77	白玛曲珍	女	藏	党外	鲁朗镇扎西岗村农牧民	旅游和农林界	
78	多吉	男	藏	党外	鲁朗镇巴嘎村农牧民	旅游和农林界	
79	尼玛	男	藏	党外	布久乡杰麦村农牧民	旅游和农林界	
80	白秀英	女	藏	党外	巴宜区林业局工人	旅游和农林界	
81	次仁旺姆	女	藏	党外	八一镇章麦村农牧民	旅游和农林界	
82	索朗次仁	男	藏	党外	百巴镇干部	旅游与农林界	
83	白玛让日	男	门巴	党外	巴宜区记者站站长	文艺界	
84	桑杰次仁	男	藏	党外	林芝镇尼池村农牧民	文艺界	

续表

序号	姓名	性别	民族	政治面貌	现任单位及职务	界别	备注
85	边　巴	男	藏	党外	巴宜区文广局民间艺术团管理员	文艺界	
86	布　古	男	藏	党外	巴宜区藏医院副院长	医药卫生界	
87	旦增罗布	男	藏	党外	巴宜区人民法院科员	社会福利和社会保障界	
88	李　莉	女	藏	党外	巴宜区交警大队副主任科员	社会福利和社会保障界	
89	巴桑卓玛	女	藏	党外	巴宜区政府办科员	工青妇界	
90	扎西罗布	男	藏	党外	米林县南伊乡藏医学校负责人	医药卫生界	二届二次会议新增

　　说明：政协第二届巴宜区委员会拟安排委员90名，实际安排86名（党内外比例：中共党员35名，占41.98%；党外51名，占60%。民族比例：藏族60名，占71%；汉族18名，占21.3%；珞巴门巴族6名，占6.98%；蒙古族1名，占1.63%；土族1名，占1.63%。男女比例：男性60名，占69.77%，其中汉族14名，藏族42名，门巴族3名；女性26名，占30.59%，其中汉族4名，藏族18，珞巴族1名，门巴族1名，蒙古族1名，土族1名）。保留委员85名，新进委员1名（其中：党外1名）。

中共林芝市巴宜区纪律检查委员会（监察委员会）

【概况】　2019年，巴宜区纪委监委除所属副科级全额拨款类事业单位纪检监察信息中心和2个派驻纪检组外，内设机构为5个，分别为综合室、党风政风监督室、监督检查室、审查调查室、案件审理室。区纪委监委机关核定行政编制16名、事业编制3名，实有工作人员29名[其中，纪委书记、监委主任1名，纪委副书记、监委副主任2名，二级主任科员3名，三级主任科员1名，纪委常委委员1名，监委委员1名，党风政风监督室、监督检查室、审查调查室、案件审理室各1名主任，纪检监察信息中心主任1名（事业编），四级主任科员2名，一级科员10名，事业干部1名，工勤人员2名，公益性岗位2名]。区委巡察机构工作人员共10名（其中，巡察办主任1名，巡察办一级主任科员1名，巡察办副主任1名，巡察组组长2名，巡察组副组长2名，一级科员3名）。

【践行"两个维护"】　2019年，巴宜区纪委监委始终把学习贯彻习近平新时代中国特色社会主义思想作为首要政治任务，促进带动全区纪检监察机关和纪检监察干部树牢"四个意识"、坚定"四个自信"、做到"两个维护"。开展对党中央方针政策落实和党章党规党纪执行情况的监督检查23次，严肃查处问题8起，先后问责5个党组织、党员干部11人，督促全区党员干部切实增强纪律和规矩意识。严把政治关、品行关、作风关、廉洁关，共回复党风廉政意见158批次2257人。积极围绕脱贫攻坚、扫黑除恶等上级重大决策部署及区委、区政府确定的重点工作实施精准监督，从严执行问责，坚决保障政令畅通，共查处问题7起，问责党组织5个、党员干部5人。完善纪委（纪检组）党风廉政建设监督责任清单38项，进一步拧紧责任链条。

【深化改革】　2019年，巴宜区纪委监委在全市率先研究制订《巴宜区纪委贯彻〈中国共产党纪律检查机关监督执纪工作规则〉实施办法》，进一步规范审查调查工作程序，全年使用谈话、讯问、询问、查询、调取、鉴定等6种调查措施609次，其中，谈话310次，讯问1次，询问50次，查询22次，调取 225 次，鉴定 1 次。修订完善《中共巴宜区纪委常委会 巴宜区监委委务会工作规则（试行）》等各项工作制度、流程图以及乡镇（街道）纪委、村（居）务监督委员会规章制度共 57 项，推动实现纪法贯通。自 2018 年 7 月巴宜区启动自治区首个县（区）审理试点工作以来，共审理案件 15 件（2019 年 7 件），并对 1 名同志开展了回访教育工作。全面落实监察工作向乡镇（街道）延伸改革试点工作，巴宜区监察委员会成立 8 个派出乡镇（街道）监察室，印发规范工作流程类文书 3 份，确保稳妥开展监察工作。

【聚焦监督职责】 2019 年，巴宜区纪委监委切实将监督挺在前面，通过听取汇报、个别谈话、检查抽查等形式，对全区各级各部门及 2800 余名监察对象开展经常性监督，形成纪律监督、监察监

督、巡察监督、派驻监督同向发力的监督格局。正确把握"树木"与"森林"的关系，综合运用监督执纪"四种形态"（第一种：党内关系要正常化，批评和自我批评要经常开展，让咬耳扯袖、红脸出汗成为常态。第二种：党纪轻处分和组织处理要成为大多数。第三种：对严重违纪的重处分、作出重大职务调整应当是少数。第四种：严重违纪涉嫌违法立案审查的只能是极少数）处置 127 人，其中第一种形态处置 117 人，同比增长 20.6%；第二种形态处置 3 人，同比减少 57.1%；第三种形态处置 1 人，同比增长 100%；第四种形态处置 6 人，同比增长 200%；下发监察建议书 7 份、检查建议书 2 份，进一步推动监督执纪由"惩治极少数"向"管住大多数"拓展。

【重拳惩贪治腐】 2019 年，巴宜

区纪委监委接受信访举报和处置问题线索 83 件，同比增长 110%；立案 11 件，同比增长 11.1%；正在初核 10 件，正在函询 2 件；了结 62 件，同比增长 57.8%；党内严重警告 3 人，党内警告 1 人，留党察看 1 人，开除党籍 5 人。为有效提高线索处置效率和规范化水平，制订出台了《巴宜区纪委监委问题线索督办"红黄牌"预警管理办法（试行）》，自 8 月 1 日试行以来，共出示黄牌 19 张、红牌 1 张。研究制定了《巴宜区纪检监察机关与司法机关等行政执法机关相互移送（移交）案件（线索）的规定（试行）》，累计相互移送案件 6 起。做好执纪审查"后半篇文章"，通报 3 起党员干部（农牧民党员）违反国家法律法规典型案例，一体推进"不敢腐、不能腐、不想腐"，进一步巩固和发展反腐败斗争压倒性胜利。

【推进专项治理】 持续深化扶贫领域腐败和作风问题专项治理。2019 年，巴宜区纪委监委开展扶贫领域日常监督检查 10 次，受理扶贫领域问题线索 25 件（在办 6 件），立案 3 件，函询 3 件，初核 7 件，了结 1 件，整改 5 件。组织处理 16 人，其中，诫勉谈话 1 人，约谈 9 人，提醒谈话 3 人，谈话提醒 2 人，批评教育 1 人；留党察看处分 1 人，严重警告处分 1 人，警告处分 1 人。下发监察建议书 3 份，检查建议书 1 份，共追缴违纪资金 25.1 万元。通报了 3 起扶贫领域典型案例，强化警示教育作用，压实党委（党组）脱贫攻坚主体责

2019 年 1 月 3 日，林芝市纪委常委、监委委员杜丽君（右二）一行在巴宜区检查指导执纪审查安全工作。巴宜区委常委、纪委书记、监委主任米军（右一）等陪同

任和部门监管责任。2019 年 3 月，在落实中央第三巡视组脱贫攻坚专项巡视反馈意见整改任务中，针对涉及的 4 类问题、19 项整改任务，制定并落实整改措施 42 条。

深入开展扫黑除恶腐败问题专项整治。先后 7 次召开专题工作部署会、推进会，成立工作领导小组，制订《巴宜区纪委 2019 年关于在扫黑除恶专项斗争中强化监督执纪问责的工作方案》《关于巴宜区纪检监察机关与政法机关建立扫黑除恶打非治乱案件和线索快速移送处置机制》。各级纪检监察机关开展督查共 54 次，线索排查 90 次，发现问题线索 6 条，有效处置 4 条，剩余 2 条处于处置中。2018—2019 年，受理"扫黑除恶"专项问题线索 17 件，立案 4 件，了结 4 件，提级处置 1 件，拟立案 2 件，正在一案三查 6 件。给予严重警告处理 1 件 2 人，下发监察建议书 1 份，切实解决群众关心的热点和敏感问题。

【坚持正向激励】　2019 年，巴宜区纪委监委为进一步营造激浊扬清、干事创业的良好政治生态，积极探索建立正向激励机制，进一步实践惩前毖后、治病救人的工作方针，打出了探索容错纠错、公开澄清正名、严查诬告陷害、关爱"特殊干部"的"组合拳"。组织召开干部澄清大会 1 场次，为受到诬告错告的党员干部卸下思想包袱。组织开展"关爱'特殊干部'，不让一人掉队"的暖心随访活动 5 次，为 7 名正在处分期的干部送去组织的关怀和温暖，实现了处

2019 年 5 月 6—7 日，巴宜区委巡察办举办二届区委第五轮巡察工作业务培训会

分期间干部面对面谈心谈话全覆盖，彰显纪律的"温度"，确保在严格的监督和真诚的关爱中体现政治关怀和人文情怀，为干部干事创业"保驾护航"。

【强化派驻监督】　2019 年，巴宜区纪委监委派驻机构采取"1+N"工作模式，不断释放越往后执纪越严的信号，紧盯关键节点、重点领域、重点项目、重点资金等方面开展日常监督检查 80 余次，发放《廉政提醒卡》40 余份。开展驻在部门教育系统"三包"经费使用管理专项检查 7 次，发现并整改问题 6 个，发现并处置问题线索 1 起，处理党员干部 3 人，其中约谈 1 人，批评教育 2 人。督促住建局开展保障房清退整治工作，处理违规转租用户 1 起，追缴住房保证金 126 万元，追缴房租 103.4 万元。督促驻在部门领导干部开展谈心谈话 125 人次，对驻在部门主体责任人进行专门提醒谈话 50

余人次。严要求完成各级纪委机关交办的问题线索 13 件，其中立案 2 件，初核 7 件，函询 4 件；处置党员 14 人，其中批评教育 3 人，提醒谈话 2 人，约谈 5 人，诫勉谈话 2 人，严重警告 2 人。

【作风建设】　加强廉政宣传教育。2019 年，巴宜区纪委监委依托"清风巴宜"微信公众号推送纪检监察工作、反腐倡廉等信息 610 余条。在第二十四个党风廉政建设宣教月活动中突出特色，推出首届"清莲杯"八人制足球赛、"新时代、清风颂"廉政歌咏合唱比赛、软弱涣散基层党组织廉政教育和"清风巴宜"廉政微信测试等"创新动作"。同时，推进"不忘初心、牢记使命"主题教育党风廉政警示教育月活动，组织全区 60 个单位 23 批共 1070 余名党员干部参观林芝市"不忘初心、牢记使命"主题教育党风廉政警示教育基地，深化廉政宣

传教育链。

创优区乡村廉政文化平台。创建了巴宜区检察院廉政教育基地、更章门巴民族乡人民政府廉政文化警示教育基地、布久乡朵当村廉政文化充电站、八一镇章麦村"廉政文化花园"等14个廉政文化品牌，使廉政文化深入基层、深入群众。

常态化开展"四风"问题督查。在"三大节日"、清明、五一、端午、中秋、国庆期间开展督查20次。协助区委制定印发《关于进一步做好集中整治不作为慢作为、文山会海等形式主义官僚主义突出问题自查工作的通知》，明确提出"两个严格"工作机制，通过监督检查发现不作为慢作为、文山会海等形式主义、官僚主义突出问题6条，并督促整改完成。

【自身建设】 2019年，巴宜区纪委监委对照习近平总书记提出的"五个过硬"标准，严格落实"打铁必须自身硬"总要求，严格落实民主集中制和党内生活制度，带头讲政治带头讲学习、带头讲奉献、带头讲团结、带头讲纪律。

大力实施素质提升工程，通过推进巴宜区纪检监察系统"四个规范化"（平台建设规范化、制度建设规范化、执纪审查规范化和队伍建设规范化）建设，举办了为期7天的区乡纪检监察干部全员培训班，安排6期16人乡镇（街道）纪检专干跟班学习、安排18人跟案学习等，促使纪检监察干部精准运用党言党语、纪言纪语、法言法语，提高政治

2019年7月10日，巴宜区纪委监委开展廉政知识宣传活动

素质和业务水平。

（李　锦）

【机构领导】

区委常委、纪委书记、监委主任
　　米　军（藏族）
区纪委副书记、监委副主任
　　杨绍新
　　程　翀（女）
区纪委主任科员
　　阿旺罗布（藏族）
　　苏　勇
　　德吉白珍（女,藏族,5月任）
区纪委常委
　　覃　浩（7月任）
　　丁增桑姆（女,藏族,7月任）
区监察委员会委员
　　米玛泽仁（藏族,5月免）
　　覃　浩（9月任）
　　白玛旺青（藏族,9月任）
综合办公室主任
　　丁增桑姆（女,藏族,7月免）
党风政风监督室主任
　　张　涛（5月任）

纪检监察室主任
　　德吉白珍（女,藏族,5月免）
监督检查室主任
　　吴　琼（女,5月任）
审查调查室主任
　　覃　浩（7月任）
案件审理室主任
　　德吉白珍（女,藏族,5月任）
纪检监察信息中心主任
　　土　旦（藏族,5月任）
副主任科员
　　张　涛（5月免）
　　吴　琼（女,5月免）
　　宋渝芳（女,5月免）
　　李　锦（5月任）
区纪委监委二级主任科员
　　阿旺罗布（藏族,6月套转）
　　苏　勇（6月套转）
　　德吉白珍（女,藏族,6月套转）
区纪委监委三级主任科员
　　丁增桑姆（女,藏族,11月任）
区纪委监委四级主任科员
　　宋渝芳（女,6月套转）
　　李　锦（6月套转）

中共林芝市巴宜区委组织部

【概况】 年内，巴宜区委组织部深入贯彻落实各级组织工作会议和组织部长会议精神，以区委"2156"发展思路为引领，坚持党要管党、全面从严治党，坚持不懈抓基层组织和干部队伍建设，为决胜全面建成小康社会、推进新时代巴宜长足发展和长治久安提供了强大的组织保障。2019年，巴宜区委组织部干部总人数23名，其中公务员15名，事业干部6名，工人1名，公益性岗位1名。中共党员20名，其中汉族党员12名，藏族党员8名。

【党组织和党员情况】 基层党组织设置情况。2019年，全区共有基层党组织172个，其中6个乡镇党委、3个党总支（公安局、区中学、离退休党总支）、163个党支部。共有60个村党支部（含嘎吉村临时党支部），4个社区党支部，8个乡镇、街道机关党支部，1个乡卫生院党支部，47个区直机关企事业单位党支部，5个寺管会党支部，4个国企党支部，4个退休党支部，4个学校党支部，5个乡镇小学党支部，9个派出所党支部，10个"两新"党支部，2个小区党支部。

党员队伍结构情况。2019年，巴宜区共有党员3391名，女党员1039名，占30.6%；少数民族党员2723名，占80.3%。从业结构：在岗职工党员1325名，占39.1%；农牧民党员1867名，占55.1%；离退休党员108名，占3.2%；其他党员91名，占2.7%。年龄结构：35岁以下1862名，占54.9%；36至45岁824名，占24.3%；46至55岁422名，占12.4%；56岁至60岁88名，占2.6%；61岁及以上195名，占5.8%。学历结构：大学本科以上925名，占27.3%；大专学历331名，占9.8%；中专、高中学历223名，占6.6%；初中及以下1912名，占56.4%。

新发展党员情况。2019年，全区新发展党员95名，其中女党员37名，占38.9%；少数民族党员75名，占78.9%。从业结构：在岗职工34名，占35.8%；农牧民60名，占63.2%；城市居民1名，占1%。年龄结构：35岁及以下77名，占81.1%；35岁以上18名，占18.9%。学历结构：大学本科以上27名，占28.4%；大专学历9名，占9.5%；中专、高中学历6名，占6.3%；初中及以下53名，占55.8%。

发展对象和入党积极分子情况。2019年，巴宜区共有发展对象95名，在岗职工34名，占35.8%；农牧民60名，占63.2%；城市居民1名，占1%。2019年底，全区共有入党积极分子287名，其中在岗职工121名，占42.2%；农牧民166名，占57.8%。

2019年1月3日，巴宜区召开2018年乡镇（街道）党（工）委和区直行业系统党（工）委书记抓基层党建工作述职评议会

【政治教育】 2019年，区委组织部在"不忘初心、牢记使命"主题教育中，把"守初心、担使命、找差距、抓落实"的总要求贯穿庆祝建党98周年系列活动中，开展"好支书"评选表彰活动，配合区委宣传部开展好索朗朗杰同志先进事迹报告会，制作宣传栏23个，悬挂横幅106条，在各网络平台报道相关内容120条，营造了浓厚的主题教育氛围。通过区委书记谈初心使命及组织党员领导干部到军史馆、农牧学院"伟大开端"展览馆、烈士陵园、廉政教育基地

等开展现场教学各类活动200余次，不断坚定领导干部的理想信念。精选28篇著作汇编成《林芝市巴宜区委不忘初心、牢记使命主题教育学习材料》，发放至县级领导和各党支部。针对农牧民党员文化水平差异的实际，注重发挥巡回指导组、驻村工作队、村党支部第一书记、基层宣讲队、宣传员、领学员的领学带学作用，依托村级组织活动场所、红色夜校、远教站点等资源，开展宣讲教育300余场次，参与群众1.6万余人次，召开专题党课200余次，组织农牧民党员集中学习必读篇目400余次。组织全区2500余名党员进行"不忘初心、牢记使命"政治承诺宣誓，1500余名党员签订了政治承诺书。组织20余名县处级党员领导干部徒步通麦大桥，瞻仰"川藏线上十英雄纪念碑"，实地踏访武警营区，聆听"两路精神"专题党课，召开专题研讨会，传承红色基因，得到西藏电视台的全程跟拍和《西藏日报》的全程报道。坚持问题导向，通过学习研讨、征求意见、自我检视等方式，查找出区委在党的建设、意识形态、经济发展、维护稳定、民生保障、民主法治等方面问题69条，逐一制定整改措施148条，下发整改落实任务分解方案，明确整改牵头部门，由区委班子成员根据工作分工牵头整改。

【基层党组织建设】 2019年，区委组织部分领域制定并下发了农牧区、机关、城市基层党的建设责任清单，压实基层党建工作责任；提升"双覆盖"质量，完善基层党组织设置，在"三岩"搬迁点嘎吉村建立临时党支部，加乃村建立党小组，成立了林芝市第一个商圈党组织——觉木街道工布映象商业圈党支部和黎博建设股份有限公司党支部、西藏旅游股份有限公司林芝分公司党支部等8个"两新"组织党支部，为16名"两新"组织党员办理组织关系转接，消除"两新"组织空白点；在1284个"联户"单位中设立346个党小组，党员担任"双联户"户长319人，占92.2%；基层党支部全部建立"党员固定活动日"制度，做到哪里有党员哪里就有党的组织，哪里有群众哪里就有党的工作；对照10条标准，按照10%的比例倒排出存在组织制度形同虚设、党组织服务能力弱等问题的软弱涣散村党组织7个，细化整顿措施65条，明确县级领导、区直部门负责人、乡（镇）党委书记、包村干部、驻村工作队、第一书记、村党支部书记七支帮扶力量，定点联系结对帮扶，组织软弱涣散村党组织书记到米林县开展为期5天的学习培训，通过基层党组织自评、群众测评、上级党组织考评相结合的方式，7个软弱涣散基层党组织已整顿验收完成；多渠道筹措资金，全力推进村级组织活动场所标准化建设，研究制定《巴宜区村级活动场所管理和使用指导办法》，建好、用好、管好村级组织活动场所；统筹资源，大力发展壮大村集体经济，分类制定"空壳村""薄弱村"的发展规划21个，向上级争取村级集体经济项目2个；制定《村党支部书记管理办法》，将村党支部书记纳入组织部管理，激励村"两委"公心为民、发展为民，59个村"两委"班子签订创业承诺书；开展村（居）组织换届选举"回头看"和村（居）干部"联审"工作，罢免不胜任不担当的村干部23名；先后组织23名村干部到北京、杭州、湖北、井冈

2019年7月2日，巴宜区委常委、组织部部长陈昌茂向受到表彰的"好支书"颁发证书

山等地考察村集体经济发展、美丽乡村建设等方面的先进经验，增强村"两委"干部的党性意识和履职能力；从2019年应届和往届未就业毕业生中聘用47名乡村振兴专干，村（居）工作力量得到极大充实；加强党内关怀和帮扶，在"三大节日"和"七一"期间慰问"三老"人员、村（居）组织班子成员、困难党员、非公职县（区）级党代表、因公牺牲党员家属等1024人，发放慰问金58.4万元；择优推选22名政治立场坚定、具有党建工作经验的同志组建了巴宜区党建指导员队伍，先后组织召开6次专题培训会议，就新时代如何做好党的建设工作、党建工作与党务工作的区别、强化理论知识学习等方面内容进行强化学习，有效提升党建指导员队伍能力素质。全年各党建指导员分别通过"一对一、一对多、多对多"的方式，对25个机关、企事业单位党支部在党组织生活、党员管理教育、阵地建设等方面进行指导，有力破解各领域党建工作开展难的问题。

【干部队伍建设】　从选拔任用上引导干部争相担当。2019年，区委组织部树立"干部到基层去、从基层来"的导向，提拔使用88名在反分裂斗争一线、驻村驻寺、脱贫攻坚中表现突出的干部，鼓励干部在基层一线创业、成事。全面完成公务员职务职级套转改革工作，套转二级主任科员66名，四级主任科员97名，一级科员326名，二级科员8名。

从教育培训上促使干部善于担当。选派177名干部参加上级组织部门举办的各类培训班，自主办班4期，培训干部700余名。深入实施把党员培养成业务骨干、把业务骨干培养成党员、把党员业务骨干培养成领导干部的"机关三个培养"工程。2019年，将42名党员培养成业务骨干、将29名机关业务骨干培养成入党积极分子、将23名党员业务骨干培养成领导干部。

从管理方式上推动干部敢于担当。进一步规范干部日常管理，专项审核干部档案1295册，收集档案资料4000余份，对383名干部档案信息记载不一致的人员，提出504条认定意见，干部档案管理更加规范。实行干部动态汇报制度，各党组（党委）每季度对党员干部进行不少于200字的综合表现评价，掌握了解干部特点300余条。加大提醒、函询、诫勉力度，及时解决干部出现的苗头

性、倾向性不良问题，全年共提醒谈话7人。顺利完成第八、第九批援藏干部轮换工作。落实干部工资福利待遇，对全区876名公务员、316名公安机关执法勤务警员和警务技术人员、31名员额法官检察官的基本工资进行调整增资，人均增资948元。加强干部工资管理，对725名干部的工资进行核查，纠正错误79个。

【人才服务】　2019年，区委组织部拓展专招大学生导师制度内容，建立组织部部务会成员、乡（镇）领导班子成员和工作经验丰富的乡（镇）机关干部3名导师帮带1名"专招生"的"3+1"传帮带机制，5名部务会成员主动到乡镇与"专招生"谈心谈话32人次，解决"专招生"实际困难7件，激励培养专招生扎实基层、发挥作用。积极协调开展三级医院对口帮扶工作，组建承接团队，选派基础好、工作主动、有上进心的21

2019年7月1日，八一镇章麦村党员在党员承诺墙入党誓词下方签字

名巴宜区卫生服务中心干部与12名东莞市人民医院、海军总医院对口帮扶专家，通过"一对一、多对一、一对多"等形式结成帮扶对子，跟学专业技术。对口帮扶专家采取"团队带团队""专家带骨干""师傅带徒弟"等方式，通过开展临床教学、技术培训、教学查房、手术示教、学术讲座、论文指导、病例讨论等工作，带动提高区卫生服务中心医务人员医疗技术水平，通过以上结对帮扶措施，区卫生服务中心成功创建二级乙等综合医院。

2019年10月31日，巴宜区委组织部全体党员干部在林芝市党风廉政建设警示教育基地接受学习教育

【机构改革】 2019年，区委组织部科学制定《巴宜区机构改革方案》，旗帜鲜明地把坚持和加强党的全面领导作为改革的政治主题和首要任务，建立健全区委对重大工作的领导体制机制，新组建国家安全委员会办公室，调整优化区委全面深化改革委员会、区委审计委员会等一批区委重大工作议事协调机构，明确办事机构。全面贯彻以人民为中心的发展思想，组建卫生健康、医疗保障、应急管理、退役军人事务等机构，着力构建有利于更好的服务人民群众的机构职能体系。统筹推进人大、政协机构改革，自主调剂行政编制，综合设置3个人大专委、3个政协专委。高质量全面完成涉改机构办公场所调配、集中挂牌、资产清查及划转、预算调整和经费安排、新公章刻制和旧公章回收保管、班子组建、人员转隶、档案移交、编印"三定"规定等工作。通过落实党政机构改革举措，巴宜区机构设置更加优化、职能配置更加科学、事权划分更加合理、权责关系更加明晰、效率效能大幅提高，系统完备、科学规范、运行高效的机构职能体系已初步建立。

【老干部工作】 2019年，巴宜区共有离退休干部303人，其中党员212人，非党员91人；行政退休干部198人、事业退休干部96人；区内安置294人，区外安置9人；巴宜区有退休一支部和退休二支部2个退休党支部。退休一支部有党员9名，退休二支部有党员110名。

区老干部局积极落实老干部政治待遇，为老干部订制《中国老年报》《老干部之家》《半月谈》《夕阳红》等报纸杂志20余套。落实老干部生活待遇，建立完善重大节日必访、生病住院必访、有困难必访、人员去世必访"四个必访"和困难帮扶机制，分2批共组织80名退休干部到内地参观疗养。

"三大节日"期间，共慰问林芝、拉萨、成都（离）片区退休干部职工289人次，发放慰问金28.9万元、慰问品价值1.2万元。组织老干部开展"3.28与青年畅谈会"、巴宜区"2156"发展思路研讨会、基层组织建设座谈会等5期，邀请老干部出席区委、区政府重要会议7场，组织老干部深入村（居）宣讲党的十九大精神、开展"庆祝建国70周年"文艺演出等活动10余次。组织退休一支部、二支部42名老干部到嘎吉、娘萨、加乃3个"三岩"搬迁点开展政策宣讲并进行慰问演出，参与群众达1000余人次，得到市领导的充分肯定。

【驻村工作】 2019年，区强基办将基础较好、发展较快、村级组织班子管理服务能力较强、维稳工作效果好且距离相近、交通方便的31个村集中连片为12个驻村点，立足单位职能优势和村（居）短板弱项，精准调配驻村工作队。

实行试点连片派驻后，巴宜区驻村工作队从63个减少为44个，减少30.2%；驻村干部从252名减少为187名，减少25.8%，有效整合了人力资源。持续加强资金支持，区委、区政府为第八批驻村（居）工作配套资金716.34万元，切实保障各级强基办、各驻村工作队的办公经费。要求各派驻单位将强基惠民工作与本单位业务工作同安排、同部署、同考核、同表彰，实现干部驻村和资金项目捆绑，各部门帮助驻村工作队解决各类困难50余项，落实项目6个，资金达407.2万元。按时发放驻村干部的生活补贴、交通补贴，在"三大节日"期间慰问村（居）组织班子成员驻村工作队员等1024人，发放慰问金58.4万元，各级强基办帮助连片派驻工作队协调解决居住、轮休、休假等事宜20余件，让驻村干部安身安心安业。通过集中培训、入村培训等方式，培训第一书记90名、工作队队长40名、工作队队员118名。投入8000元，为44个工作队分别购买了《学懂弄通基本理论》《乡村振兴战略50问》《发展壮大村集体经济》《新时代党支部工作十讲》等4本书籍。通过集中培训、入村培训等方式，培训第一书记90名、工作队队长40名、工作队队员118名，不断增强驻村（居）工作队履职能力。加强驻村干部管理，严格执行驻村工作各项纪律和规定，处理不担当、不作为干部1名，提拔使用表现优秀驻村干部4名，其中3名为连片派驻点队长或第一书记。调整驻村（居）干部

考核指标，将村集体经济发展、农牧实用人才培养、优秀村"两委"班子建设作为驻村干部考核的首要内容，激励驻村（居）干部当好脱贫攻坚和乡村振兴的"宣传员""服务员""战斗员"。2019年，各驻村（居）工作队完善村规民约150余条、理清发展思路180个、制定实施经济发展规划186项、兴办集体经济实体9个、专合组织8个，125名贫困人口通过实体项目实现稳定增收。

（王万财）

【机构领导】

区委常委、组织部部长、三级调研员
　　陈 昌 茂（12月套转）
副部长、区机构编制委员会办公室主任、四级调研员
　　朱 艺 珍（女，12月套转）
副部长
　　扎西群培（藏族，6月免）
副部长、老干部局局长
　　李 彩 花（女，藏族，6月免去
　　　　　　　老干部局局长）
区直机关工委书记
　　陈 中 祥
区直机关工委副书记
　　次仁卓玛（女，藏族）
　　张 鹏 伟
区直机关工委副书记、布久乡杰麦村党支部第一书记
　　孙 凡 伟
区机构编制委员会办公室副主任
　　陈 善 彬
区委组织部二级主任科员
　　央 金（女，藏族，6月套转）
区委组织部二级主任科员
　　央 拉（女，藏族，6月套转）

区委组织部四级主任科员
　　格桑卓玛（女，藏族，6月套转）

中共林芝市巴宜区委宣传部

【概况】 年内，中共巴宜区委宣传部自觉肩负起"举旗帜、聚民心、育新人、兴文化、展形象"的使命任务，全面兴起纪念"建国70周年""西藏民主改革60周年"的宣传热潮，围绕"'四讲四爱'群众教育实践活动提高年"、打造县乡村新时代文明实践中心（所、站），扎实做好相关工作，选树了获评"全国第七届道德模范提名奖"、被自治区授予"时代楷模"、区党委追授为"优秀共产党员"荣誉称号的巴宜区中学原党总支书记索朗朗杰，全面讲好巴宜故事，传播巴宜好声音，推动宣传思想工作在正本清源中守正创新，为区委"2156"发展思路提供强有力的思想保证。2019年，中共林芝市巴宜区委宣传部加挂林芝市巴宜区新闻出版局、林芝市巴宜区广播电视局、林芝市巴宜区人民政府新闻办公室牌子；中共林芝市巴宜区委员会网络和信息化委员会办公室设在区委宣传部，加挂林芝市巴宜区互联网信息办公室牌子；加挂区文化市场综合执法大队牌子。宣传部机关行政编制1名，机关其他编制3名，科技领导职数4名（含1名正科级分管日常工作常务副职，不含兼职）；区文化市场综合执法大队核定职数3名，实有人数4名。

【意识形态工作】　2019年，区委先后召开全区意识形态工作部署会、全区宣传思想工作会，与全区各级党委（党组）签订意识形态目标责任书，牢牢掌握区委对意识形态领域的领导权和主动权。各级党委（党组）全面落实意识形态工作责任制，把意识形态工作纳入重要议事日程，同日常业务工作同安排同部署同落实，构筑了齐抓共管、广聚合力打好意识形态主动仗的综合治理大格局。

【理论学习中心组】　2019年，区委理论学习中心组制定《中共林芝市巴宜区委理论学习中心组2019年学习计划》，明确学习专题、学习形式、学习时间和学习要求，印发至全区各级党组织，同步指导全区各级党委（党组）理论学习。根据形势发展，及时更新学习内容，对学习习近平新时代中国特色社会主义思想、维护社会稳定、"不忘初心、牢记使命"主题教育、生态环境保护、扫黑除恶和脱贫攻坚等工作进行重点学习。区四大班子主要领导带头讲党课，并邀请专家开展专题报告会、专题讲座等。2019年，区委理论学习中心组共组织学习21次，形成高质量调研报告12篇，收集县处级领导干部撰写的研讨发言材料37篇。编印下发4套应知应会学习资料、编写2套试卷，对县处级党员领导干部，各乡镇（街道）班子成员、扶贫干部，各单位（部门）负责人等7类人员近300人开展脱贫攻坚政策理论知识测试，实现了应考尽考。

2019年10月25日，巴宜区委员会理论学习中心组召开第十七次（扩大）会议

【学习强国】　2019年，区委宣传部建好用好"学习强国"平台，建立各级组织积分"网信巴宜"微信平台每日公示制度。巴宜区平台涵盖组织架构51个，共有学员2013人，学员总数在县区排首位，活跃学员1900余人，参与度为96.82%，推送的5篇文章被学习强国西藏平台选用。指导各级各类学校建立理论学习中心组制度，开展理论学习中心组学习，确保教育系统全覆盖。

【学习党的十九届四中全会精神】　2019年10月，党的十九届四中全会召开后，巴宜区及时召开理论学习中心组扩大会议，学习会议的"决定""公报"，组织各级集中宣讲3次，邀请林芝市宣讲团进基层乡镇开展宣讲6次，党员干部群众累计3000余人次聆听宣讲。选派基层骨干宣讲员、乡村振兴专干等30余人参加自治区、林芝市两级培训。完善巴宜区

十九届四中全会宣讲方案，成立了由区委书记米次担任团长和自治区、林芝市、巴宜区三级"两代表一委员"参与的宣讲团，按照区党委宣传部下发的《学习材料》制作藏文版课件，持续深入各村居、企业、学校、寺庙开展宣讲。"网信巴宜"开辟学习贯彻"十九届四中全会"专栏，发布学习动态80余条，点击量1.2万余人次。

【对内与对外宣传工作】　2019年，区委宣传部做好与各大媒体的协调沟通工作，先后接待中央电视台、新华社等媒体人员共70余批、200余人次，主流媒体刊发巴宜区各级各类报道、专题200多篇（条）。其中《人民日报》刊登了"巴吉村的幸福路"，《西藏日报》专版推出的东莞市第八批援藏工作组事迹，引发社会各界强烈反响。统筹多方力量，营造浓厚氛围，确保"2019·中国西藏发展论坛""中国西藏环喜马拉雅国际自

行车极限赛""壮丽70年，奋斗新时代——总书记治边稳藏成功实践调研行"和中央广播电视总台、自治区党委宣传部《我的喜马拉雅》电影拍摄等各类活动先后在巴宜区成功举办。围绕巴宜区中心工作，用好用活"网信巴宜区"微信公众平台，"身边的典型""媒体看巴宜""脱贫攻坚""扫黑除恶"等专栏紧随任务走，增设"基层党建""精准扶贫""生态环保""文化旅游"和"不忘初心、牢记使命"等多个小专栏，并持续高效做好全区要闻、民生类新闻的信息收集和发布工作，以区委书记米次"不忘初心访谈录"为牵引，适时推出"不忘初心微视频""我和我的祖国快闪"等内容，全面提高全区政务信息工作水平。全年区记者站采编并上送市电视台新闻223条，采用并播放150条，制作专题片3部；巴宜区政府新闻网供稿量2000余条，采用量1526条；"网信巴宜区"微信公众平台发布信息2400余条，总阅读量达40余万人次，"身边的典型"推送文章单篇最高点击量达4159次、参与互动136人次，刷新了网信巴宜区推送稿件单篇点击量的最高纪录。同时，结合三岩片区搬迁工作，完成三岩片区搬迁村卫星电视接收器发放安装工作120户。完成了对农家书屋、寺庙书屋图书更新工作，共发放图书12706册。积极开展送电影下乡活动，农村电影放映540场，观众12420人次；国庆期间在城区露天广场放映爱国主义电影51场次。

【"四讲四爱"群众教育实践活动】主题引领方向。2019年，区委宣传部制定《庆祝中华人民共和国成立70周年、纪念西藏民主改革60周年宣传活动方案》，扎实有效抓好庆祝纪念活动各项工作。"小城记忆、回味巴宜""巴宜故

2019年3月28日，巴宜区委宣传部、区总工会组织开展"新时代幸福美丽巴宜"摄影展，全面展示新中国成立70周年和西藏民主改革60年来巴宜区经济社会发生的巨大变化

事"2次大型摄影图片展参与人员众多、宣传效果明显。在两大节庆期间，累计投入经费20余万元，制作彩旗刀旗，实时更换广告塔内容，在国省道沿线、城区主干道、重要活动场所营造节日氛围。

丰富宣讲方式。各级宣讲队伍严格按照《2019年"四讲四爱"群众教育实践活动宣讲提纲》，把区委"2156"发展思路、"一带一园六基地"、乡村振兴战略等融入宣讲工作，进一步增强了宣讲的吸引力和感染力。如：百巴镇通过"宣讲+"模式，实现了群众在哪里，红色流动课堂就办在哪里；布久乡部分村居结合"不忘初心、牢记使命"主题教育组织开展"大学习、大讨论、大调研、大落实"活动，对"我和我的祖国"进行专题学习交流；觉木街道办以"微心愿"搭建与群众便民联系桥，精准施策为群众把脉问诊，实现了宣讲面对面、心贴心，白玛岗社区组织在职党员进社区服务居民的同时，同步宣讲"四讲四爱"，奏响了"党群连心促发展"的和谐乐章；全年巴宜区各级各单位共宣讲1737场次，受众99718人次。

创新实践活动。坚持"从群众中来到群众中去"的原则，采写出巴宜区中学原党总支书记索朗朗杰等一批先进典型，精心组织筹备自治区"时代楷模"索朗朗杰同志先进事迹报告会，制作"超级阿爸"事迹片，追思追忆追记索朗朗杰先进事迹。结合巴宜区情民意、区史民俗，根据受教育对象自身特点，灵活创新开展"新时代、清风颂"廉政歌咏合唱比赛、重温

入党誓词、观看红色影视剧、"唱支山歌给党听"微拍,观看《新旧西藏对比图文解说》《新旧西藏对比之民生服务》影片等各类接地气、群众乐于参与的实践活动,在全区范围内全面掀起"我爱我的祖国"的浓厚氛围。2019年,各级各单位共开展实践活动607场次,受众58647人次。八一镇多布村阿佐搬得进、留得住、能致富的典型事迹广泛传扬,2019年2月11日上午,自治区党委书记吴英杰与阿佐视频连线,面对面对阿佐肯定鼓励。百巴镇增巴村17年如一日照顾瘫痪母亲的普巴次仁、白玛岗街道尼池社区的网格员次仁德吉等被林芝市表彰为"最美人物",占全市表彰人员的30%,树立了巴宜区社会文明新风导向。先进思想文化牢牢占领群众的思想主阵地,群众在富了口袋的同时,更富了脑袋,"五个认同""三个离不开""四讲四爱"的思想进一步扎根。

【文化事业】 2019年,区艺术团共开展送文艺下乡66次,先后参与自治区、林芝市"3·28"纪念西藏民主改革60周年晚会、《双节同庆,幸福林芝》电视综艺晚会、市雅江文化旅游节的排练演出等;演员自编自演的节目分获2019年全国排舞锦标赛民族类、青年组两项一等奖;开展了"幸福不忘共产党,阳光路上梦启航"等庆祝新中国成立70周年、纪念西藏民主改革60周年专场文艺活动;掀起全民阅读高潮,成功举办"全民阅读、书香巴宜"《人间四月天》第二季诗歌朗诵会;联合市森林消防支队举办庆祝中华人民共和国成立70周年大型文艺晚会《我和我的祖国》等,发挥了巴宜区作为全市宣传工作主战场、主力军的作用。

【文化执法】 2019年,区文化市场综合执法大队先后开展"清除文化垃圾·净化雪域天空"文化市场综合整治月、三大节日和旅游旺季时段等专项治理行动,特别是"三月敏感期"期间,整合"扫黄打非"成员单位力量,从空中、地面、网络等三方面,严防查堵涉藏非法出版物,打击藏独反宣渗透、各类违禁音像制品,维护文化市场秩序,保证维稳工作期间意识形态领域绝对安全。全年累计出动执法人员120余人次,检查音像出版店15家次,检查宗教文化商店、摊点21家次,旅游景区、景点16处,互联网上网服务营业场所42家次,歌舞娱乐场所44家次,快递物流公司11家次,查出场所安全隐患5处,责令改正3家,办案2起(互联网上网服务营业场所接纳未成年人和娱乐场所发现违禁歌曲)。

【网络监管】 2019年,区网信办不断加强对属地网站、微信、微博入口审核关,定期不定期查看其宣传内容,辖区网站、微信公众号、微博登记备案工作覆盖率达100%。截至2019年底,巴宜区属地备案微信公众号23个,对外影响力相对较大的区属网络媒体主要为巴宜区政府新闻网、"网信巴宜区"、"林芝巴宜旅游"、"巴宜公安"、"巴宜区人力资源和社会保障局"微信公众平台,"小城巴宜"抖音号6个媒体。2019年9月,区网信办干部参加市委网信办组织开展的处置突发公共事件舆情应急演练,取得了全市第一名的好成绩,提高了巴宜区处置突发公共事件舆情应对能力。认真开展"清源·固边""净网""秋风"等系列专项行动、"国家网络安全

2019年9月7日,巴宜区委宣传部党支部组织党员干部开展"守初心、担使命、找差距、抓落实"主题党日活动

巴宜区打造市级宣传思想教育示范点——色果拉村红色"领雁"示范点（摄于2019年12月11日）

宣传周"活动,将正能量逐步延伸到驻村工作队,共组织网络评论员进行网络评论宣传正能量信息4000余条次,转发、跟帖各类指令性信息7000余条。

【精神文明建设活动】 2019年,区委宣传部按照"传思想习理论、传文化习礼仪、传道德习风尚、传政策习富路、传法规习行为、传科技习技能"的六大定位,着力打造具有理论宣讲、教育、文化、科技与科普、健身体育、法律、卫生"七大服务平台"的新时代文明实践中心。巴宜区新时代文明实践中心于7月26日举行揭牌仪式,同时建立工作机制,并率先在八一镇巴吉村、林芝镇真巴村、更章门巴民族乡久巴村设立新时代文明实践点。投资380多万元的鲁朗镇外宣点建设已全部完工,并于2019年11月顺利完成验收。指导各乡镇(街道)、各单位组建志愿服务队伍,常态化开展农牧民群

众"看得见、听得懂、愿参与"的主题活动和志愿服务活动,使文明实践内容有载体、有依托,能够聚人气、有活力、可持续,全年各乡镇(街道)、各单位共开展志愿服务活动500余次。为庆祝新中国成立70周年,巴宜区新时代文明实践中心先后承办"礼赞新中国、奋进新时代"主题演讲比赛和国庆70周年"我和我的祖国"文艺晚会等。开展"文明单位""文明村镇""文明家庭"等创评活动,评选表彰9个先进单位、15个文明家庭,进一步推动巴宜区群众性精神文明建设创建活动深入开展。深入开展"讲、评、帮、乐、庆"活动,并率先在林芝市开展"新风讲堂"实践活动。按照林芝市宣传思想工作座谈会精神要求,打造色果拉村"红色家园"宣传思想工作示范点,实现了村庄旗帜引领、红色覆盖,成为巴宜区新时代文明实践的亮点和样板村。

（赵维鑫）

【机构领导】

区委常委、宣传部长
　　周 必 容（女）
常务副部长
　　扎西群培（藏族,5月任）
副部长
　　次仁旺久（藏族,5月免）
网信办主任
　　刘 向 宙（5月免）
副部长、新闻出版局局长
　　李 玉 领（5月任新闻出版局
　　　　　　　局长）
副部长、政府新闻办公室主任
　　杨 志 宏（白族,5月任）
宣传部主任科员
　　孙 　 辉（5月免）
区文化执法大队大队长
　　刘 　 欢（女,5月免）
区文化执法大队副大队长
　　梅 　 峰（藏族）
四级主任科员
　　赵 维 鑫（6月套转）
　　尼玛玉珍（女,藏族,5月任,6
　　　　　　　月套转）
区广播电视转播台台长
　　白玛让日（门巴族）
区广播电视转播台副台长
　　洛桑曲巴（藏族）

中共林芝市巴宜区委统战部（民族宗教事务局）

【概况】 2019年4月,巴宜区机构改革后,区委统战部是区委主管统一战线工作的职能部门,为正科级。区委宗教工作领导小组办公室设在区委统战部,接受区委宗教工作领导小组的直接领

导,承担区委宗教工作领导小组具体工作。区民族宗教事务局列巴宜区人民政府工作部门序列,不计入机构改革限额,与巴宜区委统战部合署办公,归口区委统战部领导。区委统战部(民宗局)共有科级领导职数 4 名(含 1 名正科级分管日常工作的常务副职,不含兼职),区民宗局设局长 1 名,由区委统战部副部长兼任,非领导职数 3 名,机关其他编制 5 名。

【政治理论学习】 2019 年,区委统战部(民宗局)以"不忘初心、牢记使命"主题教育为依托,深入学习贯彻习近平新时代中国特色社会主义思想和党的十九届四中全会精神,在学懂弄通做实上下功夫,在学思践悟中牢记初心使命,共开展集中研讨 13 次,主题党课 6 次,组织党员干部参观了林芝军分区军史馆、林芝市廉政教育基地和巴宜区检察院警示教育基地,始终把树牢"四个意识"、坚定"四个自信"、做到"两个维护"作为最大的政治,主动担当作为,戮力同心奋斗,以学习践行《中国共产党统一战线工作条例(试行)》为核心,为巩固和发展新时代统战工作、构筑大统战工作格局凝心聚力。

【民族团结进步】 2019 年,巴宜区年末常住人口 65805 人,其中农牧民 16530 人,民族构成以藏族为主体,聚居着汉、藏、回、门巴、珞巴等 10 多个民族和僜人,各民族分布较广,整体呈现大杂居、小聚居、相互交错的居住状况。

2019 年,区委统战部(民宗局)深入贯彻落实习近平总书记在全国民族团结进步表彰大会上的讲话精神,把民族团结作为各族人民的生命线,在干部群众中广泛开展"两个共同"(共同团结奋斗,共同繁荣发展)"三个离不开"(汉族离不开少数民族,少数民族离不开汉族,各少数民族之间也互相离不开)"五个认同"(对伟大祖国、中华民族、中华文化、中国共产党、中国特色社会主义的认同)民族团结宣传教育 30 余场次,受教育 3000 余人次,发放《民族区域自治法》《民族团结宣传读本》和各类法制宣传手册 4000 余份。以促进民族团结进步为抓手,深入开展民族团结"九进"〔进机关、进企业、进社区、进村(乡)、进学校、进宗教活动场所、进军(警)营、进医院、进家庭〕活动,创建市级示范单位 3 个、命名 11 个县级示范单位。以宣传教育和激励表彰为载体,表彰民族团结进步模范集体 10 个、模范个人 15 人,形成了人人学习民族团结模范、人人争做民族团结模范的良好氛围。大力促进各民族交往交流交融,形成了你中有我、我中有你的民族交流交往格局,全区民族通婚家庭 301 户 860 人(其中汉藏通婚家庭 153 户 401 人,其他民族通婚家庭 148 户 459 人)。

2019 年,巴宜区民族团结进步事业再创佳绩,中共巴宜区委员会获得"全国民族团结进步模范集体"荣誉称号,涌现出巴宜区疾病控制中心、喇嘛岭寺等民族团结进步模范集体及自治区时代楷模索朗朗杰、民族团结进步模范陈千和尼池拉康、爱国守法僧人阿扎等先进典型。

【宗教事务管理】 巴宜区内有喇嘛岭寺、德木寺、吉日寺、布久拉康等 15 座寺庙拉康,设置有 5 个

2019 年 7 月 9 日,西藏自治区人大常委会副主任、林芝市委书记马升昌(右一)在巴宜区学经回流人员培训点与信教群众开展谈心谈话活动

寺庙管理委员会。2019年,区委统战部(民宗局)全面贯彻落实党的宗教工作方针,依法管理宗教事务,积极促进藏传佛教与社会主义社会相适应。

落实利寺惠僧政策。认真贯彻落实加强和创新寺庙管理等一系列政策措施,投入1181.98万元的喇嘛岭寺养老院项目工程稳步推进,投资277万元的寺庙低压线路改造、投资88万元寺庙视频监控系统和47万元的喇嘛岭寺体育健身项目均已投入使用,在全面落实"九有"(有领袖像、有国旗、有路、有水、有电、有广播电视、有电影、有报纸、有文化书屋)的基础上,寺庙软硬设施进一步配套完善。深入开展"六个一"(交一个朋友、建一套档案、开展一次家访、畅通一条渠道、办一件实事、形成一套机制)活动,组织人员深入四川省藏区和西藏各市、县对多名在编僧尼进行家访,完善了档案信息。认真落实"两保

一险"(医疗保险,养老保险和最低生活保障险)"一覆盖"(即医疗保险、养老保险、低保、人身意外伤害保险全覆盖)等惠僧政策,为僧尼建立了健康、医保、社保档案,每年安排2次免费健康体检,为僧尼潜心修行、提高佛学造诣创造良好条件。

依法管理宗教事务。坚持依法管理宗教事务与保障信教群众基本权益相结合,充分尊重各族群众宗教信仰自由,严格落实"三个不增加"(寺庙数量不增加、僧尼定员数不增加、宗教活动不增加)底线,坚决抵制和取缔非法宗教活动。在全区4镇3乡2个街道5个寺庙管委会深入开展《宗教事务条例》巡回宣讲16场次,受众4600余人。全年宗教活动举办场次、举办天数、参与总人数较上年有明显下降。淡化宗教消极影响,广泛开展健康知识、包虫病防治、食品安全、普法、环保、防电信诈骗等宣传活动,做好建章

立制工作,制订寺规僧约,实施"生态寺庙"建设,开展环境卫生整治和寺院绿化美化活动,大力倡导科学文明生活方式,教育引导寺庙僧尼和信教群众过好今生幸福生活。

维护宗教领域和谐稳定。进一步落实"五级书记"抓宗教工作责任制,强化属地管理责任,与各乡镇(街道)书记签订维护稳定工作责任书,落实县级领导联系寺庙制度,及时修订完善各敏感时间节点维稳预案方案,强化督导检查,形成了切实管用的维稳工作长效机制,确保巴宜区宗教领域和谐稳定。

【党外代表人士】 2019年,巴宜区建立了由区委统一领导、统战部牵头负责、各有关部门和社会团体密切配合的党外干部培养选拔机制。2019年底,巴宜区共有党外干部272人,占全区干部总数的12.94%,其中县处级2人、正科级1人、副科级13人、科员173人,中级(含中级)以上职称83人。

【藏胞侨务工作】 2019年,区委统战部按照藏胞回国审批接待管理办法,热情接待来访藏胞4次、台胞2次,组织藏胞亲属9人到拉萨参观见学,亲身感受西藏民主改革以来,特别是党的十八大以来发生的翻天覆地变化,更多地团结友好力量,心向祖国。关心回国定居藏胞生产生活,主动为他们排忧解难,多次开展走访慰问,广泛争取人心,不断壮大爱国友好力量。

2019年10月23日,巴宜区委常委、统战部部长益西江措(右二)带队在尼池拉康围绕"不忘初心、牢记使命"主题教育讲专题党课

2019年10月30日，巴宜区召开"遵行四条标准 争做先进僧尼"教育实践活动先进集体和先进个人表彰大会

【非公经济】 2019年，充分发挥工商联的桥梁、纽带和助手作用，不断优化营商环境，着力构建亲清新型政商关系，切实提高企业家信心，积极为会员企业搭建平台，促进招商引资引智，切实为民营经济发展作出贡献。截至2019年底，巴宜区工商联会员企业86家，个体经商户26个，注册资金200万及以上的企业有34个。在促进民营企业发展的同时，积极引导他们在维护稳定、脱贫攻坚、乡村振兴、热心公益、淡化宗教消极影响等方面发挥积极作用。

（邬春明）

【机构领导】

区委常委、统战部部长

　　益西江措（藏族）

常务副部长

　　杨 丹 丹（女）

副部长（民宗局局长）

　　洛桑群培（藏族）

　　牟 乃 军（5月免）

土旦益西（藏族）

二级主任科员

　　唐 茂 先（6月套转）

　　拉　　姆（女，藏族，6月套转）

　　旦增玉珍（女，藏族，5月免）

宗教办副主任

　　达　　娃（女，藏族，5月免）

　　尼 玛 珍（女，藏族，5月免）

四级主任科员

　　嘎 卓 玛（女，藏族，6月套转）

　　石 小 丽（女，6月套转）

　　何 亚 萍（女，6月免）

中共林芝市巴宜区委巡察办公室

【概况】 2017年5月，巴宜区委巡察机构成立，区委巡察机构内设区委巡察办、区委巡察一组、区委巡察二组。2019年，区委巡察机构共有工作人员10名，其中，巡察办主任1名，巡察办副主任1名，巡察办一级主任科员1名，巡察组组长2名，巡察组副组长2名，一级科员3名。

【深化政治巡察】 2019年，区委巡察机构严格按照中央、区党委、市委和区委统一部署，深刻认识巡察工作的重要意义、地位和作用，准确把握新时代巡察工作责任、使命和要求，坚持"发现问题、形成震慑，推动改革、促进发展"的巡察工作方针，落实深化政治巡察要求，深入开展巡察工作，为推进巴宜区全面从严治党和实现党的初心使命提供坚强有力的监督保障。

【巡察工作】 第四轮巡察工作。2019年初，区委巡察机构顺利完成对八一镇、更章门巴民族乡、水利局、交通局、工青妇的常规巡察和对扶贫办、发改委、农牧局的扶贫专项巡察。第四轮巡察共发现突出问题168个，向被巡察单位反馈问题160个，向纪检部门移交问题线索9条，向区政府移交突出问题线索3条。截至2019年底，已整改完成152个，对移交的相关问题线索已全部办结完成。

第五轮巡察工作。5月6日，召开区委第五轮巡察工作动员部署会，共授权3个巡察组（其中一个为县区交叉巡察组）对7家区直单位和4家区直属国有企业开展常规巡察。第五轮巡察共发现突出问题248个，向被巡察单位反馈问题240个，向纪检部门移交问题线索8条。

第六轮巡察工作。11月5日，

2019年5月9日，巴宜区委巡察二组召开进驻被巡察单位工作动员会

召开区委第六轮巡察工作动员部署会，共授权3个巡察组（其中一个为县区交叉巡察组）对11家区直单位开展常规巡察。截至2019年底，完成了对11家单位的巡察检查，并撰写完成了巡察报告。

【巡察成果运用充分】 加强整改督导检查。2019年，区委巡察机构会同纪检、组织部门，对第三、四、五轮21家被巡察单位开展3次巡察整改督导检查；加大问责处理力度。为切实发挥巡察"利剑"震慑作用，经区委巡察工作领导小组会议及区委书记专题会议研究，对相关问题进行分类移交反馈，2019年第四轮巡察工作向纪检部门移交问题线索已全部办结完成，其中1人被区政府分管领导诫勉谈话，2人被纪委书记约谈，同时向区政府反馈问题线索已全部办结完成，其中2人被区政府约谈并向区政府党组作书面检讨，2019年第五轮巡察工作向纪检部门移交问题线索正在初核中；重点整治整改不力问题。区委巡察工作领导小组对第三轮整改工作落实不力的3个乡镇党委在全区范围进行通报批评，对第五轮整改不到位的区直单位下达限期整改通知书1份，对履行整改责任不力的1名单位主要负责人下发约谈通知。创新工作方式方法。为使巡察工作顺利推进，精准发现问题，下发了《中共林芝市巴宜区委员会巡察工作领导小组关于建立完善巴宜区委巡察工作协作配合机制的意见》，明确了纪检、组织、财政、审计等相关职能部门协作配合的职责和要求，为充分调动巡察期间被抽调人员的工作积极性，区委巡察办起草了《中共林芝市巴宜区委巡察工作人才库人员管理办法（修订稿）》，经征求组织部门意见建议，将巡察人才库与组织部门干部后备库有机结合，对巡察中表现优秀的干部将优先考虑提拔任用，对因工作需要提拔的，补充参加至少一轮巡察工作，此《管理办法》待审定完成后，将以区委名义下发，同时，制定了《巡察工作个人鉴定表》，每轮巡察结束后，将工作鉴定表向区委组织部报备。

（次仁旺久）

2019年12月6日，巴宜区委召开第六轮巡察工作中期汇报会

【机构领导】

巡察办主任

　　苏　　海（1月免）

　　安　　宗（女,藏族,5月任）

巡察办副主任

　　郭　小　岚（女,5月任）

　　次仁康卓（女,藏族,5月免）

巡察办一级主任科员

　　安　　宗（女,藏族,11月任）

　　次仁旺久（藏族,11月任）

巡察一组组长

　　赵　光　荣

巡察一组副组长

　　贵桑德庆（女,藏族）

巡察二组组长

　　安　　宗（女,藏族,5月免）

　　张　　英（女,5月任）

巡察二组副组长

　　郭　小　岚（女,5月免）

　　次仁康卓（女,藏族,5月任）

林芝市巴宜区创先争优强基础惠民生活动领导小组办公室

【概况】　自创先争优强基础惠民生活动第八批干部驻村工作开展以来,巴宜区各驻村(居)工作队认真按照自治区党委、市委、区委的决策部署,按照"四个全面"战略布局,以区委"2156"发展思路为总目标,紧紧围绕新时代干部驻村"七项重点任务",高度重视、精心组织、统筹兼顾、整体推进,不断巩固和扩大创先争优强基础惠民生活动成果,为推进巴宜区经济长足发展和社会长治久安作出重要贡献。2019年,巴宜区创先争优强基础惠民生活动第八批驻村工作覆盖全区三镇三乡64个村(居),共有工作队员191名,其中巴宜区直单位派驻1个驻村点,区乡联合派驻40个驻村点,街道派驻4个驻居点。

【组织领导】　2019年,区委始终把创先争优强基惠民活动作为一项重要政治任务抓早、抓实、抓细,成立了由区委书记任组长、常务副书记任常务副组长的强基惠民活动领导小组,抽调精干力量组成办公室,各乡镇(街道)也组建了党委书记亲自抓、党委副书记具体负责的工作机构,结合实际制定了切实可行的方案和措施,保证了组织领导、人员分工、工作措施"三到位"。

【资金保障】　2019年,区委、区政府继续为第八批驻村(居)工作配套资金351.34万元,其中区强基办工作经费26.5万元;强基惠民驻村工作人员补助经费275.94万元;先进集体和个人表彰经费5万元;乡镇强基办工作经费18万元;驻村(居)工作队办公经费7.3万元;驻村(居)工作队交通油料费18.6万元。

巴宜区44个派驻单位认真落实主体责任,各派驻单位主要负责人落实第一责任人责任,经常性了解派驻点情况,关心关爱驻村干部,发挥各自优势为驻村干部提供支持保障。全年各派驻单位主要领导主动到驻村点开展调研指导及慰问300余次,开展安全意识教育223次。各派驻单位为44个工作队更新了急救药箱的药品,提供办公用品、生活用品等价值18余万元。

【履职尽责】　做好服务保障。2019年1—3月,区委组织部(强基办)联合政法委、扶贫办、乡村振兴战略办公室、民政局、卫计委等单位到6个乡镇开展村干部、

2019年7月3日,巴宜区委书记米次主持召开巴宜区强基惠民领导小组第一次会议

第八批驻村工作队队员培训工作。3—6月，对全区59个村118名村干部、44名工作队队长或第一书记进行业务培训。

做好监督管理。完成每季度6个乡镇2个街道64个村（居）督导检查全覆盖，开展督导检查40余次，着重督导了人员在岗情况、驻村干部学习情况等，发现问题皆要求立即整改，并于下月进行"回头看"。全年对各乡镇（街道）党（工）委和强基办开展督导检查、工作指导150余次。全区各级强基办严格落实《西藏自治区干部驻村工作精准考核暂行办法（试行）》，按照要求成立考核组，并通过查阅资料、实地走访、个别访谈、民主评议等方式，落实月度考核、季度考核、年度考核工作，做到考核工作公平公正。

做好宣传工作。区强基办、各驻村（居）工作队，各乡镇（街道）强基办、各派驻单位积极做好宣

传报道工作，配合各类采访报道，积极上报信息简报。巴宜区各派驻单位微信公众号及区委"网信巴宜区"公众号积极推送有关工作动态、先进人物、典型事迹。全年县级以上媒体宣传报道巴宜区驻村（居）工作情况87次，自治区媒体宣传报道12次，地（市）媒体宣传报道18次。

【学习贯彻十九大精神】 2019年，第八批驻村（居）工作队入驻以来，始终把学习宣传贯彻落实习近平新时代中国特色社会主义思想和党的十九大精神作为驻村工作的首要政治任务，坚持学原文、读原著、悟原理，深入开展习近平新时代中国特色社会主义思想和党的十九大精神进万家宣讲活动，深入学习宣传全国"两会"精神特别是习近平总书记重要讲话精神，完整深刻准确掌握党的十九大提出的新方位、新论断、新目标、新任务、新要求。通过走村

入户、召开宣讲会、座谈会、开展主题活动、张贴宣传标语、开辟宣传栏等多种形式向农牧民群众深入宣讲十九大精神。用"藏汉"双语向群众宣讲习近平新时代中国特色社会主义思想和党的十九大精神等1500余场次，受教育群众4.6万余人次，举办专题讲座600余次，发放宣传材料2.8万余份，开辟专题宣传栏214期。

【脱贫攻坚】 2019年，各驻村（居）工作队深入宣传中央、自治区、市一系列强农惠农富农政策，教育引导贫困群众树立艰苦奋斗、自力更生意识，摒弃"等靠要"思想，激发贫困户内生动力。巴宜区充分动员驻村干部、村干部、农牧民党员、双联户户长等组建各村扶贫政策宣讲团，开展每周一次的宣讲工作，组建59个村级扶贫政策宣讲团，共有447名宣讲人员，其中驻村干部169名，村干部236名，双联户户长及农牧民党员、村医等42名。全年各村级宣讲团开展集中宣讲、入户宣讲1000余次，受教育群众达2.2万余人次。帮助所驻村兴办符合产业政策、市场前景好、就业带动强的集体经济实体9个，专业合作经济组织8个，125名贫困人口通过实体项目实现稳定增收。

【乡村振兴】 2019年，各驻村（居）工作队聚焦产业兴旺、生态宜居、乡风文明、治理有效、生活富裕的总要求，一手抓好群众的教育引导，经常性开展主题教育活动，积

2019年1月21日，巴宜区委办、区文旅局、林芝镇驻林芝镇真巴村、尼池村、朗欧村第八批驻村工作队轮换交接工作后与真巴村村民合影

极转变群众思想观念。一手协助村（居）"两委"班子撸起袖子加油干，帮助所驻村（居）"两委"理清发展思路201条，制定、完善、实施经济发展规划197项、健全村规民约143个，协助做好驻点村（居）各项事务。

【维护稳定】 2019年，各驻村（居）工作队协助村（居）"两委"制定维稳工作方案和应急预案387个，建立健全农牧区维稳工作机制224条。协助妥善解决群众上访11人次，群体冲突等事件3件，协助村（居）"两委"做好重点领域、人员管控143人次。

【强基惠民】 2019年，各驻村（居）工作队积极协助所驻村（居）深入推进"五型"（学习型、创新型、服务型、和谐型、廉洁型）基层党组织创建活动，坚持"一主一辅"的原则，落实好"三帮一带"（帮思想进步、帮技能提高、帮身心健康、带优良作风）制度，以帮助基层党组织提升群众工作能力为目标，加大对村（居）"两委"班子的指导帮扶力度。积极帮助驻在村（居）落实好组织生活会、民主评议党员、"三会一课"、主题党日活动等规章制度，加强党务村务财务公开及党风廉政建设等，把"两委"班子推到前面，树立起"两委"班子威信。

为村（居）"两委"班子成员上文化课634学时，上党课595学时，上政策理论课373学时。帮助解决村级组织工作经费32800元，村级组织办公设备经费103400

2019年6月26日，巴宜区举办村（居）支部书记、第一书记培训会

元，协助村（居）"两委"开展活动563场次，召开支部党员大会193次、党支部委员会572次、党小组会677次、党课392次，使用村级组织活动场所1572次。协助村（居）党支部积极开展"不忘初心、牢记使命"主题教育，组织党员开展"不忘初心、牢记使命"主题教育活动148次，参与党员3661人，发放学习宣传资料6229份，开展讲党课121次，查摆问题160个，解决问题132个。

【基层精神文明建设】 2019年，各驻村（居）工作队牢牢把握群众精神文明建设这条思想线，结合"四讲四爱"群众教育实践活动，深入群众家中、田间地头，从点滴抓起，通过形式多样的宣传教育，引导群众内化于心、外化于行，积极引导村民移风易俗的同时，丰富了村民的精神文化生活，提高了全村村民的凝聚力，为巴宜区和谐稳定、经济发展创造了良好

社会环境。全年各驻村（居）工作队向农牧民群众宣讲弘扬"老西藏精神""两路精神"和举办"争做神圣国土守护者、幸福家园建设者"专题讲座共186场次，参与群众15720人次，发放宣传资料6100份。宣传"厕所革命""两降一升"（降低孕产妇和婴儿死亡率、提高住院分娩率）和包虫病、结核病、肝炎、风湿病、大骨节病等地方病综合防治工作593场次，覆盖群众49722人次。针对农牧民群众中存在的不良习惯和陈规陋习行为开展教育活动158场次，受教育群众7900人次，帮助、改变陈规陋习、克服不良习性1343人次。在"3·28"西藏百万农奴解放纪念日、中华民族传统节庆、重要节庆日等组织群众开展"三送"（指送米送油，帮助困难群众缓解生活困难；送医送药，帮助困难群众缓解看病困难；送科技送肥料，帮助困难群众缓解生产困难）活动183场次，

覆盖群众9157人次。协助村(居)"两委"深入开展"七五"普法特别是学习宣传宪法活动,组织群众学习、宣讲法律常识等活动178场次,受教育群众10230人次。向驻村(居)群众宣传电信防范网络诈骗、禁毒知识教育等171场次,参与群众9723人次,发放宣传资料3237份,开展宣传栏32期。帮助村级组织健全村规民约143个,协助打击和整治打架斗殴、酗酒赌博49次、整治62人。

【经费使用管理】 2019年,巴宜区收到上级拨付强基惠民工作经费1420万元整。巴宜区将其中鲁朗镇8个村,按照每个村20万元的标准,共160万元移交鲁朗景区管委会。17.6万元拨付各乡镇(街道)用于发放全区44个驻村(居)工作队的取暖补助。189万元拨付各乡镇(街道),按照每个村(居)1万元用于看望慰问"三老"人员、五保户、贫困户等,2万元用于基层党建。630万元拨付巴宜区政府统筹整合,用于村级组织活动场所标准化建设。423.4万元拨付巴宜区产业办,按照自治区关于强基惠民工作要求,结合脱贫攻坚、乡村振兴工作需要进行项目建设。

(廖爱玲)

【机构领导】

主　任

　　陈昌茂

副主任

　　扎西群培(藏族,6月免)

　　平措卓玛(女,藏族,6月任)

林芝市巴宜区行政审批和便民服务局

【概况】 巴宜区行政审批和便民服务局于2019年3月21日挂牌,办公地点位于林芝市政务服务中心三楼。巴宜区行政审批和便民服务局是巴宜区人民政府组成部门,为正科级单位,共有干部职工7名,其中局长1名,副局长2名,四级主任科员2名,一级科员2名(1名产假)。

【应进必进】 区行政审批和便民服务局成立之初,努力克服进驻单位对进驻政务服务大厅"一站式"办理认识不到位,思想上不重视,不愿派驻人员,工作缺乏沟通和融洽,使服务窗口形同虚设,经多次协调相关部门负责人沟通入驻事宜,实现了"应进必进"。2019年底,巴宜区政务大厅进驻单位22个,一楼大厅共有窗口18个,长期办公窗口18个(区市场监督管理局3个,教体局1个,卫健委1个,自然资源局2个,民政局1个,人社局1个,市区编译局2个,公安局6个,综合窗口1个)。综合窗口单位包括区委宣传部、林草局、水利局、交通局、财政局、司法局、应急管理局、民宗局、发改委、商务局等共10个单位,一周进行一次轮换。巴宜区住建局由于使用专网等原因,于8月底已搬至2楼与市住建局联合办理服务事项,生态环境巴宜分局、区税务局、区文旅局在政务服务中心2楼与市局联合办公。

【西藏政务服务平台培训录入工作】 2019年7—12月,区行政审批和便民服务局组织26个单位共88人次在西藏自治区政务服务事项管理平台、政务服务运行平台、国家"互联网+监管"系统平台、西藏自治区"一网通办"电子证照系统等平台上开展目录认领、清单编制、数据采集等工作,各单位在政务服务事项管理平台已发布已申请六类政务服务事项二级以上办理深度达100%,三级以上办理深度达92.53%,四级以上办理深度达37.37%;已发布公共服务事项二级以上办理深度达100%,三级以上办理深度达96.95%,四级以上办理深度达36.55%。累计网上录入办件50576件,"一网通办"政务服务网上注册用户总量达38778人,其中个人31742人,法人7036人。在西藏自治区"一网通办"电子证照系统平台认领证照类型43条,采集签发电子证照42283条。

【业务办理】 巴宜区一楼政务服务大厅进驻单位中办理证照业务的单位有市场监督管理局、卫健委、自然资源局、民政局等,以上单位只要办理人材料齐全,均可当场发证,已实现"一站式"受理。2019年,巴宜区各入驻单位累计办理业务达7316件,其中,区卫健委办理业务422件、区住建局办理业务1252件、市区两级编译局办理业务719件、区市场监管局办理业务1971件、区自然资源局办理业务255件、区民政局办理业务595件、区人社局办理业

2019年11月1日，巴宜区政务服务中心组织党员干部参观林芝市廉政教育警示基地

务391件、区公安局办理业务714件（12月初入驻）。

【内部管理】　2019年，为强化人员管理，提升服务质量，确保窗口工作人员严守工作纪律，树立为民务实新形象，区行政审批和便民服务局先后组织各入驻单位召开6次政务服务工作推进会，完善窗口工作人员管理制度。统一建立各入驻单位窗口工作人员档案，规范窗口工作人员公示牌，推进窗口工作人员定岗定位制，以杜绝随意更换人员，确保政务服务中心不出现空岗。

（何亚萍）

【机构领导】

党组书记、局长
　　德吉拉姆（女，藏族，5月任）
党组成员、副局长、三级主任科员
　　米玛次仁（藏族，5月任，11月套转）
党组成员、副局长
　　敬长霖（5月任）
四级主任科员
　　贡觉云旦（藏族，6月套转）
　　何亚萍（女，6月套转）

军事

林芝市巴宜区人民武装部

【概况】 2019年,在军分区党委、巴宜区委的双重领导和指导帮带下,区人武部坚持以党在新形势下的强军目标为牵引,深入学习贯彻习近平新时代中国特色社会主义思想,坚定"四个自信",增强"四个意识",做到"两个维护",以军事训练为中心,狠抓部队全面建设,全面贯彻落实党的十九大精神和习近平强军思想,结合本部实际,理清工作思路,突出工作重点,狠抓工作落实,扎实做好经常性基础性工作,高标准完成上级赋予的各项任务,推进正规化建设全面协调发展。

【思想政治建设】 2019年,区人武部认真开展"传承红色基因、担当强军重任"主题教育,筑牢官兵"听党指挥、能打胜仗、作风优良"的思想基础。在广大民兵中兴起学习贯彻"两学一做"常态化教育精神,并突出抓好民兵社会主义荣辱观教育。

【军事训练】 7月8—29日,区人武部组织27名基干民兵在林芝镇邦纳村地域开展野外强化训练,通过封闭式军事化管理和高强度训练,短时间内集训人员掌握了武器操作和基本技能,克服了心理和生理双重困难。经过层层选拔,挑选出15名基干民兵代表参加历时2天的林芝市"精武民兵"群众性练兵大比武,获得全区综合成绩第四名的好成绩。同时抽调基干民兵6人代表林芝市到自治区参加比武,荣获自动步枪速射第一和手枪第二的全市最好成绩。

【国防动员】 2019年,区人武部利用下乡蹲点、民兵整组训练等时机,以村为单位,组织广大人民群众开展了《国防法》《兵役法》、民族宗教政策等法规宣传教育,增强了广大民众的国防观念。围

2019年7月19日,巴宜区委书记米次(前排右一)一行在区武装部了解官兵训练、生活情况

副部长

杨　俊（3月免）

罗辅静（8月任）

林芝市巴宜区消防救援大队

【概况】　年内，巴宜区消防救援大队在区委、区政府及支队党委的正确领导下，以党的十九大精神为行动指针，努力践行习近平总书记"对党忠诚、纪律严明、赴汤蹈火、竭诚为民"十六字训词的核心要求，积极开展"学训词、铸忠诚""不忘初心、牢记使命"等主题教育、业务训练和岗位练兵活动，结合消防队伍特点，始终坚持工作态度不变、工作力度不减、工作标准不降，基础不断夯实巩固、实战能力不断提升增强，并以维护辖区消防安全和队伍安全稳定为中心，圆满完成了"维稳处突、防火灭火、应急救援"三大中心任务。

【思想政治建设】　2019年，大队始终把思想政治教育建设置于各项工作的首位，扎实开展"不忘初心、牢记使命""学训词、铸忠诚、创新业、立新功"主题教育和坚持"两学一做"常态化制度化教育工作，每日利用夜间30分钟，组织党员学习《不忘初心、牢记使命应知应会手册》。结合"五四运动100周年、建党98周年和庆祝新中国成立70周年活动，创新开展"青春心向党、建功新时代"系列主题团日、"当好扛旗人、跑好

2019年7月29日，在林芝市2019年度"军事日"活动中，巴宜区应急连民兵进行消防应急救援汇演

绕国家人才培养战略和国防后备力量建设的需要，先后为辖区所在地学生开展国防教育及军训，增强广大大学生热爱祖国、热爱人民、热爱军队的责任感，为国防后备力量建设奠定坚实的思想基础。协调巴宜区委组织部先后对9个乡镇街道办事处专武干部进行考察，任命15名干部为专（兼）职人民武装干事，进一步夯实党管武装基础。各乡镇党委书记坚持把武装工作纳入经济社会发展全局统一谋划，做到抓经济不忘管武装、谋发展不忘强国防，紧贴国防和军队改革进程，为武装工作解难题、办实事。8月1日，组织巴宜区四大班子主要领导开展八一"军事日"活动，进一步增强地方领导的国防意识，受到林芝市、巴宜区领导高度好评。

【征兵工作】　2019年，区人武部坚持"早筹划、早部署、早展开"的思路，联合区公安局摸清适龄青

年底数，结合兵役登记同步开展征兵宣传，普及兵役法规，逐人核实入伍意向，强化依法服兵役意识。利用短信、微信和公众号广泛宣讲优待政策、入伍条件等，发放征兵宣传单1000余份，在社区、村、街道路口、广场等人员密集点悬挂条幅70余条，向适龄青年群发征兵短信2000余条，广泛调动了广大青年献身国防事业的热情。在严密组织基层初检初审的基础上，引导上站青年科学规范参加全市的集中体检，特别对复检人员进行严格论证筛查。联合区公安局、教育局严密组织政治考核和走访调查，全面掌握应征青年现实表现和思想实际。

（阿旺索朗）

【机构领导】

区委常委、人武部部长

　　杨镇闻

政　委

　　苏　文

第一棒"大讨论、"火焰蓝·正青春"学习交流会等活动,提升教育成效。组织全员下载安装学习强国APP,创建学习组织架构,建立积分晾晒制度,确保学习覆盖率达100%。结合工作实际,制定思想教育网格化管理,并分大队、中队、班三级进行思想教育管理,深入开展交心谈心工作,组织党员开展个人问题剖析材料分析会,了解党员、消防员主题教育学习情况,确保消防指战员思想健康、队伍安全稳定。

【火灾防控】 2019年,巴宜区高度重视消防安全工作,多次组织召开消防工作联席会议,统筹部署各项消防工作,并与各职能部门、各乡镇、街道签订目标责任书,多次召开政府专题会议,研究解决消防工作中的重大问题。区消防救援大队联合公安、应急、工商、教育等职能部门,组织人员深入辖区重点单位开展消防安全检查工作,以高压态势全面清查火灾隐患,形成了以政府为指导,应急、公安、消防、住建等部门广泛参与、各负其责、齐抓共管的消防工作格局,有力推动了消防安全责任制的落实。建立健全消防监管职责,严格按照新修订的《消防法》以及"党政同责、一岗双责、齐抓共管、失职追责""谁主管、谁负责,谁管辖、谁负责"和"三个必须"(管行业必须管安全、管业务必须管安全、管生产经营必须管安全)的要求,通过联合检查、专人指导的方式督促各派出所、警务站与大队建立联合工作机制,协助指导各派出所处置数起安全事故。

严格落实消防监督员"每日一查"制度,针对重点区域、场所,采取"一单位一对策"实施火患清零,督促社会单位认真开展"三自主两公开一承诺"(三自主:自主评估风险、自主检查安全、自主整改隐患。两公开:向社会公开消防安全责任人、管理人。一承诺:承诺本场所不存在突出风险或者已落实防范措施社会),全面形成齐抓共管、群防群治的工作格局。同时对辖区医院、仓储物流、小型生产经营性场所、易燃易爆等场所开展专项检查,联合民宗局、文化局等部门对文物古建筑电器线路进行改造,项目投入资金275余万元,确保重点场所、领域火灾形势持续稳定。

【执勤救援】 年内,区消防救援大队以"练为战"为指导思想,严格按照执勤岗位练兵实施方案要求,以体能训练为基础,强化技能训练相结合,开展了单双杠、负重跑、长跑等训练科目训练,同时开展了车操、空气呼吸器、抢险救援等科目操法训练,积极组织指战员对重点单位道路、水源等"六熟悉"(熟悉消防队责任区的交通道路、水源情况;熟悉责任区内重点单位的分类、数量及分布情况;熟悉责任区内主要灾害事故处置的对策及基本程序;熟悉责任区内重点单位建筑物使用及重点部位情况;熟悉重点单位内部的消防设施情况;熟悉重点单位的消防组织及其灭火救援任务分工情况)活动,重点单位熟悉率达100%。2019年,大队先后圆满完成了春节、藏历年、"三月敏感期"、"桃花节"、"中高考"、"萨嘎达瓦"和工布节期间的各项安保任务以及各项灭火救援和各项抢险救援任务。全年共受理火警11起,出动车辆32台次,出动警力85人次,灭火成功率为

2019年2月3日,巴宜区应急救援大队消防员处置巴宜区柳树山庄蔬菜大棚火灾现场

100%；参加社会抢险救援、公务执勤等75次，出动车辆98台次，挽回群众财产损失24.1万元。

（洛桑旦达）

【机构领导】

党委书记、大队长

扎西次旦（藏族）

武警巴宜中队

【概况】 2019年，武警巴宜中队紧紧围绕"争创标兵中队"的总体目标，狠抓领导班子建设和"两官"队伍能力素质提高，紧紧围绕中心工作大抓安全、管理、训练等各项工作，充分发挥思想政治和后勤的服务保障作用，部队正规化建设水平呈现出向上发展态势，各项任务工作圆满完成。

【思想政治建设】 2019年，武警巴宜中队紧紧围绕学习宣传贯彻党的十九大精神，习主席系列重要讲话精神、全国"两会"、三级党委（扩大）会议精神、《纲要》等强化理论武装，利用黑板报、宣传橱窗、电子显示屏等载体宣传会议精神，营造浓厚学习氛围。印发应知应会小册子，利用集合站队、课余间隙、政治教育等时机，开展小提问、小记忆、小互助活动，强化官兵记忆理解，不断深化学习效果。扎实开展"传承红色基因，担当强军重任"及"不忘初心，牢记使命"主题教育，通过问卷调查、认真梳理需要重点解决的问题，科学制定教育方案，干部深入班排参与讨论，及时进行教育引导，进一步坚定官兵的政治信念，强化职能使命意识和增强战斗精神。

【军事训练建设】 2019年，武警巴宜中队以新《军事训练大纲》为依据，以形势任务为牵引，扎实开展执勤训练，进一步强化官兵执勤能力，通过对各类方案的演练，官兵对情况处置程序掌握较好。结合中队官兵现状，以干部骨干带头，充分利用"五小练兵"（小培训、小观摩、小竞赛、小检查、小讲评）等载体，强化官兵基础体能，努力营造"比、学、赶、帮、超"的良好氛围。

【后勤保障建设】 2019年，武警巴宜中队按照《后勤工作管理规定》，严格落实财经纪律，两业生产发展势头较好，及时对损坏的营产营具的管理进行维修，保证了营产营具的正常使用。在伙食调节上，对菜谱也进行调整，官兵对伙食满意率达95%以上。在温室、猪圈的管理上，喂养架子猪6头，根据季节变化先后种植蔬菜18个品种，腌制各类小菜7种，进一步丰富官兵"菜盘子"，锻炼了官兵吃苦耐劳精神。

【党支部班子建设】 2019年，武警巴宜中队党支部在巴宜区委、区政府和上级党委的坚强领导下，不断强化支部"三个能力"（增强解决自身问题的能力、领导单位全面建设的能力和带领官兵遂行任何作战的能力）建设，充分发挥战斗堡垒的作用，及时传达学习上级指示精神，明确工作方向。通过开展争先创优活动，进一步提高官兵的自身能力素质，党员履职尽责得到升华。通过开展密切内部关系教育活动，中队风气得到进一步纯正，内部更加和谐融洽。

【开展"六共"活动】 2019年，武

2019年6月2日，武警巴宜中队官兵在林芝镇清理道路垃圾

警巴宜中队按照干部 100 元、士官 50 元、义务兵 20 元的标准，走访慰问林芝镇朗欧村贫困户。"学雷锋"活动日期间，先后派出 50 余人清扫林芝镇街道，清理垃圾 2 吨，清扫街道 1000 余米。

（徐　威）

【机构领导】
中队长
　　王　伟
政治指导员
　　徐　威

林芝森林消防中队

【概况】　年内，林芝森林消防中队党支部严格按照支队党委的统一部署，不断深化集中教育整训成果，深入开展"学训词、铸忠诚、创新业、立新功""不忘初心、牢记使命"主题教育活动，切实把主题教育活动作为重大政治任务抓紧抓实，充分发挥党员的表率作用，以上率下、由浅入深扎实推进学习活动。扎实开展"学训词、铸忠诚、创新业、立新功"主题教育+忠诚、法纪、战斗精神、宗旨、奋斗精神等基本教育，不断打牢队伍听党指挥、履行使命的思想政治根基。2019 年，中队被西藏森林消防总队评为"先进基层中队"，在 2019 年"火焰蓝"专业技能比武中荣获支队比武单位第一名的好成绩。

【思想政治教育】　2019 年，中队党支部始终坚持把思想政治建设摆在首位，注重用科学理论培养教育指战员，深刻领悟学习了《习近平新时代中国特色社会主义思想学习纲要》《习近平总书记为国家综合性消防救援队伍授旗训词精神学习辅导读本》《习近平关于"不忘初心、牢记使命"重要论述摘编》等理论书籍，筑牢了指战员的政治理想信念。结合国际、国内大事要事发生的背景，依托学习强国 APP、微信公众号以及报纸杂志，及时开展随机教育，从思想上、政治上引导全体队员增强"四个意识"，坚定"四个自信"，坚决做到"两个维护"。结合"不忘初心、牢记使命"主题教育活动，立足中队实际，面对四川木里森林火灾扑救中 27 名战友遇难的事件，中队开展 4 次专题教育，逐一与队员家人通话，从各方面消除了全体指战员的疑虑，坚定了全体队员传承烈士遗志、投身消防救援事业的决心与信心。

【训练战备】　2019 年，中队坚持把训练作为中心工作，以练就科学高效、专业精准的过硬本领为目标，始终保持枕戈待旦、快速反应的备战状态，同时认真修订各类方案预案，每月组织战备教育，坚持实战化演训演练，进山入林，一战一评，深入查找问题不足，不断提高队伍实战能力。全年中队出动参与森林火灾扑救 4 次（布久乡 1 次、桃花村 1 次、机场高速 1 次、115 医院后山 1 次），协同巴宜区林业草原局开展林下可燃物清理 4 次，组织防火宣传活动 2 次（国家安全日、安全生产咨询日），参与新消防员招录工作 2 次，协助区林草局进村入户讲解灭火装备 7 次，参与林芝市"桃花节"安保执勤 1 次，累计出动人员 500 余人（次）。

【后勤保障】　2019 年，中队定期组织人员巡诊消毒，发放相关药品，有效防止气候不适造成感冒咳嗽等流行性疾病的传播。为保

2019 年 12 月 12 日，林芝森林消防中队消防员开展林区巡护检查工作

证中队队员吃饱吃好吃出营养，每周日经济民主组都会按时召开会议，认真听取指战员对伙食的意见和建议，研究制定下周食谱表，中队伙食满意度达99%以上。先后完成了冬季大练兵考核、支队和总队"火焰蓝"专业技能尖子比武以及驾驶集训、预任班长集训、总队比武集训、大型机械操作手复训、总队驾驶员复训等保障任务，受到各级指战员的一致好评。

2019年12月23日，林芝森林消防中队组织全体指战员开展灭火拉动演练

【风气建设】 2019年，中队党支部根据人员变动的实际，严格按照法定程序，改选了团支部和消防员委员会，建立健全各类组织。对于各项培训工作以及学员苗子选拔，始终坚持公平公正原则，落实"四公开"要求，严密组织选拔，集体研究，全体指战员上下满意，均无异议。全年中队发展11名预备党员，选送了5名技术学兵和3名学员苗子，选调过程自始至终都没有发生打招呼、递条子、走后门的现象。

【安全工作】 2019年，中队以安全教育整顿周、安全工作大检查等活动为抓手，坚持"日碰头、零报告"制度，按照"人人安全保全队、天天安全保全年"的安全工作思路，定期组织安全隐患排查，每周观看一次警示教育片和联系在外人员，每周召开1次安全形势分析会，有效提升指战员安全防范意识。在安全工作大检查中，先后邀请地方专业技术人员16人次，对营区电路水路、车辆、厨房用具等重点敏感部位的安全设施进行专项检查，并提出有效整改意见，确保了营区硬件设施安全。

（母昌浩）

【机构领导】
中队长
　　扎西罗布（藏族）
政治指导员
　　杨 秀 君

法　治

中共林芝市巴宜区委政法委员会

【概况】 年内,中共巴宜区委政法委在区委、区政府的坚强领导和市综治委的具体指导下,坚持以习近平新时代中国特色社会主义思想为指导,深入贯彻落实党的十九大精神及历次中央全会精神,贯彻落实中央、自治区、林芝市政法工作会议精神,以"不忘初心,牢记使命"主题教育为契机,以开展扫黑除恶打非治乱专项斗争为抓手,全面推广新时代"枫桥经验",在全区营造了安全的政治环境、稳定的社会环境、公正的法制环境、优质的服务环境,使巴宜区人民群众的获得感、幸福感、安全感持续上升。2019年,区委政法委共有干部12名,与上年同比增加33%,呈现年轻化态势。

【党建工作】 2019年,区委政法委强化党建思想引领,用党的指导思想助推政法工作提升,坚持把党员队伍教育管理作为夯实党的执政基础的根本之策和抓基层打基础的核心任务,突出问题导向,破解党员队伍建设中的难题,推动党员教育管理经常化、系统化和长效化。发挥好党支部主体作用,书记、支委一班人以身作则,带头组织学习《党章》、党规、党纪,学习贯彻习近平新时代中国特色社会主义思想,切实调动支部普通党员的积极性,增强党员教育管理针对性和有效性,在教育内容上紧贴实际、务求实效,在教育方法上突出主题、形式多样,在教育形式上灵活多样、注重实效。

坚持支部学习制度,健全学习考勤机制,妥善处理工学矛盾,深入学习党的十九大精神、习近平新时代中国特色社会主义思想和十九届中纪委一次全会精神和习近平总书记系列重要讲话精神,认真学习贯彻《廉政准则》,全面领会《廉政准则》的指导思想、基本精神和主要内容,加强党性修养和作风养成,坚定理想信念,树立起

2019年3月28日,林芝市委副书记谢英(左二)一行在巴宜区综治宣传点检查指导工作

2019年8月2日，林芝市公安局党员委员、巴宜区委常委、政法委书记、公安局局长旺青（前排右二）在嘎吉村调研综治工作

正确的权力观、利益观、地位观。

【政法工作】 深化认识，强化思想保障。2019年，区委政法委先后召开区委理论中心组学习会5次、其他各类会议15次，传达学习党的十九大及十九届四中全会精神和《中央政法工作条例》等，同时以"全面加强政治建警、打造过硬政法队伍"教育整顿活动和"不忘初心，牢记使命"主题教育为抓手，集中开展大学习大调研大讨论活动，学习习近平总书记关于社会治理重要论述，明确工作思路，制定工作措施，研究解决问题。全年区政法委主要领导带头深入基层30余次，举办各类业务培训4次，召开集中交流研讨2次，推进教育整顿活动内容整改。

"高规格"调整充实领导小组。成立以区委书记米次为组长，区委副书记、政府区长严世钦为副组长，38个综治成员单位主要负责人为成员的社会治安综合治理工作领导小组，认真制定年度工作方案，明确指导思想、目标任务和工作要求。

"高态势"层层压实责任。区委、区政府坚持把社会治理工作纳入全区整体发展规划，与经济社会发展各项任务同部署同落实同检查。通过层层签订责任书，层层分解工作任务，明确社会治理工作领导责任和目标管理责任，区、乡、村三级综治目标责任书签订率达100%。

【案件情况】 2019年，巴宜区公安机关刑事案件241件，立案121件，抓获犯罪嫌疑人108人，抓获网上逃犯33人，帮助群众挽回经济损失80.67万元；受理治安案件606起，查处514起，查处率84.8%，查处治安违法人员769人；发生道路交通事故380起，查处交通违法行为2360起。区人民法院受理各类案件811件，审结771件，审结率95.07%。区人

民检察院受理提请批捕案件74件92人，批准逮捕案件60件72人，受理公安机关移送审查起诉案件104件139人，向法院提起公诉99件134人，与上年同比上升65%。

【综治工作】 建立标准化组织架构。2019年，巴宜区综治工作建立起由区委书记米次总负责，区委常委旺青具体抓，横向到区直38个单位，纵向到9个乡镇（街道）、25个警务室、71个村（居）、1638个"双联户"联户单位的责任体系；建立标准化工作场所。投入资金27万元，在9个乡镇（街道）实施综治中心标准化建设，打造基层社会治理的"一站式"窗口，实现让群众"最多跑一次"的目标，确保网格化和"双联户"工作无缝衔接；调整基层专干队伍。调整综治专干至40名，确保每个乡镇4名、每个街道6名，全年各乡镇（街道）交叉学习、互相借鉴经验4次，为社会治理工作提供人才保障；深入推进"雪亮工程"。整合视频摄像头450个，各乡（镇）、街道选址选点已完成，同时做深做细做实铁路护路沿线调研工作，共开展实地调研11次，并根据巴宜区段23.6公里沿线实况，初步设定护路大队1个、中队2个、小队5个；狠抓乱点乱象大整治，深入推进扫黑除恶专项斗争，坚持边打边治边建，针对行业领域管理漏洞和薄弱环节，集中2个月时间，开展工程建设、文化旅游等14个行业领域专项整治，共整治社会乱象300余处，行政处罚103余万元；狠抓文娱行业大整治。统筹协调31家单

位,开展为期100天的"迅雷"娱乐场所专项整治行动,共核查信息537人,组织尿检285人,现场整治问题30余处,责令停业整顿2家;狠抓校园安全大整治。设立校园警务室9个,护学岗28个,校园专职保安36人,组建护校队12个138人,每季度开展1次应急演练,提高师生应对地震、消防等突发自然灾害能力,定期开展校园安全教育,增强师生安全意识,全年共举办法制讲座12次,受教育师生达5422人次;以"排"为重点,确保矛盾纠纷大化解。2019年,开展矛盾纠纷排查463次,排查纠纷62起,化解44起,涉及人数241人,挽回经济损失3000余万元。以"查"为方法,确保区情民意全掌握。打造"牢密治安网",全面开展情报信息、实有人口、实有房屋、行业管理、安全防范和群众服务、防范"输入型"风险、大排查大化解七项工作,完成信息采集建档1.4万份,登记常住人口5万余人,统计暂住人口4万余人。以"评"为平台,确保平安创建上台阶。以平安创建评选挂牌活动为契机,实现全区平安创建全覆盖,创建率达98%以上。大力创建"平安景区、平安校园、平安企业、平安寺庙、平安商场"等活动,共创建市级平安单位27家,平安乡镇(街道)7个,平安村(居)28个,平安校园7个,平安景区5个,平安边界2个,平安家庭87个,形成平安创建的浓厚氛围;创建效果再提升。全力推进平安建设大宣传、矛盾纠纷大排查、治安隐患大整治、红袖标大巡防"四大行动",采取"月评比、季

度排名、年考核"的方式,对14家优秀综治成员单位进行表彰奖励,开展"三八红旗手""好媳妇""好公婆"等评选活动,在全区形成平安创建人人参与的浓厚氛围。

【扫黑除恶工作】 2019年,区委政法委深入贯彻落实中央、自治区党委和林芝市委关于开展扫黑除恶专项斗争的决策部署,制定工作方案,完善工作机制,实行分片包干,着力织密"扫防结合网"。设置举报箱150个,公布举报电话5部,获得线索103条,办结90条;依法严惩、侦办恶势力犯罪案件1起3人,"九类"犯罪案20起59人;取缔非法组织7个,遣返人员9名;办理涉乱类案件206起,查处127起273人,行政拘留90人;对推进扫黑除恶专项斗争不力的干警严肃问责,立案2件2人,组织处理4人;全力销号整改提升软弱涣散党组织7个,"回

头看"审查383名村"两委"班子成员,清理不符合条件村干部候选人14人;累计投入资金9140余万元,实施63个村级组织活动场所标准化建设项目,有效发挥战斗堡垒作用。

【"双联户"服务管理】 2019年,区委政法委不断在深化细化"先进双联户"创建评选措施上下功夫,采取行之有效的措施方法,全面推进"双联户"服务管理工作向纵深发展。全年调处邻里纠纷400余起,排查生活安全隐患800余处,开展卫生整治3000余次,组织农牧民技能培训12期,受训人员达700余人,组织文艺演出、文化活动和法制讲座等1500余场次,参与人数8万余人次。同时充分发挥联户增收项目在精准扶贫中的积极作用,引导群众做好"联户增收"工作,全区共建立合作组织266个,注册资金3.5亿元,把其中成效较好的13个合作

2019年3月29日,巴宜区委政法委组织街道办及社区相关人员召开综治工作会议

社创建成"联户增收"示范点,起到示范引领作用。

【法制宣传工作】 2019年,区委政法委投入资金100余万元,为38家综治成员单位统一配发宣传帐篷、桌椅等五件套,确保宣传工作主题鲜明、外观统一、携带方便、实用好用。组建区、乡、村三级宣传队伍183支,编印各类手册1400本,举办各类宣讲会920余场,集中宣传法律法规、扫黑除恶、电信诈骗、非法集资、民事诉讼和治安处罚等内容。采取集中宣讲、发放宣传资料、入户入校宣讲等方式,开展宣传教育活动1200余次,悬挂横幅3000余条,发放宣传资料28万余份,投放大型户外宣传牌6个,推送新媒体信息61条,使党的政策法规家喻户晓、深入人心,进一步筑牢了各族干部群众思想防线。截至2019年底,巴宜区农牧民群众普法率达75.7%,学校普法率达90%,机关和企事业单位普法率达98%。另外,为做好三岩片区第一批119户669人和第二批47户403人搬迁群众安置服务工作,组织离退休老干部和区直单位深入安置点开展政策、法制宣讲、文艺演出等慰问活动,使搬迁群众感受到林芝大家庭的温暖。

【工作亮点】 2019年,区政法委紧密结合辖区社会治理工作实际,集思广益、勇于创新、敢于突破,探索了一些新举措新方法,以"七个突破"开创了巴宜社会治理工作新局面。

创新体制推动社会治理。建

2019年6月5日,区委政法委组织全区综治专干开展综治工作业务培训会

立责任体系、信息反馈、考核排名评比等机制,以立体式考核促进网格提效,按照"属地管理"原则,对"双联户""网格员"实行月动态化管理和绩效考核,由"双联户""网格员"负责每月向村居报送联户单位内的"人、地、物、组织、事、情、房屋"要素情况,由村居负责汇总报乡镇(街道办)综治专干初审,经政法统战委员签字后报区委政法委,由区委政法委对各乡镇(街道办)信息报送情况进行评比排名,对"双联户"工作情况进行考核,有力地激发了"双联户""网格员"履职尽责。以网格化模式推进社会治理精细化,以"适应社区警务工作、科学合理分布警力"为原则,开展"大网格"管理工作,整合网格员、社区民警、平安守护队等力量在辖区实行"一村一警、一社区一警、一景区一警"模式,合理划分网格32个,下沉警力70名,投入资金65万元,不断深入社区、农村、景区、

单位、家庭,把警务工作触角延伸到最后一公里,使社会乱象有效治理,矛盾纠纷有效调处,不稳定因素及时发现消除。

矛盾纠纷暨信访积案化解工作。集中三年时间分三步走,开展矛盾纠纷暨信访积案化解工作,2017年集中排查,2018年集中攻坚,2019年巩固成效。建立"535"矛盾纠纷排查暨信访积案化解工作机制,"5"即为"一个案件、一名领导、一套班子、一个方案、一抓到底"的"五个一"调处化解机制,"3"即为"一个人、一件事、一套方案"的"三个一"调处化解原则,"5"即为"一名县级领导、一名科级领导、一名政法委干部、一名公安民警、一名信访干部"的"五个一"调处化解责任。3年来共排查矛盾纠纷、信访积案1408起,化解1291起,化解率达91.69%;信访重点人由2017年的16人减少至2人,各重点人均严格落实"一人一案一方案"稳控措施,由专人对接,可管可控,综合调处化解质量提到最高,社会风险隐患降到最低。

科技运用。高度重视技防建设工作,始终坚持"党政领导、综治牵头、公安负责、部门配合、社会参与"的原则,加大资金投入,全面推进"三化"工作。全年累计投入700余万元用于购置人像识别对比系统,与自治区公安厅科信总队全国追逃库完成数据对接,建成4台双载频数字基站,配备3部数字车载台、160部对讲机,2月28日完成与林芝市公安局数字基站的对接,实现辖区350M数字对讲全覆盖。建成高清探头500个,利用人脸识别系统高清比对人像2400余万人次,有效预警53次,为打击犯罪、治理社会乱象抢占了先机。推进场所标准化,投入2000余万元,对全区所有执法办案场所进行改造,确保规范实用。对21个便民警务站、公安局旧办公大楼进行改造,确保外观美观统一,内设科学实用、规范有序。推进执法规范化,将执法办案管理中心、案件管理中心和涉案财物管理中心单独设立,配备先进执法设备,推行法制部门"统一审核"执法办案模式,努力争创"全市公安机关执法示范单位"。

联户增收工作。按照"结对帮扶促发展、稳定和谐促繁荣"的工作思路,坚持"住户相邻、邻里守望,联户平安、联户增收"原则,整合市场、资金、技术和人力物力,探索"党支部+双联户+N"的联户增收模式,培育发展农牧民专业合作社25家,开展脱贫巩固和困难家庭联帮联扶工作,保障脱贫成效,实现了共同创业、共同经营、共同致富。

法制宣传。采取"宣传+N"的形式,确保宣传内容"入于心、显于形"。"宣传+培训"分两个阶段下基层,第一阶段达到培训面全覆盖一遍、第二阶段实现培训内容提升一遍。"宣传+督导"统筹协调12个职能部门,成立4个巡回督导组,对各乡镇(街道)、区直各单位、驻村驻寺工作队、派出所、警务站、寺庙、学校进行全面督导检查,就政策法规宣传、维稳措施落实等工作进行宣传指导。"宣传+排查"通过区乡村三级人民调解组织,将各类矛盾纠纷层层过滤,大事化小、小事化无,确保"小事不出村、中事不出乡镇,矛盾不上交",有效防范矛盾激化升级,引发越级访和群体性事件。

淡化宗教消极影响。持续开展"四讲四爱"群众教育实践活动,组织群众参加歌咏演讲、篮球比赛等积极向上的文娱活动300余场,参与人数达7万人次,丰富了群众业余活动。党员干部群众签订党员不信宗教承诺书4086份,签订率达100%,组织干部群众到318国道沿线、旅游景点等地开展清理经幡活动382场次,投入资金20余万元,弱化宗教氛围,引导群众摒弃宗教不利影响。

城市综合治理工作。以辖区单位"共驻共建"为载体,积极发挥联户党支部的战斗堡垒作用,建立起"上下联动、横向互动、组织共建、资源共享"的社会治理体系,形成城区管理"四联"工作机制,不断提高城区社会治理整体水平。实行思想工作联做,立足社区和各单位实际,开展宣传24场次,受教育群众达4200余人。实行公益事业联办,由社区党支部牵头,联合驻社区单位开展帮困助学、扶贫救弱、便民服务等活动,开展环境卫生治理65场次、书籍捐赠2场次、健康义诊12场次。实行社会治安联防,建立治安联防工作机制,开展联席会议6次,加强社区与辖区党支部相互协作,整体联动,研究解决治安热点难点问题。实行文体活动联谊,以开展创建文明家庭、文明小区等活动为载体,组织开展文艺汇演9场次、"四讲四爱"群众教育16场次、扫黑除恶宣讲18场次,引导社区居民热爱生活,共建幸福美好家园。

(刘　婷)

【机构领导】

林芝市公安局党委委员、区委常委、政法委书记、区委国安办主任、公安局局长、督察长

　　旺　青(藏族,4月任市公安局党委委员,9月任区委国安办主任)

二级主任科员

　　西饶罗布(藏族,11月套转)

政法委副书记

　　扎西泽仁(藏族,5月免)

　　刘会权

社会治安综合治理办公室主任

　　拉　姆(女,藏族,5月免)

四级主任科员

　　王小玲(女,5月任副主任科员,6月套转)

　　林芳慧(女,6月套转)

林芝市巴宜区公安局

【概况】 2019年,巴宜区公安局下设办公室(政工人事科)、110指挥中心(情报研判室)、国内安全保卫大队、刑事侦查大队(经济犯罪侦查大队、禁毒大队)、交通管理大队、治安管理大队(爆炸物品监管大队)、出入境管理大队、特警大队、法制室(警务督察大队)、警务保障室、网络安全保卫大队、看守所(拘留所)共12个正科级内设部门,其中看守所(拘留所)与林芝市看守所(拘留所)合署办公;下辖八一派出所、纺织路派出所、新城区派出所、学院路派出所、林芝镇派出所、百巴镇派出所、鲁朗镇派出所、布久乡派出所、米瑞乡派出所、更章门巴民族乡派出所10个正科级派出所和21个正科级便民警务站,另有派出机构2个,分别为真巴公安二级检查站(正科级)和喇嘛岭寺庙警务室(副科级),核定正科级领导职数49名,核定副科级领导职数68名,核定人员编制数138名。

【党建工作】 2019年,区公安局进一步优化调整支部结构,增设机关第四党支部,共开展党委理论中心组学习12次,民主评议2次,召开民主生活会2次,党组织堡垒作用和党员先锋模范作用进一步凸显。将学习贯彻党的十九大、十九届四中全会、全国公安工作会议精神与推进"全面加强政治建警、锻造过硬公安队伍"相结合,创新铺开"先锋党员、党员示范岗"创建和党员积分管理量化考评办法工作,通过党委书记、支部书记讲党课,参观党史馆、警史馆、廉政教育基地、"向先烈、党旗宣誓"、"诗歌朗诵比赛"等多种形式,强化党性教育、政治教育,共举行各类主题党日活动12次,选树"先锋党员、党员示范岗"3次30人。

【"不忘初心、牢记使命"主题教育】 2019年,区公安局全面启动"大调研、大培训、大研讨"活动,及时组建工作专班,以党委理论中心组、专题会等形式召开各类主题教育会议16次,班子成员围绕11个调研选题进行交流发言研讨9次,全局副科级以上干部分3批次下沉基层一线调研7天,班子和副科级以上干部撰写调研报告17篇,搜集意见建议12条,推动解决重点问题9个,主题办举办专题讲座8次,培训学员3期200余人次,主题教育效果良好,并转入常态长效巩固阶段。

【维稳工作】 2019年,区公安局延伸各项维稳措施,及时分析研判年内各个阶段安保维稳形势,反复推敲、研究讨论各项维稳方案预案、步骤措施,结合工作实际分阶段、分领域、分重点狠抓各项措施落实。全年组织召开各类专题维稳会议53次,制定各类维稳处突方预案107套,开展各类应急演练100余次,调集警力8927人次、警车2644台次,圆满完成大小活动安保107次。

【重点业务】 2019年,区公安局刑侦大队全力整治突出违法犯罪,受理各类刑事案件241起,破案121起,抓获各类犯罪嫌疑人108人,抓获网上逃犯33人,直接帮助群众挽回经济损失80.67万元,攻破了一批重大案件,有效净

2019年3月28日,西藏自治区公安厅党委副书记、巡视员晶明(前排左二)一行在巴宜区公安局指挥调度工作。巴宜区委书记米次(前排左一),区委常委、政法委书记、区公安局局长旺青(右一)等陪同

2019年3月21日，林芝市政府副市长、市公安局党委副书记、局长、督察长任卫东（右二）在色季拉山指导交管工作

化了社会环境。

禁毒大队查获涉毒案件6起、破6起，抓获毒贩3人、吸毒人员5人，缴获毒品麻古0.729克、冰毒20.756克。

治安部门围绕辖区乱点乱象开展打击整治，由面向点逐步收紧扎严，针对区情实际及时开展统一清查行动，形成常态化严打整治工作格局，有力确保各个阶段社会面持续安全稳定。全年受理各类治安案件606起，查处514起，查处率84.8%，查处治安违法人员769人。通过清查整治行动，累计清查检查各类行业场所3.3万家次、清查出租房屋2.9万间次，打掉治安乱点乱象57处，整顿行业场所24家次，发现整改问题隐患139处。

交警大队以道路交通分片分段包干和道路交通网格化管理工作为抓手，全面排查道路交通安全隐患，及时启动恶劣天气应急救援机制，深入开展道路交通安全宣传，全力推进"百日整治"等专项行动，严惩各类道路交通违法行为，确保全区道路交通安全形势持续稳定。全年辖区共发生各类道路交通事故380起，开展道路交通专项整治行动50余次，累计检查各类车辆27万余辆，查处各类交通违法行为2360起，开展交通违法集中宣传26场次，发放宣传资料2.6万份，在春运、雨雪天气，累计疏导、保通车辆超1万辆。

网安大队将网上舆情监控巡查与网下落地核查有机结合，不断严密网络舆情巡查，全力做好境内外负面舆情搜集、分析、上报、研判及网上突发舆情处置工作，强化舆情导控，提升涉网案件查处打击能力，占领了网络安全的主阵地。2019年，共处理各类违规、违法、负面舆情1500余条，发布引导贴文、舆情导控287次，核查处置网上违法线索102起110人，受理涉网治安案件17起，处理教育39人。

国保大队围绕确保国家安全和政治安全，严格管控辖区重点人员，常态化监管辖区重点人员，科学指导各驻寺民警开展工作，依法打击、清除各类宗教非法出版物及有害信息，深入开展"断血断勾连"专项斗争，全年参与开展各类安保100余次。

法制部门以刑事案件"两统一"工作为抓手，全面推行执法责任明晰化、执法程序公开化、执法考核制度化，全年开展案卷审查12次，业务培训3次，受理各类案件826起，移送起诉78起96人。

出入境管理大队以涉外安保和涉外酒店的管理为抓手，不断加强境外人员的管理和出国（境）审核审批工作，全年管理临时来藏旅游境外人员1.5万余人次，管理辖区常住境外人员3人，管理建档涉外酒店44家，受理出国（境）异地核查126人，审核出入境证件申请9起。

特警大队围绕应急处置和核心安保工作，常态化开展队列、战术、射击、防爆反恐处置、群体性事件处置等科目训练，不断加强自身能力素质训练，深化核心安保、警卫押解、重点部位守护工作，全力推动处突演练、送教上门、实战练兵，全年参与重大活动核心安保72次，守护核心部位、重点部位92次，开展送教上门40余次，训练民辅警5期600余人次。

【科技兴警】 2019年，区公安局积极争取经费874万余元，建成林芝市乃至自治区县区级最为先进的执法办案管理中心、案件管

2019年7月29日，巴宜区公安局组织干警参加由区委、区纪委监委举办的"新时代清风颂"廉政歌咏比赛，经过激烈的角逐，巴宜区公安局以99.46的高分荣获此次歌咏比赛的一等奖

理中心、涉案财物管理中心，并投入使用；争取经费230余万，搭建林芝市首个人脸识别（人像大数据）系统，设立前端点位50个，实现辖区步行人员数量统计、身份信息识别、自动网上比对、自动预警等智能化功能，并为大型安保和案件侦破工作提供有力臂助，系统全年进行人像比对超2400万人次，有效预警53次；投入经费300余万元，率先完成林芝市4G执法记录仪采购任务，采购发放166部警用数字手台。

【规范基层办公场所建设】 在"十三五"期间，区公安局争取立项资金996万元用于米瑞乡派出所、八一派出所、纺织路派出所、百巴镇派出所、更章门巴民族乡派出所等5个基层派出所改扩建；在小集镇建设规划中，争取项目资金720万元和设备采购资金22万余元，完成林芝镇派出所新建项目，并于2019年12月投入使用。

【矛盾纠纷排查化解】 2019年，区公安局紧盯劳资纠纷、土地纠纷、民间矛盾纠纷、群体性矛盾纠纷，严格落实领导下访、说服教育、严格管控、依法打击等措施，盯紧看牢信访重点人员，依法打击缠访闹访人员，有效震慑了各类信访犯罪。2019年，公安局共排查矛盾纠纷1160起，化解1153起，排查化解调处率达99.4%。

（罗 拯）

【机构领导】 林芝市公安局党委委员、区委常委、政法委书记、区委国安办主任、区公安局党委书记、局长、督察长、一级警长

旺 青（藏族，5月任一级警长，9月任区委国安办主任）

党委副书记、政委、一级警长

曹 荣（5月任一级警长）

党委委员、副局长、一级警长

古 都（藏族，5月任一级警长）

党委委员、副政委、一级警长

唐琼华（女,5月任一级警长）

党委委员、副局长、刑事侦查大队（经济犯罪侦查大队、禁毒大队）队长、一级警长

达娃次仁（藏族,5月任一级警长）

党委委员、110指挥中心（情报研判室）主任、一级警长

刘卫东（5月任一级警长）

党委委员、国内安全保卫大队队长、一级警长

索朗占堆（藏族,5月任一级警长）

党委委员、八一镇党委委员、八一派出所所长、一级警长

杜元武（5月任一级警长）

党委委员、法制室（警务督察大队）主任（队长）、一级警长

达瓦扎西（藏族,5月任一级警长）

林芝市巴宜区人民检察院

【概况】 年内，在区委和上级检察院的坚强领导、人大的依法监督、政府的大力支持、政协的民主监督下，在第九批援藏工作队的无私援助下，巴宜区人民检察院以习近平新时代中国特色社会主义思想为指引，认真学习贯彻党的十九大精神，紧紧围绕全区经济

社会发展大局,忠实履职,主动作为,各项工作取得了新的进展,为推进巴宜区经济社会高质量发展提供了有力的司法保障。

2019年,区检察院内设办公室(检察委员会办公室、人民监督员办公室、计划财务装备科)、公诉科、侦查监督科、刑事执行检察局、林业检察科、民事行政检察科、司法警察大队、派驻检察室、案件管理科共9个科、室、局。共有检察编制32名,实有43名(包括工勤人员3名),其中党组书记、检察长1名,党组副书记、副检察长1名,党组成员、副检察长1名,其他党组成员4名。设有党支部1个,书记1名,副书记1名,委员3名,正式党员36名,预备党员1名。

【接受社会监督和化解社会矛盾】2019年,在接访工作中,区检察院注意对来访人加强释法说理、以情感人,以理服人,使信访人心服口服,放弃过激化念头,相信检察机关依法办案。通过检察长接待日、接待窗口等接待群众来访12人,全部做到了热情接待、耐心解答、妥善处理,坚持把解决当事人的合理诉求和实际困难有机结合起来,群众满意率达100%。全年无重大群众集体上访事件发生。

【扫黑除恶打非治乱专项斗争】2019年,区检察院深化线索摸排机制,对近3年办理的故意伤害、寻衅滋事、敲诈勒索、组织、容留卖淫、组织参加黑社会性质组织等案件进行倒查,对此类案件重新进行分析研究,排查涉黑涉恶线索。排查辖区派出所治安案件月报表,与已经办理的刑事案件串并分析,深挖涉黑涉恶线索。对社区矫正人员的涉黑涉恶线索进行排查,加强对社区矫正人员的监督和教育。自扫黑除恶专项斗争开展以来,向巴宜区人民法院提起公诉被告人达某等涉嫌聚众斗殴、寻衅滋事、赌博罪的恶势力犯罪1件3人,有力震慑了黑恶势力犯罪,起到了良好的辐射效应。在办理辅警田某涉嫌容留妇女卖淫一案时,区检察院主动作为,深挖彻查,经审查认为田某涉嫌渎职犯罪,后将案件移送监委,并依法追究田某帮助犯罪分子逃避处罚的刑事责任。扫黑除恶工作中,注重深挖"保护伞"线索,坚持把扫黑除恶与"破网打伞"同步推进,为惩治犯罪分子、保障人民安居乐业、社会安定有序贡献了检察力量。

【强化诉讼监督】2019年,区检察院受理提请批捕案件59件76人,经审查,批准逮捕49件61人;受理移送审查起诉案件89件122人,经审查,向区法院提起公诉87件116人;受理群众来信来访20人次,办理控告申诉案件3件3人;办理立案监督案件3件6人,得到有罪判决2件5人,正在侦查1件1人;健全提前介入引导侦查工作机制,提前介入重大、疑难、复杂案件引导侦查取证10次;通过出庭公诉,向法庭提出量刑建议87件并均予采纳,采纳率100%。

【公益诉讼】2019年,区检察院全面落实中央和上级检察机关的部署要求,围绕生态环境保护、食品药品安全、国有财产保护等方面,充分发挥公益诉讼作用,有针对性地开展专项监督活动,加大保护生态环境和自然资源的监督力度,加强食品药品安全领域案件办理,为更好地守护巴宜区绿水青山、保障人民群众"舌尖上的

2019年9月25日,广西壮族自治区人民检察院党组书记、检察长崔智友(右二)率队在巴宜区人民检察院调研

安全"和健康贡献检察力量。全年共办理公益诉讼案件19件,发出诉前检察建议18份。

【未成年人检察】 2019年,区检院认真落实对涉罪未成年人的"教育、感化、挽救"方针,对涉案未成年人开展教育训诫1次,联合教体局召开贯彻落实最高检"一号检察建议"推进会1次,开展以未成年人保护为主题、面向中小学师生的检察开放日活动2次,选派5名检察官担任中小学法制副校长,并在2019年"新学期开学第一课"活动中开展法治副校长进校园巡讲宣传11场次,为巴宜区七个乡镇及区直学校共2000余名学生进行法治安全宣传教育,做到辖区内法治进校园全覆盖。10月30日,由最高人民检察院、教育部联合组织的"法治进校园三区三州"巡讲团在巴宜区中学,以"远离毒品及预防性侵"为主题,为900余名师生开展法治宣讲,增强了学生的法纪意识和自我保护意识,反响热烈,取得了良好的法律效果和社会效果。

【刑事执行检察】 2019年,区检察院办理羁押必要性审查案件2件,提出变更强制措施建议2人,采纳2人。办理社区矫正人员再犯罪案件1件1人,针对社区矫正工作中存在的问题向相关部门下发检察建议2份,完善社区矫正工作机制。对缓刑人员进行社区矫正监督检查41人次,进行谈话教育45人次,开展专项检查2次。

【司法改革】 2019年,区检察院严格执行检察官权力清单,员额检察官全部配置到一线办案部门,入额院领导带头承办案件16件,占全院员额检察官办案总量的12.9%。招录4名聘用制书记员协助司法办案,探索检察人员分类管理新模式。率先试行"捕诉一体"办案机制,同一案件由1名检察官完成批捕、起诉工作,不仅减少了承办检察官在证据审查方面的重复劳动,整合办案人力资源,同时也进一步强化了承办检察官的办案责任,有助于提升办案质量和效率。

【社会治理创新】 2019年,区检察院开展"法律七进""法治进校园""民族团结月""12·4国家宪法日"等普法宣传活动20余场次,发放资料3000余份,提供咨询400余人次。同时充分发挥廉政教育基地作用,共接待参观80余场,涉及央企、国企、市及区、县单位近百家,参观人数达6000人次。

全年受理群众来信来访10件次,受理咨询2件次,协调林芝市院办理区检察院司法救助2件,救助金额5.9万元。紧紧围绕区委工作大局,选派6名干警进驻3个行政村,开展法律宣传活动12次,开展防电信诈骗专题宣传3场次,用实实在在的举措服务群众。

【对口援助】 2019年8月,广东省检察系统派出了蔡宗哲、周伟健2名同志到巴宜区检察院开展业务援藏,把广东检察工作先进的思想观念和法治思维带进雪域高原,很好地发挥了传、帮、带作用,为区检察院检察事业发展增光添彩。

（刘荣芳）

【机构领导】
党组书记、检察长
　　次　仁（藏族,8月免）
党组书记、检察长（人选）、一级检察官
　　乔 次 仁（藏族）

2019年1月2日,巴宜区人民检察院召开捕诉一体办案机制部署会

党组副书记、副检察长、一级检察官

次仁扎西（藏族）

党组成员、副检察长

边党社

党组成员、办公室主任、一级主任科员

王　婷（女，12月晋升一级主任科员）

党组成员、检察委员会专职委员、一级检察官

高建建

党组成员、刑事执行检察局局长、一级检察官

路　平

党组成员、公诉科长、一级检察官

杨永强（10月任党组成员）

巴宜区人民法院

【概况】　2019年，巴宜区人民法院共有编制53名，实有干警64名，其中2019年新招入的书记员10名。全院干警平均年龄31岁，男干警28名，女干警36名。研究生学历3名，本科学历50名，大专7名，中专及以下4名，党员50名。入额法官21名，占全院干警的36%，通过司法考试的32名。共设立10个部门，分别为立案庭、执行局、民事审判一庭、民事审判二庭、刑事审判庭（少年法庭）、行政审判庭、审判监督庭、司法警察大队、办公室、司法行政装备管理科。

【业务工作】　2019年，区法院共受理各类案件1229件，已结1131件，结案率92.03%，其中受理刑事案件109件，已结107件，结案率98.17%；受理民商事案件683件，已结645件，结案率94.44%；受理行政案件4件，已结4件，结案100%；受理执行案件417件，已结359件，结案率86.09%；立案庭在受理过程中结案34件；非诉保全审查16件，已结案16件，结案率100%。

【立案信访】　2019年，区法院共立案1229件（旧存120件，新收1109件），在立案登记中无不予立案的情况，材料齐全当场登记立案1109件，占新收案件总数100%，网上立案0件。立案庭结案34件，减免缓诉讼费案件19件，缓交诉讼费金额41174.67元，诉讼服务大厅接待当事人咨询342件560人。

【刑事审判】　2019年，区法院共受理刑事案件109件（旧存4件，新收105件），案件审结107件，其中0件以撤诉方式结案，审结率达98.17%。做到了审限内结案100%、依法开庭率100%，无发回重审的案件、无改判案件，无超审限案件。与上年同期相比上升35%，其中涉案人员138人，被处刑的138人。已结案件类型主要有盗窃罪27件，故意伤害罪16件，诈骗罪7件，交通肇事罪6件。

【民商事审判】　2019年，区法院共受理民商事案件683件（旧存64件，新收619件），与上年同期相比上升1%，审结645件，结案率94.44%。已结645件，调解结案247件，撤诉案件118件，案件调撤率57.48%。案件依法开庭率达100%，判后答疑率达100%，电子卷宗录入率达100%。已结案件类型主要有买卖合同纠纷156件、民间借贷纠纷120件、承揽合同纠纷56件、建设租地纠纷21件、土地租赁纠纷4件、房屋租赁纠纷37件、离婚纠纷21件、债权责任及其他人身损害责任纠纷30

2019年4月15日，广东省珠海市香洲区人民法院党组副书记、副院长陈志伟（左三）带领工作组在巴宜区人民法院考察指导工作

件、合伙纠纷 14 件、劳动合同纠纷 19 件、申请支付令 9 件。

【行政审判】 2019 年,区法院共受理行政案件 4 件(旧存 0 件,新收 4 件),审结 4 件,结案率 100%。

【执行工作】 2019 年,区法院共受理执行案件 417 件(旧存 52 件,新收 365 件),与上年同期相比上升 37%,已结 359 件,执结率达 86.09%,有财产可供执行案件法定审限内执结率 100%,无财产可供执行案件共 111 件,终本合格率 100%。联合相关部门曝光失信被执行人 92 人次,限制高消费 213 例,限制购买机票 580 人次,购买火车票 12 人次,司法拘留 10 人次(协助异地拘留 0 人次)。申请布控 56 人次,协助兄弟法院布控 1 人。联动机关协助 180 次,赢得当事人一致好评。

【审监工作】 2019 年,区法院未受理申诉案件,受理再审案件 1 件,开展"三评查"3 次,评查案件 412 件,无不合格卷宗。

【法制宣传】 2019 年,区法院组织开展综治维稳法制宣传工作 8 次,出动宣传车 35 台次,解答群众咨询 41 人次,发放普法知识手册 2400 册,接受法律咨询 572 人次,受教育群众达 4000 余人次。通过广泛开展法制宣传活动,进一步提高人民群众学法、守法的自觉性。

【车载流动法庭巡回审判模式】 2019 年,区法院形成以人民法庭

2019年9月24日,巴宜区人民法院举办庆祝"中华人民共和国成立70周年暨'不忘初心、牢记使命'——我和我的祖国"演讲比赛

为点、车载流动法庭为线、基层法院为面,点线面相结合、全覆盖的司法服务网络,让群众少跑路、少花钱、少受累。全年巡回办案 5 件,巡回开庭 3 次,行驶里程 5200 公里,开展法制宣传 41 场次,发放宣传资料 5650 余份,受教育群众 7520 人次,咨询 2660 余人次。

【推进人员分类管理改革】 2019 年,区法院立足现有人员结构和审判工作需要,按照不少于 85% 的司法人力资源直接投入办案,按照司法行政人员控制在 15% 以内的人员比例要求,有序推进入额法官定岗、审判辅助人员和司法行政人员分类选任定岗工作。组建运行审判团队,一线审判力量普遍得到充实,法官办案的责任心进一步增强,改革的正效应逐步显现。

【推进司法责任制改革】 2019 年,区法院认真贯彻《最高人民法院关于完善人民法院司法责任制

的若干意见》和自治区高院司法责任制配套实施文件,建立权责明晰、权责统一、管理有序的审判权运行机制,切实落实"让审理者裁判,由裁判者负责",提高法官队伍的办案能力。明确相关办案主体的司法权力清单,限缩审判委员会讨论案件范围,从制度层面促进入额法官和合议庭强化办案主体责任。严格落实对干预案件进行记录问责的"两个规定",保证法官依法公正审案。同时坚持放权与监督相结合,探索建立法官联席会议、判前案例检索、判前"三评查"(案件质量评查、庭审评查、文书评查)等机制,减少和避免改革负效应,做到放权不放任。2019 年,区法院院庭长审结案件 441 件,占审结案件数的 35.88%,院长、副院长审结案件 26 件。

【推进繁简分流审判模式改革】 2019 年,区法院继续实施繁简分流审判模式,将各业务庭室法官

资源进行整合，各庭均办民事、刑事、行政案件，锻炼法官综合素质，培养全能型法官。全年共有161件民商事案件、32件刑事案件依法适用简易程序审理，有效节约审判资源，提高结案率和审判质效。

【推进立案信访机制改革】 2019年，区法院规范登记立案程序，明确登记立案范围，破除限制立案的"土政策"，全面落实立案登记制，做到有案必立、有诉必理。自推行立案登记制改革以来，区法院登记立案率100%，其中当场立案率98.99%，有效保障了当事人诉权。坚持把接处信访作为联系群众、倾听民意、为民解忧的重要途径，深入开展"大排查、大化解、大接访、大稳控"活动。推进诉访分离、责任通报、多元化解、律师接访等制度，把涉诉信访纳入法治化解决轨道。

【推进人民陪审员制度改革】 2019年，根据高院"人民陪审员倍增计划"的要求，区法院提请任命了62名各个领域的人民陪审员。全年23名人民陪审员参与审理了18件案件，区法院为其发放务工费、交通费和生活补助9650元。

【司法能力建设】 2019年，区法院加强政治理论培训，选送25名干警参加国家法官学院、西藏法官学院和内地省市法官学院组织的业务培训，开展裁判文书制作、执行业务、速录技术、新法实施等业务评比活动以及法律远程视频教育、法官讲堂，共培训干警420人次。

【监督联络】 2019年，区法院始终坚持把加强联络工作作为一项常规性、全局性工作来抓，着重在联络工作规范化、信息化上下功夫，坚持问题导向，强化工作措施，构建长效机制，增强联络工作实效，不断提高人民群众对法院

工作的信任度、满意度。严格执行《重大工作事项向党委请示汇报制度》，坚持重大部署、重点工作、重要问题和大案要案及时向党委汇报，确保党委重大决策部署在区法院贯彻执行。认真贯彻《监督法》和自治区高院《关于全区各级人民法院接受人大及其常委会监督工作的意见》，切实增强接受监督的自觉性和主动性。全年向区人大常委会专题报告民事执行工作3次，配合各级人大常委会开展执法检查、视察和专项调研6次。主动接受民主监督，共邀请3次11名人大代表、政协委员到区法院进行视察、旁听案件，并积极邀请部队官兵、学校师生及其他社会各界人士到区法院参加4次庭审观摩活动，得到了一致好评。

【信息化建设】 2019年，区法院录入电子卷宗的案件651件，应用自动化办公系统发送各类信息3700多条，使用12368短信通知各类消息700余条。3个科技法庭已正式投入使用，能够实现远端同步观看、网络庭审直播，不断实现司法公开、透明。在立案登记方面，实现了网上立案，通过网络当事人可以查询到案件进展情况。在执行方面已初步建立了与各银行的对接平台，使当事人能够随时查询、了解执行案件进展情况，更好地为群众提供便捷高效的司法服务。

【受援工作】 2019年，区法院不断创造条件让更多干警走出去，到上级人民法院及内地兄弟法院

2019年10月28日，巴宜区人民法院党组书记、院长万春（左一）在百巴看望慰问搬迁户

学习审判、管理和信息化建设先进经验，共有11名干警到国家法官学院培训（其中2人参加"两援"培训），3名干警到内地省市法官学院培训、交流。借助援藏平台，通过"请进来""走出去"，全面提升区法院干警的能力素质，构建以外力促内力，以"输血"助"造血"的体制机制，不断提高受援工作整体水平。

（刘重阳）

【机构领导】
党组书记、院长、四级高级法官
　　周汉军（8月免）
　　万　春（8月任）
党组副书记、副院长、四级高级法官
　　黄小川
党组成员、副院长、审判监督庭庭长、一级法官
　　旺　久（藏族）
党组成员、执行局局长、一级法官
　　其　加（藏族）
党组成员、审判委员会专职委员兼办公室主任、一级法官
　　田世平

巴宜区司法局

【概况】　年内，巴宜区司法局紧紧围绕党的十九大、十九届二中、三中全会、区党委九届三次全会、林芝市委一届六次全会和习近平总书记对政法工作重要指示精神，紧紧围绕巴宜区"2156"发展思路，切实加强社区服刑人员的监督管理，充分发挥人民调解工作优势，大力加强安置帮教工作，积极

适应经济发展新常态，拓展法律服务领域，全面推动依法行政建设法治政府工作深入落实。区司法局内设局长办公室、支部办公室、副局长办公室、普法办公室、综合办公室、平安创建办公室；社区矫正管理中心内设报到登记、宣告、训诫、教育培训、心理宣泄、档案管理等6个功能室；八一镇设立司法所1个，配备司法所所长1名，司法助理员1名；鲁朗镇和2个街道办有3个兼职司法助理员，其余5个乡镇有5个专职的司法助理员。2019年，全局共有在职干部职工18名，其中女性13名，男性5名。

【法治宣传】　2019年，区司法局组织牵头开展法治宣传专题教育活动85场次，受教育群众达14180余人，发放宣传手册、宣传袋、宣传单15180余份，出动宣传车105辆，悬挂宣传标语85幅，设立法律法规咨询台42个。

3月，根据林芝市普法办《关于做好全区在编宗教教职人员法律知识考试的通知》文件要求，组织辖区内各宗教场所在编宗教教职人员进行法律知识考试，考试采取笔试进行，达标率为100%。

5月，组织召开2019年巴宜区司法局扫黑除恶打非治乱专项斗争工作推进会，安排部署人民调解、安置帮教、社区矫正工作，建立健全党委领导，政府主管，综治指导协调，司法行政部门牵头并组织实施，有关部门共同参与、各司其职，密切配合、齐抓共管的工作机制；八一司法所分别在八一镇11个行政村开展了"以案释法下乡村 扫黑除恶扬正气"法治宣讲活动，通过大量的典型案例、以案释法进行宣讲，明确指出"黑恶"对百姓幸福生活的破坏性，引导和鼓励广大村民群众要遵守法律法规，并正确认识"扫黑除恶"专项斗争活动的必要性，积极踊跃揭发检举黑势力违法犯罪线索，本次普法宣讲活动受教育群

2019年3月28日，巴宜区司法局组织在编僧尼参加法律知识考试

众共 2000 余人。

8 月，区司法局援藏律师李洪持利用自身专业知识，为社区矫正人员、工地工人、军区未成年人开展了《中华人民共和国劳动合同法》《中华人民共和国民事诉讼法》《法律维权》《未成年人保护法》《预防未成年人犯罪法》等相关知识授课。

10 月，区普法办对原有的"普法讲师团"进行调整充实，重新组建了一支政治素质过硬、业务水平更高的普法队伍，并对新组建的队伍进行颁证。此次调整充实后，讲师团共有 13 名成员，既有专业律师，又有司法行政和行政执法专业人员，还有精通双语、基层工作经验丰富的法律工作者。

2019 年 10 月 18 日，巴宜区普法领导小组在区公安局三楼会议室举行"七五"普法讲师团成立暨颁证仪式

【人民调解】 2019 年，巴宜区 7 个乡镇、2 个街道办、67 个行政村、4 个社区共有 80 个调委会、443 名调解员，其中乡镇调委会 7 个，村委会调委会 67 个，街道办调委会 2 个，社区调委会 4 个。全区各级人民调解组织得到充实优化后，借鉴"枫桥经验"，创新人民调解工作，紧紧抓住影响社会和谐稳定的源头性、根本性、基础性问题，完善机制建设，大力推进构建以人民调解为基础的多元化矛盾纠纷解决机制，及时把矛盾纠纷化解在基层，化解在萌芽状态。2019 年，累计开展排查矛盾纠纷次数 434 次，排查矛盾数 60 次，成功调处 47 起，充分显示人民调解工作在维护辖区和谐稳定中的重要作用。

【社区矫正】 2019 年，巴宜区接

管社区服刑人员 114 人、解除 62 人、变更居住地 15 人、死亡 1 人、收监 1 人、在册 35 人，均为缓刑。全年对重点人员开展走访活动 180 余次，集中教育学习 2 次，着重进行思想政治教育和法律法规普及。为增强社区矫正人员的责任心、社会感，八一司法所组织该辖区社区矫正人员开展公益劳动 6 次，参加人数 243 人次。

7 月 1 日，为培养社区服刑人员的爱国主义情操，坚定服刑人员爱国、爱党、跟党走的坚强信念，八一司法所组织社区服刑人员在八一镇人民政府广场举行升国旗仪式，庆祝中国共产党建党 98 周年。升国旗仪式是爱国主义教育的重要部分，不仅激发了社区服刑人员的爱国热情，还能引导服刑人员在爱国主义教育中真诚悔过，感恩社会、努力学习、争取早日新生。通过此次活动，服刑人员普遍反映自从离开学校之后，基本上没有参加过升国旗活动，内心比较激动，

大大提高了民族归属感。

7 月，区司法局邀请林芝市禁毒办以及全区第二批监狱戒毒人民警察对巴宜区在册 33 名社区矫正服刑人员进行警示教育，向社区服刑人员讲解禁毒斗争的严峻形势、毒品的类型、吸毒的危害，还为他们讲解"中华人民共和国主席特赦令"的范围、对象、条件以及特赦的重要意义。

8 月，八一司法所联合双拥路社区，组织 11 名社区服刑人员对双拥路小芳村至加丁嘎脏乱街道进行义务清扫活动，希望他们通过参加义务劳动，修复社会关系，培养社会责任感、集体观念和纪律意识。通过此次公益劳动，使新入矫的社区服刑人员切实了解了社区矫正制度，增强了他们的社会责任感。

【法律援助】 2019 年，区法律援助中心按照应援尽援的原则，"零门槛""无障碍"开展法律援助工

作,不区分人群、不区分条件开展法律咨询、代书服务,为农牧民群众解答法律疑问、解决法律难题,同时严格按照法律援助辩护服务条件,开展法律援助辩护、代理服务。全年共接受群众来访法律咨询556人次、代书文书121份,接受公检法司指定刑事案件32件,结案32件,其中涉及未成年人6件,涉及妇女6件,涉及残疾人1件。

【安置帮教】 2019年,区司法局为使帮教对象不重新犯罪,注重提高安置帮教质量,采取抓住重点对象,实施分类帮教措施,认真做好刑满释放5年内、解除矫正3年内人员的帮教工作,及时建立档案及电子档案,形成组织帮、社会帮、家庭帮的良好工作格局。同时,为全面掌握刑满释放人员的生产生活状况,切实加强对特殊人群的安置帮教工作,有效预防和减少刑满释放人员重新违法犯罪,采取定期对辖区内的刑满释放人员进行入户走访,实地了解他们的生活、工作和思想状况。2019年底全区在册人员89人,衔接率100%,无脱管漏管,无重大刑事案件和群体性事件发生。

【法治政府建设】 2019年,区司法局制定下发《巴宜区关于全面推行行政执法公示制度执法全过程记录制度重大执法决定法制审核制度实施方案及任务分解表》,正式启动行政执法公示制度、执法全过程记录制度、重大执法决定法制审核制度;制定下发《2019年度巴宜区法治政府建设重点工作》的通知,全面梳理依法治区的重要内容,明确了42项法治政府建设重点工作重点任务;推行重大执法决定法制审核全覆盖制度,整合法制干部、政府法制顾问、公职律师资源,加强重大决策合法性审查,充分发挥事前咨询、事中审查论证和事后救济的作用,有效防范决策风险。全年政府法律顾问出具各类法律意见书40余份,协助调解涉法事项2件。

根据法律法规赋予县(区)级司法行政机关的行政权力和机构改革三定方案规定,对本单位行政权力和责任清单进行再梳理,梳理后共有15项权力事项。区司法局在"互联网+政务服务"管理事项平台共认领事项12项,编制并发布12项。其中,受理条件、事项结果、申请材料、常见问题、收费、办事地址、办理流程图、办理环节均已编制完成;共有6项即办件,6项承诺件,即办件承诺时限为1天,法定时限为2天;承诺件承诺时限不为空,且小于法定时限的30%;三级办理深度3个,四级办理深度事项7个,占总事项的58.3%;6级办理事项2个,占总事项的16.66%;在自治区政务服务网运行管理平台上完成流程图绘制、主体授权等工作,并已将33项线下办件录入系统。区司法局在西藏政务网上完成法人注册1个,个人注册18个,注册率100%。11月底,区司法局"互联网+政务服务"工作完成率100%,均已达标。

【人民陪审】 2019年,根据《中华人民共和国人民陪审法》和《人民陪审法选任办法》的规定,巴宜区严格按照法定程序开展人民陪审选任工作。经过发布公告,接受个人申请和组织推荐,随机抽任、资格审查等环节,确定了人民陪审员拟任名单,并对拟任的63名人民陪审名单进行公示,经公示后无异议,已报送区法院。7月,区司法局联合巴宜区

2019年6月3日,巴宜区司法局联合区中学在区法院开展模拟法庭活动

法院举行新任人民陪审员任命暨宣誓大会,向新任的 63 名人民陪审员颁发任命证书。宣誓大会结束后区法院工作人员向在场的人民陪审员开展业务培训,培训内容涉及刑事、刑诉、民事、民诉、行政、行诉、执行、立案等相关的法律法规。

（彭佑华）

【机构领导】

党组书记、局长
　　周　睿（女）
党组副书记、二级主任科员
　　冯秀敏（女,11 月套转）
党组成员、副局长
　　琼　达（女,藏族）
　　王　旭（蒙古族）
　　钟　林（11 月免）
林芝司法所三级主任科员
　　钟　林（11 月套转）
八一司法所所长
　　杨雪梅（女,藏族）
四级主任科员
　　张晓艳（女,5 月任副主任科员,6 月套转）
　　次　珍（女,藏族,5 月任副主任科员,6 月套转）

巴宜区委国家安全委员会办公室

【概况】　2019 年 3 月,巴宜区委国家安全委员会办公室成立,共有编制 4 名,实有人员 8 名。年内,巴宜区委国安办始终坚持以习近平新时代中国特色社会主义思想为指导,深入学习贯彻党的十九

大和十九届二中、三中、四中全会精神和中央第六次西藏工作座谈会精神,深入学习区、市国家安全视频会议精神,加强组织建设,狠抓基层基础,为维护社会稳定、打造平安巴宜发挥积极作用。

【党风廉政建设】　2019 年,区委国安办严格贯彻落实中央"八项规定"和区党委"约法十章",通过廉政教育学习,不断增强干部职工政治意识、纪律意识和自律意识,有效避免各类违纪违规现象发生。认真落实党委主体责任和纪委监督责任,建立健全干部动态监督管理制度,制订了《巴宜区委国安办考勤表》,增强干部职工的纪律观念,确保干部职工去向明、底数清,有效杜绝个别干部职工的迟到、早退现象。推进和规范简称"三重一大"（重大事项决策、重要干部任免、重要项目安排和大额度资金的使用）集体讨论决定制度,提高领导班子科学决策、民主

决策和依法决策的水平。结合组织生活会、述职述廉等工作,用够用好批评和自我批评武器,有效促进工作作风的进一步转变。

【宣传教育】　2019 年,为广泛宣传国家安全教育的基本知识,增强全民防范意识和能力,更好地宣传学习《国家安全法》等法律法规,区委国安办结合综治宣传周、综治宣传月、宪法宣传月等活动,组织干部职工深入机关、学校、企业、商户、市场开展宣传活动,同时制作了以《国家安全法》《反间谍法》为主要内容的藏汉双语宣传资料,利用横幅、电子显示屏等形式,开展国家安全教育宣传,营造了良好的宣传氛围。

【社会稳定风险评估】　2019 年,按照市委国安办的工作要求和巴宜区委、区政府的统一决策部署,区委国安办对辖区开工建设的重大项目及大型活动进行社会稳定

2019 年 7 月 10 日,巴宜区开展"全民国家安全教育日"集中宣教活动

风险评估工作,对辖区内102项开工建设的重大项目及大型活动进行稳评复核,稳评事项无一出现问题,从源头上预防和化解了社会矛盾和不稳定因素。

（曾　利）

【机构领导】
　主　任
　　旺　青(藏族,5月任)
常务副主任
　　杨绍新(12月任)
副主任
　　曾　利(女,5月任)
　　普巴卓玛(女,藏族,5月任)

巴宜区信访局

【概况】　2019年,巴宜区信访局严格落实区党委、政府关于将2019年确定为"矛盾纠纷暨信访积案化解巩固年"的决策部署,按照《信访条例》"属地管理,分级负责"的原则以及维稳信访工作"五个一"(一个问题、一名领导、一个方案、一套班子、一抓到底)的要求,紧紧围绕"化解矛盾,维护稳定,促进和谐"工作目标,健全机制,完善措施,确保全区社会局势持续和谐稳定。

【信访工作机制】　2019年,巴宜区各级各部门主要领导担负了信访工作主要责任人的责任,对信访工作亲自抓、负总责,对重要信访事项亲自过问、亲自处理、亲自督办。分管领导具体负责,加强对信访工作的直接领导,及时安排部署、组织实施,牵头协调解决信访工作难题和突出问题。其他领导班子成员能够坚持"一岗双责"地抓好分管范围内的信访工作,形成了一级抓一级、一级对一级负责、层层抓落实的信访工作领导责任体系。

【矛盾排查】　2019年,巴宜区共排查矛盾纠纷653人次,发现问题131批(件),已化解93批(件);其中政法部门排查493人次,发现问题75批(件),化解42批(件),待化解21批(件);信访排查160人次,发现问题36批(件),2018年留存待化解25批(件),化解43批(件),待化解16批(件)。

【接待来信、来访群众】　2019年,巴宜区共接待来访群众52批(件)176人次,受理信访事项35(件)85人次,不受理信访事项4(件)8人次,重复访事项4(件)5人次,其中进京2批(件)2人次,市信访转办4批(件),已协调处理信访问题25批(件)96人次,待化解9批(件)32人次。

【信访反映的主要问题】　2019年,巴宜区群众来访呈现"一增两减"的特点,即个访数量增多,集访、来信减少。情况表明,大量的不稳定因素被化解于萌芽,制止于初始状态。

群众反映的问题主要涉及农民工工资,非法买卖土地,城市乱搭乱建、违章建筑拆除问题,修建拉林高等级公路、拉林铁路过程中引起的房屋震裂后补偿标准不合理,在项目建设过程中部分工程超出合同范围劳务费用支付问题,市场管理等问题。

【长效机制建设】　建立健全信息分析机制。2019年,区信访局健全和完善区、乡(镇)、村三级信息报送员,确保信息传递渠道畅通,及时、准确、全面、有效地报送信访信息,特别是涉及可能引发大规模集体上访和群众性事件的苗头性、倾向性问题,按规定及时报告并超前做好工作;建立健全综合协调机制。充分发挥各级区委、区政府的主导作用,信访联席会议和信访部门的综合协调作用,各相关部门的职能作用,进一步健全上下联动、左右协调、运转高效、综合整治的工作机制;综合开发利用信访信息资源。进一步提高分析研判水平,加强与公安部门信息沟通,增强工作的预见性和针对性,牢牢把握工作主动权;建立健全督查工作机制。切实加强对信访工作的督促检查和工作指导,把督查督办工作贯穿于转办交办、责任落实、问题解决、结案反馈的全过程。

（扎　西）

【机构领导】
　负责人
　　罗　布(藏族)

群众团体

巴宜区总工会

【概况】 2019年,巴宜区总工会核定编制2名,实有工作人员7名(主席1名,副主席1名,主任科员1名,科员2名,工勤人员2名),其中1名科员派驻巴宜区布久乡嘎玛村任第一书记。

【党建工作】 2019年,巴宜区总工会按照上级部门的指示要求,坚持"围绕发展抓党建,抓好党建促发展"的工作思路,以"创先争优"活动为契机,强化党组织战斗堡垒作用,狠抓党员队伍建设工作,共召开支部党员大会4次、民主生活会2次,开展主题党日活动10次。

采取参加林芝市委、巴宜区委组织的中心组学习和单位集中加自学等形式,引导党员干部提高政治站位、站稳政治立场、严守政治纪律和政治规矩,牢固树立"四个意识",增强"四个自信",在

2019年,巴宜区组织36名工会干部赴浙江乡村振兴培训班开班仪式

思想上政治上行动上始终同以习近平同志为核心的党中央保持高度一致。开展多形式、分层次、全覆盖的宣传教育和学习培训,加强各乡镇(街道)、区直各部门、企业工会主席学习培训和带头引领作用,把广大职工群众更加紧密地团结在以习近平同志为核心的党中央周围。

推进"两学一做"学习教育常态化制度化,开展"不忘初心、牢记使命"主题教育,推进工会系统党风廉政建设和反腐败工作,加强各级工会党组织政治、思想、组织、作风和纪律建设,把制度建设贯穿其中,全年区总工会党支部开展集中学习41次,参加林芝市委理论中心组学习2次,参加巴宜区委理论中心组学习5次,其他各类集中学习10余次。

【工会组织建设】 2019年,巴宜区有基层工会组织74个,包括区直机关单位工会49个、乡镇工会7个、街道2个、国有企业工会4个、非公企业工会2个、新增村级工会委员会10个,会员600余人。

新增私营企业工会委员会2个，会员120人。会员管理按照《林芝市总工会关于启动全市基层工会组织和工会会员实名制信息采集录入工作的通知》的要求，巴宜区总工会2297名会员信息已经收集完毕，并全部录入完成。

【干部管理与培训】 2019年，区总工会组织工会干部参加培训43人次，其中区外培训37人次，自治区培训1人次，林芝市培训5人次。同时，组织巴宜区20名会员到海南省进行疗（休）养。

【工会建设】 弘扬劳模精神工匠精神。2019年，区总工会通过抓好劳模工匠培育选树、强化劳模工匠管理服务、加强劳模工匠宣传引领，凝聚发展正能量，提高基层一线工人、技术人员在劳模评选中的比例。积极参与"工匠、劳模"评选工作，在"五一"国际劳动节来临之际组织召开表彰大会，对来自各条战线上的5个先进集体和8个先进个人进行表彰，同时号召全区上下要积极发挥弘扬劳模精神，营造劳动最光荣、劳动者最伟大的浓厚氛围。

助推经济高质量发展。扎实开展技术革新、技术协作、发明创造等活动，完善职工创新体系，促进创新成果转化，在重点项目、重点领域和重点行业，持久开展"当好主人翁、建功新时代"主题劳动和技能竞赛，力争全区规模以上企业参与面保持在80%以上。深入推进职工素质工程建设，开展了多形式、多层次、多工种的技术培训、技能比武等活动，组织林芝市22家物业公司400余人举办了2019年"安康杯"劳动技能大赛。

【关爱职工】 2019年，区总工会利用"三大节日""妇女节""劳动节""儿童节""建党节""中秋、国庆"佳节等时间节点，代表区委、区政府对全区58个团体、60余名困难干部职工、困难职工家庭子女进行走访慰问，发放慰问金11万元。3月，开展以"幸福不忘共产党 阳光路上梦起航"为主题的纪念西藏民主改革60周年文艺汇演，共600余人参加此次活动。4月，组织各行各业青年、团员、干部职工共200余人参加迎五一、庆五四"青春筑梦新时代"健康环保徒步活动，激发广大干部职工群众环境保护意识。7月1日，组织巴宜区特困集中供养中心80余名老人开展"升国旗、唱国歌"主题活动，陪老人欢度建党节，为老人送去了生活必需品。9月，联合林芝市总工会开展以"点赞新中国·奋进新林芝"为主题的歌唱比赛，来自各行业共600余人参加活动。5月、9月组织文艺演出队、司法人士、专业医生团队（为新增入会会员）、农牧民群众开展"送文化、送医送药、送政策、送法律"活动，共800余人受益。10月，为2个非公企业40名会员女职工开展"两癌"筛查工作。11月22日，联合区教体局、团区委，组织100余名干部职工、教职工开展"不忘初心、牢记使命"主题迎工布新年职工健步走活动。

【宣传活动】 2019年，区总工会以法治宣传月为契机，在厦门广场和牦牛广场开展《中华人民共和国工会法》《中华人民共和国劳动法》《中华人民共和国社会保险法》《西藏农民工实用手册》等法律、法规的宣传，共发放宣传册、宣传单共计4000余份，受到干部职工、农民工和农牧民群众的普遍欢迎。

2019年2月20日，巴宜区总工会举办"做新时代雪域高原文明干部职工"活动启动仪式

【推进工会组织建设】 2019年，巴宜区7个乡镇"八有工会"（有工会牌子、有办公场所、有组织机构、有工会印章、有会员名册、有工作计划、有活动记录、有工会经费账户）建设已达标，并被自治区总工会授牌，剩余2个街道正在建设过程中。按照"坚持分步实施、突出重点"的总体思路，以"会、家、站合一"为形式，探索推进办公用房和职工之家的融合建设。建立和完善各基层工会组织体系、管理模式、工作队伍、活动载体和运行机制，更好适应基层和职工需要，打造职工群众信赖的"职工之家"，9月底，已完成鲁朗镇"职工之家"建设，基本完成更章门巴民族乡"职工之家"建设，其余1家正在筹备中。

（窦金明）

【机构领导】

主　席
　　王晓波（2月任）
副主席
　　达　娃（女，藏族，5月任）
四级主任科员
　　卫建军（珞巴族，6月套转）

共青团林芝市巴宜区委员会

【概况】 2019年，巴宜区下辖4镇3乡、2个街道办，共有本级团委团干13名，二级团总支1个，三级团支部87个，团员946人，各村团支部书记都进入了村"两委"班子。7所小学1所中学共有

2019年3月11日，共青团巴宜区委员会组织开展"我和小树一起长大"青少年"亲子林"植树绿化活动

少先队大队8个，中队67个，少先队员2307人，大队辅导员8名。

【团基层组织建设】 思想建设。2019年，团区委积极组织各级基层团组织深入学习十九大精神中习近平总书记关于青年的讲话，通过宣讲、集中学习的形式，组织青年团员学习党的十九大报告精髓，并引导其作为平时工作和活动的指导思想，引导各基层团支部书记要时常面对面开展团员青年思想政治工作，带领青年听党话、跟党走。

队伍建设。2019年，把群团组织建设工作经费统一列入年度经费预算，向乡镇团委拨付一定的活动经费，并根据实际情况建立追加拨付机制。抓好群团组织领导班子建设，配齐配强领导班子，通过推荐相关人员参加各种进修、培训，让骨干力量开阔视野，坚定理想、提升素质。创新团干部选拔方式，优先选派有活力、有想法的干

部担任团干，优化团的干部结构，增强团组织的战斗力和凝聚力。2019年底，巴宜区各基层团组织都配有团支部书记、团干。

推动"从严治团"新常态。按照上级团委要求，认真做好各基层团干部队伍建设，规范任免程序，通过组织学习研讨、活动遴选、团课培训等形式，有规划、大力度推动团干部队伍建设。加大党建带团建工作考核，落实定期听取共青团工作汇报制度，认真做好党组织书记既要抓好团建，又要选好用好团干部，真正能让充满正能量、善于做青年群众工作的年轻干部担当重任，打造一支让党放心、让青年满意的团干队伍。

【志愿者公益活动】 2019年3月11日，团区委组织开展"我和小树一起长大"青少年"亲子林"植树绿化活动，巴宜区各校共56名师生及家长参加活动，活动受到了巴宜区干部群众、团员青年、少

先队员的热烈欢迎和积极参与，激发了全区广大青少年爱林、造林的热情。3月14日，召集志愿者学雷锋志愿服务队走上街头清扫马路，在具体行动和点滴小事中践行雷锋精神，并宣传和发扬雷锋精神，将雷锋精神融入日常工作中，传承好雷锋精神。10月26日，联合区总工会、妇联志愿者在内退困难职工巴桑顿珠家开展"向祖国献礼——志愿者在行动"主题活动，送去了米、面、油、罐头等价值800元的慰问品。

【纪念五四运动100周年系列活动】2019年4月30日，团区委联合总工会举办"青春筑梦新时代 健康环保徒步"活动，来自各行各业青年、团员、干部职工共200余人参与，活动不仅激励了广大干部群众的参与度，还将简约适度、绿色低碳的生活方式落到实处，倡导生态旅游和健康文明的娱乐方式。5月4日，举行巴宜区纪念五四运动100周年图文展及"争做神圣国土守护者 争做美丽家园建设者"誓言墙签名活动，通过回顾五四运动100年历史、共青团建团97周年历史以及"争做神圣国土守护者 争做美丽家园建设者"誓言墙签名活动，贯彻落实习近平总书记关于"玉麦"精神重要指示，进一步教育激发广大青少年爱国情怀，培养其社会责任感。5月4日，召开"青春心向党 建功新时代"巴宜区纪念五四运动100周年暨2018年工作总结表彰大会，表彰了巴宜区2018年度团建工作先进集体及个人32

名，获得优秀团组织代表、优秀少先队代表、优秀青年文明号代表的5个集体进行了交流发言，大会并向参会人员发放了纪念五四运动100周年特色纪念笔记本及习近平青春寄语书签共150份。

【尊老爱幼暖心活动】2019年"六一"儿童节前夕，为进一步加强对留守儿童的关爱工作，为巴宜区留守儿童营造一个和谐、温馨的成长环境，团区委组织人员与觉木街道办的39名留守儿童零距离接触，为留守儿童们带来了文具盒、彩色笔、笔记本等儿童节礼物共200余份，活动让留守儿童们体会到社会温暖的关爱，感受到浓浓的爱意，为少年儿童营造了健康成长的良好环境。6月6日，在中国的传统节日——端午节到来之际，为了弘扬传统文化，情暖特殊群体，本着"替党政分忧、为群众解难"的理念，联合总工会、妇联在巴宜区特困人

员集中供养服务中心开展以"党建引领 关爱孤寡老人"暖人心为主题的慰问活动，此次活动采取升国旗、文体（游园）活动、现场慰问等方式举行，并记录了老人们的欢声笑语，真正意义上陪伴孤寡老人过上了幸福安康的"端午节"，活动发放奖品及慰问金共计9500元。9月20日，广东省人民医院党办主任张忠林、团委书记马萍协带队2名志愿者与巴宜区团委2名工作人员一同，在更章门巴民族乡完全小学对全校208名学生进行助学物资捐赠，共捐赠书包、文具类210套，价值3万元。

【预防青少年犯罪】2019年，团区委开展"优秀青少年维权岗"创建活动，巴宜区各单位结合自身职能，在处理涉及青少年及未成年人事务、案件中，以维护青少年权益为出发点，以"教育、感化、挽救"的方针和"教育为主、惩罚为

2019年5月4日，巴宜区举行纪念五四运动100周年图文展及"争做神圣国土守护者 争做美丽家园建设者"誓言墙签名活动

辅"的原则,开展了一系列工作。联合团市委积极参加第二十九个民族团结月宣传活动,通过设立宣传咨询服务点,广泛对《青少年法律知识读本》《中小学生爱国主义教育手册》《中华人民共和国未成年人保护法》等进行宣传,营造了浓厚的社会氛围,在广大青少年中牢固树立了"三个离不开"思想和共同奋斗、共同发展的理念,增进了"五个认同感"。先后4次开展"法律进校园"活动,活动中,宣传员结合各自工作实际,通过悬挂横幅、举例子、摆事实等形式,针对校园安全隐患,重点讲解了青少年自我保护、预防犯罪等内容及道路安全知识,通过此次活动,使同学们认识到了法律的重要性,既增强了青少年的法律意识和法制观念,提高了依法自我保护的能力和预防违法犯罪的能力,又充分调动了师生知法、学法的积极性,形成了知法、懂法、守法的良好法制校园氛围。

【团干队伍建设】 11月4—6日,团区委联合波密县团委、米林县团委举办了2019年"不忘初心、牢记使命"主题团干部培训,两县一区各级团组织负责人共50余人参加培训,培训以讲授"追寻闪光足迹 赓续红色基因 接力奋斗追梦"主题党课、瞻仰川藏线上十英雄纪念碑,深入鲁朗知青点学习知青精神、观看爱国影片《烈火英雄》等方式进行。此次培训使团干们深切感受到了老一辈无产阶级革命家的无私奉献精神和革命英雄气概,进一步激励了年轻

干部锤炼优良作风、坚定理想信念的决心,锤炼了团干部守初心、担使命的党性修养。

【团员青年大型活动】 2019年3月28日,由巴宜区委、区政府主办,团区委、总工会、妇联、文旅局承办,以"幸福不忘共产党 阳光路上梦起航"为主题的纪念西藏民主改革60周年文艺汇演在巴宜区工布印象广场举行。活动在巴宜区农牧民传统工布舞蹈《欢庆丰收》中拉开序幕,整场演出由《幸福不忘挖井人》《民族团结一家亲》《工布儿女颂党恩》三个篇章组成,台上演员热情演绎,台下600余名观众手持国旗热情欢呼,演出现场呈现一片祥和欢乐的节日氛围。整场活动在歌曲《我的祖国》激扬的旋律中完美落幕。10月3日,为庆祝中华人民共和国成立70周年,展现全区各族干部群众爱国热情,营造欢乐喜庆、祥和安宁的节日氛围,团林芝市

委、团巴宜区委、巴宜区文旅局在林芝市福建公园组织开展"辉煌七十年 奋进新时代"庆祝中华人民共和国成立70周年游园活动,巴宜区各界各族干部群众共2000余人参加活动。

(达娃卓玛)

【机构领导】

书　记

　　达娃卓玛(女,藏族,6月任)

巴宜区妇女联合会

【概况】 2019年,巴宜区共有妇委会34个、"妇女之家"69个、"儿童之家"7个、"儿童快乐家园"1个。2019年7月,完成全区9个乡(镇)、街道,71个村(居)"会改联"工作,选举产生乡镇、街道兼职妇联主席9名、专职副主席9名、兼职副主席20名、执委79名。村(居)专职妇联主席71名、专职

2019年7月24日,巴宜区妇联开展巾帼宣讲进寺庙活动

副主席 75 名、兼职副主席 37 名、执委 435 名。

【党建工作】　2019 年,区妇联严格按照《中共中央关于加强和改进党的群团工作的意见》精神,积极开展思想建设、组织建设、队伍建设、阵地建设、作风建设,坚持"党建带妇建,妇建服务党建"的工作原则,充分发挥妇联组织桥梁纽带作用,统筹推进妇联各项工作。

【脱贫攻坚项目】　2019 年,八一镇加乃村"妇字号"精准扶贫项目,种植优质青稞面积 21.10 亩,投入资金 30 万元,实现项目区建档立卡贫困户 6 户 21 人脱贫(其中贫困妇女 4 户 14 人);鲁朗镇扎西岗村全国巾帼农业示范基地项目,种植油菜面积 150 亩,投入资金 5 万元,带动妇女群众增收 7 万余元;鲁朗镇拉月村全国巾帼农业示范基地种植项目,由自治区妇联投入资金 5 万元,种植经济林面积 12 亩,群众增收 7.5 万余元,实现 32 户 126 人受益;鲁朗镇拉月村犏奶牛养殖项目,由林芝市妇联争取市农牧局养殖项目资金 19 万元,养殖奶牛 32 头,带动群众增收 8 万余元,实现 32 户 126 人受益。

【宣传工作】　2019 年,区妇联利用媒体、网络等宣传媒介,加大法律法规的宣传力度,坚持用通俗易懂、喜闻乐见的方式大力宣传党的各项惠民政策,营造了尊重妇女、爱护儿童的良好氛围。以"3月综治宣传月""国家安全日""6月综治宣传周""9月综治宣传

2019年9月27日,巴宜区妇联开展"不忘初心 、牢记使命"基层授党课活动

日""民族团结月"活动为契机,大力宣传《中华人民共和国妇女儿童权益保障法》《西藏藏汉双语反家庭暴力法》、女性基本健康知识以及儿童安全自护等相关法律法规。

【业务培训】　2019 年,区妇联充分发挥各乡(镇)、村级妇女组织的职能和引导作用,利用巾帼科技示范基地开展技能培训,积极引导贫困妇女创业就业,拓宽妇女增收渠道。加强各类技能培训,提高农村妇女家庭地位,让她们掌握一项或多项致富技能和本领,有效提高农村妇女的综合素质。

【重要活动】　2019 年 3 月,巴宜区妇联召开庆祝"三八"国际劳动妇女节 109 周年表彰大会,受表彰的先进个人、先进集体代表、7 个乡镇、2 个街道办妇联负责人、区直各部门妇女代表以及农牧民妇女群众代表共 85 人参加会议。大会表彰了 12 名三八红旗手、

6 家三八红旗集体、2 家巾帼文明岗,发放奖金 17600 元。

2019 年 7 月 19 日,巴宜区召开了 2019 年巴宜区人民政府妇女儿童工作委员会全体会议。会议对 2018 年巴宜区妇女儿童工作进行全面总结,对 2019 年重点工作进行安排和部署,会议宣读了巴宜区人民政府妇女儿童工作委员会工作规则,并签订了 2019 年《两规》实施目标责任书。

2019 年 12 月 19 日,巴宜区妇女第一次代表大会召开。大会回顾总结了过去五年巴宜区妇女儿童发展工作取得的成绩,安排部署了今后五年巴宜区妇女儿童发展总体规划和目标。与会的正式代表 63 人,列席代表 30 人,科技、教育、文化、企业等优秀妇女代表和离退休妇女干部特邀请代表 8 人,各行各业代表 20 人。会议通过了《巴宜区妇联工作报告的决议(草案)》,会议选举产生了巴宜区妇女第一届执行委员会委员 21 人,巴

宜区妇女第一届常务委员会委员7人,主席1人,兼职副主席4人。

（晓　梅）

【机构领导】

主　席

达娃卓玛（女,藏族,6月免）

达　娃（女,藏族,6月任）

二级主任科员

晓　梅（女,珞巴族,6月套转）

巴宜区工商业联合会

【概况】　2019年,巴宜区工商联共有干部职工6名,会员有87个,其中企业60个、个体工商户27个。会员中林芝市党代表1名,林芝市政协委员3名,巴宜区党代表1名,巴宜区政协委员10名,巴宜区人大代表1名。

【党建工作】　2019年,组织召开巴宜区工商联党组民主生活会,邀请了巴宜区人大代表、党代表、政协委员、非公企业代表、党外人士代表等10余名同志列席此次民主生活会,并对区工商联领导班子及班子成员提出了宝贵的意见建议。

6月29日,林芝市工商联、巴宜区工商联组织12个非公企业党支部共30余人,在巴宜区八一镇工布阿吉林农牧民专业合作社党支部举办户外拓展活动。

【业务工作】　搭建银企对接平台。2019年,巴宜区工商联对辖区非公企业贷款需求进行摸底,并于4月1日联合中国邮政林芝市储蓄银行到有贷款需求的西藏林芝市广林印刷有限公司进行考察对接,为非公企业提供上门服务。

深入非公企业开展调研。2019年5月29日,自治区政协副主席、工商联主席、总商会会长阿沛·晋源带领调研组一行在巴宜区工商联会员企业——百巴镇章巴村藏家乐农牧民专业合作社调研。全年巴宜区工商联组织人员先后4次深入10余家非公企业,对非公企业党建工作开展情况、非公企业发展情况等进行调研,了解非公企业存在的困难和问题,并将调研情况形成专题调研报告,反馈至相关部门。

【非公企业及非公经济人士积极回馈社会】　2019年,林芝雅鲁藏布园林绿化有限公司为巴宜区福利院的79名老人及21名护工送去6300元的慰问金,为朵当村精神病人次某捐助了5000元的医疗费,为百巴镇大坝村贫困户学子送去助学金1万元;汇通批发部为巴宜区福利院的老人及护工送去107套床上用品、照相机1台和食品等,价值16730元;巴宜区步步高有限责任公司为八一镇唐地村精准扶贫户解决了医药费用1万元;四川安瑞建设工程有限公司为德木寺管委会捐赠了3个热水器、1台洗衣机,价值6800元。2019年,巴宜区会员企业累计捐款捐物合计54830元。

（程媛媛）

【机构领导】

党组书记

扎西格桑（藏族）

主　席

张七林

副主席

程媛媛（女）

四郎拥措（女,藏族）

2019年10月30日,巴宜区工商联组织非公企业党支部党员参观林芝市党风廉政警示教育展

经济·社会事业

巴宜区发展和改革委员会（经信局、区粮食和物资储备局）

【概况】 年内，在各级党委和政府的坚强领导下，巴宜区发改委（经信局、区粮食和物资储备局）全面贯彻落实党的十九大和十九届四中全会及中央第七次西藏工作座谈会精神，以学习领会党的十九大精神为主线，深入贯彻落实自治区第九次党代会、区党委九届三次全会，市、区各项会议精神，不忘初心、牢记使命，高举习近平新时代中国特色社会主义思想伟大旗帜，牢固树立"四个自信"，牢牢把握发展和稳定两大主题，以"建设经济强区、构建和谐巴宜"为目标，围绕"生态巴宜、旅游巴宜、文化巴宜、宜居巴宜、幸福巴宜"建设，全力以赴"强基础、惠民生、谋发展、促改革、抓生态、保稳定"，突出民生改善，加快招商引资，巩固投资拉动，保持了巴宜区经济社会发展的良好态势。2019年，区发改委（经信局、区粮食和物资储备局）有干部职工21名，内设7个职能科室，分别为办公室、经信局、粮食局、项目评审中心、小康办、能源办、物价所。

【政府投资重点项目】 2019年，巴宜区新建项目20个，总投资27128万元，完成投资19058万元。争取新开工项目6个，总投资8955万元，完成投资7270万元。

【重大项目建设】 2019年，巴宜区新城区休闲公园建设项目总投资867.78万元，建设内容包括湿地湖、湿地步道、迎宾广场、灯光球场、全民健身及绿化种植等，工程于2018年中旬开工建设，2019年6月20日通过竣工验收并投入使用。援藏投资的福利院住房、7个小康示范村和10个卫生服务中心项目于2018年底全部完工

2019年3月21日，巴宜区发展和改革委员会（经济和信息化局、粮食和物资储备局）举行揭牌仪式，区委副书记、政府常务副区长陈涛（前排左二），副区长、区发改委主任王胜（前排左一），区委组织部副部长、编办主任朱艺珍（前排左三）参加揭牌仪式

并完成财审决算。

【经信工作】 2019年,为认真贯彻落实林芝市经济和信息化局关于《关于做好2019年度农牧民碘盐配送工作的通知》要求,区经信局积极开展2019年农牧民使用碘盐配送工作,共向七个乡(镇)农牧民碘盐配送98.2135吨,进一步巩固了碘盐推广成果。积极配合林芝市经信局和林芝联通、林芝电信分公司开展巴宜区电子政务外网工作,巴宜区电子政务外网建设共涉及33个点位,覆盖全区所有乡镇(街道)和部门,各单位电子政务外网均已开通并能正常使用,并于5月14—15日完成验收工作。采取随机抽查的方式对全区民爆仓库及生产加工企业进行安全生产督导检查工作,全年共出动80人次对辖区内的高争民爆林芝分公司、建材加工生产企业、山之泉纯净水厂、食品加工企业进行检查,进一步增强生产经营单位主体责任和安全隐患排查治理能力,确保安全生产工作落到实处。

【援藏小康示范村项目建设】 2019年,区发改委完成了巴宜区第八批援藏工作的收尾及第九批援藏工作组的对接工作,按照第九批援藏工作队工作计划,经过为期2个月的考察和调研工作,完成了巴宜区第九批援藏8个小康示范村建设项目的选点工作,并报区委常务会研究通过立项。

【粮油市场】 2019年,区粮食和

2019年9月19日,林芝市经信局副调研员杨海林(左二)一行在巴宜区构件产业园高争粉磨站检查安全生产工作

物资储备局严格按照林芝市代储成品粮最新轮换管理办法,与林芝市工布粮油公司重新签订巴宜区应急粮代储协议,并按程序申请解决代储成品粮轮换管理费用。根据上级部门要求,认真开展巴宜区2018年度粮食安全区长责任制落实情况自查工作,严格根据责任制考核涉及单位反馈总结和辅证材料,形成巴宜区2018年粮食安全区长考核制自查报告。不定期到林芝市工布粮油有限公司检查代储存放环境是否存在安全隐患问题,周围是否配有消防柜等问题,经现场排查,无安全隐患问题。积极配合林芝市粮食和物资储备局开展了2019年政策性粮食质量大清查相关工作。

【物价监管】 2019年,区发改委物价所加强价格监管力度,全力维护市场物价的基本稳定,共出动180余人次进行物品认定工作,

认定涉案物品6179件,较上年同期1889件增长227%;认定总金额390.1933万元,较上年同期160.9801万元增长142.38%。共出动110余人次对巴宜区两大农贸市场重点商品进行物品监测,从监测的34个品种比较,与上年同期相比,受非洲猪瘟影响,鲜猪肉价格上涨137%,鲜猪排价格上涨74%,其余大部分商品与上年价格持平。3月21日,配合林芝市发改委物价局召集2位人大代表、2位政协代表、23位各行业消费者代表在林芝市发改委物价局二楼会议室,召开关于鲁朗小镇旅游景区(高原生态农牧主题公园)、墨脱景区门票价格事项定价听证会,同意鲁朗小镇旅游景区(高原生态农牧主题公园)收取门票,最终确定鲁朗小镇旅游景区(高原生态农牧主题公园)门票价格为30元/人次。同意墨脱景区收取门票,最终确定墨脱景区门票价格为110元/人次。

【乡村振兴战略】 2019年，区发改委根据"产业兴旺、生态宜居、乡风文明、治理有效、生活富裕"五位一体总布局，结合各专项小组关于乡村振兴战略工作的计划和意见以及摸底调研结果，完成了巴宜区乡村振兴战略实施细化方案初稿的编制工作，并征求了各乡镇、各部门意见。开展了乡村振兴战略实地调研工作，第一轮由政府副区长、区发改委主任王胜带队到6个乡镇12个试点村庄开展调研工作，同乡镇代表、村三委代表、村民代表积极探讨下一步各村产业发展意向、庭院美化现况和人居环境存在的问题，并形成调研统计表和调研报告；第二轮由乡村振兴办工作人员陪同设计方分别到12个试点村庄开展庭院美化设计入户调研工作，并勘察人畜分离备选点现场，为设计方案提供基础依据。按照"绿色篱笆、花果飘香"这一主题，紧紧围绕"庭院美化、生活污水治理、村容村貌提升、人畜分离"四个方面，认真编制12个试点村庄人居环境改善设计方案，并已初步完成编制工作。

（孙　艳）

【机构领导】
政府副区长、发改委（经信局、区粮食和物资储备局）主任（局长）
　　王　　胜（5月任政府副区长）
二级主任科员
　　斯郎玉珍（女,藏族,6月套转）
副主任（副局长）
　　杨　望　生（广东援藏,7月任）
　　向巴次旺（藏族）

　　黄　　麒（5月任）
　　孙　　艳（女）
评审中心副主任
　　高　　展
　　嘎玛扎西顿珠（藏族,5月任）
四级主任科员
　　袁　丽　娟（女,藏族,6月套转）
　　玉古扎西（藏族,5月任副主任科员,6月套转）

巴宜区财政局

【概况】 年内，在面对复杂严峻的国内外经济形势及全国减税降费效益明显的情况下，巴宜区财政局依法组织财政收入，认真落实各项预算支出，坚持科学发展，积极保障和改善民生，统筹区域协调发展等重点工作，促进了全区经济社会平稳健康发展。

【财政收入】 2019年，巴宜区公共财政预算收入23000万元，降低16.36%,其中：税收收入17878万元，降低14.61%；非税收入5122万元，降低21.97%。

2019年，巴宜区政府基金预算收入10425万元，降低13.57%,其中，国有土地收益基金收入1186万元，降低2.79%；农业土地开发资金收入92万元，增加39.39%；国有土地使用权出让收入9147万元，降低15.12%。

2019年，上级补助收入103080万元，动用预算稳定调节基金18613万元。上年结余3196万元。政府性基金预算收入10425万元，政府性基金上级补助收入672万元，政府性基金上年结转收入38885万元。全年可支配总财力为162874万元。

【财政支出】 2019年，巴宜区公共财政预算收入23000万元，对比年初预算14266万元，实现超收8734万元，根据《预算法》要求，财政预算超收部分不安排当年支

2019年6月29日，巴宜区财政局党组书记、局长李菊霞带领局全体党员开展重温入党誓词活动

出,已全部调入补充预算稳定调节基金,用以次年预算安排支出。

1. 2019 年巴宜区财政支出 139155 万元。(详见下表)

2. 2019 年巴宜区基金预算支出 12011 万元。

3. 2019 年巴宜区一般公共预算可支配财力 139155 万元,2019 年一般公共预算支出 139155 万元,收支相抵,一般公共预算结余 0 万元。

4. 2019 年巴宜区政府性基金预算可支配财力 14985 万元,2019 年政府性基金预算支出合计 12011 万元,收支相抵,政府性基金预算结余 2974 万元。

2019 年区本级支出完成情况表

科目名称	预算数(万元)	完成数(万元)	完成预算
合 计	52826	139155	263.42%
一般公共服务	16929	29611	174.91%
公共安全	8156	13900	170.43%
教育	3274	17533	535.52%
科学技术	0	99	
文化旅游体育与传媒	755	2447	324.11%
社会保障和就业	9151	10582	115.64%
卫生健康	2089	5481	262.37%
节能环保	186	4295	2309.14%
城乡社区事务	1315	2310	175.67%
农林水事务	6709	36825	548.89%
交通运输	198	579	292.42%
资源勘探信息等事务	110	1595	1450.00%
自然海洋气象等事务	292	7933	2716.78%
住房保障	2614	3165	121.08%
灾害防治及应急管理	193	519	268.91%
预备费	855	0	
债务付息	0	105	
其他支出	0	2176	

【财政管理】 2019 年,区财政局不断完善财政预算体系,按照一般公共预算、政府性基金预算收支范围,实行中期财政规划管理,建立跨年度预算平衡机制,规范财政预算标准,针对重大改革、重要政策和重大项目实际,在地方财力有限的情况下,合理安排资金预算使用,特别是针对乡镇层面尚无财政收入,全部依靠县级财力保障的实际,将财政预算资金大部分安排至乡镇建设领域,确保地方各项事务有序开展。切实加强结转结余资金管理,存量资金盘活率达 90% 以上,统筹用于精准扶贫、义务教育、医疗卫生、生态环保等重点领域。

推进预决算公开。2019 年,在巴宜区政府门户网站公开 56 家一级预算单位(除涉密信息外)全年预算信息,接受社会公开监督。

乡镇财务检查。2019年2月，组织人员到各乡镇开展财政专项资金检查工作，根据检查情况，制订了乡镇为民办实事资金分配方案，促进乡镇财务规范化管理。

涉农资金整合。为深入贯彻落实精准扶贫、精准脱贫基本方略，优化财政涉农资金供给机制，提高资金使用效益，区财政局编制了《2019年度统筹整合使用财政涉农资金实施方案》，更好地服务脱贫攻坚工作。

国库集中支付改革。巴宜区作为林芝市首个国库集中支付改革试点县（区），已成功上线运营2年，在新的资金支付模式下，财政资金通过代理银行实行第三方支付，直达最终收款人，实现了财政资金支付从"逐级转"到"直通车"的重大突破，使预算单位"花钱不见钱"，有效提高了预算执行效率和透明度。

减税降费。完成了国务院取消、调整的部分政府性基金和行政

事业性收费项目清理工作，并对地方性税收优惠政策进行梳理取消。

简化资金审批程序。为进一步加强政府投资项目和专项资金管理，切实提高行政效能，继续加大简政放权、放管结合、优化服务等改革力度，加快项目建设，促进经济发展，结合巴宜区实际，制订了《林芝市巴宜区财政局关于对简化资金审批程序相关事宜的通知》。

【风险防控】 2019年，区财政局为全面规范地方政府性债务行为，有效控制债务规模，确保风险总体可控，先后制定出台了地方政府性债务管理暂行办法和地方政府性债务应急管理制度，严禁以虚假"PPP"合作项目和政府购买服务等方式变相融资，严禁违规使用债券资金，严禁违法违规担保、兜底和承诺行为，定时通报债务规模和风险情况，杜绝出现隐性债务。2019年底，巴宜区地方政府

性债务总额3000万元，主要为自治区层面转贷债务，债务规模和杠杆率较低，风险总体可控。

【国企工作】 各国有企业之间经验交流。2019年，区国资委为各国有企业搭建了相互交流的平台，不定期组织国有企业召开经验交流座谈会，由表现较好的企业向其他企业介绍、提供一些好的管理经验，避免其他企业走弯路。

减税降费真正使国有企业获利。6月30日，区国资委组织人员到巴宜区旅游开发有限公司、巴宜区扶贫开发创业投资有限责任公司、巴宜区城市建设投资开发有限责任公司开展落实减税降费政策调研，调研结果显示，在国家实施减税降费政策以来，切实降低了巴宜区各国有企业的税费负担，提升了国有企业获利能力，激发了企业发展活力。

加快西藏火柴厂吸收合并进度。2019年12月，在西藏自治区政府国资委及巴宜区政府国资委的指导下，西藏火柴厂与巴宜区旅游开发有限公司签订了吸收合并协议，为加快推进此项工作进度，区国资委及巴宜区旅游开发有限公司组成专班，有效确保吸收合并工作顺利推进。

（黄海燕）

【机构领导】

党组书记、局长、国资委主任
　　李　菊　霞（女,5月免去国资委主任）

党组成员、副局长、国资委主任
　　包　亚　宗（5月任）

2019年10月18日，巴宜区财政局（政府国资委）党支部联合区教育局党支部开展"不忘初心、牢记使命"主题党日活动

党组成员、二级主任科员

　　格　　桑(女,藏族,11月套转)

二级主任科员、纪检组派驻一组

组长

　　普布德吉(女,藏族,11月套转)

副局长

　　姜嫒嫒(女,9月免)

　　巴　　桑(门巴族,5月免)

　　平措扎西(藏族,5月任)

会计核算中心主任

　　廖佳威(7月免)

会计核算中心副主任

　　平措扎西(藏族,5月免)

　　史光娟(女,5月任)

四级主任科员

　　德庆白珍(女,藏族,5月任副

　　主任科员,11月套

　　转)

　　许　　雷(回族,5月任副主

　　任科员,11月套转)

巴宜区审计局

【概况】 巴宜区审计局于2019年3月21日挂牌成立,为巴宜区人民政府组成部门,正科级建制,行政编制3名,工人1名。年内,在区委、区政府的坚强领导下,以习近平新时代中国特色社会主义思想为指导,深入贯彻落实习近平总书记在中央审计委员会第一次会议上的重要讲话精神,认真贯彻落实习总书记"以审计精神立身、以创新规范立业、以自身建设立信"的"三个立"要求,依法全面履行审计监督职责。确保发挥审计的"免疫系统"功能和公共财政"卫士"作用。

2019年6月6日,巴宜区审计局新任领导班子在巴宜区检察院廉政文化走廊参观学习

【理论学习】 2019年6月10日,经上级党组织批准,成立了审计局党支部,选举了支部书记和副书记。6月22日,参加市审计局党组开展的"凝心聚力 同创共享"教育培训党建活动。7月1日,组织党员到林芝军分区军史馆开展以"铭记历史、缅怀先烈"为主题的教育活动。10月1日,全局干部职工一起观看中华人民共和国成立70周年阅兵,看完阅兵后,组织了以"我和我的祖国"为主题的演讲比赛。在局人员配备齐之后,组织全体人员到巴宜区检察院参观廉政文化长廊,把廉政建设作为全局人员上任前的第一课,并现场签订廉政承诺书。6—12月,共开展廉政专题学习11次,每人撰写心得体会1篇。

【审计委员会第一次会议】 2019年10月12日,巴宜区审计委员会召开第一次会议,区委常委、纪委书记、监委主任米军传达了《中央审计委员会第一次会议精神》《自治区党委审计委员会第一次会议精神》《市委审计委员会第一次会议精神》。会议研究审议了《中共林芝市巴宜区委员会审计委员会工作规则》《中共林芝市巴宜区委员会审计委员会办公室工作细则》,全体参会人员举手表决通过。

【审计业务】 2019年4—8月,巴宜区审计局干部分别参加了国家审计署、自治区审计厅和市审计局举办的6次审计专题培训。市局开展的5次专项审计项目,巴宜区派人全程参与了审计项目的跟班学习,分别派出跟班学习6人次。通过对理论学习、专项培训学习、跟班学习等方式,进一步加深了解审计工作的流程和审计工作开展的方式方法,为审计工作的全面开展奠定坚实基础。8月27日,成立以副局长巴桑为审计组长的审计小组,开展了更章门巴民族乡人民政府2017年至

2018年预算执行及其他财政收支情况审计工作,2019年底该项审计工作已进入收尾阶段。

（黄艳玲）

【机构领导】
党组书记 局长
　　祝正红（女）
党组成员、副局长
　　巴　桑（藏族）
党组成员 三级主任科员
　　黄艳玲（女,11月套转）
四级主任科员
　　杨东臻（6月套转）

巴宜区统计局（社会经济调查队）

【概况】 巴宜区统计局于2018年1月正式成立,为巴宜区人民政府工作部门。2019年,巴宜区统计局共有干部职工14名,其中正科级领导2名,副科4名,科员2名,事业干部5名,公益性岗位1名。主要职责:负责辖区内统计工作、国民经济核算和社会经济信息的统计工作,是承担巴宜区数据管理和为政府提供科学决策的重要职能部门。

【经济指标】 2019年,巴宜区实现地区生产总值（GDP）84.59亿元,可比增长8%,其中,第一产业增加值1.65亿元,增长3%;第二产业增加值28.95亿元,增长7.6%;第三产业增加值53.99亿元,增长8.7%。全区公共预算收入2.3亿元,下降16.36%。公共财政预算支出13.9亿元,增长12.1%。

【农牧产业】 2019年,全区农林牧渔业总产值完成25497.95万元,增长6%,其中,农业产值12087.66万元,增长9.9%;林业产值368.34万元,增长21.2%;牧业产值12462.95万元,下降0.6%;渔业产值272万元,增长240%;农林牧渔服务业产值307万元,增长5.9%。

全年农作物播种面积4817.54公顷,增长12.8%,其中,粮食作物播种面积2388.76公顷,下降4%;油菜籽播种植面积571.84公顷,增长15.1%;蔬菜种植面积1481.38公顷,增长115.9%。

全年粮食总产量15392.4吨,增长11.2%,其中,青稞3853.2吨,增长48.8%;小麦7122吨,增长4.1%;油料986.4吨,增长13.9%;蔬菜8827.68吨,增长70.6%。

全年肉类总产量2527.72吨,增长21.7%,其中,牛肉产量870.08吨,增长37.6%;猪肉产量1070.48吨,减少9.5%。

全年奶类产量4561.45吨,减少1.3%。

【工业和建筑业】 2019年,全区实现工业增加值6.36亿元,可比增长6.8%。规模以上工业增加值6.21亿元,同比增长13.2%。

【固定资产投资】 2019年,全区完成固定资产投资比上年同期增长1.9%,其中,民间投资同比增长85.9%。2019年,全区施工项目87个,其中,500—5000万元以下项目80个,5000万元以上联网直报项目7个。

【国内贸易】 2019年,全区社会消费品零售总额达37.10亿元。从行业分组来看,商品零售额27.32亿元;餐饮收入9.78亿元。

【交通旅游】 2019年,全区7个

2019年2月20日,巴宜区统计局组织召开经济普查阶段性总结交流会

乡镇中7个乡镇实现通车,乡镇通车率100%;7个乡镇实现通畅,通畅率100%。全区73个行政村(居委会)实现通达,通达率100%;73个行政村(居)通畅,通畅率100%。2019年,全区旅游业累计接待国内外游客222.43万人次,减少11.5%;旅游总收入20.34亿元,增长2.6%。

【金融业】 2019年末,全区各项存款余额达234.93亿元,同比增长8.17%;各项贷款余额214.88亿元,同比增长0.93%;绿色金融贷款完成83.92亿元。

【教育体育】 2019年,全区有中学(含2所高中)3所,招生人数323人,在校生数1039人,教职工数94人。小学7所,招生人数361人,在校生数1912人,教职工数142人。幼儿园在园儿童1093人。

【文化和环境】 2019年,全区拥有艺术表演团体1个、文化馆1个、文化站7个、公共图书馆1个。2019年,全区空气质量指数优良率为100%,集中式饮用水源地水质达标率100%。水环境质量安全达到稳定,全区主要河流雅鲁藏布江、尼洋河水质达标。八一镇一水厂水源地水质各项监测指标符合《地表水环境质量标准》(GB3838-2002)Ⅲ类标准。二水厂水源地水质各项指标符合《地下水质量标准》(GB/T14848-93)Ⅲ类标准。

【人口、人民生活和社会保障】

2019年末,全区常住人口65805人,其中,城镇人口48772人;乡村人口17033人。2019年,农村居民人均可支配收入20029元,增长12.8%;城镇居民人均可支配收入33041元,增长11.3%。2019年,全区城镇新增就业380人;农村劳动力转移就业8262人次、3864人;全区共有公益性岗位195个。全年各类社会保障参保人员中:城镇职工基本养老保险参保人数845人;城乡居民基本养老保险参保人数10353人;城镇职工基本医疗保险参保人数3138人(在职2652人,退休486人);城镇居民基本医疗保险参保人数3327人;失业保险参保人数1165人,征缴失业保险金113.5万元。

(韩 燕 拉巴卓玛)

【机构领导】
局　长
　　央金卓嘎(女,藏族)
二级主任科员
　　斯朗曲珍(女,藏族,6月套转)
副局长
　　樊　杰
　　卓　嘎(女,藏族)
四级主任科员
　　韩　燕(女,藏族,6月套转)
社会经济调查队副队长
　　杨　德(5月任)

国家税务总局
林芝市巴宜区税务局

【概况】 年内,国家税务总局林芝市巴宜区税务局在区委、区政府的正确领导下,深入学习贯彻党的十九大和十九届二中、三中、四中全会精神、习近平新时代中国特色社会主义思想,加强党对税收工作的领导,大力组织税费收入,突出减税降费工作,坚持依法治税,注重管理服务创新,圆满完成了全年各项工作。2019年,巴宜区税务系统有行政人员15名(含1名脱产学习人员),下设4个内部机构,分别为税源管理股、办公室、信息中心、纳税服务股。

【税费收入】 2019年,林芝市巴宜区税务局依照税收法定原则,坚持依法征税、规范征管、强化服务、促进遵从,坚决不收过头税,坚决防止和制止越权减免税,科学、合理、合法地开展组织收入工作,共组织入库各项税收收入35332.25万元,同比减收1304.05万元,减少3.56%;征收社会保险费10847.05万元。

【税收征管】 改进和完善税收风险管理。2019年,林芝市巴宜区税务局加强风险防控系统的数据核实、反馈工作,努力提高风险防控方面的工作成果,强化异地协作平台的数据接收、反馈工作,加强对失控发票和有疑点发票的检查、处理的效率和力度。全年共接收异地发票查询59户,稽核转入发票6户,本地核查6户,异地核查58户,其中操作问题4户,一般性违规2户。

增值税一般纳税人的认定、转登记、管理工作。对于连续12个月收入达到认定标准的小规模纳税人,通知其办理一般纳税人认定,对于符合条件自行申请认定的纳税人按规定进行认定,全年共认定一般纳税人289户;结合新政策,对已登记的一般纳税人,连续12个月收入未超过500万元标准的,告知其享受的权利,自愿转登记为小规模纳税人的,及时办理,全年共有18户一般纳税人转为小规模纳税人;实行"以票管税",加强一般纳税人发票管理,强化其财务监督,对税负较低的一般纳税人进行重点监督、约谈负责人,堵塞税收漏洞、增加税收收入、提高税收征管质量。

风险识别和防控。针对不同的风险点采取了风险提醒、约谈、下户检查等措施,要求企业根据发现的风险点开展自查工作,并补缴相关税款,同时税收管理员负责对发现的风险点和企业自查补税情况进项监督检查,确保各项风险防控措施收到实际成效。2019年,共推送各类风险纳税人171户,其中高风险纳税人0户、中风险纳税人23户、低风险纳税人148户,已完成风险管理全流程的纳税人171户,针对实际有问题的8户纳税人查补税款103.27万元。

落实国务院系列减税措施。对内通过视频培训、集体讨论、网络自学、岗位比武等方式提升局内干部业务水平,确保业务人员弄得懂、讲得透;对辖区内减并税率企业纳税人开展减并税率优惠政策培训,通过政策解读和报表案例辅导,确保参训人员学得精、办得好。同时,严格落实纳税服务责任,加强对纳税人的政策宣传辅导,合理调配服务资源,拓展办税渠道,保障国务院减税措施得到全面落实。

【纳税服务】 落实"便民办税春风行动"。2019年,林芝市巴宜区税务局持续开展"问需求,优服务,促改革"专项活动,坚持以纳税人为中心,真正问需于纳税人,采取定点走访、税企座谈方式收集和征询纳税人对推进营改增工作的意见和建议,切实提升纳税人满意度。全年在鲁朗镇旅游小镇、林芝市巴宜区永久乡等纳税人集中点共召开座谈会8次,收集纳税人意见106条,发放宣传册313册。

推进网络办税。2019年,辖区2525户纳税人注册电子税务局,占管户总数的100%。继续通过人工提醒、媒体宣传、业务指导的工作方式,推行自然人扣缴客户端,尽量确保"登记一户推行一户、推行一户掌握一户"。

进驻林芝市政务服务中心。2019年5月20日,林芝市巴宜区税务局顺利进驻林芝市政务服务中心,开展发票代开、税务登记、实名采集等相关业务,实现了纳税人分流,减轻了巴宜区税务局办税大厅的压力。

税收宣传。紧扣"落实减税降费,促进经济高质量发展"的宣传主题,结合"放管服"改革、"便民办税春风行动"等工作重点,以普及税法知识、促进税法遵从、树立税务新形象、优化发展环境为目标,突出抓好税收法制宣传、税收文化宣传,充分发挥集中宣传优势,深入开展税收宣传活动,取得了良好的宣传实效。

严格落实限时办结相关事项。通过召开限时办结专题会议,组织学习上级局对限时办结事项通告的要求,将限时办结事项考核到基层每个单位和个人,凡超期办结的事项都要进行考核问责,将限时办结事项落实到实处,

2019年3月4日,林芝市税务局党委书记李雷(左一)一行实地督导巴宜区办税服务厅减税降费落实工作

巴宜区税务局大力推行电子税务局网上办税（摄于2019年10月9日）

切实提高服务效率。

【社保费和非税收入征管】 2019年，林芝市巴宜区税务局严格按照区、市局工作安排和具体要求，以重协调、稳征收、强培训为切入点，切实提升社保费征缴服务水平和对账工作的平稳进行。按照机构改革统一部署要求，将社保费和非税收入职能划转工作落到实处，按照社保费和非税收入征收管理的具体办法规范征收管理。积极广泛宣传，公开缴费依据，统一服务标准，简并缴费资料，降低缴费成本，便利缴费人。优化缴费服务，有针对性地提供服务措施，满足缴费人多元化服务需求。

（冯亚宁　张　超）

【机构领导】
党组书记、局长
　　格桑罗布（藏族，4月免）
　　文　　龙（4月任，5月免）

党委书记、局长
　　扎　　西（藏族，9月任）
党委委员、副局长
　　次仁多吉（藏族，4—9月主
　　　　　　持工作）
党委委员、纪检组长
　　次仁米久（藏族，9月免）
党委委员、副局长
　　洛桑扎西（藏族，9月任）
党委委员、纪检组组长
　　拉　　吉（女，藏族，9月任）
注：巴宜区税务局7月党组改为党委。

巴宜区应急管理局

【概况】 2019年，巴宜区机构改革，巴宜区安全生产管理局更名为巴宜区应急管理局，4月正式成立，为巴宜区人民政府组成部门，正科级建制，机关行政编制4名，科级领导职数4名（不含兼职）。年内，区应急管理局在自治区党委、政府坚强领导和自治区安委办精心指导下，始终坚持高举习近平新时代中国特色社会主义思想伟大旗帜，认真贯彻落实党的十九大精神，按照习近平总书记、李克强总理和自治区主要领导重要指示批示要求，牢固树立安全发展理念，主动适应安全生产工作新常态，以"企业主体责任巩固年"为抓手，围绕"两下降、一防范、一遏制"目标，不断夯实安全生产责任，深化安全生产领域改革，强化隐患排查治理，深入开展安全生产大检查，全力推动科学发展、安全发展，安全生产整体水平明显提升。

【生产安全事故】 2019年，巴宜区共发生各类生产安全事故3起，死亡5人，受伤2人。与上年同期相比，事故起数减少1起、下降25%，实现了围绕"两下降、一防范、一遏制"目标。

【重点行业检查】 2019年，区应急管理局共开展非煤矿山领域检查21次，检查企业46家次，发现隐患2处，整改2处；组织执法人员对巴宜区辖区河道周边开展巡逻，排查非法采挖砂石行为；开展危化品领域检查174次，检查企业323家次，发现隐患319处，整改319处；开展道路交通检查34次，发现隐患20处，整改隐患20处；开展建筑施工领域安全检查57次，检查建设单位92家次，发现隐患14处，整改14处；组织消防安全检查133次，检查单位368次，发现隐患187处，整改187处；

开展食品卫生领域检查207次,检查单位556家次,发现隐患24处,整改隐患24处;开展校园安全检查39次,检查学校88所,发现隐患22处,整改22处;开展森林防火检查120次,检查重点林区80次,发现隐患25处,隐患整改25处;开展旅游行业的检查43次,检查企业69家次,发现隐患48处,整治隐患48处。全年共下发责令整改通知书49份,行政处罚书3份,共计处罚金额230512.18元。

【综合督导检查】 2019年,为全面落实市委、市政府对"三月"敏感期及"两会"期间市区安全生产工作的部署,帮助企业发现并排除隐患,确保市区各加油站(库)安全,林芝市应急管理局联合巴宜区应急管理局于2月26—28日对城区及周边危化品、烟花爆竹、生物燃料经营公司、液化气站、成遂制氧等易燃易爆场所进行安全检查,共检查12家加油站、1家油库、2家生物燃料经营企业、1家民爆企业、1家氧气经营企业、1家烟花爆竹批发企业仓库及1家液化气站,共发现安全隐患35处,复查隐患2处,停产停业整改5家,下发责令限期整改指令书9份,现场处理措施决定书5份。2019年底,相关隐患已全部整改完毕。

3月5日,区委常委、政府常务副区长向军带队区应急管理局、教体局、住建局、食药局、商务局、旅发委、消防大队等部门相关人员对辖区内2家易燃易爆场所、2处景点、2所学校开展综合督导检查,主要检查经营单位安全巡查台账、值班人员在岗、监控设施、食品安全等综合安全情况,共发现安全隐患5处,责令相关单位立即整改,2019年底,相关隐患已全部整改完毕。

4月18—23日,林芝市应急管理局、巴宜区应急管理局积极配合专家组对巴宜区辖区内14家加油站、1家油库、2家生物燃料经营企业、1家氧气站、1家液化气站进行全面排查,共检查19家危化领域经营单位,发现问题55条,区应急管理局督促各企业单位严格按标准、按要求整改落实。

【安全生产宣传活动】 2019年,区应急管理局广泛宣传《中华人民共和国安全生产法》《中华人民共和国道路交通安全法》《危化品条例》《安全生产宣传手册》等法律法规,发放宣传资料共1080余份。

【企业应急预案备案】 2019年,区应急管理局严格按照《生产安全事故应急预案管理办法》,督促企业完善应急预案、加强应急演练,共有124家企业完成应急预案备案(其中旅游行业4家、建设施工行业102家、危化品行业15家、食品加工行业3家)。

【危化品综合治理】 2019年,区应急管理局全面摸排危险化学品安全风险,辖区15家危化品企业结合各自实际制定了四色分级风险管控图并公示。通过风险分析工作,进一步明确各企业安全生产风险源单位或部位谁主管、谁负责,有效解决过去风险管控责任不清、甚至出现互相推诿的问题。

(张 辉)

【机构领导】

巴宜区安监局

党支部书记、局长

张 辉(4月免)

主任科员

杨秀梅(女,4月免)

副局长

庆美央宗(女,藏族,4月免)

副主任科员

洛桑曲扎(藏族,4月免)

巴宜区应急管理局

党组书记、局长

张 辉(4月任)

主任科员

杨秀梅(女,4月任主任科员,6月免)

党支部书记、二级主任科员

孙 辉(4月任,6月套转)

纪委委员、副局长

程 友(4月任)

副局长

庆美央宗(女,藏族,4月任,6月免)

组织委员、四级主任科员

赵敏财(4月任,6月套转)

四级主任科员

洛桑曲扎(藏族,6月套转)

巴宜区教育(体育)局

【概况】 2019年,全区共有初级中学1所,区小学1所,乡镇中心小学6所,区幼儿园1所,乡镇中心小学附属幼儿园6所,村级幼儿园10所。全区在校在园学生儿童3678人,其中初中在校生996人、小学在校生1731人,幼儿园在园儿童951人。全区适龄少年初中毛入学率达107.82%,适龄儿童小学入学率达100%,学前教育毛入学率达93.90%。全区共有正式在编教职工313名,其中专任教师307名,工人6名,专任教师学历合格率达100%。各学校电教、实验、音体美室、图书室等教学功能室齐全,区中学有科技馆1所,各学校教学设施设备基本满足教育教学需要。2011年巴宜区通过"两基"迎国检,2014年通过义务教育均衡发展国家验收,2016年5月以72.53分通过素质教育国家验收,是西藏自治区通过的县(区)最高分。

【教研工作】　赛课评课。2019年,局教研室组织人员到各校开展2019年度"一师一优课一课一名师"活动县级优课评选、录制活动,共向上级推选优课32节(含藏文8节)。组织各学校开展林芝市第三届中小学(幼儿园)微课制作大赛,共报送县级优秀微课38节,其中14节获得市级奖励。各中小学、幼儿园参与林芝市教研室组织的教育系统藏文论文大赛,经认真筛选评审,共向上级推送10篇论文。

交流互动。利用更章门巴民族乡小学与东莞麻涌镇古梅中心小学举行"百校手拉手"交流活动的契机,在更章门巴民族乡小学、百巴镇小学、八一镇小学开展校本联片教研网络直播活动,活动邀请麻涌镇教育局数学教研员

莫京宇老师上了一节精彩的数学示范课,联片学校数学教师共16人现场观摩,各乡镇小学通过手机直播观看了示范课。广东省骨干教师、韶关市田家炳中学老师张燕到巴宜区中学进行送教培训,巴宜区中学30余名教师参与听评课活动。广东省东莞市可园中学校长陈泽林一行在巴宜区中学,以讲座、示范课、座谈交流的形式与巴宜区各学校教师进行互动,此次活动参与教师共160余人次。

严密组织考试。认真组织内地西藏初中班、内地西藏高中班招生考试工作,确保考试圆满完成;组织实施小学一至五年级统考工作,并对各科试卷进行质量分析,以考促学。

【德育工作】　培训交流。2019年1月,组织巴宜区中学到广东省东莞市结对学校进行为期半个月的跟岗培训学习,深入学习了解内

地学校在办学管理、德育特色、课程设置、教学改革、校本教研和教师队伍建设等方面的经验做法。5月14日,组织各学校开展学校管理和班主任工作培训交流活动,广东省东莞市结对学校举办讲座3场、班会示范课1节,参与人次达160余人。

德育活动。3月28日,各学校以升国旗、收看庆祝西藏民主改革60周年大会直播、新旧西藏对比、参观国防教育园、观看爱国影片等形式组织开展系列活动,参与人数达4000余人。4月22日为世界地球日,为倡导低碳环保的生活理念,让学生从小树立保护环境、爱护家园、珍惜资源的意识,布久乡小学、巴宜区幼儿园分别开展了世界地球日系列主题活动,参与人数达634人。4月23日,各学校广泛开展世界读书日系列活动,参与人数达3000余人,营造了师生阅读的浓厚氛围。5月,各学校广泛开展"五一""五四"

2019年3月21日,巴宜区教育局、巴宜区体育局举行揭牌仪式,图为区委常委、政府常务副区长向军(前右七)与参加揭牌仪式的教职工合影留念

系列活动,通过国旗下讲话、共青团知识培训、图片展、徒步活动和观看五四运动100周年纪念大会直播等活动,充分展现巴宜区新时代青年积极昂扬、奋发向上的精神风貌,活动参与达2380人次。2019年,八一镇小学女生103宿舍被西藏自治区教育厅、西藏自治区民族事务委员会评为2018年民族团结进步宿舍。

【基础教育】 2019年,区教育(体育)局通过公安户籍系统、残联残疾人口系统、中小学学籍系统及各乡镇、街道办走访核查核对,完成了《0—23周岁人口受教育情况数据库和中小学幼儿园在校生基本情况数据库》建设工作,建立了《义务教育阶段适龄儿童少年(7—15周岁)信息库》,为控辍保学和下年度的招生工作做好基础。贯彻落实《西藏自治区人民政府关于统筹推进县域内城乡义务教育一体化改革发展的实施意见》《西藏自治区消除义务教育学校大班额工作专项规划》和《林芝市消除义务教育学校大班额专项规划实施方案》,建立防控大班额工作长效机制,确保不出现大班额和超大班额情况。

【教育督导】 常规督导。2019年,区教育(体育)局加大对送教上门服务工作的检查力度,对发现的问题及时反馈下达督办单,要求限期内整改到位。督导中还检查了各学校"五个100%"(实现中小学双语教育普及率100%,小学数学课程开课率100%,中学数理化生

课程计划完成率100%,中学理化生实验课程开出率100%,职业技术学校国家目录规定课程开出率100%)工作落实情况和课程计划、实验教学开课情况、实验仪器损耗台账等。

三岩搬迁子女的入学安置。自"三岩"片区易地扶贫搬迁工作开展以来,多次组织人员到乡镇调研,要求学校对学生入学、宿舍、学习用品等事项安排落实到位,按照就近入学原则接收转入学生,确保学生能及时入学。

建档立卡贫困户"控辍保学"。根据市教育局提供的数据,巴宜区应劝返15名建档立卡适龄儿童少年,经认真核查,5人属于因病因残、2人超龄、2人无户口、4人打工务农、2人信息正在核查中。这15人中有7人在"疑似失学儿童劝返名单中"。2019年底,疑似辍学学生均已全部劝返复学。

【体育工作】 2019年,区教育(体育)局检查监督各校体育课开课情况,督促落实阳光体育1小时活动和特色性的体育比赛等活动。制订《巴宜区创建第四批全国健康促进区实施方案》,积极与相关单位联系沟通,顺利完成区级验收。对全区范围内的体育场地进行实地调查测量、录入、上报等工作,并在全市六县一区中首先完成此项工作。在全区范围内选拔12名队员参加林芝市举办的第十五届"南加巴瓦峰"杯篮球赛,并获得第三名的好成绩。

【教育项目】 2019年,巴宜区教育项目共18个,投入资金9802.21万元,其中续建项目2个:巴宜区中学校园整体提升工程、巴宜区八一镇小学改扩建学生宿舍项目。新建项目4个:巴宜区中学校园整体提升二期工程、巴宜区中学改扩建学生宿舍建设项目、巴宜区百巴镇小学集中供暖项目、巴宜区更章门巴民族乡小学

2019年4月9日,巴宜区中学组织学生在巴宜区检察院廉政警示教育基地参观学习

集中供暖项目。未开工项目3个：巴宜区百巴镇小学改扩建学生宿舍项目、巴宜区百巴镇小学素质教育基础设施提升建设项目、巴宜区各中小学全面改薄"20条底线"改造工程。其他附属维修工程9个：巴宜区布久乡小学电力改造工程，巴宜区八一镇小学饮水安全维修工程，巴宜区幼儿园教工之家改造工程，巴宜区教育局教职工之家、党支部活动之家改造工程，巴宜区小学门卫室改造及附属维修工程，巴宜区八一镇小学运动场维修工程，巴宜区鲁朗镇小学供暖管道维修工程，巴宜区小学饮水安全改建工程，巴宜区幼儿园门卫室、值班室改造工程。

（张清华）

【机构领导】

党委书记、局　长

　　顿　　珠（藏族）

党委委员、二级主任科员

　　吉　　宗（女,藏族,6月套转）

副局长

　　向巴土登（藏族）

　　陈　树　新（广东援藏,7月免）

　　徐　红　霞（女）

　　魏　益　文（6月任,广东援藏）

四级主任科员

　　石　红　兵（6月套转）

　　谢　　瑜（6月套转）

巴宜区人力资源和社会保障局

【概况】　2019年，巴宜区人力资源和社会保障局内设局办公室、社会保险办公室、就业办公室、劳动监察办公室、工伤、生育保险办公室、人力资源管理办公室，共有干部职工32名，行政编制16名（含1名借调），事业编制7名（含1名借调），工人编制4名，公益性岗位4名，三支一扶1名。

【党建工作】　2019年，区人社局以开展"不忘初心、牢记使命"专题教育为契机，突出抓好学习型建设，积极开展"学党章、守纪律、争先锋"主题教育活动，教育引导广大党员干部自觉加强党性修养，全面提高党员队伍素质能力，努力建设一支清正廉洁、务实为民的人社干部队伍。严格落实党建工作责任制，严格党内组织生活，突出抓好制度建设，切实提高党建工作的规范化、制度化水平。创新党建工作方式，丰富活动载体，弛而不息转变政风行风，切实加强精神文明建设，密切联系服务群众，着力提升党员干部服务基层群众水平。以纪律教育学习活动为重要抓手，以落实"两个责任"为核心，以制度建设为根本，建立健全反腐倡廉长效机制，着力打造清正廉洁的人社干部队伍。

【就业创业】　2019年，巴宜区高校毕业生387人，实现就业380人，就业率达98.19%；就业创业示范街入驻商户大学生16人，解决就业31人，同时对入驻的巴宜区籍大学生补贴剩余年租金的50%，正常经营12个月再对其奖励1万元整，获得林芝市级"林芝市级创业孵化基地"荣誉；巴宜区本级财政出资设立社会实践岗位，设立专项资金120万元建立社会实践岗，已解决79名大学生就业；积极引导高校毕业生参加区外事业干部招聘考录，并联系区公安局、城投、

2019年10月10日，巴宜区人社局在百巴镇嘎吉村、八一镇加乃村举办三岩搬迁专场招聘会，300余名搬迁群众参加活动，现场达成就业意向120人，真正把岗位送到群众家门口。图为区委常委、政府常务副区长向军（中）出席活动并致辞

扶贫开发有限公司等公开招录工作,解决50余人就业;实现城镇新增就业(包括年度公务员及机关事业单位工作人员招考人数)829人,困难群体再就业178人,开发就业岗位535个,城镇登记失业人员75人,失业率控制在2.5%以内;开展各类职业技能培训18期,受教人数1051人次,其中就业再就业培训1期(公益性岗位),受教人数196人,培训合格率达100%;大学生岗前培训计算机操作员1期,受教人数16人,培训合格率达100%;农牧民转移就业3867人8267人次,实现增收4041万元。

【精准扶贫转移就业】 2019年,区人社局联合林业局开展建档立卡户林业管护员技能培训,受教人数44人。5月,联合区农业农村局在八一镇加乃村开展为期5天的农业实用技术培训,共50人(三岩搬迁10户10人)参加培训;组织16名三岩搬迁群众,集中开展装载机培训;组织三岩搬迁群众30人,开展订单式保安员培训。10月10日,在百巴镇嘎吉村、八一镇加乃村举办三岩搬迁专场招聘会,15个区直单位、43家企业参与,300余名搬迁群众参加,现场达成就业意向120人,真正地做到了把岗位送到群众家门口。

【社会保险】 2019年,区人社局完成机关事业单位、学校、公益性、辅警、企业(共72个单位、2550多人,涉及资金7323万元)五险一金的正常申报工作。工伤保险(含私企工伤)完成参保人数2598人,征缴基金329万元;失业保险完成参保人数1165人,征缴基金113.5万元。城乡居民养老保险完成7649人、114万元的征缴和缴费申报工作。社保卡共采集信息54137条,制卡完成47709张,成功发放45368张。改变以往传统认证模式,积极推广了老来网APP,通过APP可自行认证,极大方便了离退休人员足不出户就能完成养老金领取资格认证。

【人力资源管理】 2019年,区人社局按照相关要求,对巴宜区2名办事员未转科员的同志进行考察并做转正。全区一般干部借调、跟班学习共31人,申请调入巴宜区人员已有10人办理完正式调动手续,申请调出14人。为深化事业单位人事制度改革,建立健全岗位管理制度,实现单位人事管理的科学化、规范化和制度化,根据《关于印发〈林芝市加快推进事业单位岗位设置管理实施方案〉的通知》要求,完成政府口管理型8个事业单位、机关后勤服务中心系列9个事业单位、农牧系列7个事业单位、文化系列7个事业单位、卫生系列9个事业单位共计40个事业单位273个岗位(实际涉及有375人)的5个方案制定工作。完成事业专技人员文化系列初级职称评审13人、农牧系列初级职称16人,卫生系列初级职称12人,教育系列初级职称6人,双定初级职称12人,土地工程技术初级职称2人,文化系列中级职称1人、农牧系列中级职称1人、教育系列中级职称10人,卫生系列副高级职称1人、教育系统副高级职称5人,申报正常退休的15人审批通过。

【工资福利】 2019年,区人社局完成了全区2018年度考核结果为合格及以上等次的事业专技和管理人员、工勤人员550人的正常晋升,落实了新录用、调入50人的工

2019年12月19日,巴宜区委副书记、鲁朗景区管理委员会党组书记旦增拉姆(左一)在巴宜区人社局调研高校毕业生就业创业工作

资及 25 名退休人员的工资清算和信息采集，移交 1100 多名行政干部的工资及工资档案给组织部，落实调整 557 名事业工作人员及工勤人员的基本福利工资，完成 2000 多名干部的信息采集与工资福利系统的录入，发放公安干警因公牺牲一次性抚恤金 83 万元，重新清算 2014 年至 2019 年正常退休和病退的 33 人的工资。

【劳动监察】 2019 年，区人社局共开展法律法规宣传 6 次，现场接受农民工咨询 1290 余人次，发放宣传资料 2800 余份，发放宣传品 2000 余个。设立举报投诉窗口，安排专人负责来电、来访举报投诉受理接待，共解决农民工欠薪问题 135 起，涉及人数 1290 余人，涉及金额 1000 万余元，其中即时调解解决纠纷 21 起，无发生一起越级上访事件、无发生一起群体性上访事件。全年共收缴民工工资保证金 2429 万余元，涉及用人单位 111 家，退还民工工资保证金 3080 万元（包含 2018 年），共涉及用人单位 128 家。联合扫黑办、刑警支队、文旅局、市场监督管理局等部门开展专项联合检查 4 次，查出违规使用未成年人企业 3 家，遣返未成年人 8 名，罚处金额 5 万元。共检查用人单位 78 家，涉及劳动者 3500 余人，其中立案企业——居民服务业 2 起，结案 2 起，期限内结案率 100%。顺利完成了自治区农民工工资支付交叉检查考核工作，得到了上级部门一致肯定。

（桑杰卓玛）

【机构领导】

局　长
　　张琨琳（女）
副局长、二级主任科员
　　杨　健（6 月套转）
副局长
　　桑杰卓玛（女,门巴族）
四级主任科员
　　扎桑卓玛（女,藏族,6 月套转）

巴宜区文化和旅游局

【概况】 2019 年 3 月 21 日，林芝市巴宜区文化和旅游局正式揭牌成立，加挂林芝市巴宜区文物局牌子，正科级建制，是巴宜区人民政府组成部门。下辖文物局、旅游执法大队、综合文化活动中心、巴宜区艺术团。全局共有干部职工 30 名（其中公务员 14 名，事业干部 8 名，工人 4 名，公益性岗位 4 名），巴宜区艺术团演员 19 名。

【文化活动】 1 月 25 日,2019 年林芝市春节、藏历土猪新年《双节同庆 幸福林芝》电视综艺晚会精彩上演，来自巴宜区民间艺术团的 18 名演员在此次晚会中展示了精湛的舞蹈技艺和艺术综合素质。

2 月 2 日，巴宜区民间艺术团围绕"欢庆、健康、文明、向上、和谐、奋进"这一主题，参与"2019 年春节、藏历新年欢庆活动"，吸引市民群众 1000 余人观看参与。

3 月 14 日，为全面贯彻党的十九大精神，牢固树立以人民为中心的发展思想，大力弘扬新时期雷锋精神，由中共巴宜区委员会、巴宜区人民政府主办，巴宜区政法委、原文化局承办的以"幸福不忘共产党，阳光路上梦启航"为主题的纪念西藏民主改革 60 周年专场文艺演出在厦门广场举行，文艺演出在舞蹈《舞动夕阳》中拉开帷幕，欢快的节奏，精湛的表演瞬间点燃了全场的气氛，分别来自巴宜区乡镇、民间艺术团、

2019年3月20日，林芝市巴宜区新闻出版局、巴宜区广播电视局、巴宜区政府新闻办公室举行揭牌仪式

退休老干部等单位演绎了《雪域警魂》《幸福林芝》《这里是歌舞的海洋》等 11 个精彩节目，用歌声和舞蹈的形式隆重纪念西藏民主改革 60 周年，展现了改革以来巴宜区经济发展、社会进步、民生改善等方面取得的喜人成就，表达了全区广大干部职工及各族人民群众坚决拥护党，紧跟党的步伐一同迈向新时代的心声，此次活动吸引了 1500 余名广大市民观看。

4 月，为让巴宜区人民真切感受到文化的博大精深与艺术魅力，掀起全民阅读的新高潮，区文旅局成功举办"全民阅读、书香巴宜"—"人间四月天"诗歌朗诵会，被西藏日报、网信巴宜等媒体争相报道，反响良好。

6 月，巴宜区文旅局协助自治区歌舞团完成庆祝新中国成立 70 周年、纪念西藏民主改革 60 周年《共产党来了苦变甜》主题晚会在巴宜区巡回演出的各项工作。

8 月 27 日，为隆重庆祝新中国成立 70 周年、中国共产党建党 98 周年，巴宜区首届创编大赛"魅力人生 以舞之名"决赛在林芝市民族艺术团正式拉开序幕。林芝市政府副秘书长卓玛，林芝市文化旅游投资公司总经理，市旅发局副调研员旦增达杰，市文广局副调研员朱金寿，巴宜区委常委、政府副区长吴永帅出席本次活动。此次活动由巴宜区文化和旅游局主办，林芝创新产业开发管理有限公司、林芝柒月文化传媒有限公司协办，并由林芝永久创业梦想小镇冠名，比赛现场特别

2019年12月11日，西藏自治区度文物安全工作目标责任制考核组一行在巴宜区自治区级文物保护单位——达则寺考察指导工作

邀请了西藏著名编导亚依、2018 年藏博会开幕式总导演白玛次仁、林芝市著名编导巴桑、林芝市著名歌唱家聪吉作为评委，从 13 个舞蹈和 4 个歌曲中选出最佳创编（边巴次仁《记忆深处》）、最佳创意（拉姆《牧民欢歌在草原》）、最佳舞者（其美拉姆）、最佳歌手（边巴多杰）。本次活动在各级领导、各界友人的支持下取得圆满成功。巴宜区民间艺术团演员们拓展文艺作品创编思路，从博大精深的优秀文化传统中，从丰富多彩的群众文化实践中，从日新月异的科学文明成果中汲取营养、激发灵感，以歌舞的形式展现巴宜区的活力、生机、幸福、和谐，为祖国华诞献上贺礼，也为文旅事业的发展助力。

11 月，区文旅局成功举办"不忘初心、牢记使命——林芝市巴宜区迎 2020 年工布新年群众歌舞大赛"和颁奖晚会活动，现场参加群众 2600 余人次。

12 月 13—23 日，巴宜区艺术团受自治区体育局邀请参加 2019 年中国体操节"舞动中国"全国排舞锦标赛文艺演出，获得 2 个一等奖、1 个团体体育道德风尚奖的优异成绩。

【"文化遗产"保护与传承】 2019 年，区文旅局将非遗普查、可移动文物普查纳入文化事业发展的重中之重，利用非遗普查经费 5 万元，购置了非遗普查工作设备（移动硬盘、数码相机）。根据第三次全国文物普查不可移动文物登记记录，协助拉萨市达孜区公安局刑警大队到布久乡嘎玛村甘旦曲林寺遗址和甘旦曲林塔遗址，核实"702"盗掘古文化遗址案，明确所在区域并提供相关资料。开展个人收藏文物普查工作，测量并登记麦娘麦村石刻可移动文物。深入挖掘保护"非遗"文化，申报了"工布扎念博咚"第五批国家级非物质文化遗产保护项目。从

非物质文化遗产的濒危状况和对象入手,重点进行调研并开展挖掘、保护工作,对确认的 10 类县级非遗项目,邀请有关人士进行再次审定后进行逐级申报。加大对"非遗"文化宣传力度,通过文化遗产日、桃花文化旅游节、大峡谷文化旅游节、非遗进校园、工布毕秀竞赛暨工布民间歌舞爱好者分享会等专题活动,对优秀的非物质文化遗产进行宣传和展演,加强广大群众对非物质文化遗产的认识和保护力度。配合自治区党委宣传部拍摄《西藏音乐舞蹈大全》(扎念弹唱、工布民歌、工布箭舞)。授权林芝爱心康乐健身队使用非遗工作课间操《舞动林芝》,并在自治区原创广场舞大赛上荣获二等奖和最佳团队奖,使巴宜区非遗文化知名度大增。协同广西壮族自治区隆林各族自治县政协考察团到公布圣香、巴宜区唐卡院考察,学习巴宜区民族文化工作的好经验、好做法,同时

宣传了巴宜区优秀的民间文化。联合区住建局、国土局上报第八批全国重点文物保护单位第穆萨摩崖石刻(待批)保护范围及建设控制地带相关材料、图纸,初步完成保护单位"四有"(有保护范围、有保护标志、有记录档案、有保管机构)工作。积极上报第七批自治区级文保单位德木寺、达则寺保护范围及建设控制地带。申报市级第一批文保单位曲觉拉康、鲁朗知青点。做好文物隐患排查,每月定期不定期地抽查各级文物保护单位野外文物看管人员在岗情况,检查文物保护单位消除安全隐患等情况。完成文化遗产陈设馆相关实物征集图片、文字翻译和建档等前期工作。积极开展"非遗"活动,圆满完成巴宜区自治区级非物质文化遗产——工布毕秀竞赛暨文化遗产宣传、保护活动。

【旅游接待】 2019 年,巴宜区共

接待游客 222.4346 万人次,旅游总收入 20.34 亿元。共有家庭旅馆 68 家(一星级 1 家),接待游客 2.72 万人次,旅游总收入 393.68 万元。

【旅游项目建设】 2019 年,区文旅局系统挖掘、整合、提升巴宜区文化旅游资源,积极推进景区创 A 工作,卡定沟景区已成功创建为 AAAA 级景区,措木及日景区创 AAAA 级景区和世界柏树王园林景区创 AAAA 级景区总体规划、控制性详规已通过专家委员会评审,已完成公示。

积极争取项目资金,瞄准一批投产业带动性强的旅游综合体项目加以推进实施。姆多村旅游示范村项目投资 300 万元,已完工并验收;林芝市全域旅游标识标牌建设项目(卡定沟段)投资 77 万元,已完工并验收;工布原乡旅游配套产业续建项目投资 4000 万元,主体已完工并验收,后期由巴宜区旅游开发有限公司继续推进;孜嘎宗旅游项目投资 300 万元,已开工建设;西藏自治区标准化、规范化建设第一期项目——大柏树厕所及管网项目投资 300 万元,积极开展前期各项工作。先后督促编制完成工布原乡景区、多布湖景区、大柏树景区、措木及日景区、苯日景区、东阳光景区等 8 个景区总体规划和控制性详细规划,为景区合理开发提升奠定良好基础。工布藏族服饰保护利用传习所项目投资 700 万元,已完工并验收;尼池拉康文化活动室提升改造项目投资

2019年11月24日,巴宜区文旅局组织举办迎工布新年群众歌舞大赛

21万元,已完工并验收;投资完成21万元扶持林芝镇卡斯木氆氇加工坊项目。

【旅游品牌打造】 2019年,区文旅局通过微信、微博和网站平台,大力宣传推广巴宜区丰富的文化旅游资源、优美的自然风光及淳朴的民风民俗,共发稿128篇,图片2000余张,总阅读18万余人次,平均单篇阅读1400次,被市级媒体(市旅发委公众号、林芝网络等)转载200余次,为巴宜文化旅游起到良好的宣传推广作用。3月,组织人员到北京、成都、深圳、西安四城参加"2019年林芝市第十七届桃花旅游文化节新闻发布会暨林芝旅游推介会",共发放宣传推介资料及礼品810余份。5月23日,区文旅局组团到北京参加"第四届中国文旅产业巅峰大会",并获得"最美全域旅游取景地"称号。6月,借助西藏旅游股份有限公司林芝分公司外出推介平台,特委托该公司宣传营销组到南昌、合肥等13个省会城市,推介宣传巴宜区文化旅游资源,共发放宣传资料900余份。7月中旬,巴宜区林芝镇真巴村被评为"全国乡村旅游重点村"。7月31日,世界柏树王园林景区内的巨柏王完成"世界树龄最长的巨柏"世界纪录认证。8月,组织人员参加2019广东国际旅游产业博览会,于开幕式当天进行现场宣传推介,共发放宣传推介资料及礼品600余份。9月,组织人员到太原、济南、天津参加"2019西藏林芝雅鲁藏布生态文化旅游

2019年9月26日,巴宜区艺术团参加雅鲁藏布江旅游文化节文艺演出

节新闻发布会暨林芝旅游推介会"活动,发放宣传推介资料及礼品700余份。10月,创新完成区文旅局官方抖音账号"小城巴宜"的认证,拍摄23期视频,播放量达180.7万次,点赞量23556人次。积极响应自治区"冬游西藏·共享地球第三极"活动,巴宜区4个A级景区(鲁朗景区、卡定沟景区、公众村、尼洋阁)均严格执行政策,让广大游客亲近旅游,享受旅游业发展带来的实惠,营造"全民游"的浓厚氛围。

【旅游行业管理】 2019年,根据区委、区政府和区安委办的要求,区文旅局强化旅游企业法人作为"安全生产第一责任人"的意识,成立安全生产工作小组,于1月与5家旅游企业、5家二星级宾馆饭店签订《2019年度安全生产目标责任书》。专题制定"旅游行业安全生产巡查和安全生产百日大检查"工作方案,对各所负责管理

的网吧、旅游企业进行大排查、大整治,全年共出动车辆82次、人员270余人次,联合相关单位对各景区(点)、宾馆酒店、网吧进行联合检查15次,到93家景区(点)、宾馆酒店、网吧等开展安全生产隐患大排查,发现安全隐患共81处,当场下发整改通知书21份,已全部完成整改。加强旅游市场规范化管理,协调林芝市民政局、旅游协会成立了林芝市旅游协会巴宜区分会。全年区旅游执法大队出动车辆27次、执法人员95人次,查处违规导游14人,暂扣导游证14个。联合区市监局、公安局对辖区国道318沿线和乡镇道路沿线群众反映强烈的土特产店开展联合检查11次,检查土特购物店49家,严厉查处无明码标价、高价销售、打粉宰客等违法违规行为,出动车辆42辆、人员149人次。全年受理游客咨询电话70起,受理有效投诉共14起(市委、市旅发局转办

4起,网名留言督办6起,游客直接投诉4起),为游客挽回经济损失36575元。

【文化旅游服务】 2019年,巴宜区共有67家农家书屋和15家寺庙书屋,覆盖率达100%。新华书店图书阅览室接待借阅群众101人次,借阅图书174本,电子图书借阅机提供下载图书30余册。与5家旅游企业、5家二星级宾馆饭店签订《环保承诺书》,并定期督导检查环保工作,完善相关制度并建立台账,进一步提升环保服务意识。4月,卡定沟、世界柏树王、措木及日、苯日神山、鲁朗、琼果林、布久拉康、喇嘛岭等八大景区最新讲解词编撰完成,共制作100册,发放至各景区,进一步提升景区讲解品质。积极与西藏交通产业集团、西藏旅游股份有限公司、华侨城林芝公司沟通,就工布原乡、多布湖等景区运营管理方式和效益带动方面进行合作洽谈,寻求突破发展途径。

【助力脱贫攻坚】 2019年,区文旅局根据《关于下达林芝市贫困村设备购置经费通知》要求,组织人员到7个乡镇贫困村,进行意见征求,按照各村实际需求,以每村2万元标准于6月初完成14万元设备采购并配发。辖区文化和旅游企业共吸纳当地群众就业147人,月工资平均3500元。景区摊位提供就业岗位79个,每个摊位月收入平均3500元。

（袁海龙）

【机构领导】

巴宜区文化局

局　长

德吉拉姆（女,藏族,5月免）

副局长

达　珍（女,藏族,5月免）

德吉央宗（女,藏族,5月免）

敬长霖（5月免）

活动中心主任

旺　前（藏族,5月免）

活动中心副主任

格桑曲宗（女,藏族,5月免）

巴宜区旅发委

主　任

王锐奇（5月免）

主任科员

杨丹丹（女,5月免）

副主任

胡　猛（5月免）

扎西卓玛（女,藏族,5月免）

旅游执法大队副队长

余　飞（5月免）

副主任科员

袁海龙（5月免）

巴宜区文旅局

局　长

王锐奇（5月任）

二级主任科员

扎西卓玛（女,藏族,5月任主任科员,6月套转）

副局长

达　珍（女,藏族,5月任）

胡　猛（5月任）

副局长、文物局局长

德吉央宗（女,藏族,5月任）

活动中心主任

旺　前（藏族,5月任）

活动中心副主任

格桑曲宗（女,藏族,5月任）

旅游执法大队副队长

余　飞（5月任）

四级主任科员

袁海龙（5月任副主任科员,6月套转）

巴宜区林业和草原局

【概况】 根据巴宜区机构改革方案,2019年5月,巴宜区林业局更名为巴宜区林业和草原局。区林草局位于西藏巴宜区尼池路4号,设5个科室,分别为办公室(及后勤)、林政股、营林科、森林公安局、雅尼湿地管理局。其中森林公安局下设有百巴、鲁朗派出所;林政股下设百巴检查站;营林科下设苗圃。2019年,区林草局共有干部职工49名,其中干部28名,工人12名,公益性岗位6名,临时工3名。

【林业基本情况】 巴宜区地处念青唐古拉山与喜马拉雅山之间东部,雅鲁藏布江下游,境内气候温和干燥,日照充足,森林资源丰富,活力木蓄积量为8859万立方米。辖区林地面积50万公顷,占全区总面积的58.69%,其中森林面积46万公顷,林地面积32万公顷,疏林地面积1187公顷,散生木蓄积量33443立方米,四旁树蓄积量11863立方米,灌木林面积15万公顷。全区森林覆盖率为54.21%,林木绿化率为57.22%。境内有色季拉国家森林公园、比日神山国家森林公园、雅尼国家湿地公园、雅鲁藏布大峡谷国家级自然保护区、工布自治区级自然保护区、巴结巨柏自治区级自然保护区,全区 7 个乡镇林区都纳入了森林生态效益管护范畴,管护面积 670.2868 万亩。

【森林防火】 2019 年,区林草局根据季节转变和气候条件及时修改完善《巴宜区森林草原防火应急预案和工作方案》,同时针对 5 家林区施工企业、5 个景区及 20 家木制品经营加工厂进行 3 次排查。与辖区的 17 家施工单位签订《森林防火目标责任书》,办理入林证 1779 人,缴纳森防保证金 116 万元。区森防物资储备仓库充实各类森防器材 1735 件,并将部分森防器材分发至辖区内 23 个行政村。

【精准扶贫】 2019 年,为进一步稳固精准扶贫工作成果,切实发挥巴宜区森林管护主要作用,区林业局积极组织贫困群众参与森林管护,优先聘请有劳动能力和意愿的贫困群众为专职护林员或兼职护林员,增加贫困群众工资性收入。按照"盘活存量、用好增量、重点突破、雪中送炭"的原则,规范精准扶贫资金管理,切实有效地发挥资金使用,促进精准扶贫工作,2019 年巴宜区生态补偿脱贫岗位名额有 773 个,兑现生态补偿资金共计 9992500 万元。

【公益林管护】 2019 年,区林草局牵头到重点沟口、重点林区,按照专业管护员的"八防八抓职责"和生态护林员的"十防一监测"职责,加强管护员管理,定时不定时地检查管护员在岗情况和森防巡逻情况,乡村护林员日常巡查情况、排查登记情况等。巴宜区森林生态效益补偿基金管护总面积为 6702868 亩,属于国有林地,根据各乡镇管辖范围,其中八一镇管护面积为 1175472 亩、林芝镇管护面积为 440558 亩、米瑞乡管护面积为 205393 亩、布久乡管护面积为 426160 亩、更章门巴民族乡管护面积为 1082298 亩、百巴镇管护面积为 1477173 亩、鲁朗镇管护面积为 1895814 亩。

为进一步调动起农牧民群众参与森林资源保护、管理、建设的积极性,增加农牧民群众收入,全区重点公益林补偿标准为每亩 5 元,公益林管护补助资金共计 33514340 元(一年按两次进行拨付,半年一次)。2020 年 2 月兑现了 2019 年(7—12 月)管护资金共计 16564262.5 元;兑现全区专业管护人员 2019 年(1—6 月)工资 509400 元。

【涉林违法打击】 2019 年,巴宜区森林公安局以开展保护森林资源专项活动为契机,加大打击力度,严格公正执法,共受理各类涉林案件 11 起,其中刑事案件 2 起,取保候审 4 人,没收涉案木料 3.833 立方米;行政案件 9 起,受处罚 16 人(行政拘留 6 人、罚款 10 人,含 2 家公司),没收木料 11.0652 立方米,罚款 82700 元,承担农牧民群众误工补贴和森防器材损耗费 18450 元。移送起诉年前刑事案件 2 起 3 人,其中盗伐林木案 1 起,非法收购盗伐林木案 1 起。责令 1 家未办理入林作业许可的施工单位对 1 处不按规定施工的作业点进行限期整改。

【集体林权制度改革】 2019 年,为做好 2017 年集体林权改革整改的移交工作,与各乡镇对接相关上报材料中存在的问题进行最后整改,并与区自然资源局对接

2019 年 4 月 25 日,巴宜区林业和草原局党支部召开党员大会

2019年4月30日，巴宜区林业和草原局组织党员干部在八一镇嘎拉村苗木基地开展党员固定活动日义务植树活动

此项工作。2019年集体林权改革工作的地块已核实完成，9月对所涉及的7块宗地进行2次公示。

【林业项目】 林芝市巴宜区2018年苹果种植基地建设项目。根据《关于2017年度中央财政天然林停伐补助资金分配方案的通知》文件内容，林芝市巴宜区2018年苹果种植基地建设项目造林指标为2000亩，总投资2339.09万元，项目分为三期实施，其中一期项目造林面积为960亩，总投资1075.78万元；项目二期总投资943.8万元，造林面积600.6亩；项目三期319.51万元，造林面积195.35亩。2019年1—3月，区林草局营造林科室按照上级部门疫情防控要求，严格办理相关复工复产手续，对各项目点进行多次检查，协调项目实施过程中出现的问题，并组织施工单位、监理等相关人员召开项目协调会，会上讲解了项目种植、修枝、压条、施肥等各环节技术要求，要求各实施单位限期整改，加强项目后期管护，提高项目建设成效。

西藏"两江四河"流域2018年度巴宜区造林绿化工程。项目造林总面积为5263亩，总投资1697万元（其中建筑安装工程费1561.89万元，其他费用104.97万元，预备费30.14万元）。建设内容主要为种植旱柳、藏川杨、高山松、林芝云杉及客土、有害生物防治、修建灌溉设施等，项目管护时间为5年。2019年1—3月，区林草局营造林科室按照上级部门疫情防控要求，严格办理相关复工复产手续，对项目建设情况进行检查，解决了项目用水、用地等问题，要求实施单位组织苗木补植补造、浇水等工作。

巴宜区比日神山阳坡植被恢复项目。项目于2018年8月完成立项工作，11月完成项目设计，2019年项目《实施方案》批复已下达。项目造林总面积为362.55亩，总投资346.11万元，其中300万元由林芝市林业和草原局申请解决，不足部分由巴宜区政府配套解决，主要建设内容为种植云杉、高山松及配套灌溉、病害防治等管护措施。2019年1—3月，实施单位完成了项目地块补植补造工作，种植过程中实施浇水5次。

林芝市巴宜区318国道沿线城市周边国土绿化项目二期。项目投资6300余万元，主要建设内容为在巴宜区构建产业园至八一特大桥318沿线两侧空地进行植树绿化。2019年1—3月，区林草局积极办理项目用地预审、选址、风评等手续，多次与八一公路养护段沟通协调，实地核实项目地块，办理了相关文件手续。

（卓玛次仁）

【机构领导】
局　　长
　　白　　珍（女，藏族）
二级主任科员
　　王　　秀（6月套转，11月退休）
　　强央洛桑（藏族，5月任主任
　　　　　科员，6月套转）
副 局 长
　　欧 洪 宇
　　格桑旺堆（藏族，8月免）
雅尼湿地管理局局长（副科）
　　次仁卓玛（女，藏族）
四级主任科员
　　俸 青 军（女，6月套转）
　　姜 文 涛（6月套转）
林业工作站副站长
　　米玛吉布（女，藏族）
草原监理站副站长
　　尼 玛 珍（女，藏族）

森林公安局局长、一级警长
白 玛 乔（女，藏族）
森林公安局政委（副科）、三级警长
谢 亨 田
森林公安局三级警长
索朗次仁（藏族，11 月套转）

巴宜区民政局

【概况】 2019 年，巴宜区民政局共有干部职工 26 名，其中干部 19 名，协理员 1 名，工人 6 名，下设特困人员集中供养中心和核对中心 2 个部门。全区城镇低保 124 户 293 人，农村低保 20 户 76 人；特困人员 187 人（其中集中供养 94 人、分散供养 93 人）。特困人员集中管理供养中心有管理人员 4 名、护工 26 名、保安门卫 3 名、厨师 4 名、聘用藏医 1 名、卫生服务中心委派医生 1 名、司机 2 名。

【党建工作】 2019 年，区民政局以党建活动室、廉政文化走廊、特困人员集中供养服务中心等为载体，开展学党史、唱红歌、入党宣誓、参观学习红色革命教育基地、观看廉政教育警示片、藏汉诗歌朗诵和文艺表演等活动，提高了党员党性修养和党员队伍凝聚力，丰富了特困人员集中供养服务中心老人们的文化生活。全年开展"不忘初心、牢记使命"专题研讨 7 次，支部集中学习 11 次，支部交流讨论 5 次，党组书记、党组副书记、党支部书记上党课各 1 次，撰写学习心得体会 30 余篇。结合"不忘初心、牢记使命"主题教育活动，为"三岩"片区搬迁户提供 12 个护理岗位，提高经济收入。

【重要活动】 2019 年，区民政局联合相关单位开展了"不忘初心 敬老情·牢记使命感党恩"助老主题活动，"传承中华颂 出彩民政人"诵读诗歌美文"藏汉双语"比赛活动，"谈变化 忆初心 强信念"主题教育活动。联合市民政局开展"阳春三月、春风送暖"三八妇女节活动。区残联与巴宜区卫生服务中心开展以"关爱听力健康，落实国家救助政策"为主题的第 20 次全国爱耳日宣传教育及义诊活动。10 位广东爱心人士到巴宜区特困中心开展公益捐款 10 万元活动。联合退役军人事务局共同开展了"缅怀革命先烈·传承老西藏精神"祭奠活动。联合区总工会、妇联开展了"党建引领＋关爱职工"暖人心主题教育活动。

【城乡低保】 2019 年，区民政局以保障民生、改善民生为主线，采取有效措施积极打造阳光低保，充分整合和利用现有资源，及时清理不符合低保条件的对象，真正做到标准科学、对象准确、动态管理。为做好巴宜区民政低保政策与精准扶贫政策的有效衔接，加强精准扶贫民政低保兜底工作，着力解决贫困老人、残疾人、儿童等特殊群体"脱保""漏保"问题，切实做到"能保尽保、应救尽救"，为 20 户 76 人兑现农村最低生活保障资金 12.37 万元；为 124 户 293 人兑现城镇最低生活保障资金 144.33 万元，做到动态管理下的应保尽保，对超出保障线标准的 9 户 23 人进行及时清退。

【提升养老服务质量】 2019 年，区民政局与特困中心组织人员到各乡镇开展分散供养特困对象入住特困中心动员工作，通过面对

2019 年 9 月 7 日，住建部副部长姜万荣（右三）率领脱贫攻坚督查组一行，在巴宜区特困集中供养服务中心督导检查工作，巴宜区委书记米次（右一）、区委副书记、政府区长严世（右二）等陪同。图为姜万荣一行详细了解孤寡老人伙食情况

面交流,听取老人的建议和需求,及时了解身体、住房、入院意愿等方面情况,同时采取允许试住、明确入院后财产归属不变等措施,消除他们的思想顾虑。2019年底,特困中心共有老人94名,农村集中供养及城镇特困人员每人每年12480元,农村分散供养每人每年6675元,并对其实行"衣、食、住、行、医"全额保障政策。全年为特困人员发放救助资金181.9万元。

【孤儿供养】 2019年,巴宜区共有孤儿41人,根据"双集中"供养目标要求,积极动员25名孤儿入住林芝市儿童福利院,并与未入住福利院的16名孤儿监护人签订了寄养协议书。

【临时救助救急解难】 2019年,区民政局认真落实临时救助政策,为125户临时救助对象发放救助资金95.5万元。同时为开展"救急难"工作,从困难群众救助补助资金中拨付5万元支持乡镇、街道全面建立临时救助备用金。9月结合"不忘初心、牢记使命"主题教育,深入各乡镇、街道查看"救急难"制度的落实和资金使用情况,依托各乡镇民政专干、村(居)干部对辖区内群众遭遇突发事件、意外事故、罹患重病等特殊情况,按照紧急程序协助落实"救急难"工作,通过联席会议讨论和实施,使得困难群众能及时得到救助。

【婚姻登记】 2019年,全区共办理婚姻登记763对,结婚登记469对,离婚登记124对。

【残疾补贴政策】 2019年,全区共有持第二代残疾人证1096人,发放残疾人两项补贴160.82万元。鼓励引导残疾人自主创业,为9名残疾人创业者发放扶持金18万元,为76名残疾人发放了辅助器具。邀请八一镇加当嘎村残疾儿童尼玛乔参加全国第十届残疾人运动会暨第七届特殊奥林匹克运动会,并荣获男子垒球冠军。

【基层政权建设】 2019年,区民政局对21个行政村试点对象开展农村社区试点建设指导工作,坚持因村制宜,分类指导,在不打乱现有的村民委员会建制、不盲目铺新的摊子、不搞重复建设、不增加农村居民负担的基础上,合理确定农村社区建设试点规模及定位,整合组织发展改革教育,以村民委员会为依托,充分发挥村党组织领导核心作用,在村民会议或村民代表会议和村务监督委员会的监督下,由村民委员会具体开展管理和服务工作,完善农村社区群众民主自制机制,提高农村社区居民自我约束、自我服务、自我管理的法制化、规范化水平。

【福利院亮点工作】 2019年,区福利院成立老年文艺队(歌舞队),共有队员16名,在节假日期间多次在老年活动室开展文艺活动,因此老年活动室已成为老人与政府、各级部门、社会各界爱心人士搭建爱心桥梁的爱心场所,既锻炼了他们的身体,又丰富了他们的精神文明生活。老年环卫队共有队员60名,每周三组织老人和护工对306省道周边区域进行清洁,此项工作已持续开展2年。成立老年健身队,共有队员8人,每天练习射箭,每周五利用2个小组(每小组4人)进行比赛。老年手工艺队发挥老人余热,编制了扫帚、竹筐、自制响箭毕秀、唔多(藏语)、手工贝壳包、毛毯、珠纸巾盒、肥皂盒、水果盘等,展示老年人积极向上的精神风貌。

(杨 芳)

【机构领导】

党组书记、局长、四级调研员
　　尼 玛 仓(女,藏族,12月套转)
党组副书记、二级主任科员
　　次仁卓嘎(女,藏族,6月套转)
党组成员、副局长
　　晓 　 梅(女,珞巴族,6月免)
　　黄 艳 玲(5月免)
　　朱 　 毅(6月任)
　　拉巴卓玛(女,藏族,6月任)
党组成员、四级主任科员
　　崔 海 潮(6月套转)
副局长
　　孙 　 平
四级主任科员
　　拉 　 珍(女,藏族,6月套转)
残联理事长
　　边 布 迟(女,藏族)
特困人员集中供养服务中心院长
　　普布扎西(藏族)
特困人员集中供养服务中心副院长
　　增 　 追(女,藏族)

巴宜区住房和城乡建设局

【概况】 2019年，巴宜区住房和城乡建设局下设工程质量监督检查站、住房公积金管理中心2个部门，共有工作人员22名，其中科级领导干部8名，科员10名，工人5名。主要职责为贯彻执行国家住房和城乡建设领域政策和法规；研究制订巴宜区建设规划，负责各乡镇、村总体规划的审查报批；协助有关部门指导监督有关设计、设施的招标投标活动；综合管理巴宜区工程监理工作，指导和规划建筑市场，负责工程勘察设计、建筑安装的行业管理，监督检查工程质量及房屋施工安全；负责房地产业的行业管理，指导房地产业开发经营，房屋商品化工作，规范房地产市场；指导城市供水节水、燃气、市政设施、园林、市容和环卫工作；指导规划区的绿化工作；指导城市市容环境治理和城建监察；承担推进住房制度改革的责任和建设任务，执行公租房、周转房、经济适用住房等保障性住房规划政策及建设；组织实施重大市政建设项目。

【党建工作】 2019年，区住建局坚持"围绕发展抓党建，抓好党建促发展"的工作思路，以"创先争优"活动为契机，强化党组织战斗堡垒作用，狠抓党员队伍建设工作，积极向党组织靠拢，先后有2名群众成为党组织发展对象。全年召开支部党员大会2次、民主生活会2次，开展主题党日活动12次，组织生活会2次、民主评议党员1次。

【城乡规划编制】 2019年，区住建局先后完成百巴镇、更章门巴民族乡、布久乡、米瑞乡小集镇规划，67个村庄规划，百巴镇堆龙片区规划，巴宜区冬如片区规划，八一镇拉丁嘎东南片区规划，鲁朗林海风景名胜区规划的审批工作。截至2019年底，巴宜区城乡规划已基本实现全覆盖，为今后全区城乡发展提供有力支撑，城乡规划编制和审批工作位于全市前列。同年，按照职能划转，城乡规划工作已移交至区自然资源局和区林业和草原局。

【重点项目】 2019年，巴宜区住房和城乡建设领域各项重点项目建设进展顺利，共完成固定资产投资11344万元。基础设施建设方面：完成林芝镇特色小城镇派出所改扩建、林芝镇特色小城镇棚户区改造双拥路改建、巴宜区2018年村级组织活动场所标准化建设项目；完成巴宜区建筑构件产业园前期工作（设计、地勘、环评），并已交付使用；巴宜区2018年新建公共租赁住房建设项目、巴宜区2019年村级组织活动场标准化建设项目、工布民俗街改造项目进展顺利，均已完成总工程量的70%以上。环境保护方面：巴宜区各乡镇（除鲁朗镇）垃圾清运工作共出动车次1560余次，总里程约49.6万公里，清运辖区内垃圾9900余吨，垃圾清运工作已实现全区全覆盖，同时按照自治区住房和城乡建设厅《关于对审计署设计组跟踪审计西藏自治区2018年第二季度贯彻落实国家重大政策措施发现问题整改的通知》相关要求，经巴宜区2018年第九次政府常务会研究，决定由区住房和城乡建设局对百巴镇生活卫生垃圾填埋场暂行管理一

2019年10月22日，巴宜区住房和城乡建设局组织党员干部参观某红色教育基地

2019年9月19日，巴宜区住房和城乡建设局召开"不忘初心、牢记使命"学习会

年，在一年的运营管理中，百巴镇生活卫生垃圾填埋场达到规范化正常运行，并完成了环保督查反馈的各项整改内容，于2019年11月25日向百巴镇人民政府完成移交工作。

【窗口业务】 2019年，巴宜区新办房产10宗，面积35631.68平方米；房产变更不动产2宗，面积5669.9平方米；面积变更2宗，面积1875.45平方米；房产买卖7宗，面积6611.54平方米，房产遗赠1宗，面积358.51平方米。注销他项权证48本。项目前置手续办理《建设用地规划许可证》27件、《建设工程规划许可证》24件、《乡村建设规划许可证》12件、《项目选址意见书》19件、《施工许可证》25件、《燃气经营许可证》1件。住房公基金办受理审批提取公积金156人，提取金额12784831.83元。

【住房保障】 2019年，区住建局

组织人员对巴宜区干部职工入住周转房和公租房进行全面清理，经调查，全区共有保障性住房608套，干部职工居住560套，城镇低收入群体居住48套，已签订房屋租赁合同457份。同时向居住巴宜区区直保障性住房的干部职工追缴所欠房租，经和巴宜区财政局核实，共追回264万元房租，缴纳住房履约保证金130万余元。

【安全生产】 2019年，区住建局根据工作实际情况向各施工企业和监理单位下发了《关于建筑施工安全的通知》，先后多次对全区39个备案施工企业单位开展了安全生产自查自纠工作和施工质量安全专项整治检查工作，针对施工安全生产薄弱环节，通过检查及时发现安全隐患，找出薄弱点，狠抓事故超前防范，做到"关口前移"。通过安全生产检查，对存在安全隐患的工地要求整改，对新开工的工程加强质量安全方面的监督，共对存在安全隐患的施工单位下发整改通知书20余份，并要求限期整改，保证各施工项目的质量和项目的顺利进行，全年未出现一例人员伤亡事故。同时，制定完善《燃气领域突发事故应急预案》《城镇燃气安全生产工作方案》，完成燃气站安全生产检查40余次，查处非法倒气1起，没收非

2019年12月，林芝镇特色小城镇派出所改扩建项目投入使用

法倒气罐 740 个,并处罚金 5 万元。

【城市管理】 2019 年 3 月,区住建局雇佣工人和租赁机械对工布民俗街老旧小区进行全方位环境卫生整治,共出动人员 115 人次、车辆 83 台,清运垃圾 120 余吨,解决了工布民俗街老旧小区死角、盲区历史遗留的环境问题。组织区直各部门和街道办在八一大街和福建路进行卫生大扫除活动,共 29 家参加单位,出动人数 77 人次。

【系统填报及危房认定】 2019 年,区住建局积极配合和落实上级部门关于住房和城乡建设领域各项系统的填报工作,城镇供水设施建设项目信息系统、党政机关办公用房管理信息系统、公有房屋信息系统、城市建设统计系统、乡镇建设统计系统、公共租赁住房管理系统信息填报率位列全市前列。为积极落实“两不愁、三保障”(两不愁:不愁吃,不愁穿。三保障:义务教育有保障,基本医疗有保障,住房安全有保障)工作,保障农牧民群众住房有保障的合法权益,积极开展全区建档立卡户危房认定工作,共认定 518 户。

(尼　次)

【机构领导】
党组书记、局长、一级主任科员
　　明　　久(藏族,11 月晋升)
党组副书记、二级主任科员
　　彭　　久(6 月套转)
党组成员、副局长
　　莫广发(援藏)
　　拉　珍(女,藏族)

　　袁　　辉
副局长
　　才西永青(女,藏族)
四级主任科员
　　白玛德吉(女,藏族,6 月套转)
　　于林鑫(6 月套转)

巴宜区自然资源局

【概况】 年内,巴宜区自然资源局认真贯彻党的十九大精神和习近平新时代中国特色社会主义思想,立足“服务发展、保护资源、维护权益”三大职能定位,按照巴宜区委、区政府部署要求,坚持保护与利用,不断提升土地管理水平。2019 年,区自然资源局内设土地储备中心、执法监察大队、不动产登记中心,共有干部职工 21 名,其中正科 1 名、主任科员 1 名、副科 3 名、科员 10 名、事业干部 3 名、工人 3 名,中共党员 15 名。

【国土资源规划】 2019 年,全区共办理建设项目用地预(初)审 22 宗,面积 390.686 亩,有效促进了土地的合理利用。办理选址意见书 10 本、建设用地规划许可证 38 本、建设工程规划许可证 31 本、乡村建设规划许可证 4 本。按照国家农用地转用和征用报批规定,上报自治区的农用地转建设用地报件 6 个,面积 1695.02 亩,其中巴宜区征地总面积约 354.114 亩。加强土地市场建设,规范土地招、拍、挂程序,全年共挂牌 5 宗土地,面积 68520.984 平方米,出让价款 22192417.58 元,均属工业用地;无偿划拨 2 宗土地,面积 569023.95 平方米。

【不动产登记办证】 2019 年,全区共办理发放各类不动产证书 3439 本,其中转移登记 339 本,变更登记 23 本,房地一体首次登记 17 本,农村宅基地办证 3038 本,农村集体产权证办理 22 本,换(补)证 7 本,林权证 3 本。另外出具不动产权证明 66 本,抵押注销登记 17 宗,完成档案扫描入库 1165 宗,已扫描档案待入库 2357 宗。

【耕地保护】 2019 年,区自然资源局认真落实最严格的耕地保护制度,多措并举严格落实,每周对各乡镇进行耕地保护巡查,建立巡查台账,巴宜区所辖 7 个乡镇未存在耕地违法行为。

【第三次全国土地调查工作】 2019 年 1 月 10 日,巴宜区第三次全国国土调查工作全面铺开。1 月 10—31 日,自然资源部直属四川测绘地理信息局作业人员在巴宜区收集规划、权属、地籍等资料,利用卫星图斑结合收集文献进行内业判定勾绘地块,并由巴宜区各部门配合完成 37963 个内外业图斑核实举证并提出修改意见。5 月 10 日正式向巴宜区提交国土调查初步成果底图,同时提交西藏自治区“三调办”各类异议图斑 20 宗。7 月 23 日,组织质量检查单位与各乡镇、林业、水利、交通等部门进行三调工作复核。9 月 5 日,将巴宜区意见上报市自然资源局。9 月 11 日,巴宜区第三次国土调查以 0.48% 的差错率通过国家核查。

【地质灾害防治】 2019 年 4 月 1 日，巴宜区自然资源局委托四川川核地质工程有限公司对全区地质灾害隐患点进行汛期排查，完成地质灾害调查"一图一表一报告"。5 月 10 日，与各乡镇签订地质灾害责任书并根据市自然资源局的防治方案，编制印发巴宜区地质灾害防治方案。完成了巴宜区 1:5 万地质灾害详细调查项目，该项目的完成对完善重点隐患点的应急路线标识及其他措施有重大意义。全年开展地质灾害日常巡查 25 次，通过微信平台、电话通知发送地质灾害预警信息三级 10 条，预警等级为四级信息 22 条。

【2018 年土地卫片违法情况】 2018 年，巴宜区卫片图斑共计 119 个，其中疑似违法 34 宗，按照卫片监测面积计算，占用耕地图斑共计 31 个，面积 155.54 亩，占用基本农田图斑 11 个，面积 33.35 亩。2019 年 11 月，已将 2018 年符合规划的 7 宗违法用地进行报件整改（林芝市巴宜区 2019 年村镇第二批次建设用地），西藏自治区自然资源厅已受理该批次报件。

【土地执法监察】 2019 年，为有效制止巴宜区范围内违法占地、违章建筑、矿产资源违法开采等行为发生，区自然资源局制订了《巴宜区违法违规用地专项整治行动工作方案》，并召开巴宜区打

非治违工作会，成立了巴宜区"打非治违办"，抽调 12 人到专办开展工作。全年退回土地竞买保证金 1 宗，办结土地违法案件 33 宗，正在办理 6 宗。打非治违专办在八一镇东如村（政府储备用地）摸排出 43 处违章建筑，建档立卡 43 册，涉及建、构筑物 112 个，宗地面积 17581.13 平方米，房屋建筑占地面积为 7467.67 平方米；八一镇巴吉村摸排出违建外来户 40 余户，登记造册 40 余份，全村违法用地 63 宗约 360 亩，建、构筑物 247 座，房屋建筑面积约 137 亩，硬化地表面积为 14 亩，截至 2019 年底，全区已拆除 56 宗 10 万平方米违章建筑。

【鲁朗自然资源工作交接】 2019 年，鲁朗原始档案移交清单整理 56 宗，宅基地、地质灾害、矿产资源、耕地保护、执法工作、卫片整改等已梳理完毕，且已与鲁朗管委会正式移交。

【高标准农田建设项目】 2019 年，巴宜区高标准农田建设项目总面积 800 亩，投入资金 160 万元，根据职能划转相关要求，经区委、区政府会议研究，该项目已经移交至巴宜区农业农村局负责。

【城乡建设用地增减挂钩】 2019 年，为加快推进新农村建设和农村土地综合整治，优化土地利用结构和布局，提高土地节约集约利用水平，改善农牧民生产、生活条件，促进城乡融合发展。区自然资源局通过前期摸底调查，确定了更章门巴民族乡久巴村、鲁朗镇拉月村作为巴宜区的 2 个试点，项目实施后，可产生节余指标 4.7097 公顷，根据《城乡建设用地增减挂钩节余指标跨省调剂管理办法》，本项目属于"三区三州"地区，节余出的指标由国家统筹跨省域调剂使用。

（普　珍）

2019 年 8 月 15 日，巴宜区委常委、政府副区长扎西朗杰（左三）陪同国土资源部成都土地督察局工作组一行在鲁朗镇扎西岗村检查土地工作

【机构领导】

局　长

　　何 北 文

二级主任科员

　　旺　　峰（藏族，5月任）

三级主任科员、副局长

　　龚 君 良（12月套转）

主任科员

　　祝 正 红（女，5月免）

副局长

　　强央洛桑（藏族，5月免）

　　扎西多吉（藏族，5月任）

不动产中心主任

　　曹 亚 玲（女，5月任）

四级主任科员

　　央　　金（6月套转）

　　曾　　理（5月任，6月套转）

巴宜区农业农村局

【概况】 年内，巴宜区农业农村局在区委、区政府的坚强领导下，在上级部门的精心指导下，在乡镇及行业部门的支持配合下，深入贯彻落实党的十九大及十九届二中、三中、四中全会精神，紧紧围绕"一带一园六基地"的发展目标和区委、区政府"2156"发展思路，认真落实上级业务部门的工作部署和工作要求，全局上下齐心，抓党建促发展，大力推进农牧特色产业发展。2019年，巴宜区农业农村局机构职能转化后，下设乡村产业发展局、科学技术局、农业技术推广站、农产品质监站、农机监理站、兽防站、动植物检疫所、渔政管理站，另设立区农村工作领导小组办公室、区草奖办、区耕地确权办、区藏猪产业办、区农村集体产权改革办、区粮食两区"功能"区划定办公室、区农民专业合作社服务管理办公室。核定行政编制 26 名，其中科级领导职数 8 名（2 个正科）。

【党建工作】 2019 年，区农业农村局通过党建引领促进业务，根据"三农"工作四季重点任务的特性，创建了符合"三农"工作的四季党建工作品牌，激发党建活力，切实把服务"三农"工作的成效转化为推动乡村振兴发展的最大动力。2018 年底因执行组织制度不严、会议记录不规范和党员学习不够深入且效果不理想被上级组织部门确定为软弱涣散党组织，通过一年的学习整改，于 11 月 1 日完成软弱涣散整改工作，并通过自治区党委组织部考核验收。

【扎实推进主题教育活动】 2019 年，区农业农村局将习近平新时代中国特色社会主义思想、党的十九大精神和主题教育等内容列入党员教育的必学内容，通过全局党员领导干部带头学习确保学习成效明显，先后召开理论中心组学习会 11 次，党组书记带头讲党课 3 次，党支部书记讲党课 1 次，民族干部深入基层开展"示范党课进一线、结对帮扶促发展"活动 1 次，开展主题教育研讨活动 10 次，每名班子成员均发言 2 次以上。

【涉农产业项目】 2018—2019 年，巴宜区涉及农牧产业项目共 15 个，项目涉及五大类 15 项，累计总投资 1.942209 亿元，其中项目区群众、企业自筹 8088 万元，国投资金 1.134209 亿元。2018 年续建项目 9 个，已完成 9 个，完成投资占比 91%，2019 年在建项目 6 个，开工 4 个，完成总投资占比 32%。

【种植业生产】 2019 年，全区农作物总耕地面积 4.1 万亩，总播种

2019年4月29日，西藏自治区兽医局工作组在巴宜区召开非洲猪瘟疫情解除评估验收工作

巴宜区各乡镇推广一体化收割机，提高青稞的收割效率和质量

面积 4.33 万亩，其中，良种繁育基地（二级田）900 亩，种子纯度达 95.6% 以上，净度达 96.5%，发芽率高于 87%；绿色高质高效作物创建面积为 2.8 万亩，小麦高产田亩产达 503 公斤以上，青稞高产田亩产达 385 公斤，玉米亩产达 550 公斤以上，增产增效显著。冬播面积达 8780 亩，小麦亩产量达 659.4 斤，青稞亩产量达 192.5 斤。水果种植面积达 1.8 万亩，同比增长 72.7%，共有 88 个种植点，300 亩种植规模以上的有 27 个。蔬菜种植面积为 9603 亩，较 2018 年新增 406 亩。另林芝市下达计划内的化肥指标 744 吨、杀虫剂 11.19 吨，化肥使用量同比上年持平，农药使用量比 2018 年减少 12% 以上。

【农产品质量安全监管】 2019 年，区农业农村局对农药市场进行监管检查 10 次，出动执法人员 36 人次，没收 227 袋过期农药，切实提高农资打假监管力度；对蔬菜生产基地执法检查 20 余次，对个别蔬菜种植户投入药品管理不到位，档案记载不及时、不完善等情况，提出整改意见。对农药残留进行快速检测共 184 批次，合格率达 100%。2019 年底，巴宜区审批通过"三品一标"品牌 29 个，其中无公害农产品 26 个，绿色食品 2 个，地标 1 个，新增申报无公害认证 30 个。

【重大动物疫病防控】 2019 年，巴宜区成立了动物疫病防控工作领导小组和指挥部先后召开 6 次专题会议，部署安排防控工作，建立完善了疫情"日报告"制度，签订了相关责任书、承诺书。

严格排查处置。组织养殖企业和农牧民群众对辖区内各养殖场（户）进行全天不间断排查，严格设立隔离区，全面掌握动物疫情状况，发现动物染疫或疑似染疫情况，立即采取防控处置措施。

全面清洁消毒。组织各级动物防疫力量，对辖区重点区域开展清洁消毒，设置了 166 个检查消毒卡点，安排人员 332 人实行 24 小时值班值守制度，利用各乡镇配备的消防车，用于对所有村庄进行全面消毒。

严控养殖数量。严格控制养殖规模，暂停办理所有生猪和藏猪养殖手续，对禁养区内养殖场（户）进行排查清理，已关停取缔禁养区内养殖场（户）8 家。

强化物资保障。在原有物资储备的基础上，再次安排应急资金 500 万元，从区内外调拨毒药剂、防护服、防喷雾器、海绵地毯等防疫物资，并已按需分配至各乡镇。

实行封闭喂养。辖区内生猪全部实行封闭式喂养，禁止使用餐厨剩余物喂食生猪，组织乡镇干部群众、公安派出所及第三方机构对辖区内流浪猪、无主猪以及流浪犬进行全面捕捉。

技术指导。组建了由 26 名兽医及相关专技人员组成的动物疫病防控专业队伍，邀请自治区疫病预防专家对专技人员进行培训，经培训的专技人员已入驻各乡镇进行防控指导。

工作督导。区委、区政府主要领导以及赴乡镇的县级包片领导深入基层全面督导防控措施落实情况，同时专门指派 2 名县级领导成立专项督查组，对各乡镇落实动物疫病防控措施情况进行不间断实地督导，实行"日通报""日反馈"制度，强化"回头看"，确保各项防控措施扎实到位。

【春秋防疫】 2019年，巴宜区春季防疫牛口蹄疫双价苗应免43596头，实免41141头，免疫率94.37%；羊小反刍兽疫苗应免1948只，实免1914只，免疫率98.25%；羊口蹄疫双价疫苗1948只，实免1914只，免疫率98.25%；猪口蹄疫O型疫苗应免22537头，实免22350头，免疫率99.17%；猪瘟疫苗应免22537头，实免22350头，免疫率99.17%；禽类禽流感疫苗应免108842羽，实免108842羽，免疫率100%。春季完成采样工作牛血清90份、OP液90份；羊血清120份、OP液50份、棉拭子70份；猪血清50份、全血80份；鸡血清120份、棉拭子120份；马血清40份；犬粪280份；猪扁桃体80份；羔羊血清70份。

秋季防疫牛口蹄疫双价苗应免44933头，实免43134头，免疫率95.90%；羊口蹄疫双价疫苗1024只，实免1024只，免疫率100%；猪口蹄疫O型疫苗应免

13588头，实免13169头，免疫率96.90%；猪瘟疫苗应免13588头，实免13169头，免疫率96.90%；禽类禽流感疫苗应免108842羽，实免108842羽，免疫率100%。

【动物检疫监督】 2019年，区农业农村局受理自治区内动物流通检疫猪3774头，牛2044头，羊519只，禽类25493羽；区外动物产品本地分销换证牛肉产品105.29吨，冷鲜猪肉产品1192.46吨，禽类肉产品29吨。受理自治区动物检疫：犬(猫)97只，马、骡21匹；办理本地落地报检牛1166头，羊2470只，家禽9100羽。

【动检执法】 2019年，区农业农村局驻屠宰场官方兽医共屠宰检疫生猪(含藏猪)5609头，检出病害猪(含猪囊虫)3头，全部按规定进行焚烧无害化处理。继续加大对养殖场、兽药店等场所日常监督检查执法，共下达《西藏动物

2019年5月21日，巴宜区农业农村局组织工作人员开展农机安全生产法律法规宣传活动

卫生兽药饲料动物产品安全监督执法检查记录》41份，动检立案并办结5件。

【畜禽禁养区实施阶段落实整改及重新划定工作】 2019年，巴宜区政府会同区直各相关部门召开多次推进会，明确整改责任人，研究整改措施，以区政府名义向禁养区内各散养户发布公告，并与散养户签订承诺书186份，下达整改通知书34份，其中，25个养殖点的畜禽已得到彻底清理；26个养殖点的畜禽养殖规模已降低至禁养区规定的养殖规模以下。

【包虫病防治】 2019年，巴宜区各乡镇登记管理家养犬2592只，驱虫数累计25291只，犬粪无害化处理工作每月正常进行。共采集牛病变脏器(肝、肺)采样8份，羊病变脏器11份，羊血清70份，犬粪280份送检，监测点任务完成率达90%。全年共举行宣传活动4次，出动专业技术人员6人次，发放宣传资料200余份及宣传物品7大类、消毒防控物资5大类，起到了很好的宣传科普作用。

【黄牛改良及牦牛经济杂交】 2019年，巴宜区4个改良点累计配种母牛177头，黄牛改良配种191头，牦牛经济杂交配种174头。

【渔政执法】 2019年，区农业农村局渔政执法大队派出9名执法人员、2台车对辖区内农贸市场进行突击检查，没收当地野生鱼200

余千克,全部放归尼洋河。9月立案并处理"韩某等三人未经许可在尼洋河流域(布久乡段)采用电鱼等破坏渔业资源的方法进行非法捕捞案",罚款3000元,并对作业工具予以没收,有效遏制了非法捕捞行为的发生,维护了尼洋河—雅江流域鱼类生态安全。

【科技兴农和合作社助农】 2019年,巴宜区共有科技特派员134人。通过制作科技特派员门牌、科技特派员工作记录本,以"科技特派员亮身份、科技特派员办实事"的方式,得到林芝市科技局的好评,在全市首创该项工作,并将在全市进行推广。全年对科技特派员及农牧民指导农作物病虫害防治技术共63次,人数达1231人。开展大型科技特派员培训3次,培训人数达268人次。开展科普大篷车"进学校、进村庄、进社区、进寺庙"活动,累计开展送科技下乡行动共200余次,受益群众达98%。

积极培育壮大新型经营主体,借助农牧企业在资金、技术、管理等方面的优势,鼓励群众组建专业合作组织,以土地入股、资产收益入股等形式,积极探索农村土地适度规模经营新路子。截至2019年底,巴宜区已累计组建农牧民专业合作社271家,注册资金达1.69亿元,合作社成员3450户14965人,农牧民群众入社率达81%,"一村一社""一村多社"组织格局基本形成,农牧民组织化程度不断提高。

【人居环境整治】 2019年,区农业农村局充分利用悬挂横幅、宣传标语、印发宣传手册、村村建立微信圈等形式,展开全面宣传,共印发宣传手册7000余册,悬挂横幅69条、宣传标语125条,开展人居环境整治专题培训35次,参训人员达2800余人次。

人居环境整治项目。巴宜区庭院经济项目,估算投资4000余万元,已投入完成部分乡镇庭院经济建设资金300余万元,统筹整合现有的项目资源和果树树苗,苹果、车厘子树苗已发放并种植完成,因季节原因,后期陆续完成投入比例。巴宜区林芝镇康扎村人居环境整治一期工程,该项目概算总投资398.39万元,建设内容主要包括建设牲畜棚圈2466.5平方米,拆除房屋后绿化8222.81平方米,项目处于办林评手续中。巴宜区林芝镇康扎村人居环境整治二期工程,该项目概算总投资2418.59万元,建设内容主要包括新建C30水泥砼路面18544.76平方米,碎石人行道面积4273.2平方米,路缘石3418.56米,电线杆拆除及附属设施等,该项目已开工建设。巴宜区米瑞乡玉荣增村环境综合提升项目,结合米瑞乡玉荣增村实际,立项实施米瑞乡玉荣增村环境综合提升项目,概算总投资292万元,主要建设内容为修建挡墙、格网护坡、碎石铺装、上部平整、绿化工程等,该项目处于初步设计阶段。巴宜区米瑞乡广久片区环境综合提升项目,建设地点位于米瑞乡通麦村、姆多村、色果拉村,概算

总投资340.99万元,主要建设内容为碎石铺装、挡土墙,造林辅助材料及管护等,该项目已开工建设。

【农村集体产权制度改革暨清产核资工作】 2019年,区农业农村局按照"试点先行、整体有序推进"的工作思路,精心谋划、科学统筹,稳步推进各项工作,全区4镇3乡67个行政村清产核资工作已完成,以优异成绩通过自治区级、市级验收。

【虫草采集】 2019年,全区虫草采集点共15个,共设卡点16个,共出动设卡人员55人。开展清山7次,出动清山人员150人次,共清理并劝退外来人员29人,有效地维护了虫草采集秩序。共办理虫草采集证858本,虫草产量385公斤,促进农牧民创收2310万元。

【粮食生产功能区划定】 2019年巴宜区粮食生产功能区划定工作涉及32个行政村、任务面积24100亩,实际完成面积24247.87亩,其中青稞生产功能区8356.52亩,小麦生产功能区15891.35亩,且粮食生产功能区内所有地块为坡度小于15度的永久性基本农田。

(魏晨光)

【机构领导】
党组书记、局长
　　拉　　巴(藏族,5月免)
　　索朗扎西(藏族,5月任)
党组副书记、主任科员
　　索朗扎西(藏族,5月免)

党组副书记、二级主任科员

　　朱　相　冬（5月任党组副书记，6月套改）

党组成员、副局长（乡村产业振兴局局长）

　　安　韶　刚（5月任）

党组成员、副局长（科技局局长）

　　仁青巴珍（女，藏族，5月任）

党组成员、副局长

　　庄　华　才（广东援藏，7月免）

　　黎　松　庆（广东援藏，7月任）

　　拉巴才登（藏族）

副主任科员

　　玉　　英（女，5月免）

四级主任科员

　　王　菊　梅（女，5月任副主任科员，6月套转）

巴宜区水利局

【概况】　2019年，巴宜区水利局共有干部职工16名，党员10名，大专及以上学历14名，水利相关专业12名。

【续建项目】　2019年，巴宜区水利续建项目2项：尼洋河干流治理二期（哲巴等六个村庄护岸）工程，总投资5175.54万元，工程于2019年3月10日复工，2019年6月30日完工；尼洋河巴宜区百朗灌区工程，总投资4188.81万元，于2019年3月20日复工，2019年7月10日完工。

【新建项目】　2019年，巴宜区水利新建项目8项，投资13259.65万元。尼洋河巴宜区重点河段治

理工程，概算总投资12447万元。已取得概算批复，于2019年7月30日在拉萨完成开标工作，10月8日开工建设；米瑞乡震后水渠改建工程，总投资154.69万元，2019年4月5日开工建设，2019年底已完工；米瑞乡曲尼贡嘎村灌溉工程，总投资124.08万元，2019年4月11日开工建设，2019年底已完工；林芝镇嘎啦村饮水工程，总投资80.52万元，2019年3月11日开工建设，2019年底已完工；更章门巴民族乡农业园灌溉配套工程，总投资184.64万元，2019年4月5日开工建设，2019年底已完工；米瑞乡米瑞村水渠改建工程，总投资47.02万元，2019年4月5日开工建设，2019年底已完工；林芝镇嘎啦村排洪渠工程，总投资46.19万元，2019年5月4日开工建设，2019年底已完工；巴宜区建筑构建产业园除险加固工程，总投资175.51万元，2019年4月18日开工建设，

2019年6月27日完成验收。

【农村安全饮水】　自2002年农村饮水工程实施以来，巴宜区农村饮水安全工程共实施108处饮水点，解决了17630人农村饮水安全问题，完成总投资3067万元。2019年，乡镇和行政村通水率均达100%、农村饮水普及率达100%、供水保证率达97.26%，水量均达标，供水水质基本达标，用水方便程度均已入户（入院），并完成2019年度农村饮水安全管理"三个责任"公示工作。

2019年，对73处农村饮水点及4所学校安全饮水点进行水质监测，其中巴宜区疾控中心对全区范围内16个农村饮水点、4所学校安全饮水点进行水质检测，巴宜区水利局对57处农村饮水点进行水质检测。生态环境局巴宜区分局对辖区集中式饮用水源地2个监测点位进行检测，分别为八一镇第一自来水厂水源地

2019年10月29日，巴宜区委副书记、政府区长严世钦（左二）在林芝镇达则村调研防洪堤建设工程

2019年5月10日，巴宜区委书记、区总河长米次（左二）在城区段开展县级总河长巡河行动

（地表水）和八一镇第二自来水厂水源地（地下水），集中式饮用水源地水质监测工作按季度开展。

【水利前期项目】　巴宜区克拉曲流域拉格村段治理工程，投资2770.75万元，于2018年7月4日召开审查会，2019年工程处于前期工作开展中；林芝市巴宜区昌都"三岩"片区易地扶贫搬迁安置点灌溉工程，匡算投资1009.84万元，处于项目前期工作开展中；林芝市巴宜区昌都"三岩"片区易地扶贫搬迁安置点防洪工程，匡算投资6976.58万元，处于项目前期工作开展中。

【河长制工作】　巴宜区河湖众多、水系纵横、水资源丰富，境内大小河流共56条，主要河流有尼洋河、雅鲁藏布江、克拉曲、更章曲等；全区湖泊星罗棋布，7个乡镇均有分布，共13个湖泊、1个水库（多布水库），主要有措木及日、穷冬落措、夺嘎措等。

2019年5月8日，巴宜区召开河长制总河长会议，贯彻落实林芝市2019年度河湖长制重点工作推进会议精神，安排部署巴宜区2019年河长制重点工作，督促各成员单位及各级河长积极履职，整改落实存在问题。严格按照"区级总河长1年2巡、区级河长1年4巡、乡级河长1月1巡、村级河长15日1巡查"的巡河制度，全年开展区级河长巡河24人次，在巡河中发现的问题督办相关单位及时整改。巴宜区河流"一河一策"方案编制工作已经市、区两级审查，第三方编制单位已将审查的意见建议纳入方案编制，在2019年7月5日取得林芝市河长办同意出台的批复，并已征求各河长意见，同意出台。

【防汛抗旱】　2019年，巴宜区水利局积极开展汛前隐患排查工作，按照排查情况编制2019年除险加固方案，确保2019年安全度汛。积极与各乡镇、在建项目施工单位签订《2019年巴宜区防汛抗旱责任书》，落实防汛行政责任人和安全管理责任人，落实24小时防汛值班制度。积极储备防汛物资，库存物资有铁丝376圈、铅丝笼239卷、编织袋6.5万条。6月19—20日，举办巴宜区山洪灾害防治培训及山洪灾害防治预案演练工作，出动人员120人次，通过培训及演练，加强全区干部群众对山洪灾害防御知识的认识，提高防灾减灾意识。

（王林涛）

【机构领导】

局　　长

　　姜智勇

主任科员

　　张雪峰（5月免）

二级主任科员

　　达娃曲珍（女，藏族，5月任主任科员，11月套转）

副局长

　　吉　　宗（女，藏族，6月免）

　　蒋　　海（5月任）

水利服务站副站长

　　罗布扎西（藏族）

四级主任科员

　　晋美多吉（6月套转）

副主任科员

　　蒋　　海（5月免）

林芝市生态环境局巴宜区分局

【概况】　2019年，林芝市生态环境局巴宜区分局坚持以生态创建为载体，以环境保护考核为契机，以环境监测数据为依据，以严格的环境监管为手段，以强化环保队伍为保障，做好巴宜区生态环境保护和污染防治工作。2019年5月，巴宜区机构改革，不再保留巴宜区环境保护局，组建林芝市生态环境局巴宜区分局，作为林芝市生态环境局的派出机构，共有干部职工15名，其中副县级领导1名，正科级领导1名，副科5名，科员6名，机关工人1名，公益性岗位1名。

【履行生态环保职责】 2019年，林芝市生态环境局巴宜区分局先后多次向各乡镇、各单位转发《中共林芝巴宜区委员会办公室关于转发〈林芝市各级党委、政府及有关部门环境保护工作职责规定〉的通知》，根据职能分工多次向林业、国土、住建等部门发函加强国有土地、自然保护区等行业监管力度，督促全区各部门深入掌握落实行业生态环保职责。巴宜区政府各部门单位严格对照《关于转发林芝市各级党委、政府及有关部门环境保护工作职责规定》的通知要求，提交了2019年上半年落实环境保护工作职责总结和2019年生态环境保护工作计划，建立起政府属地管理、各相关部门齐抓共管的工作机制。

【推进生态创建】 巴宜区自2012年生态创建工作开展以来，51个行政村获得自治区级生态村命名，6个乡镇获得自治区级生态乡镇命名，先后获得自治区级和国家级生态文明示范区命名，此项工作走在全区前列。2019年，林芝生态环境局巴宜区分局完成巴宜区10个行政村申报自治区级生态村工作，10月自治区生态创建复核组对10个村进行现场复核工作。同时，根据《西藏自治区人民政府办公厅关于印发西藏自治区生态保护红线划定工作方案的通知》文件要求，通过印发方案、成立领导小组、召开多次协调会等工作方式，顺利将《巴宜区生态红线初步划定方案》上报至生态环境部，待批复后开展勘界定标工作。

【生态环境保护宣传】 2019年，林芝生态环境局巴宜区分局将生态文明建设和环境保护决策的相关内容上交至区委宣传部，由区委宣传部制定了《年度巴宜区委理论中心组学习计划表》，在区委常委会和政府常务会等重要会议上传达学习生态文明建设重要讲话、重大决策部署及相关法律法规和政策性文件。制定《环保相关法律法规资料汇编》，呈送区政府主要领导及相关部门学习。区整改办向各相关单位发函，要求各单位制定学习计划，贯彻生态文明建设重要讲话、重大决策部署及相关法律法规和政策性文件精神。采取形式多样、内容丰富、覆盖范围广的宣传方式，结合综治宣传月等相关主题活动，为群众讲解了《中华人民共和国环境保护法》《新环保法》《中华人民共和国大气污染防治法》《环境环保知识宣传手册》等基本的环境保护法律法规，增强群众环境保护意识，同时拓宽宣传渠道，设立巴宜环境保护微信公众号，通过在微信公众号发布信息的形式向广大群众进行宣传，发布信息的内容包括日常环境监察开展的重点工作、重点领域开展专项整治行动的工作开展情况、如何办理环境影响评价程序以及环保法

2019年11月4日，巴宜区委副书记、政府区长严世钦（左一）在林芝市生态环境局巴宜区分局档案室检查指导工作

律法规等内容。以支部联席会议形式,以党建促业务,并组织人员到巴宜区7个乡(镇)开展环保工作座谈会议,探讨基层环保工作开展方式。联合国土、林业等部门开展"美丽中国 我是行动者"生态环保倡议活动,在米瑞乡12个行政村逐村开展环保法律集中宣讲,提议全民参与生态环境保护,共享"绿水青山"。结合"6·5"世界环境日,通过集中宣传、深入企业、单位等方式方法宣传相关法律法规和环保知识。针对性地开展专项宣传活动,克服西藏自治区固废工作起步晚、基础设施不健全、专业技术人员缺乏等问题,逐步健全完善固废收集特别是危险废物的管理,在巴宜区辖内汽修行业内开展危险废物相关法律法规、技术规范的宣传教育,分发相关宣传册,并现场指导汽修厂规范暂存、转运废矿物油。

【污染防治】 巴宜区经济发展以第三产业为主,环境受工业污染较少,开发强度较小,工业大气污染物排放少,辖内不存在重污染企业,主要大气污染物源为建筑工地扬尘及交通尾气排放,辖内重点污染源监控企业均为水污染防治类型企业。为规范辖内构建产业和物流产业,巴宜区人民政府筹划的巴宜区构建产业园区和物流园正在建设中,园区建成后将整合辖内构建生态企业及物流企业统一管理。

为保障巴宜区环境质量持续保持良好态势,贯彻落实《水污

2019年2月18日,巴宜区政府副区长次欧(右二),市国土局、市政局、巴宜区政府办、国土局、环保局、综合执法局相关人员一行在巴宜区范围内拉林高速沿线国有储备地进行现场督查检查,对发现环境卫生问题要求涉及单位现场清理

染防治行动计划》,保障水环境安全,巴宜区于2016年3月与林芝市人民政府签订《林芝市巴宜区水污染防治目标责任书》,于2019年年初制定《巴宜区环境质量监测方案》,实施内容包含空气、水及土壤的环境质量监测,委托第三方监测机构对辖区内尼洋河上游500米、下游1000米、林芝米瑞3处地表水断面及林芝镇嘎拉村、百巴镇色贡村、更章门巴民族乡白玛店村等9处村级环境质量点和八一镇一水厂、二水厂2处集中式生活饮用水水源地进行监测,并依靠自动监测站对市环保局、市人民医院2处空气监测点位进行全面监测,监测报告显示巴宜区环境质量保持稳定态势,水、大气、土壤环境达标率均为100%。

【日常环境执法】 提升项目环评管理水平。2019年,林芝生态环

境局巴宜区分局按照国家环境保护相关法律、法规,结合产业规划,严把环评准入门槛,严令禁止"十五小"(小造纸、小制革、小染料、土炼焦、土炼硫、土炼砷、土炼汞、土炼铅锌、土炼油、土选金、小农药、小电镀、土法生产石棉制品、土法生产放射性制品、小漂染企业)"新五小"(小水泥、小火电、小炼油、小煤矿、小钢铁)项目、"三高"(高污染、高耗能、高排放)企业和项目的落地实施,从源头上杜绝重污染、高排放的项目落地。自2017年西藏自治区建设项目环境影响评价登记表由审批制转变为网上填报备案制以来,根据西藏自治区生态环境保护厅网站建设项目环境影响登记表备案系统,2019年共备案347份。

延伸环境监管触角。修订完善《林芝市巴宜区环境网格化监管方案》,形成了区、乡镇、行政村三级环境保护网格化监管体系,

明确各级网格和政府各部门在环境保护监管工作中的实施主体和监管主体职责。同时为各村配备环境保洁员、环境监督员、水源地保护员371名，并多次深入基层调研生态岗位履职情况，有效拓宽环境监管触角，确保环境监管不留死角、不留盲区、不留隐患的"三个不留"工作目标。

提高环境执法力度。以辖区内重点污染源企业和拉林公路、铁路等国家重点建设项目为重点，以中央环保督察和自治区环保督察为契机，加大环境执法力度，加强企业"三同时"（建设项目中环境保护设施必须与主体工程同时设计、同时施工、同时投产使用）制度落实和建设项目后期生态恢复情况的监管督查。区环境执法队伍持续保持环境监察高压态势，开展环境执法"双随机"抽查，逐步加强执法力度与频次。2019年，重点对87家产生危险废物（主要为废矿物油）的汽修厂、5家私人医院和巴宜区卫生服务中心射线装置使用单位、水洗厂，以及其他重点领域企业开展检查工作，共开展检查193次，出动人员450余人次、车辆193次。接到"12369"环保举报热线投诉73件，处理73件，处理率为100%。

【城乡环境综合整治】 2019年，林芝生态环境局巴宜区分局联合相关部门积极开展城乡环境综合整治专项行动，把重点道路环境卫生纳入方案作为督导检查内容，区委、区政府领导亲自率领区委办、区政府督查、区纪委、组织、

宣传、统战、政法、环保等部门组织人员开展督查工作，共出动人员20余人次，车辆2台次，发现环境卫生整治问题已及时反馈并督促整改落实。同时建立《318国道、306省道等主要干道沿线和重点旅游景区环境整治工作检查台账》，开展常规环境整治巡查60余次，出动人员150余人次，车辆40余台次，重点对重要活动开展范围和各乡镇的道路沿线、村庄周边环境卫生整治情况进行实地督促检查，先后梳理出整改落实事项30项，通过实地、电话、微信督办等方式即查即改，均已整改完成，重点路段、景区景点环境卫生状况良好。

巴宜区与西藏林芝志远环保科技有限公司签订《西藏林芝市巴宜区乡镇垃圾清运托管合同》，实行"村、乡收集—区运输—市处理"的生活垃圾处理模式，在重点道路沿线、景区景点，设立56个

垃圾清运点，每日开展生活垃圾清运工作，全年该公司清运垃圾304次，出动车辆608台次，行驶里程100320公里，清运垃圾4600余吨。

巴宜区交通局积极与市公路局沟通协调，组织公路养护班"道班"工作人员多次对318国道鲁朗至百巴镇沿线进行环境卫生整治，并大力维护辖区道路安全，提高了道路卫生水平和道路安全。

以"党员活动日""四讲四爱""两学一做"等活动为契机，318国道沿线各驻村（居）工作队组织农牧民群众或农牧民群众自发开展环境卫生整治活动，沿线共45个村（居）每周至少打扫2次，每次各村至少出动15人。2019年，各村开展环境卫生整治3150余场次，出动人员21.26万余人次，清理垃圾80余吨。

【排查辖区内排污企业】 2019

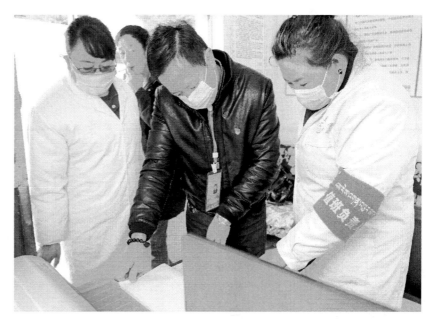

2019年3月20日，巴宜区环境监察大队队长黄子舰（右二）随机对林芝市医疗废物处置中心进行现场检查，主要检查林芝市医疗废物处置中心运行、台账登记、污水处理设施运行、处理过程在线监控运行、五联单填写、监测工作开展情况

年,巴宜区对辖区内酒制造、畜禽养殖、锅炉、家具制造、乳制品制造等5个行业进行排查,排查结果如下:酒制造行业,巴宜区只有西藏天禾啤酒有限公司,该公司已填写排污许可证系统,已将系统信息提交,处于审核中;畜禽养殖行业,嘎玛养殖场和林芝银丰农牧科技有限公司2家公司均实现零排放,暂不需办理排污许可证;对辖区内有锅炉企业进行排查,30余家洗浴行业都属于个体,只有3家洗涤厂属于企业,分别为巴宜区八一镇洁净水洗厂、强强水洗厂、西藏林芝圣洁布草洗服务有限公司,3家公司已委托第三方进行排污许可系统填写工作;家具行业为林芝市壹木坊家具有限公司,该公司已在网上填写排污许可证系统,已将系统信息提交,处于审核中;乳制品行业为西藏林芝市贡布乳业有限公司,该公司已在网上填写排污许可证系统,已将系统信息提交,处于等待审核中。

【落实环保督察整改事项】 2019年,巴宜区为贯彻落实中央、自治区生态环境保护督察组反馈问题整改工作,区委、区政府主要领导亲自过问,把中央环保督察整改工作作为重大政治任务来抓,对照整改清单所列问题,照单全收,坚持即知即改、立行立改、边督边改,按照"条条要整改、件件有着落"原则紧盯整改目标,做到"件件有着落、事事有回音",切实推进环保督察反馈问题全面彻底整改。梳理出涉及巴宜区的31大

项91小项整改任务,成立以党政主要领导牵头,16名县级领导参与的环境保护督察整改领导小组,全年召开8次会议,研究部署整改工作,区委、区政府领导10次深入实地督导检查,协调推进反馈问题整改落实,截至2019年底,巴宜区应完成中央环保督察反馈问题整改任务91项,实际已完成79项,12项整改任务达到序时进度需长期坚持,逾期未完成的0项;应完成自治区环保督察反馈问题整改任务14小项,其中12项问题已经完成整改,2项整改问题进展达到序时进度,其中由巴宜区牵头重点整改的任务"八及曲流域水电开发综合整治与生态恢复整改任务"及"以形式主义应对中央环保督察组转办案件整改任务"已经完成整改并销号。

(黄斯琪)

【机构领导】

党支部书记、局长、四级调研员
　　格桑扎西(藏族,11月套转)
党支部副书记、二级主任科员
　　宗　　吉(女,藏族,6月套转)
纪检书记、副局长、环境监察大队队长
　　黄子舰
组织委员、副局长
　　泽仁翁姆(女,藏族)
宣传委员、环境监察大队副队长
　　温　荃
四级主任科员
　　德吉央拉(女,藏族)
　　王建祯(11月任)

巴宜区交通运输局

【概况】 2019年,全区通车里程1048.1公里,其中国道318线223公里,省道45公里,境内道路总里程694.186公里,67个行政村中完成硬化通达的有63个行政村,行政村硬化率达94%。2019年,巴宜区交通运输局共有干部职工15名,公益性岗位1名。拥有1辆公共用车,1台装载机及1台翻斗车(为养护公路配备)。

【农村公路建设】 2019年5月,总投资94.18万元的八一镇多布村恰巴自然村至牧场公路新建工程完工,按照四级公路标准硬化里程0.584公里。6月,八一镇巴吉村至物流园道路改建工程已完工,改进水泥路面1.395公里。7月,总投资1767.95万元的八一镇加乃村大桥新建工程已完工,跨度189米。

【公路养护】 2019年,巴宜区公路养护工程共7个,投入资金2886973万元。养护项目为百巴镇八扎线拉格村至洛东村段水毁修复工程,投入资金759628元;百巴镇百巴村道路维修工程,投入资金208186元;米瑞乡麦娘麦村道路维修工程,投入资金356552元;布久乡简切村道路养护工程,投入资金455148.27元;林芝镇至米瑞乡公路养护工程,投入资金452573.5元;百巴镇嘎吉村道路养护工程,投入资金436526.67元;百巴镇色贡村至

2019年7月1日，巴宜区政府副区长尼玛次仁（后排左五），区交通局局长贡嘎（右三）参加八一镇加乃桥开通仪式

拉格村道路养护工程，投入资金627988元。

【运管工作】 2019年，在巴宜区委、区政府大力支持下，巴宜区城市建设投资开发有限责任公司根据工作实际情况，构建产权清断、管理科学、经营规范、服务优质、健康可持续发展的班线客运管理体系，成立子公司林芝市巴宜区诚和天下公路旅客运输有限责任公司，顺利完成班线客运改革工作，已通线路6条，26辆客运车实现在线运营。

【公路法律法规宣传】 2019年，巴宜区交通运输局不断提高宣传范围，丰富和创新宣传方式，在各乡镇组织宣传以"爱路护路"为主题的宣传活动，发放《西藏自治区公路条例》《道路运输管理条例》《中华人民共和国交通部令》《路政管理条例》等宣传材料600余册。通过宣传，辖区农牧民群众"爱路护路"意识、法律法规意识有了显著提高。

（普布扎西）

【机构领导】

局　长、四级调研员
　　贡　　嘎（藏族）
二级主任科员
　　龚建君（6月套转）
　　德　　吉（女，藏族，6月套转）
副局长、三级主任科员
　　杨雪莲（女，藏族，11月免去副局长，11月任三级主任科员）
副局长
　　杨和军
四级主任科员
　　普布扎西（藏族，6月套转）

巴宜区商务局

【概况】 2019年，巴宜区社会消费品零售总额完成33.4亿元，同比增长15%。商务领域监管15个加油站（中石油加油站9个，分别为阳光加油站、东郊加油站、滨河加油站、尼洋加油站、巴吉加油站、雪域加油站、百巴服务站（北）、百巴服务站（南）、鲁朗加油站；私人加油站6个，分别为珠峰加油站、林宏加油站、二侨加油站、鑫源加油站、鑫华加油站、金牛加油站，辖区私人加油站共销售汽油2910吨、柴油3241.9吨），4个超市（嘉瑞超市、大原超市、惠好超市、百益超市），2个农贸市场（新城农贸市场、珠江农贸市场）和1家报废汽车回收企业（豫堂报废汽车拆解回收利用有限公司）。

【商贸流通】 2019年，巴宜区举办冬季"稳市场促旅游惠民生"活动，区商务局与区文旅局、市场监管局联合进行巡街检查工作，主要负责德吉路、广州大道、滨河路、广福路4条街道，前期共有188户商铺参与活动，由于部分商铺未正常营业最终确定满足活动条件商铺为178户。积极发挥特色产品展销作用，组织相关合作社、企业、个体商户参加2019年桃花节、雅江节展销会等展会活动，桃花节参展企业24家，3天销售额达279000.4元，参与人数4万余人次，雅鲁藏布文化旅游节参展企业9家，11天销售额达80万元，参与人数5万余人次。认真落实商贸领域安全生产工作，全年开展商贸领域安全生产检查50余次，发现并督促整改完成安全隐患16处。

【市场监测】 2019年,区商务局在各节假日期间,指定专人负责,对辖区加油站、超市、农贸市场的生活必需品库存状况进行监测,确保全区肉类、蔬菜、蛋品、奶制品、边销茶和卫生清洁用品等生活必需品市场供应稳定,防治商品脱销、滞销的现象发生。针对"非洲猪瘟"问题,及时启动特殊时期日监测机制,全力确保市场稳定。

【脱贫攻坚】 2019年,区商务局认真落实商务领域脱贫攻坚职责,积极组织企业参加5月7日—11日在广东、深圳两地2019年广东—西藏(林芝)"消费援藏"暨招商推介交流活动,签订合同类项目3个,累计签约金额17318万元,签订意向类项目5个,累计签约金额513756万元。凭借"扶贫832"平台(贫困地区网络销售平台),着力拓宽贫困地区农副产品销售渠道,带动建档立卡、帮助贫困人口实现增收,鼓励动员各级预算单位带头参与消费扶贫,助力打赢脱贫攻坚战,2019年底共有8家企业申请,其中1家企业被驳回,1家企业产品已上架。

【电子商务】 2019年,巴宜区电商平台员工共7人,其中林芝籍大学生4人,退伍军人2人,平台已成功入驻20余家农牧民合作社及当地企业,电商平台通过淘宝网、农行e管家、微店等网络平台成交金额达200万余元,为提振巴宜区特色产业发展起到有效助推作用。5月,向上级部门提交《林芝市巴宜区争创电子商务进农村综合示范县(区)》材料,将电商进农村与脱贫攻坚、畅通农产品流通、供销社改革紧密结合,进一步健全农牧区商贸流通体系。

【供销合作社】 2019年,区商务局根据《中共林芝市委员会 林芝市人民政府关于印发〈林芝市供销合作社综合改革实施方案〉的通知》文件规定,向区委编制办公室提交了《关于林芝市巴宜区供销合作社主要职责和人员编制方案的请示》,后续将积极按照编办安排要求推进相关事宜。

【招商引资】 2019年,巴宜区招商引资项目共17个,其中续建项目14个,分别为:巴宜区云景公寓二期建设项目、巴宜区祥发藏居苑酒店式公寓建设项目、林芝市耀辉商贸城项目、巴宜区宏盛华府A项目建设项目、巴宜区藏行基地建设项目、巴宜区通麦村无公害蔬菜基地建设项目、巴宜区林源时代广场工程建设项目、林芝市东阳光国际大饭店建设项目、巴宜区东阳光系列建设项目(拉丁嘎景区、冬茹村学术报告厅项目)、巴宜区米瑞果蔬生产基地建设项目、巴宜区工布花谷种植建设项目、巴宜区藏香猪生态养殖基地建设项目、巴宜区巴吉村物流园建设项目、屠宰及冷冻厂建设项目);新建项目3个(巴宜区锦铂物流园建设项目、巴宜区林芝90万吨粉磨站建设项目、利源公寓项目),概算投资约34.57亿元(其中续建项目概算投资约31.57亿元,新建项目概算投资约3亿元),2019年底累计到位资金6.05亿元。

组织辖区招商引资企业、农牧民合作社、名优企业参加第十七届桃花旅游文化节特色产品展示活动,大力宣传巴宜区招商

2019年10月17日,巴宜区商务局组织企业、合作社参加全国"扶贫日"脱贫攻坚产品成果展,着力拓宽贫困地区农副产品销售渠道,带动建档立卡、帮助贫困人口实现增收。图为西藏自治区人大常委会副主任、林芝市委书记马升昌(前排左四)一行在全国"扶贫日"脱贫攻坚产品成果展巴宜区展区参观

引资重点项目、优势资源、投资环境、优惠政策等,会上签订4个项目(包括合同签约项目2个、意向签约项目2个),协议金额共17074万元。9月26日,组织企业参加2019年西藏林芝雅鲁藏布文化旅游节暨第十五届林芝市投资贸易洽谈会,共签约2个巴宜区招商引资项目,总签约金额15000万元,包括合同类项目1个,签约金额12000万元,意向类项目1个,签约金额3000万元。

招商引资项目库建设方面牢固树立"发展靠产业、产业靠项目、项目靠招商"理念,以做大做强优势产业链为突破口,结合区域发展现状,立足优势资源,建立健全招商引资项目3个,分别为多布湖景区开发项目、工布原乡文化旅游景区项目、林芝镇特色小城镇商业街项目,总投资概算4.7亿元。

【环保督察整改】 2019年,区商务局贯彻落实《关于加快推进林芝市加油站油气回收及双层罐防渗改造工作的通知》,狠抓辖区私人加油站进行改造升级工作,原有的5家私人加油站已按规定要求安装了油气回收装置、改换双层罐体或建设防渗池,新建的2家私人加油站也按照环保标准提升相关设施。豫堂废旧再生利用有限公司于2019年9月完成新场地建设,经市、县(区)两级相关部门验收通过后,于2019年12月经自治区商务厅批准试运营3个月。

(曲　婷)

2019年巴宜区成品油市场运行监测报表

填表单位:林芝市巴宜区商务局　　　　填表时间:2019年12月25日　　　　单位:吨

成品油采购情况			成品油销售情况			成品油库存情况			备注
汽油	柴油	合计	汽油	柴油	合计	汽油	柴油	合计	
130	177	307	153.8	156.5	310.3	283.2	338.5	621.7	1月份
308	298	606	336	327	352.7	296	284	580	1—2月份
495	456	951	539.3	545.2	1084.5	288.7	208.7	497.4	1—3月份
713	773	1486	786	800.9	1586.9	260	275	535	1—4月份
961	1148	2019	1020	1177.9	2197.5	274	273	547	1—5月份
1234	1437	2671	1304	1522.9	2826.9	263	233	496	1—6月份
1581	1694	3275	1654	1788.9	3442.9	266	218	484	1—7月份
1822	2016	3838	1940	2082.9	4022.9	274	243	521	1—8月份
2089	2367	4456	2232	2424.9	4656.9	280	253	533	1—9月份
2314	2598	4912	2444	2687.9	5131.9	294	276	570	1—10月份
2593	2835	5428	2663	2941.9	5604.9	300	231	531	1—11月份
2754	3088	5042	2910	3241.9	6151.9	245	251	496	1—12月份

【机构领导】
局　长
　　王　　宝
二级主任科员
　　丹　　增（藏族，6月套转）
副局长、三级主任科员
　　李　　垚（12月任）
副局长
　　尼玛仓决（女，藏族，5月免）
　　林 园 园（女，8月免）
　　卓嘎曲措（女，藏族，5月任）
四级主任科员
　　罗 洪 前（6月套转）

巴宜区扶贫开发办公室

【概况】 年内，巴宜区扶贫开发办公室严格按照区委、区政府关于打赢脱贫攻坚战、巩固脱贫成效的决策部署，始终坚持把打赢脱贫攻坚战作为头等大事和第一民生工程，按照"摘帽不摘责任、摘帽不摘政策、摘帽不摘帮扶、摘帽不摘监管"的要求和"巩固清零成果、缩小收入差距、促进共同富裕"的定位，以"钉钉子"的精神和"绣花"的功夫，摸清重点巩固对象及其产业发展需求，量身定做巩固提升措施，扎实推进巩固提升工作。2016—2019年，全区退出贫困村67个，583户1621人实现脱贫，实现了贫困户的"动态清零"。2019年，巴宜区扶贫开发办公室共有干部职工12名，其中正科2名，副科3名，科员5名，工人1名，公益性岗位1名。

【党建工作】 2019年，区扶贫办以"不忘初心、牢记使命"主题教育为有效载体，不断强化党组织凝聚力、战斗力。以坚持党建引领、巩固脱贫攻坚成效为抓手，进一步夯实党建工作在脱贫攻坚工作中的引领作用。以提升和巩固组织力建设为契机，严格落实组织生活制度，把建强组织建设作为带动群众脱贫致富的战斗堡垒。

【阵地建设】 2019年，区扶贫办不断改善办公活动场所条件，配齐配全基础设施，改善硬件条件，明确职责分工，建立完善相关制度，确保实现功能齐全的阵地场所。为加强脱贫攻坚工作有序推进，成立9个扶贫专项组，各乡镇均设立扶贫专班，进一步充实基层扶贫专干队伍。

【脱贫攻坚】 2019年，区扶贫办紧紧围绕脱贫摘帽和巩固提升中心任务，不断健全完善脱贫攻坚指挥体系、责任体系、工作体系、宣传体系、督查体系和奖惩体系"六大体系"，确保扶贫工作全面进步、全面过硬。坚持精准落实政策，坚决做到脱贫工作务实、脱贫过程扎实、脱贫结果真实，制订《巴宜区全面巩固提升脱贫成果实施方案》《精准扶贫项目后续管理办法》，摸清重点巩固对象及其产业发展需求，量身定做巩固提升措施，扎实推进巩固提升工作。坚持在"精、准、严、实、细"上狠下功夫，持续加大资金统筹整合力度，不断强化扶贫举措与行业政策横向衔接。

【脱贫攻坚工作会议】 2019年2月，巴宜区召开脱贫攻坚工作会议，巴宜区四大班子在岗领导出席会议，各乡镇（街道）、区直各单位主要负责人参加会议。区委副书记、区人大常委会主任达瓦主持会议。会议安排部署了2019年脱贫攻坚重点工作并通报扶贫产业项目责任分工。区委常委、政府常务副区长向军通报了《巴宜区关于成立中央第三巡视组脱贫攻坚专项巡视反馈意见整改工作领导小组的通知》《中共林芝市巴宜区委员会关于落实中央第三巡视组脱贫攻坚专项巡视反馈意见的整改方案》《关于调整充实林芝市巴宜区扶贫开发工作领导小组和脱贫攻坚指挥部》等文件精神。会议要求，要做好各类监督检查扶贫领域问题整改落实工作，各部门要以此次巡视反馈问题整改为契机，深查细照、对标对表、自查自纠、主动认领，高标准、严要求，以问题为导向思考谋划巩固成效对策措施，聚焦精准方略、政策落实、产业扶贫、智志双扶、作风转变、基层党建等方面抓好各类监督检查扶贫领域问题整改落实工作；要做好未脱贫建档立卡户脱贫工作，在年内完成全区剩余未脱贫人口清零工作；要通过扎实推进扶贫产业项目建设、深入实施各类保障性政策扶贫，做好已脱贫建档立卡贫困户巩固提升工作。

2019年12月22日，巴宜区在北门二楼会议室召开脱贫攻坚工作总结推进会。区委书记米次出席会议，区委副书记、政府区长

2019年11月18日，巴宜区委书记米次（右三）在区扶贫办调研脱贫攻坚工作

严世钦主持会议。区四大班子在岗领导、各乡镇、区直各部门主要负责人参加会议。米次在总结讲话中指出，2016—2019年，各级各部门以脱贫攻坚总揽经济社会发展全局，扎实工作，奋力攻坚，城乡面貌变化巨大，发展质量日渐提升，农牧民增收持续提升，较好地打赢了脱贫攻坚战。米次要求全区上下坚持把学习贯彻习近平总书记关于扶贫工作的重要论述引向深入、落到实处，始终聚焦脱贫攻坚巩固提升，严格落实"四个不摘"的政治要求，工作再加压、政策再落实、基础再提质、作风再转变，全力以赴巩固脱贫攻坚成果，提升脱贫质量。

【业务培训】　2019年9月23日，林芝市脱贫攻坚指挥部政策宣讲第一组在巴宜区开展政策培训，区脱贫攻坚各专项组、各乡镇扶贫专干、各村第一支部书记、驻村工作队队长共84人参加此次培训。此次培训主要内容为学习习近平新时代中国特色社会主义思想、习近平总书记关于扶贫工作的重要论述、中央和自治区关于脱贫攻坚的决策部署及与脱贫攻坚密切相关的教育、医疗、社会保障、转移就业、易地扶贫搬迁、生态岗位、产业项目、扶贫资金等方面政策法规。为检验此次培训成果，确保参培学员将所学政策知识运用到日常工作中去，组织参加培训人员进行理论测试，通过测试，平均分值80分以上，达到了培训的目的。

（郑小明）

【机构领导】
党组书记、主任
　吕 铁 柱
党组副书记、二级主任科员
　巴桑顿珠（藏族）
副主任
　周 红 燕（女，6月免）
　白玛卓玛（女，藏族）

谭　兵（6月任）
四级主任科员
　彭　彬（6月套转）
　梁 超 君（1月任副主任科员，6月套转）

巴宜区市场监督管理局

【概况】　2019年3月21日，由原工商行政管理局、食品药品监督管理局整合而成的林芝市巴宜区市场监督管理局挂牌成立。4月1日，原食药局整体搬入新挂牌成立的巴宜区市场监管局，完成人员、档案、办公设备、车辆等各项交接工作。通过业务交流和职能融合，逐步实现了市场行为中从生产到流通、到交易的全面监管。2019年底，区市监局实有干部32名。下设4个工商所，分别为珠江路工商所、珠海路工商所、塔布路工商所、鲁朗工商所。

【商事制度改革】　2019年，区市监局积极把商事制度改革作为推进简政放权、放管结合、优化服务改革的重要抓手，继续推行企业"多证合一、一照一码"和"先照后证"登记制度改革。于全国同步推进"证照分离改革"工作，对第一批106项涉企行政审批事项分别按照直接取消、审批改为备案、实行告知承诺、优化准入服务等四种方式落实"证照分离"改革，切实解决市场主体的准入不准营问题。大力实施"互联网＋政务"服务工作，探索创新企业登记全程电子化改革试点，逐步实

2019年3月21日，林芝市巴宜区市场监督管理局举行揭牌仪式

现市场主体不出门网上办理工商登记。召集相关单位推行企业简易注销登记改革，提升企业注册登记便利性及市场退出效率。优化营商环境，促进市场快速增长，2019年底，辖区共有各类市场主体8498户，注册资本(金)1249850.46万元。

【市场监管】 2018年，巴宜区完成企业年报公示工作，应年报7208户，完成年报5979户，完成率82.95%。2019年，区市监局开展各类检查活动38次，检查市场主体278户次，查办各类案件6件，案值4.97万元，罚没金额1.87万元。积极开展打击传销与规范直销工作及无传销示范点复查和创建工作，对辖区已设立的9个无传销示范点进行复查，并新创建"无传销乡镇"1个。持续开展非洲猪瘟防控工作，与各类食品经营企业签订非洲猪瘟告知书和承诺书800余份。做好年度"桃花节"食品安全保障和周边市场监管工作，检查摊位60余户，下达责令整改6份。开展农村假冒伪劣食品专项整治工作，清理各类过期食品80余包/袋。开展学校及校园周边食品安全检查工作，取缔百巴镇学校内外小商店4家。开展食品安全抽检和快检车抽检工作，快检车共开展各类项目快检110批次。开展食品加工小作坊监管工作，下达责令改正通知书8份。开展火锅底料备案工作，对巴宜区21家火锅类餐饮企业开展了"火锅底料备案"暨食品安全培训工作。开展保健市场专项整治"百日行动"，对辖区各类保健类市场主体进行登记备案，为下一步的倒查工作打好基础。根据市食安办《关于在"不忘初心、牢记使命"主题教育中开展整治食品安全问题联合行动的通知》要求，对校园周边食品安全问题、食品经营许可资质不全问题、虚假广告问题等进行重点整治。开展大庆期间系列节前检查工作，重点对餐饮、物价、燃气、安全生产等领域进行了"全面体检"。根据自治区和林芝市双随机工作的有关要求，对辖区范围内的700余家抽查对象开展"双随机、一公开"监管工作，2019年底已全部完成抽查及录入工作。

2019年9月18日，巴宜区市场监督管理局支部主题党日活动——慰问三岩片区搬迁户

【12315消费维权】 2019年，区市监局完善消费维权机制，提高消费维权效能，加强12315体系规范化建设工作，严格做好同全国12315互联网申诉举报平台和自治区12315指挥中心的对接工作，确保消费者申诉举报及时处理。利用"3.15消费者权益保护日"等各类宣传行动，加大宣传力度，引导消费者树立正确的消费观念，扩大消费维权工作影响力。全年共受理消费者申诉146件，调节成功117件、争议金额159.8万元、挽回经济损失142.87万元，调解成功率达80%。受理涉及食品类投诉11起，调查处理后回复9起、依照权限移交市局调查处理1起、立案1起。

【商标品牌战略】 2019年，区市监局加强知识产权宣传力度，营造"尊重知识、崇尚创新、诚信守法"的知识产权舆论氛围，牵头履行实施商标战略工作职责，深入推进实施商标品牌战略，积极营造有利于商标品牌发展的市场环境、法治环境。截至2019年底，辖区实有注册商标990件，其中新申请商标675件，成功注册商标355件。自治区著名商品2件（嘎玛、松茸），林芝市知名商标4件（康露、海氧、御麻、藏好），地理标志1件（林芝松茸）。

巴宜区辖区著名商标目录

序号	商标名称	注册证号	持有人	联系电话	著名商标批次	备注
1	嘎玛	3657203	米林农场	13989940753	第五批（2008年）	
2	林芝松茸	5096791	林芝地区松茸协会	13828477416	第九批（2015年）	

巴宜区辖区地理标志商标目录

序号	商标名称	持有人	联系方式	注册时间	备注
1	林芝松茸	林芝地区松茸协会	13828477416	2010.11.21	

巴宜区辖区知名商标企业目录

	申请人名称	商标名称	使用商品	类别	注册证号	注册时间
1	林芝市贡布乳业有限公司	康露	乳制品	29	6776483	2010.4.14
2	西藏和藤藏医药开发有限公司	海氧	药物饮料	5	3720480	2008.11
3	西藏和藤藏医药开发有限公司	御麻	植物、食用植物根	31	11730109	2014.4.14
4	西藏林芝阿姆拉食品有限公司	藏好	肉、鱼、肉罐头	29	8940628	2012.3.21

（杨建辉）

【机构领导】

区工商局党支部书记、局长
　　次仁帕珠（藏族，5月免）
区食药局党支部书记、局长
　　梁　萍（女，5月免）
区食药局党支部副书记、主任科员
　　顿珠江村（藏族，5月免）
区食药局副局长
　　韩晓燕（女，5月免）
　　索朗次仁（藏族，5月免）
区市监局党组书记、局长
　　次仁帕珠（藏族，5月任）
区市监局党组副书记、二级主任科员
　　顿珠江村（藏族，5月任党组副书记，6月套转）

区市监局党组成员、二级主任科员

　　米　　玛（女，藏族，5月任党组成员，6月套转）

区市监局党组成员、支部书记、副局长

　　韩　晓　燕（女，5月任）

区市监局党组成员、副局长

　　索朗次仁（藏族，5月任）

区市监局党支部副书记、四级主任科员

　　杨　建　辉（5月任党支部副书记，6月套转）

区市监局四级主任科员

　　刘　　飞（6月套转）

巴宜区退役军人事务局

【概况】　巴宜区退役军人事务局、巴宜区退役军人服务中心分别于2019年3月21日和5月28日挂牌成立，巴宜区退役军人事务局为人民政府组成部门，正科级建制，共有干部职工9名，机关行政编制3名，科级领导职数3名（不含兼职）。巴宜区退役军人服务中心，副科级建制，为巴宜区退役军人事务局所属的公益一类事业单位，核定事业编制2名，核定科级领导职数1名。

【党建工作】　巴宜区退役军人事务局党支部于2019年7月成立，马全清同志为党支部书记，负责党建、纪律检查和党风廉政工作。达永同志为党支部副书记，协助党支部书记开展各项工作。自党支部成立以来，始终坚持把思想政治工作作为党建工作的一项长期任务来抓，通过对《中国共产党章程》《中国共产党和国家机关基层组织工作条例》《中国共产党党员权利保障条例》《公民道德实施纲要》《领导干部廉洁从政若干准则》的学习和开展"不忘初心、牢记使命"主题教育活动，教育和引导党员干部职工树立正确的世界观、人生观和价值观，在工作中积极发挥党员模范带头作用，着力把思想和行动统一到区委重大决策部署上来，把学习着力点引发到贯彻落实区委、区政府所确定的目标任务上来，使每名党员都能以更高的激情、更好的作风、更有效的措施，精心谋划和组织实施好党建工作。

【业务工作】　退役军人及其他优抚对象信息采集工作。2019年，巴宜区退役军人事务局组织人员共采集退役军人及其他优抚对象信息857条，在信息采集过程中，为年老、行动不便的退役军人及其他优抚对象进行上门采集36人次。

开展"拥政爱民"专项活动。通过集中宣传优抚政策、协调驻地部队开展便民服务活动、军地文艺汇演、组织部分退役军人及现役军人家属代表参观林芝军分区军史馆等活动，积极营造"军民一家亲"的浓厚氛围，提升巴宜区双拥共建水平。

及时处理退役军人相关诉求。在退役军人及其他优抚对象信息采集过程中，收集整理部分退役军人在工作安置、伤残转接、退役后待遇等诉求16起。通过实地了解、查阅政策性文件、对接所属部队、协调相关部门、咨询上级业务部门等方式，已解决12起，2起转办市局，其余4起正在处理中，并做好相关的登记、建档工作。

烈士祭奠活动。以"清明节""烈士纪念日"祭奠活动为契

2019年7月28日，巴宜区籍退役军人组成"老兵足球队"，参加巴宜区纪委主办的"巴宜区首届男子八人制'清莲杯'足球赛"，并在比赛中荣获"体育道德风尚奖"

机,组织区直各部门党员、企业、驻地部队、退役军人、现役军人家属、共青团员、少先队员、城区街道代表、农牧民代表等 380 余人,在巴宜区烈士陵园举行祭奠革命先烈活动,弘扬爱国主义精神。

退役士兵接收、安置工作。全年共接收退役士兵 21 名,安置 2018 年退役士兵 1 名。

光荣牌悬挂、发放工作。4 月 24 日,举行退役军人及其他优抚对象光荣牌悬挂启动仪式,通过政府通告、微信等方式,告知退役军人及其他优抚对象领取光荣牌。在发放光荣牌期间,为部分行动不便的退役军人及重点优抚对象上门悬挂光荣牌 34 次,各乡镇、街道办事处派人上门悬挂 600 余块。

开展共建活动。7 月 28 日,组织退役军人组成"老兵足球队",参加巴宜区纪委主办的"巴宜区首届男子八人制'清莲杯'足球赛",并在比赛中取得较好成绩,荣获"体育道德风尚奖"。

（林治军）

【机构领导】
党组书记、局长、四级调研员
　　许科明（10 月套转）
党组成员、二级主任科员
　　马全清（5 月任主任科员,6
　　月套转）
党组成员、副局长
　　普　珍（女,藏族,5 月任）
　　达　永（女,藏族,5 月任）
党组成员、四级主任科员
　　林治军（5 月任副主任科员,6
　　月套转）

巴宜区卫生健康委员会

【概况】 2019 年,巴宜区卫生系统共有 10 个医疗机构（区卫生服务中心、藏医院、疾控中心、7 个乡（镇）卫生院）,村级卫生室正常开展工作的有 69 所,共 135 名村医（嘎吉村临时村医 1 名）,服务人口总数 17001 人,服务人口数最多是 589 人,服务人口最少的村有 64 人,平均每个村卫生室服务人口数为 246 人。巴宜区卫生健康委员共有行政编制 4 名,科级领导 4 名。

【党建工作】 2019 年,区卫健委坚持把党的建设工作贯穿整个卫生健康事业全过程,深入贯彻落实习近平总书记"没有全民小康,就没有全面小康"的指示精神,以党建统领,全面推动巴宜区卫生健康事业有序发展。将党建工作同业务工作有效融合,形成了党建业务双促进双发展的良好格

局。制定 2019 年党风廉政建设和反腐败工作计划、岗位廉政风险排查及防控措施细则,严格落实"三公经费"公开制度。结合政治理论学习,定期组织党员干部学习《廉政准则》、中央"八项规定"、自治区"约法十章"、"九项要求"等有关法规的学习。

【"不忘初心、牢记使命"主题教育】 2019 年,区卫健委及时召开动员部署会,制定学习计划和学习方案,对健康扶贫政策落实情况、农牧区医疗管理等工作开展调研,以"不忘初心、牢记使命"为主题,定期组织援藏专家及医务人员开展大型义诊和慰问帮扶活动,全年共义诊 600 余人次,发放慰问药品和生活物资价值 16000 元。

【医疗体系建设】 优化资源配置。2019 年,区委、区政府高度重视卫生健康工作,多次听取专题汇报,研究部署卫生健康工作,相

2019 年 10 月 17 日,巴宜区召开国家慢性病综合防控示范区考核评估座谈会

继出台《关于推进健康巴宜建设的意见》等相关文件，解决了区乡村三级医疗机构机制制度障碍，进一步明确各级医疗卫生单位功能定位。

推进紧密型医共体建设。巴宜区人民医院与林芝市人民医院签订"一体化医疗联合体"建设协议，积极推进"急缺药品采购、消毒供应、辅助检查"三大平台建设，把疑难杂症主动交由市人民医院处理，集中主要精力抓好常见病、多发病的诊疗治疗。2019年，巴宜区被自治区确定为新一批县域紧密型医共体试点县，区医改办及时制定《林芝市巴宜区紧密型医疗服务共同体建设》(征求意见稿)，并征求市卫健委和区委、区政府相关领导意见建议，待修改完善后将及时下发，正式启动巴宜区医共体建设工作。

"领头羊"能力不断提档升级。2017年，巴宜区政府投资1.7亿元实施区人民医院新建项目，建筑面积35091.22平方米，2019年已完成总工程量的98%，等待竣工验收，建成后将配备急诊科、麻醉科等30余个科室，有效提升巴宜区医疗服务水平。在援藏帮带和全体医务人员的共同努力下，2019年11月巴宜区人民医院顺利通过"二级乙等"医院终级评审。

基层卫生基础设施不断完善。巴宜区投资1034万元建成39个标准化村级卫生室，其余28个村级卫生室均达到"三室分离"(诊断室、治疗室、观察室分离)的标准。近年来，投资70余万元为67个村卫生室配备诊断床、输液椅、藏医药等医疗设备，所有村卫生室均能正常开展基础医疗卫生服务。2019年，投入200万余元对25个村级卫生室进行维修改造，持续巩固村级卫生事业健康发展。

【健康扶贫】 2019年，巴宜区共有健康扶贫对象359人(清退5人，死亡33人)，建档立卡以外重大疾病动态管理66人(死亡10人)，已发放"医疗联系卡"214张。全年共救助扶贫对象5152人次，发放救助资金1713.31万元，其中建档立卡户救助4970人次，救助资金930.81万元。救助动态管理人员182人次，发放救助金额782.5万元。持续推进家庭医生签约服务，引导当地群众合理有序就医，对重点人群开展家庭医生签约服务，全年家庭医生签约3940户17498人次，服务率达95%以上。组织35名医护人员分时分区域到易地搬迁安置点为157户919人建档立卡，免费发放药品和提供义务诊疗，发放药品价值5823元，同时通过政府垫资为12人进行住院治疗，垫付金额达13.89万元。

【医疗援藏】 2019年，按照国务院三级医院对口帮扶方案，解放军总医院第六医学中心选派2批14人、东莞市卫健局选派2批13人、东莞市医院选派3人对巴宜区卫生服务中心及藏医院开展结对帮扶，并签订"一带一"帮扶协议。在援藏专家的帮助下，区人民医院成功实施了第一例腹腔镜下阑尾切除术、第一例胆结石切除术、第一例无痛分娩，顺利完成42名白内障患者的手术。

【藏医药传承】 2019年，结合群众需求，区藏医院已分别建成国家级和自治区级名老藏医传承专家工作室2处，采用临床带教的方式培养9名跟师学徒。与鲁朗镇卫生院、扎西岗村卫生室、林芝镇卫生院、帮纳村卫生室签订相

2019年10月18日，巴宜区卫生健康委员会组织人员开展三岩搬迁义诊活动

2019年9月24日，巴宜区卫生健康委员会党员干部在林芝市公安局史馆参观学习

关帮扶协议，并分别支持2个乡镇卫生院10000元和2个村卫生室5000元的传承帮扶资金。2019年，在林芝市举办的"林芝市藏药材辨识大赛"中，区藏医院获得集体一等奖、个人一等奖和二等奖的好成绩。

【医疗人才培养】 2019年，区卫健委采用"请进来、走出去"的方式，按计划选派区人民医院、藏医院、乡镇卫生院、村医参加规范化培训、全科医生培训等技术性培训活动，累计培训2000余人次（其中培训134名村医并发放结业证书及上岗证），有效提升了医务工作者的文化水平和专业水平，营造了良好的学技术、争先进的工作学习环境。

【医疗品牌创建】 着眼"强"组织，多点发力促推进。2019年，巴宜区成立了以政府区长任组长的慢病综合示范区创建工作领导小组和创建健康促进区工作领导小组，先后制定《创建国家慢性非传染性疾病综合防控示范区工作实施方案》《巴宜区创建健康促进区"将健康融入所有政策"工作指导方案》等文件，明确工作任务、细化工作措施，形成了"政府主导、部门协助、动员社会、全民参与"的工作机制，同时配备专职联络人员60余人。全年共召开专题会、联络会14次，累计开展技术培训9次，开展技术指导9次。

围绕"聚"合力，主动作为搞建设。2019年，全区共建成90个健身活动场所，人均体育用地面积达2.4平方米，社区15分钟健身圈覆盖率实现100%。按照国家标准积极开展健康支持环境构建，累计建成9个健康单位、8所健康学校、8家健康食堂、27个健康村（居）、5家健康酒店；建成健康主题公园2个、健康步道2条、健康街区1条。全区医疗机构自助健康检测点覆盖率达100%。建成30余个非医疗机构自助健康检测点，覆盖率达32.39%。截至2019年底，全区居民经常性参加体育锻炼的比例达68.89%，创建无烟党政机关单位18家，投入资金87万元。

突出"重"管理，创新方式做示范。将慢性病管理和健康促进同信息技术相结合，投入专项资金30万元在4个乡镇建立高血压、糖尿病管理信息平台示范点，充分发挥现代信息技术平台在档案建立、指标检测、数据分析、跟踪随访等领域的引领作用。将慢性病诊疗与传统藏医相结合，结合藏医诊疗技术的独特优势，加大技术推广，不断推广藏医药社会影响。通过健康体检、首诊监测、早期筛查等多种方式开展人群慢性病筛查，将高血压、糖尿病等主要慢性病纳入健康管理。2019年，管理高血压病人1310人，糖尿病病人114人。国家慢病示范区于2019年10月通过国家慢性病综合防控示范区国家考评专家组考核评估，健康促进区于12月通过考核评估。

【医疗公共服务】 2019年，区卫健委继续实施母婴"三病筛查"工作，在各乡镇卫生院配备了"乙艾梅"快速检测设备，已全部投入使用，有效预防孕产妇及新生儿感染艾滋病、梅毒及乙肝病毒。全年巴宜区住院分娩率达99.4%，高危孕产妇住院分娩率达100%，孕产妇系统管理率达95%、农村妇女增补叶酸服用率83%、知晓率80%以上。严格落实传染病防治工作，坚持每月一次传染病疫情分析,及时掌握传染病发病情况,全年无甲类传染病报告。共对巴宜区儿童预防接种3117针次,完成了对昌都搬迁群众儿童疫苗补种工作,共接种疫苗49名。加强对结核病资料收集和管理工作,共登记管理结核病人93例,开展痰检614人次。地方病工作重点围绕鼠疫、碘缺乏病等疾病开展防治工作,全年完成狗血血清检测51份,在牧场开展监测4次,完成300户居民盐样检测,合格碘盐食用率为99.34%。认真落实艾滋病防治"四免一关怀"政策,2019年累计管理艾滋病人及感染者38例,同时开展不同人群性病、艾滋病检测干预工作,共检测2221人,干预2472人,HIV抗体阳性1例,梅毒抗体阳性42例(全部进行转介治疗)。积极做好卫生监测工作,完成30余份食品采样送检,完成生活饮用水采样送检42份,完成环境监测采样检测20份。

(洛桑拉姆)

【机构领导】

巴宜区卫生和计划生育委员会

主　任

　　许科明(5月免)

主任科员

　　高小杰(藏族,5月免)

副主任

　　巴桑央宗(女,藏族,5月免)

　　拉巴卓玛(女,藏族,5月免)

　　曹　萍(女,5月免)

副主任科员、米瑞乡吉定村第一书记

　　张兴昌(5月免)

医管办主任

　　仓　琼(女,藏族,5月免)

巴宜区卫生健康委员会

主　任

　　梁　萍(女,5月任)

二级主任科员

　　高小杰(藏族,6月套改)

副主任

　　李卫星(广东援藏)

　　巴桑央宗(女,藏族,11月套转)

　　曹　萍(11月免)

　　尼玛仓决(女,藏族)

四级主任科员

　　洛桑拉姆(女,藏族,5月任副主任科员,6月套转)

巴宜区卫生服务中心

【概况】　年内,巴宜区卫生服务中心在区委、区政府的坚强领导下,在区卫健委的正确指导下,在解放军总医院第六医学中心、东莞市卫健委的无私援助下,中心干部职工以饱满的工作热情,积极进取,开拓创新,坚持以党的十九大和十九届二中、三中、四中全会精神为指导,以"不忘初心、牢记使命"主题教育为契机,始终坚持"以病人为中心,以质量为核心"的医院宗旨,以等级医院创建、平安医院创建等活动为载体,管理上从严,工作上做实,不断强化内涵建设,取得较好的经济效益和社会效益,医院综合管理及服务能力再上新台阶。

区卫生服务中心位于巴宜区八一镇新区福州大道东段60号,2019年评定为"二级乙等综合医院"。中心占地面积5000平方米,建筑面积4500平方米。中心业务用房3800余平方米,设立床位30张。中心共有职工54名,其中专业技术人员47名。医生总数24名,其中副主任医师1名,主治医师7名,执业医师12名,助理医师5名。护士总数18名,其中中级职称5名,初级职称6名。

2019年7月7日,解放军总医院第六医学中心医务人员在巴宜区开展义诊活动

编制床位30张。设立科室有内科、儿科、妇产科、外科、口腔科、发热门诊、检验科、超声科、放射科、妇保站、住院部、康复科、内镜室、手术室等16个科室。

【医德医风及行风建设】 2019年，区卫生服务中心严格落实医疗核心制度和各项诊疗常规，从诊疗流程、首诊负责制、医疗质量督查、减轻患者负担、降低患者药费、合理检查、合理用药等方面进行规范和落实。通过医院各种会议、业务培训、病案分析、总结等方式反复强化制度落实，自觉遵守诊疗常规，天天强调，月月考核，年年总结，力求将医疗核心制度和各项诊疗常规贯穿于医疗活动中，使医务人员将制度和常规内化于心，外化于行。

【党建工作】 2019年，区卫生服务中心积极推进党务公开工作，培养入党积极分子2名，发展对象3名，按照"三个培养"方案，把1名党员技术骨干培养为中心后备干部。认真抓好十九大精神以及市、区全会精神的学习贯彻，用党的最新理论成果武装头脑，不断提高政治理论水平。组织党员到巴宜区敬老院开展送医、送药、送温暖活动，全年开展义务劳动、"不忘初心、牢记使命"系列活动共21场次。以理论学习中心组（11次）、支部学习（33次）等形式认真组织开展廉政教育活动，通过上廉政党课、观看警示教育片、参观警示教育基地、撰写心得体会等强化干部廉洁自律的思想认识。严格

落实《巴宜区卫生服务中心议事规则》，以职代会、院周会、主任办公会、党组会议等形式集中决策，坚决执行"三重一大"决策制度，将落实"三重一大"决策制度作为贯彻执行民主集中制、强化内部管理、加强中心党风廉政建设工作的重要举措，通过建立健全规章制度，不断完善监督管理体系，确保中心风清气正、廉洁高效。

【业务工作】 2019年，区卫生服务中心加强中层管理人员能力建设，不断提高执行力，发挥学科带头人作用，扩大业务范围，实现了技术水平与服务能力"双提升"。引进"PDCA"现代医院管理理念，建立完善18项核心制度，规范手术室、复苏室、麻醉科、药房等科室管理。为15例患者成功进行无痛胃镜检查，为临床诊断和治疗提供更有力的证据。在帮扶医院的指导下，医院妇产科开展了第一例无痛分娩术。口腔科独立

完成了复杂智齿拔除术、牙周刮治术等口腔诊疗技术。在援藏专家的帮助下，完成了医院首例腔镜下胆囊切除术、阑尾切除术，标志着中心的业务又迈上了一个新的台阶。解放军第六医学中心在区卫生服务中心开展为期8天的"光明行"活动，累计为42名患者解除了眼疾的困扰。2019年，医院门急诊人次13549人，住院人次696人，业务总收入5128099.9元，其中门诊收入1491136.04元，住院收入3636963.86元。

【"二级乙等"综合医院创建】 2019年，区卫生服务中心明确中心功能定位和发展目标，持续发力推进创建工作的开展，系统学习二乙综合医院评审标准，全院将分级管理的任务层层分解，做到人人头上有任务，个个肩上有压力，通过细化标准、强化责任意识、规范办事流程，推进医院管理的规范化、标准化、制度化建设。

2019年10月17日，东莞市人民医院援藏专家为巴宜区卫生服务中心医务人员进行品管圈培训，为医院成功创建二级乙等医院贡献力量

选派 2 批次骨干力量到东莞市人民医院就创建等级医院条款的内容进行深入学习,回来后进行一对一式的辅导,同时到兄弟医院(米林、波密、墨脱)参观学习,借鉴创级成果。11 月 12—13 日,中心顺利通过了林芝市卫健委专家评审组二级乙等医院终评审工作,市卫健委已经正式下文评定为二级乙等医院。

【健康体检】 根据《巴宜区人民政府办公室关于印发城乡居民暨在编僧尼免费健康体检工作方案的通知》精神,区卫生服务中心自 2019 年 9 月起,对全区 7 乡镇 67 个行政村 3581 户 19412 人进行全面的健康体检工作,体检率达 97%,完成学生健康体检 2661 人,体检率 100%,僧尼健康体检实现全覆盖。

【对口帮扶】 2019 年,区委、区政府召开对口帮扶工作座谈会 3 次,解放军总医院院长任国荃、第六医学中心主任田光、政委尹令名到巴宜区指导调研共 6 次(其中专家义诊 3 次),投入资金 400 余万元援助腹腔镜一台、急诊急救设备 3 套 55 件;东莞市卫健局、东莞市人民医院党委书记张亚林、院长蔡立民等到巴宜区指导调研 5 次。通过三地有效互动、沟通,有力助推了三级医院对口帮扶工作,解放军总医院第六医学中心援助成绩突出,获得“林芝市民族团结先进集体”殊荣。

3 月 27 日,巴宜区召开三级医院对口帮扶工作座谈会,会议由区委副书记、政府常务副区长陈涛主持。解放军总医院第六医学中心政委尹令名,东莞市卫生健康局副调研员申洪香,东莞市人民医院副院长周柯,林芝市卫生健康委党组副书记、主任王洪举,巴宜区委副书记、政府区长严世钦,区委常委、组织部长陈昌茂,巴宜区三级医院对口帮扶领导小组各成员单位负责人参会。座谈会上,解放军总医院第六医学中心、东莞市卫健委与巴宜区人民政府签署《对口帮扶意向书》,明确科帮带目标任务。2019 年,解放军总医院第六医学中心共派出援藏专家两批 14 人,东莞市卫健委派出专家两批 13 人,进驻中心开展技术和管理帮带,并与中心的 48 人次签订了“一对一”带教协议。援藏专家们带着真情实感,以高尚的医德、精湛的技术,投身于对口支援工作,开展了业务理论知识培训、危重患者抢救、心肺复苏实践培训考核、科室规范化建设、等级创建指导等工作。

通过“请进来、走出去”的方式,优化人才队伍,提高中心的业务能力与服务能力。同时,积极发挥“医联体”上联下接的作用,通过与市人民医院“医联体”建设内容,积极推进“急缺药品采购、消毒供应、辅助检查”三大平台建设,下联各乡镇卫生院就业务指导、人员培训等方面达成协作共识。分别建立与原海军总医院、东莞市人民医院、各乡镇卫生院专家会诊微信群,针对各乡镇、中心的疑难杂症进行远程指导。

(杜宇飞)

巴宜区卫生服务中心 2019 年度人员一览表

工作单位	姓名	性别	民族	参工时间	职称/职务	备注
巴宜区卫生服务中心	梁俊	女	汉族	1995.7	中级	中心主任
巴宜区卫生服务中心	李月琴	女	汉族	1999.9	中级	中心副主任
巴宜区卫生服务中心	张丽梅	女	汉族	1994.7	中级	中心副主任
巴宜区卫生服务中心	次仁仲嘎	女	藏族	2010.12	中级	
巴宜区卫生服务中心	旦增	女	藏族	1996.7	中级	
巴宜区卫生服务中心	钟敏	女	藏族	1995.7	高级	
巴宜区卫生服务中心	次吉	女	藏族	1994.7	中级	

续表

工作单位	姓名	性别	民族	参工时间	职称/职务	备注
巴宜区卫生服务中心	孙莉	女	汉族	1994.7	中级	
巴宜区卫生服务中心	黄亮亮	男	汉族	2014.7	初级	
巴宜区卫生服务中心	胥艳林	女	汉族	2002.7	初级	
巴宜区卫生服务中心	玉海芬	女	汉族	2000.8	初级	
巴宜区卫生服务中心	牛柯	男	汉族	2003.7	初级	
巴宜区卫生服务中心	李腾	男	汉族	2013.12	初级	
巴宜区卫生服务中心	王鑫	男	汉族	2009.11	初级	
巴宜区卫生服务中心	群丹罗布	男	藏族	2011.12	初级	
巴宜区卫生服务中心	敬浩卿	女	汉族	2013.12	初级	
巴宜区卫生服务中心	许慧斌	女	汉族	2000.7	初级	
巴宜区卫生服务中心	次仁旺姆	女	藏族	2009.10	初级	
巴宜区卫生服务中心	白曲	女	藏族	2008.8	初级	
巴宜区卫生服务中心	穷吉	女	藏族	2014.7	初级	
巴宜区卫生服务中心	边珍	女	藏族	2010.11	初级	
巴宜区卫生服务中心	仁增卓玛	女	藏族	2014.8	初级	
巴宜区卫生服务中心	边珍	女	藏族	1997.7	初级	
巴宜区卫生服务中心	王丽霞	女	汉族	2014.7	初级	
巴宜区卫生服务中心	朗嘎卓玛	女	藏族	1996.7	初级	

【机构领导】

主任、主治医师

梁 俊（女）

常务副主任

张镇滔（广东援藏，11月免）

夏卫中

副主任

李月琴（女）

张丽梅（女）

巴宜区疾病预防控制中心

【概况】 巴宜区疾病预防控制中心原位于福州大道东路60号，前身为林芝县卫生防疫站，于2005年正式挂牌成立，是实施政府疾病预防控制和公共卫生技术管理和服务的全额拨款事业单位。于2017年10月搬迁至巴吉西路，中心用地面积6亩（约5332.8平方米），建筑面积约1740平方米。设有中心办公室、性病艾滋病防治科、传染病防治科、免疫规划科、结核病防治科、地方病防治科、健康教育科、精神卫生科及慢性病综合防治科。2019年，区疾控中心共有干部职工18名，卫技人员18名，其中中级职称6名，初级职称6名，员级职称4名，担负全区的疾病预防与控制工作。

【党建工作】 2019年，区疾控中心组织积极开展讲党课活动、政治教育培训，根据《中共林芝市巴宜区纪委 中共林芝市巴宜区委组织部关于开好"严守政治纪律、严明政治规矩"专题组织生活会的通知》文件要求，每名党员与3名党员谈心谈话，并撰写对照检查材料。继续抓好中央"八项规定"和作风建设相关规定的落实，让中央"八项规定"精神得到坚决落实，收到真正实效。

【慢性病防治】　2019 年,区疾控中心管理高血压患者 1270 人,管理率达 100%,血压控制率达 44.02%;糖尿病患者 76 人,管理率达 100%,血糖控制率达 22.36%。已组建家庭医生签约服务团队 9 个,签约医生 91 人,签约服务对象 17498 人,农牧区群众家庭医生签约覆盖率达 100%。2019 年 10 月 15 日,巴宜区顺利迎接国家慢性病综合防控示范区现场考核评估工作。2019 年 12 月 11 日,国家卫健委对巴宜区开展了健康促进区建设考核评估工作。

【流病计免科工作】　2019 年,巴宜区共报告甲乙丙类传染病例 437 例,无甲类传染病。乙类传染病报告 341 例,包括艾滋病 8 例,病毒性肝炎 137 例,麻疹 1 例,细菌性痢疾 10 例,肺结核 115 例,淋病 2 例,梅毒 68 例;丙类传染病报告 96 例,包括流行性感冒 19 例,流行性腮腺炎 19 例,风疹 3

例,其他感染性腹泻 26 例,手足口病 29 例。

4 月 22—26 日,组织防疫人员分别在林芝市第二幼儿园和巴宜区幼儿园开展甲乙肝疫苗查漏补种工作,巴宜区幼儿园共摸底 113 名儿童,甲肝疫苗应种 3 名,实种 3 名;乙肝疫苗应种 3 名,实种 3 名。林芝市第二幼儿园共摸底 149 名儿童,甲肝疫苗应种 5 名,实种 5 名;乙肝疫苗应种 2 名,实种 2 名。

8 月 5—9 日,巴宜区卫健委、巴宜区疾控中心及百巴镇、更章门巴民族乡、八一镇卫生院防疫人员对昌都搬迁至巴宜区未完成疫苗接种的儿童进行疫苗补种。共计应查验 0—14 岁儿童 201 名,实际查验 201 名。接种疫苗 49 名,因感冒未接种疫苗 47 名,剩余 105 名儿童因无接种记录无法进行疫苗补种。

9 月 2—3 日,分别在林芝市第二幼儿园及巴宜区幼儿园开展

入托查验接种证工作。巴宜区幼儿园查验接种证 339 本,90 名儿童应接种疫苗,实际接种 69 名。林芝市第二幼儿园查验接种证 343 本,75 名儿童应接种疫苗,实际接种 62 名。

【地方病防治】　2019 年 5 月,区疾控中心开展碘盐监测工作,本次检测 300 户居民盐样,检测结果显示,碘盐覆盖率达 100%,碘盐合格率达 99.34%,合格碘盐食用率达 99.34%。7 月,对 275 名儿童进行碘缺乏病抽样调查,采集儿童尿样 275 份,甲状腺触诊检查 275 人,甲状腺 B 超检查 275 人,发现甲状腺肿大儿童 5 人,儿童甲状腺肿大率 1.82%。

全年开展鼠防工作监测 4 次,其中色季拉牧场 3 次,措姆吉日(冰湖)牧场 1 次,共计保护性灭獭面积 107.4 公顷,堵洞 241 个(活动洞 99 个,废弃洞 142 个),活动洞与废气洞之比 0.70:1,投药 3610 片,投药率 100%。

【性病与艾滋病防治】　2019 年,区疾控中心在区街道办和乡镇卫生院的协助下开展性病与艾滋病防治讲座 9 次,受教人数 630 人,发放宣传资料 1260 余份、宣传礼品 800 余份,现场随机抽样对 80 名社区居民和 80 名农牧民各进行了居民性病、艾滋病防治知识知晓率问卷调查,结果显示社区居民知晓率为 78.8%,农牧民知晓率为 76.5%。对不同人群进行性病、艾滋病检测,共干预 2472 人,检测 2221 人,发放宣传册 2395

2019 年 3 月 24 日,巴宜区疾病控制中心在厦门广场开展以"终结结核行动 共建共享健康中国"为主题的世界防治结核病日宣传活动

份,安全套 6517 只,发现 HIV 抗体阳性 1 例、梅毒抗体阳性 42 例并转介治疗。2019 年共干预 499 人,检测 400 人,检出梅毒阳性 23 例并进行转介治疗。

【卫生监测】 2019 年,区疾控中心开展枯水期和丰水期饮用水水质监测工作,共采集城市出厂水 1 份、末梢水 5 份,农村出厂水 16 份、末梢水 16 份。水质监测结果显示,丰水期农村饮用水合格率为 31.25%;城市饮用水合格率为 57.14%;学校饮用水合格率为 0;枯水期农村饮用水合格率为 31.25%;城市饮用水合格率为 100%;学校饮用水合格率为 33.33%。

管理精神疾病患者 48 例,纳入国家重型精神疾病基本数据收集分析系统管理 37 例,管理率为 100%。于 5 月完成环境监测采样工作,共采样 20 余份。在 20 个村级监测点,共采集土壤 20 份,监测项目有 PH、蛔虫卵监测、铅含量、镉含量和铬含量。

【结核病防治】 2019 年,巴宜区结核病初诊病人登记 452 例,其中确诊结核病 93 例,初治涂阳肺结核病人 21 例,涂阴病人 71 例;结核性胸膜炎 5 例,肺外结核病人 8 例;复治涂阳病人 2 例;复治涂阴病人 8 例,慢性病患者 1 例。痰检 614 人次,其中阳性片 15 张,阴性片 1600 张,各乡镇及区医院疑似病人转诊 125 例。

全年结核筛查 1377 人次,其中僧尼 77 人,有症状者 9 人;贫困户 51 人,无有症状者;HIV 感染者 4 人,无有症状者;65 岁以上老年人 1171 人,有症状者 4 人,X 光胸片检查人数 24 人;教职工 74 人,无有症状者。

全年学生共筛查 PPD(结核菌素试验)2712 人,共做 PPD 2315 人,小于 5 毫米的 71 人,大于等于 10 毫米小于 15 毫米的 102 人,大于 15 毫米的 72 人。

【健康教育】 2019 年,区疾控中心共开展各类主题宣传 12 场次,举办各类疾病健康讲座 9 期,制作展板 15 面,发放各类宣传资料 15000 余份,宣传小礼品 2900 余份,宣传支持工具 300 余套,受教育人数 7400 余人次。

(高 凯)

【机构领导】
主任　　黄兴建
副主任　　徐　燕(女)　扎西多吉(藏族)

巴宜区藏医院

【概况】 巴宜区藏医院位于林芝市巴宜区八一镇福州大道东段 60 号。2019 年,全院共有工作人员 17 名,其中藏医副主任医师 3 名,藏医主治医师 1 名,西医主治医师 1 名,藏医执业医师 4 名,西医执业医师 1 名,藏医护士 4 名,西医护士 1 名,后勤工人 1 名,公益性岗位 1 名。医疗技术人员均为注册医护人员,有本科学历 10 名,大专学历 4 名,中专学历 2 名。有编制床位 8 张,开放床位 6 张。

【医疗业务】 2019 年,区藏医院医疗业务总收入 3713320.32 万元,其中门诊收入 1754197.61 元,住院收入 1959122.71 元。总诊疗患者 15685 人次,其中门诊患者

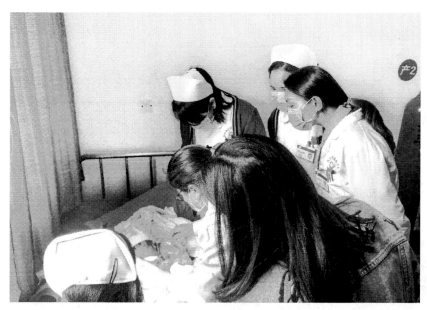
2019年5月6日,巴宜区疾病控制中心计免科专业人员为卫生服务中心开展卡介苗安全接种培训工作

15355人次；住院患者为330人次。1—9月精准扶贫医疗救助共106人次，累计免费发放药品价值15851.45元。

【藏医药活动】 2019年9月，巴宜区藏医院成功承办林芝雅鲁藏布生态文化旅游节第五届藏药材辨识大赛暨藏医药文化发展论坛活动，并在活动中获得团体一等奖、个人一等奖（名）、二等奖（2名）的好成绩。

【提升医院服务水平】 强化首诊负责制等核心制度。2019年，区藏医院认真落实三级医师查房、分级护理、疑难病例讨论等医疗管理核心制度和《执业医师法》《医疗机构管理条例》《护士条例》等医疗法律法规，不定期、有重点、有计划地检查各科医疗质量管理，全年开展院长大查房14次，对存在的"病历书写不完善、主诉不规范、病史记录过于简单"等问题要求即时整改，杜绝发生医疗纠纷。

社区居民家庭医生签约服务活动。2月27—28日，组织人员到巴宜区特困人员集中供养服务中心（共79人）、觉木街道、尼池社区、白马岗社区共8户（共8人）完成2019年度社区居民家庭医生服务签约任务。

提高乡镇医疗技术服务。结合藏医药特色和乡镇卫生院传承工作室建设需求，加大各乡镇卫生院对口卫生帮扶工作，制订出台相关工作实施方案及工作计划，1—6月分别安排5名乡镇卫生院专业技术人员到区藏医院参加为期1个月的跟班学习，并安排区藏医院专家到乡镇卫生院进行医疗对口帮扶指导，签订医疗对口帮扶协议。

三级医院对口帮扶工作。按照国家中医药管理局关于举办2019年贫困县中医医院对口帮扶全覆盖工作第一期培训班的通知

2019年4月29日，巴宜区藏医院组织人员为三岩搬迁户开展免费健康义诊

要求，6月27—29日，巴宜区藏医院院长晓红到昆明市参加相关培训。7月，广东省东莞市中医院相关人员到巴宜区藏医院开展三级医院对口帮扶调研并签订对口帮扶协议，并于9月16日东莞市中医院安排针灸推拿领域相关专技人员到巴宜区藏医院开展医疗援藏对口帮扶工作。9月26日，巴宜区藏医院安排骨科及理疗科专技人员到东莞市中医院参加为期3个月的进修学习。

送医送药及健康知识宣教活动。4月29日，区藏医院党支部书记晓红带队医疗组在加乃村、更章村为三岩片区搬迁户农牧民开展免费送医送药及健康知识宣教活动。在活动现场，为100余名群众开展慢性病健康知识宣教、藏医特色把脉、测量血压、针灸治疗等，针对高原上常见的高血压、风湿病等疾病，医疗组对致病机理进行耐心详细的讲解，提出专业性指导和合理就医诊疗建议，同时免费发放2000元常用藏药，义诊活动受到群众一致赞同。

（边巴次仁）

【机构领导】
院　长、西医主治医师
　　晓　红（女，藏族）
副院长、藏医主治医师
　　布　古（藏族）

巴宜区医疗保障局

【概况】 2019年3月，巴宜区医疗保障局正式挂牌成立，为巴宜

区机构改革新组建的政府工作部门，共有干部职工 15 名，其中正科级领导 2 名，副科 3 名，科员 5 名，事业干部 2 名，工人 2 名，公益性岗位 1 名。

【党建工作】 2019 年，区医保局坚持以习近平新时代中国特色社会主义思想为指导，深入贯彻执行《中国共产党章程》《中国共产党纪律处分条例》《关于新形势下党内政治生活的若干准则》等党内法规，高标准、高质量开展"不忘初心、牢记使命"主题教育，持续开展"两学一做"常态化教育，让全体党员干部经洗礼、净灵魂、壮筋骨，筑牢信仰之基、补足精神之钙、把稳思想之舵，做到学思用贯通、知信行统一。坚决执行中央八项规定及其实施细则精神，弛而不息纠正"四风"，确保医疗保障系统风清气正，努力树立新部门、新系统、新形象。

【以制度建设为保障】 2019 年，区医保局全面梳理职权职责和工作事项，建立健全各项规章制度，逐一排查分析潜伏在基金运行、药品采购、协议管理等各个环节的风险，让权力在公众的聚焦下运行。进一步厘清制度设计上存在的模糊地带，有效堵塞工作运行中可能存在的廉政漏洞，切实防范具体操作中可能存在的廉政风险。以万无一失的审慎和敬畏，及时发现工作中出现的不足和纰漏，用实际行动践行全心全意为人民服务的宗旨，为广大群众提供更高水平的医疗保

2019年12月3日，西藏自治区政府副主席罗梅（前排右四）在巴宜区医疗保障局调研指导工作

障服务。

【为民服务】 2019 年，区医保局始终坚持"廉洁、高效、规范、便民"的服务宗旨，以提高为民服务效率为目标，不断推进"一站式一单结算"平台建设，进一步优化办事流程、简化办事手续、整合服务环节，打造医保星级服务窗口。在"一窗受理、集成服务"上持续加力，开通特殊人群"绿色通道"、医疗救助专窗，依靠信息力量，让数据多跑路，让广大群众少跑腿、快办事，逐步打通医疗保障服务"最后一公里"。

【严厉打击欺诈骗保】 2019 年，根据《林芝市医疗保障局 2019 年打击欺诈骗取医疗保险基金专项治理行动实施方案》，区医保局召开专题会议，研究制订《巴宜区医疗保障局 2019 年打击欺诈骗取医疗保险基金专项治理行动实施方案》，从"严"字入手，及时对辖

区内 10 家定点医疗机构和 4 家定点药店进行督导检查，进一步规范医疗服务行为，保障基金安全。广泛开展"打击欺诈骗保维护基金安全"集中宣传月活动，通过张贴宣传材料、开展政策问答和解读、悬挂横幅标语等形式，确保宣传"不留死角"。

【医疗救助及时有效】 2019 年，区医保局为保障巴宜区城乡特殊困难群众的基本医疗，积极稳妥推进城乡医疗救助及重特大疾病医疗救助工作，根据自治区、林芝市、巴宜区部署要求，按照"因地制宜、多种方式、量力而行"的原则，结合医疗救助相关政策文件，扩展医疗救助途径，提高医疗救助待遇，切实让医疗救助体现在"精"上，落实到"准"上，真正解决好群众"因病致贫、因病返贫"的问题。2019 年，医疗救助建档立卡户及重大疾病动态管理人员 123 户 123 人，投入

2019年10月29日，巴宜区医疗保障局全体干部职工参观林芝"不忘初心、牢记使命"主题教育党风廉政警示教育基地

资金597238.93元；农村及城镇救助对象57户58人，投入资金618195.85元。

【规范药品挂网采购】 2019年11月，为进一步规范采购流程、保障药品供应，经请示区政府分管领导，区医保局召开专题会议，建立健全规范医药集中采购长效工作机制，与医药公司中信用良好、群众满意度高的6家医药公司签订药品采购协议，负责各乡镇卫生院药品挂网采购工作。2019年，采购次数2次，采购金额829800.5元。

【"两定机构"监管】 2019年，区医保局持续强化对各定点医疗机构和定点药店的监督检查力度，规范和促进"两定机构"的服务行为和业务流程，确保医保基金使用安全，维护好广大参保人员的合法权益。

【队伍建设】 2019年，区医保局深刻把握医疗保障工作的新形势、新定位、新要求，坚持把锻造一支政治过硬、业务精湛、作风优良、清正廉洁、群众满意的医疗保障队伍作为工作的重中之重，积极参加上级部门开展的各项业务知识培训，不断强化干部职工责任意识、法律意识、服务意识，提高整个队伍的战斗力、统筹力、执行力，为巴宜区医疗保障事业健康有序发展奠定坚实基础。

（曹 萍）

【机构领导】

局 长
　　索朗边觉（藏族）
二级主任科员
　　巴　鲁（女，藏族）
副局长
　　乔 卓 玛（女，藏族）
　　牟 乃 军（6月任）
三级主任科员
　　曹　萍（女，11月任）

中国移动通信集团西藏有限公司林芝市城区分公司

【概况】 2019年，中国移动通信集团西藏有限公司林芝市城区分公司（以下简称城区分公司）共有编制人员20名，其中总经理1名，综合事务1名，集团客户经理4名，渠道管理人员5名，家宽技术支撑人员9名。下辖各营业厅、服务点25个。

【业务经营】 2019年，城区分公司市场份额达54.5%，拥有客户4.37万余户，完成运营收入8124.5万元，集团信息化收入1480万余元，家宽用户发展5712户。

【服务与业务双领先】 2019年，城区分公司为更好地服务客户，以"服务与业务双领先"为标准，紧紧围绕"客户为根，服务为本"的服务理念，站在客户的角度，立足于客户的需求，组织开展城市内地推服务300余次，走访、维系巴宜区集团180余家，组织开展农村驻点服务170余次，累计1.8万客户享受到现场办理业务、现场移动手机号新开户、现场办理家庭宽带等方便快捷的服务，赢得了新老客户的一致好评与信赖。为加强管辖内25家营业网点的服务工作，对各营业厅、营业网点每月不定期检查2次，对家宽装维队伍、营业员、手机销售人员进行各项培训30场，同时进行12次技能考核，严格做到所有人

中国移动通信集团西藏有限公司林芝市城区分公司营业厅

员服务优、技能熟才能上岗。严格执行业务办理实名制、业务办理五条禁令、客户投诉48小时内处理等制度,增强客户服务能力,持续推进以客户为导向的服务机制和服务体系建设。

【党风廉政建设】 2019年,城区分公司班组内积极培养中青年积极分子入党,1名员工通过考核成为入党积极分子,3名员工成为发展对象。组织员工通过观看警示教育片,学习警示教育读本,使大家认清腐败的严重性和危害性,以史为鉴、以案为例,严格自律、接受监督,提高拒腐防变能力和廉洁自律意识。加强员工的党性党风和道德教育,组织员工学习习近平新时代中国特色社会主义思想、十九大精神等专题学习活动,学习笔记达35000余字。

(杨凤娇)

【机构领导】
总经理
洛松旺堆(藏族)

中国邮政集团公司 林芝市巴宜区分公司

【概况】 2019年,中国邮政巴宜区分公司认真贯彻上级公司经营服务工作会议精神,全力推进专业化经营改革,制定具体工作措施办法和竞赛活动方案,以优化结构、提高效益、提升服务质量为目标,进一步明确发展重点、调整激励政策、优化资源配置、创新营销模式,确保各项业务又好又快发展。

2019年,中国邮政巴宜区分公司完成收入290.5万元,比上年增长4.94%,其中储蓄收入109.6万元,汇兑收入完成0.044万元,保险收入0.09万元,邮务收入119.6万元(函件收入43.9万元,集邮收入28.8万元,报刊收入33.6万元,普包收入12.2万元),代理收入8万元,分销收入19.6万元,商品印制收入4.4万元,速递收入13.8万元,快包收入11.3万元。

【业务开展】 集邮函件。2019年,中国邮政巴宜区分公司与巅峰旅游公司合作,制作措姆及日湖门票及苯日神山门票,业务金额达53万元;与巴宜区旅游服务中心签订"大柏树"门票续签3万枚;鲁朗邮政所积极联系周边酒店,销售集邮明信片产品2.6万元;制作西藏农牧学院入学须知宣传手册,实现收入4万余元;开发社保账单寄递业务,实现收入6.3万元。

金融储蓄。积极抓好邮政业务转型发展契机,开展了"真情服务、积分有礼""决胜收官战 喜迎开门红""逢8客户节""幸福返乡路 邮政伴你行""反假币、反洗钱"等一系列活动,拉动储蓄余额持续增长,巴宜区东山路储蓄余额突破5000万元大关,尼池路所突破1000万元大关。

电子商务及分销业务。结合当地各种大型活动,联系政府部门配送分销产品——A4纸、大米、清油、家用电器等实现收入19万余元;航空机票销售720张,航意险620张;办理交警罚款17258笔,办理交警罚款短信378笔;联系各乡镇学校,完成教辅图书征订额15万余元。

【队伍建设】 2019年,中国邮政巴宜区分公司以提升员工队伍整体素质为目标,服务标准不断改

2019年3月28日，巴宜区邮政分公司工作人员为乡村用户运送分销产品

造优化，服务体系不断创新完善，服务内容和方式不断拓展，服务效率和质量不断提高。认真倾听职工的意见和建议，努力提高职工福利待遇，让职工在企业经营效益提高中享受到实惠。举办各类集体活动，丰富职工的业务生活和精神需求，增强职工的凝聚力和向心力，职工对企业的归属感显著提高。

【制度建设】 2019年，中国邮政巴宜区分公司切实提高企业经营管理风险管控能力，强化基础管理、安全生产、资金票款监管、内控制度等各项基础工作落实，按照要求对所有储蓄临柜人员和相关人员全部进行强制轮换岗，没有发生过任何安全和资金票款事件。

（王金媛）

【机构领导】
生产主管
王金媛（女，满族）

中国农业银行股份有限公司林芝巴宜区支行

【概况】 年内，农行林芝巴宜区支行全面贯彻落实中央、自治区特殊优惠金融政策以及区党委、政府和农总分行的各项金融服务决策部署，始终坚守"服务三农"的初心与使命，为精准扶贫、支持地方实体经济、普惠企业金融业务、服务地方政府作出积极贡献。2019年，农行巴宜支行各项贷款余额19.84亿元，其中涉农贷款余额32398万元，较年初增加2487万元。普惠金融贷款余额39414万元。累计清收不良贷款241万元，余额151万元，不良率0.46%。

【党建工作】 严肃党内政治生活。2019年，农行林芝巴宜区支行认真落实以"三会一课"为主要内容的组织生活制度，每月召开支部委员会，每季度召开党员大会。认真贯彻民主集中制，大力倡导勇于批评与自我批评的优良作风，健全谈心谈话全覆盖。高质量召开民主生活会和专题组织生活会，实现领导干部带头对照检查发言，查摆存在的问题，并积极开展相互批评，交流工作心得，提高思想认识。

落实"三重一大"集体决策制度。领导班子严格执行"三重一大"集体决策制度要求，在涉及人、财、物等重大事项上，坚持会前充分酝酿沟通，领导班子集体研究决定，严格落实"一把手"末位表态和签字背书，并进行全程监督检查。

【创新流动金融服务】 2019年，农行林芝巴宜区支行在全行推广"3+2+N"的服务模式，针对金融服务空白点的乡村，加大金融流动服务力度。成立了基层营业网点流动服务工作领导小组，贯彻林芝分行《关于进一步深化基层营业网点流动服务的意见》，明确了"3+2"流动金融服务实施细则，要求每周至少开展2次流动金融服务。全年辖属二级支行、营业所累计开展流动金融服务500余次，提供了掌上银行和助农智慧POS终端机使用辅导、信贷金融政策、金融消费者权益及电信网络新型诈骗防范等知识宣传，覆盖了全部行政村。

【助力脱贫攻坚】 2019年，农行林芝巴宜区支行通过对接区扶贫办确定的506户、1506人建档立卡贫困人口，向扶贫户发放最高额度 5 万元免抵押、免担保精准扶贫贷款。同时采取"银政联手、信息共享、逐级筛选、择优发放"的方式，逐户摸底调查贷款需求，支持建档立卡农牧户 396 户，带动贫困户户均年增收 6000 元以上。2017—2019 年，累计向该类客户发放农户小额到户贷款 966 万元，余额 401 万元。2019 年，结合"不忘初心、牢记使命"主题教育开展了"建档立卡户"消费扶贫活动，帮助贫困户推广和销售农产品，实现当日销售额达 26080 元。

【打造三农"一号工程"】 2019年，农行林芝巴宜区支行认真落实总分行服务三农相关工作，顺应农业农村移动互联时代发展新趋势，依托"惠农 e 通"互联网金融服务"三农"平台，大力开展"惠农 e 贷"网络融资、"惠农 e 付"线上支付、"惠农 e 商"农村电商等三大线上业务，让农牧民客户足不出户就可便捷办理贷款申请、还款续贷、支付结算、农资采买、农产品销售等业务。2018—2019 年，累计发放"惠农 e 贷"573 户、7646 万元，余额 6521 万元，"惠农 e 商"上线商户 95 户，"惠农 e 付"网点 110 户，80 个三农金融服务点全部上线聚合码支付，为贫困农牧民提供了便捷的线上金融服务。

【支持小微企业，助力乡村振兴】 2019 年，农行林芝巴宜区支行充分挖掘县域资源特色，大力支持种养殖业、加工业、旅游业等主导产业加快发展，打造"农行 + 特色产业 + 建档立卡贫困户 + 政府风险补偿基金担保"的"产业带动"扶贫模式。2017—2019 年，累计发放产业扶贫贷款 2935 万元，支持巴宜区产业扶贫项目 10 个，贷款余额 2589 万元，所辖 7 个乡镇产业扶贫贷款实现全覆盖。积极支持巴宜区扶贫项目，带动沿线和周边贫困户增收脱贫，着力打造"农行 + 重点项目 + 建档立卡贫困户"项目扶贫模式，带动建档立卡贫困户脱贫。2019 年，累计发放项目扶贫贷款 1000 万元，贷款余额 1000 万元，实现低保户就业 25 户。

【产业发展】 2019 年，农行林芝巴宜区支行紧紧围绕"一带四基地"建设，用好用活农行创新的"林果贷""藏猪贷""松茸贷""藏茶贷"等金融产品，为巴宜区农牧民群众服务。在此基础上，重视客户培育，提升经营层次，充分发挥服务"三农"普惠银行作用，认真做好金融扶贫这项良心工程，帮助农牧民脱贫致富，用高度的政治责任感和使命感，把中央赋予西藏的金融优惠政策惠及千家万户。

（刘 丽 多杰旺扎）

【机构领导】
行　长　　李　涛
纪委书记　何　群
副行长　　珠　扎（藏族）

巴宜区供电有限公司

【概况】 年内，巴宜区供电有限公司在国网林芝供电公司党委的正确领导下，在区委、区政府的大力支持下，以习近平新时代中国特色社会主义思想为指导，深入学习贯彻西藏公司、林芝公司重大决策部署，以强化"三基"（基层、基础、基本功）为前提，以强化执

2019年10月19日，农行巴宜区支行结合"不忘初心，牢记使命"主题教育开展建档立卡户消费扶贫活动

行为保障,以农电上划为主线,坚持问题导向和目标管控,提升专业化管理水平,坚定改革目标,坚持发展道路,深化"全能型"供电企业建设,高质量、高效率完成全年各项目标任务。2019年,公司共有干部职工41名,党员10名。

【生产经营指标】 2019年,公司业务总收入16272543.77元,营业成本15099342.22元,营业外支出189212.84元,缴纳企业所得税181916.63元,全年实现净利润802072.08元。2019年,公司供电量2397.23万千瓦时(同比增加19.99%),售电量2070.20万千瓦时(同比增长23.57%),综合线损率13.64%,发电量1360.46万千瓦时,同比增长13.13%,厂用电率1.2%,年度电费回收率100%。

【安全生产指标】 2019年,公司安全工器具效验合格率100%,设备消缺率100%,发变电事故(次数≤0台次/年)、35千伏输电线路(次数0次/年)、10千伏配电线路(次数≤22次/年),均控制在年度计划指标之内。35千伏输电线路和10千伏配电线路停电分别为10次/年和10次/年,10千伏配电线路非停电7次/年。

【提高安全意识】 2019年,公司树立安全发展理念,签订各类安全责任书41份,建立安全奖惩机制,召开安全会议12次,组织大型安全活动2次,开展主题安全日2次。购买安全书籍1564册,配备安全工器具36件,举办《安规》考试12

2019年10月24日,巴宜区供电有限公司组织干部职工一行20余人在巴宜区人民检察院廉政教育基地观摩学习

次。实施大修、技改5项,修订完善安全预案1个,整治频繁调整线路2条,消除安全隐患5处。严格停电计划管理,深化安全风险预警,强化作业现场管控,加大安全性评价问题整改力度,提高应急处置能力。启动"保障大电网安全专项行动",完善电网设备标识牌,持续做好人畜触电防治工作,加大输电线路、变电站特巡力度,开展火灾隐患、防范山火专项整治。加强春检、秋检,全面做好迎峰度夏、迎峰度冬工作。自筹资金4万余元,补充防汛物资,争取财政资金96万元,提高水电站防洪渡汛能力。圆满完成三大节日、西藏林芝第十七届桃花旅游文化节主会场、新中国成立70周年等重大保电工作。全年公司安全生产形势总体保持平稳态势,未发生人身、电网、设备安全责任事件,公司连续实现安全生产天数2295天。

【营销服务】 2019年,公司坚持

"人民电业为人民"的企业宗旨,业扩报装、抄表收费、计量管理、急修服务、用户工程全面向国网标准靠拢。平稳实现营销系统上线运行,完成农业银行代扣电费协议,严格业扩审批会签和停电计划审批。落实"一口对外、首问负责、一次性告知、限时办结"的工作要求,规范投诉受理,建立运检投诉、服务投诉通报机制,加强营销人员培训,杜绝低层次服务投诉发生。增配抢修车辆1台,加强设备管理、生产运维、应急值班,保证3台车辆随时投入急修工作,提高电压合格率和供电可靠性。

【内部管控】 2019年,在国网林芝供电公司的大力支持下,公司通过年度经费预控计划、办公用品实施计划、设备维护检修计划和车辆定点、定时维护等措施有效减少重复开销,公司成本得到明显控制。

(次仁玉珍)

【机构领导】

党支部书记、董事长、经理

　　达娃占堆（藏族）

副经理

　　李洪鹏

　　赵　田（援藏）

　　米玛旺堆（藏族）

　　旺　堆（藏族）

林芝市巴宜区城市建设投资开发有限责任公司

【概况】 林芝市巴宜区城市建设投资开发有限责任公司组建于2016年8月26日，为巴宜区人民政府出资国有独资企业，公司初始注册资本1亿元人民币，经营期限为20年。公司主要经营范围为土地一级开发、土地二级开发及城市基础设施建设，筹措城市建设资金，组织实施政府性投资项目建设，投资、经营有收益权的市政公用设施，投资经营与市政公用设施相关的土地开发，经营管理授权范围内的国有资产，对城市基础设施实施冠名权、广告经营权等运作，水电能源开发及物业管理。公司下辖2个独资子公司（巴宜区诚和天下公路旅客运输有限公司、巴宜区诚和天下商品砼有限责任公司），1个控股公司（巴宜区锦铂园区建设管理有限责任公司）。2019年，公司在职员工38名（含3个试用期），中共党员2名，大学专科以上员工23名。

【项目建设】 巴宜区生态苗木良种基地项目。位于林芝市巴宜区八一镇加乃村，于2017年开始施工，占地面积200亩，投资2000万元，已拨付资金1300余万元，2019年该项目种植养护工作已基本完成。

　　林芝市巴宜区锦铂园区建设管理项目。占地面积32016平方米，总建筑面积12875.91平方米，建设地点位于巴宜区八一镇公众行政村色定自然村，建设内容为停车场、仓库、汽车维修中心、检测中心、装卸棚、管理人员办公生活用房及驾乘人员食宿用房、道路绿化、消防等相关配套工程。2019年，工程进度已完成60%。

　　林芝市巴宜区诚和天下商品砼有限责任公司项目。建设地点位于林芝市巴宜区巴吉村（玉米自然村），总占地面积约75亩，2019年10月20日与林芝市巴宜区锦瑞建筑有限公司完成了新公司注册，10月28日正式与合作方签署林芝市巴宜区诚和天下商品砼有限责任公司砂石加工厂项目合作协议；11月完成厂房设备的价格比对，12月完成厂房布局图纸，2019年底砂石加工厂的主机设备陆续进场工作。

　　林芝市巴宜区诚和天下公路旅客运输有限责任公司项目。全区共有县级县内客运线路4条，本地车25辆，营运车21辆。

　　　　　　　（李秀云）

2019年1月16日，巴宜区政府副区长、公司董事长格桑明久（前排左五）在公司办公楼前主持欢迎林场安置人员回到巴宜区城投公司大家庭仪式

【机构领导】

政府副区长、公司董事长

　　格桑明久（藏族）

区工商联主席、公司总经理

　　张七林（委派）

副总经理、一级主任科员

　　丹　增（藏族，委派）

巴宜区扶贫开发创业投资有限责任公司

【概况】 林芝市巴宜区扶贫开发创业投资有限责任公司于2016

年4月成立,注册资金800万元,下设4个部门(综合部、项目部、财务部、资产和风险补偿基金管理部)。2019年,公司共有管理人员4名,员工11名。

【巴宜区建筑构件产业园建设项目】 产业发展。巴宜区建筑构件产业园建设项目于2017年6月14日立项,2018年开始实施,属巴宜区精准扶贫重点产业项目,同时也是巴宜区整治城区周边乱搭乱建、规范建筑行业企业经营行为、盘活闲置土地资源、增加当地群众收入的重要举措。项目建设点位于八一镇色定自然村境内,总投资18567.13万元(市政一期投资5772.82万元,市政二期投资12794.31万元),资金由区政府统筹整合投入。园区占地总面积为1550亩,其中950亩为流转色定村土地,600亩为土地出让。2019年底市政工程一期建设已基本完成,市政工程二期完成总工

程量的40%,同时积极推进企业入园工作,已收取15家入园企业2020年土地租金229885元,缴纳税款后结余218938.1元。

项目带动。结合城乡整治和违建拆除工作,引导八一城区周边建筑企业入园,申请入园企业共59家,已入园40家(国有大型企业3家,民营企业37家),用工人数达1200人以上,吸引建设资金达5亿元以上。在推动巴宜区建筑行业产业发展的同时,发挥精准扶贫产业项目效益,进而加速区域社会发展,提高项目建设区域农牧民群众的经济收入和生活水平。

经济效益。2019年,巴宜区扶贫公司通过流转色定自然村土地,共支付租金95万元,带动当地27户村民户均增收3.5万元。当地群众通过参与项目建设,带动当地农民群众劳务输出及机械运输现金收入达832.74万元。依据精准扶贫政策,全年为30余人次三岩搬迁人员提供就业岗位,

每人每天增收200元,发放工资40余万元。

【藏香猪饲料加工厂建设项目】为切实做好巴宜区藏香猪产业链条发展保障工作,根据《西藏自治区2018—2025年藏猪产业发展规划》及相关要求,按照林芝市委、政府的安排部署,巴宜区按照年可生产饲料约5万吨的设计标准,于2018年规划建设了巴宜区藏香猪饲料加工厂。饲料加工厂位于巴宜区建筑产业构件园内,项目总投资3197.17万元,2019年巴宜区藏香猪饲料加工厂已建设完成,于11月20日进入试生产运营阶段。

【精准扶贫异地开发商住楼项目】林芝市巴宜区精准扶贫异地开发商住楼项目为2016年巴宜区精准扶贫产业扶持项目之一,2019年已交付使用,共收取租金966716.8元。项目共入驻商户16家,带动就业79人,其中大学生29人,精准扶贫户2人,同时为31名低保户提供小集镇卫生人员就业岗位,每人每年工资2万元。

【信贷产业扶持】 融资放款及项目管理。2019年,公司与西藏银行巴宜支行、农行巴宜支行、建行巴宜支行签订了风险补偿及担保基金协议,共存放风险补偿基金3707万元,已完成放款项目15个,发放信贷资金11103.8万元。

收益再分配带动。2019年,收取金融扶贫风险补偿及担保基金带动收益金659600元,在扣除

2019年12月24日,公司组织人员在八一镇加纳村慰问扶贫建档立卡户

公司全体人员合影（摄于2019年12月27日）

公司运营成本后剩余资金全部上交巴宜区国库。带动建档立卡户144名（其中2019年新增带动建档立卡户15名）增收1245400元。

（丁　旺）

【机构领导】

政府副区长、董事长
　　普布它确（藏族）

财政局局长、副董事长
　　李　菊霞（女）

扶贫办主任、总经理
　　吕　铁柱

副总经理
　　杨　和军
　　丁　　旺
　　张　志明

巴宜区旅游开发有限公司

【概况】　巴宜区旅游开发有限公司于2018年成立，是巴宜区唯一的国有旅游企业，公司属于国有独资企业，由巴宜区政府出资，由区政府国资委履行出资人职责。公司人员配备17名，有法人兼董事长1名（政府挂职）、董事2名、监事主席1名、监事4名（职工代表2名）、总经理1名（兼董事）、副总经理2名，文秘、财务、司机7名，大柏树景区工作人员11名。

公司经营范围：旅游项目开发、管理、经营；旅游咨询服务、导游服务；经营餐饮、住宿、娱乐服务；旅游产品制作、加工及销售。公司旅游资源景区有大柏树景区、卡定沟景区、雅鲁藏布江下游—尼洋河下游水上旅游景区、尼洋河风光带景区、措木及日旅游景区、"民俗第一村"旅游景区、喇嘛岭寺景区、林芝镇嘎拉桃花村、"则拉宗·琼果林"景区。2019年，公司完成总收入11613525.03元，总支出2255470.09元。

【重点工作】　2019年，巴宜区旅游开发有限公司按照区委第五轮巡察二组反馈意见指出的问题和提出的意见建议，根据《中国共产党巡视工作条例》规定和区委要求，针对公司在党的政治建设、思想建设、组织建设、作风建设、纪律建设等工作中存在的问题和不足，制定整改措施，落实整改责任，并按照方案进行了逐项整改；

大柏树景区

定期开展景区安全生产及消防安全隐患大排查大整治工作并签订责任书；有序开展扫黑除恶打非治乱专项工作；工布原乡旅游配套产业续建项目正常开工，已完成工程进度85%；吸收合并原西藏火柴厂接受其资产及职工；组织景区工作人员学习消防知识，开展消防演练；建立健全公司各项规章制度。

【统筹做好景区发展】 2019年，景区智慧售票系统已开通，积极推进远程售票培训工作。工布原乡景区筹备处已启动，景区前期运营相关筹备工作有序开展。协调盘活大柏树景区游客中心招租事宜，大柏树游客中心一楼已完成对外招租。

【工布原乡景区建设项目】 项目于2018年5月25日立项，概算总投资3246.22万元，建设地址位于巴宜区布久乡小集镇、卓木村、珠曲登村、简切村及朵当村。项目主要建设内容为旅游综合服务中心、停车场、导示系统、电瓶车停靠点、民俗建设、观景台、特色酒店、步行栈道等。

（唐 英）

【机构领导】
董事长
　　吴永帅
董事
　　陈 涛
　　杨兴会
总经理
　　成帅荣
副总经理
　　任允良
　　杨维安

乡镇·街道

八一镇

【概况】 八一镇位于尼洋河畔，平均海拔3000米，距雅鲁藏布江与尼洋河交汇处30余公里。镇域面积1488.13平方公里，其中林地1196.2万亩，耕地面积12561.36亩，草场面积103.02万亩。全镇下辖11个行政村27个自然村。2019年，全镇总人口889户3667人（"三岩"搬迁15户108人），其中劳动力1869人，干部职工86人（卫生院10人）。设党支部14个，其中镇机关、镇小学、镇派出所各1个，农村党支部11个，共有党员491名（农村党员382名，机关党员109名）。

【"不忘初心、牢记使命"主题教育】 领导班子带头，确保学习实效。2019年，八一镇13名党员领导干部坚持带头学，先后召开理论学习中心组学习会11场次，开展专题研讨10次、党委书记带头讲党课8次、各支部书记上党课14次，下发学习资料682份，各支部累计开展专题学习240余次。

突出问题导向，作实调查研究。镇党委书记带头调研，形成专题调研报告1份，各支部书记形成调研报告14份。各村及机关党支部开展大学习、大讨论、大调研、大落实活动，结合"不忘初心、牢记使命"重点工作，开展组织讨论14次，领导班子成员调研20余次。围绕中心工作，立足解决实际问题，坚持立行立改，全镇班子成员查找出问题6类24个，制定整改方案24个。

盯紧重点难点，抓实整改成效。镇党委班子立足实际，统筹合力，重点解决了2010年小天鹅商铺64.7万元押金退还的历史遗留问题；积极与保险公司对接，最终争取章麦村、多布村52户同意因2015年拉林高等级公路导致的房屋震裂赔偿方案，兑现资金55万元，解决了困扰多年的房屋震裂款兑现问题；多次协调永久村、巴吉村与布久乡杰麦村发展

2019年5月9日，八一镇组织搬迁户在更章门巴民族乡参观学习草莓大棚种植技术

用地分配问题,确定了永久片区198亩发展用地的分配,为3个村的发展奠定基础。2019年,全镇共解决各类问题104件,群众信任度和满意率进一步提升。

【基层党建】 以政治建设为统领,强化政治武装。2019年,以开展党员政治教育为重点,扎实抓好党员学习教育,镇机关及各支部党员全面开展"党员不信仰宗教"承诺践诺活动,签订党员不信仰宗教承诺书480余份,通过党员率先,教育引导群众理性对待宗教,淡化宗教消极影响,党员群众累积拆除乱挂经幡200余次。

以支部建设为抓手,优化组织运转。镇党委制定村干部培训方案,先后开展3次集中培训工作,将抓党建促脱贫、财务管理、"三会一课"(定期召开支部大会、支部委员会、党小组会,按时上好党课)制度、"四议两公开"("四议"即:党支部会提议、"两委"会商议、党员大会审议、村民代表会议或村民会议决议;"两公开"即:决议公开、实施结果公开)工作法、村级党风廉政工作等作为培训重点,着力提升村干部履职能力。组织30名村干部在八一镇小学开展为期5天的村干部文化素质提升培训,以政治、经济等基础知识教学为重点,提高村干部日常工作本领。

以党建带群团为示范,创建特色品牌。通过丰富"党建+"模式,全镇群团工作不断取得新发展,组建了由30人组成的八一镇志愿者服务分队,定期开展志愿服务。通过向巴宜区妇联申请资金18万元,在加乃村幼儿园打造了全新的"儿童快乐之家"。

以乡村振兴为目标,全面规划布局。持续打造党建特色亮点,践行村干部创业承诺制和党建认领制,以压实村干部责任为目标,探索推进村干部向党支部、向全体村民作出创业承诺制度,54名村干部围绕五年发展规划和年度发展目标作出工作承诺。建立健全26名党员致富带头人的信息库,实施"空壳村"清零行动,八一镇10个村共有各类产业22个,逐步实现八一镇11个村均有集体经济的目标。

党风廉政建设。制定《八一镇党风廉政建设领导责任分工》,形成了党委书记负总责,分管领导具体抓的党风廉政建设工作格局,全年召开党委会研究党风廉政建设3次,中心组学习11次。与各班子成员、干部职工及各村党支部分别签订党风廉政建设责任书,把党风廉政建设责任分解落实到具体人员头上,严格考核监督。挂牌成立巴宜区监委派出八一镇监察室,解决了人员、经费、设备保障等问题,全年镇纪委处理上级交办线索3件,办理完成1件,2件交由区纪委审核。

【人大监督】 依法履职。召开了巴宜区八一镇第二届人民代表大会第五次会议,大会听取和审议了政府工作报告、人大主席团工作报告以及2018年财政预算执行情况与2019年财政预算的报告,并收集整理有效意见、建议6条,并对第二届人大代表第五次会议代表所提政府意见建议一一进行答复,代表对意见建议答复满意度达98%。

依法监督。组织10名市、区、镇三级人大代表到公众村、加当嘎村、永久村通过查阅资料、听取汇报、走村入户等方式对扫黑除恶打非治乱专项斗争、庭院经济、环境卫生等重点工作开展情况进行视察,各代表就存在的问题提出意见建议。

督促目标责任分解。及时督促政府及时对政府工作报告中提到的所有目标和任务进行责任分解,把报告中的"话"落实到事上,把事落实到人上。

提升工作能力。先后组织区镇两级人大代表到日喀则市桑珠孜区、仁布县、白朗县、江孜县及拉萨市城关区开展考察学习活动,学习基层人大工作、乡镇"人大代表"之家建设、城市周边治理及推动产业升级和农村旅游发展等方面的好经验、好做法,进一步拓宽人大代表眼界、转变人大代表观念,提高人大代表工作能力水平。

【农牧工作】 2019年,全镇经济总收入17072.29万元,人均纯收入26700元,农作物总产量45万斤,牲畜存栏19067头(匹、只)。发放冬播大田化肥840袋、冬播良种冬青18号种植88710斤,兑现草奖资金102.8万元。注射猪疫苗总头数1212头,注射率达100%,注射牛疫苗总头数6096头,注射率达100%。验收养殖大户18户,验收合格14户,对验收合格的户,每户奖励 3 万元,共兑现资金 42 万元。

【项目建设】 巴吉物流产业园区项目。2019 年,为解决林芝市城区周边私搭乱建现象,改善城市面貌,彻底解决物流产业规模小、不集中、隐患多等问题,通过充分调研和论证,实施了八一镇巴吉村物流产业园区项目,该项目由林芝市巴吉村雪域长发实业有限公司投资 2.37 亿元建设,其中村民自筹 30%、银行贷款 30%、企业入股投资 40%。2019 年底,投资 1.2 亿元、占地面积 229.87 亩的项目一期已全部建设完成,建成主体 17 栋,建筑面积 9.8 万平方米,入住商户 81 户。

永久村林芝市万吨农副产品冷链批发配送中心项目。项目总投资 1.05 亿元,其中一期投资 4800 万元,二期投资 3700 万元,流动资金 2000 万元,用地面积 112.29 亩,建筑面积 4 万平方米。

项目建成后可满足每年 100 万吨以上的市场吞吐量,保障林芝市未来对农副产品的供应需求,带动林芝市场经济高质量发展。

公众村构建产业园项目。园区占地 1550 余亩,投资 6 亿余元,已吸引包括高争集团在内的诸多企业入园。项目落地后,每年为公众村增收 95 万元,同时提供多个岗位就业。

援藏项目。完成公众村村级活动场所项目建设,已通过验收交付使用,共投入资金 302 万元。争取计划外援藏资金 6 万元,支持多布村完善新公房配套设施设备。

规划实施项目。完成了总投资 800 万元的多布村蓝莓产业的项目立项工作,已完成初步设计和选址工作。充分利用尼西村 200 亩发展用地,规划布局了木材石材加工基地项目。

【脱贫攻坚】 开展走亲入户。2019

年,镇党委班子成员带头,走访扶贫对象 420 余人次,通过耐心询问每户家庭情况,深挖致贫根源,逐户走访建档,认真倾听贫困群众诉求,与贫困户交心谈心、算账对比,按照"一户一策"要求,制定帮扶计划,谋划布局产业项目,推进精准扶贫工作。

做好定向帮扶。投入资金 1.3 万元,为 2 户建档立卡户修建围墙;为拉丁嘎村 1 户贫困户小孩申请困难大学生资助金 6000 元;通过扶贫公司帮助 6 名贫困户解决 6 个小集镇保洁员岗位,每月工资 2000 元;通过援藏帮扶,解决 2 户太阳能热水器;动员企业资助捐款 1 万元,帮助唐地村 1 名贫困户小孩到成都华西医院做视力恢复手术;累计兑现 2019 年前三季度生态岗位补助 115 万元。

开展结对帮扶。按照区里制定的千干扶千人方案,将精准扶贫工作责任细化到个人,八一镇 36 名党员干部慰问帮扶结对群众 2 次,投入帮扶资金 1.2 万元。东阳光集团帮扶八一镇 52 人每年创收 5 万元,区检察院、区政协、区公安局等单位开展帮扶慰问 159 人次。

带动群众致富增收。为有效带动"三岩"片区群众投工投劳积极性,激发群众创业就业决心,积极与辖区的企业沟通协调,按照就近就便、不离乡不离土的原则,全年累计为三岩片区搬迁群众解决就业岗位 25 个。2019 年,全镇实施产业扶贫项目 2 个,其中拉丁嘎拉嘎娘灵芝种植项目带动 30 户 117 人增收,为 4 户贫困户实

2019年10月1日,八一镇巴吉村举行庆祝新中国成立70周年文艺演出活动

现增收21万元。

完成"三岩"片区易地扶贫搬迁群众入住工作。4月23日，15户108名来自昌都市贡觉县的"三岩"片区易地扶贫搬迁群众顺利入住八一镇加乃村安置新房。八一镇按照"三岩"片区"一对一"帮扶工作机制，由1至2名干部职工和1个行政村现场负责一户群众的搬迁入住相关事宜，具体帮助搬迁群众完成入户引导、陪同走访、村情简介、集中用餐和应急突发情况处理等工作。邀请了永久村主任阿松、多布村主任阿佐等"天保搬迁"优秀代表进行座谈，通过自身实例引导搬迁群众尽快融入本地风俗文化、尽快恢复正常生产生活、尽快通过双手脱贫致富。

【教育事业】 2019年，八一镇完成了26名疑似失学儿童的信息核查以及劝返复学工作。积极协助加乃村"三岩"搬迁11名学生按照就近入学的原则顺利完成就读。完成全镇176名往应届大学生的奖扶统计工作。

【文化工作】 2019年，八一镇各村利用"藏历新年"、"三八妇女节"、"3·28"百万农奴解放纪念日、"七一"、"十一"等节日，开展了丰富多样的群众文化广场活动，累计开展活动50余场次，参加群众2800余人次。

【卫生健康】 2019年，八一镇卫生院门诊人次达2220人次，医疗资金筹集覆盖达3576人，农牧区医疗制度参加率达100%，免费接种免疫疫苗267针次。

【社会保障】 2019年，全镇适龄参保人数783人，实际参保人数783人，参保率达100%，上缴养老保险金79300元。组织农牧民参加挖机培训3人、电工培训4人、钢筋工培训3人，培训合格率100%。全镇42名未就业大学生基本实现就业，就业率为100%。开展岗位设置工作，根据岗位设置调整文化岗位10人，农牧岗位6人，后勤服务中心岗位5人，工人事业编1人。

【民政工作】 2019年，八一镇政府组织人员对11名集中供养特困人员进行慰问，发放慰问金2400元。建立健全寿星老人、低保户和残疾人的基本数据库，核对和发放相应补贴。完成15名临时救助农牧民和17名医疗救助农牧民报账工作，统计报送全镇52名退役军人信息，发放光荣牌49个。

【环境整治】 2019年，全镇各村将环境整治内容建立长效机制并纳入村规民约中，累计召开村民大会30余次，修改完成村规民约11份。各村累计清理村集体活动场地396次，出动各类车辆792台次，各村组织党员义务拆除破旧、乱挂经幡200余次，累计清理各类垃圾200余吨，群众清洁卫生意识普遍提高，房前屋后干净整洁，村容村貌明显提升。11月13—15日，77675部队累计出动铲车挖掘机6台次，配合尼西村"两委"清运垃圾40余吨，充分展现了军爱民民拥军的鱼水深情。

（罗兰婷）

【机构领导】
巴宜区政府副区长、八一镇党委书记
　　赵政权
党委副书记、政府镇长
　　卫　平（藏族，3月免）
党委副书记、政府镇长、一级主任科员
　　丁增次巴（藏族，5月任，11月晋升一级主任科员）
党委副书记、人大主席
　　陈中祥（6月免）
　　杨　烨（8月任）
党委副书记、政府常务副镇长
　　温怀清（广东援藏，7月免）
党委副书记、组织委员
　　黄　麒（7月免）
　　王晨曦（7月任）
党委委员、派出所所长
　　杜元武
党委委员、政府副镇长、财政所所长、二级主任科员
　　索朗达杰（藏族，6月套转）
党委委员、宣传委员
　　巴　鲁（女，藏族，7月免）
党委委员、统战政法委员、人武部长
　　李泉华
党委委员、纪委书记、派出监察室主任
　　白玛旺青（藏族，7月免）
　　康珠益西（女，藏族，7月任）
政府副镇长
　　顿珠平措（藏族，5月免）
　　白　吉（女，藏族）
　　王　潇（11月免）

人大专职副主席

尼　珍（女,藏族,7月免）

后勤服务中心主任

次　央（女,藏族）

二级主任科员

赤列旺堆（藏族,6月套转）

四级主任科员

德　吉（女,藏族,6月套转）

格桑央金（女,藏族,6月套转）

尼玛平措（藏族,6月套转）

扎西热杰（藏族,6月套转）

林芝镇

【概况】 林芝镇隶属于巴宜区,地处318国道沿线,距巴宜区政府所在地18公里,距米林机场30余公里,交通便利,属半农半牧镇。林芝镇前身为达则乡,于2002年改名为林芝镇,并于2005年7月从原镇政府迁至现所在位置。全镇平均海拔3000米,属于藏东南温带半湿润季风气候区,太阳辐射较强,天气多以晴朗天气为主,年平均气温14℃。辖区面积1473平方千米,其中森林面积854平方千米,草场面积14万亩,国家公益林管护面积29万亩,耕地面积12160.02亩。辖区共有11条河湖,总长83.712公里。全镇下辖9个行政村,分别为真巴村（真巴、嘎拉）,康扎村（自布、达卓沙）,朗欧村,卡斯木村,尼池村（尼池、果若）,达则村,帮纳村,曲古村,立定村（立定、扎那、娘欧）;14个自然村;1个寺管会（包括5座苯教寺庙、1座拉康）。林芝镇被誉为"太阳宝座",自然风光

和人文景观有嘎拉桃花园、色季拉森林国家公园、苯日神山、尼洋河风光带、千年古桑王、娘欧码头（玻璃栈道）等。

2019年,全镇居民以藏族为主,此外还包括汉族、回族、门巴族等,总人口624户2474人。外来人口374户1108人,其中,小集镇（军分区）商铺49户83人,小集镇非政策搬迁户83户395人,菜农184户356人,康扎村非政策搬迁户46户213人,各村非政策搬迁户12户61人。全镇干部职工69名（卫生院9名）。2019年全镇经济总收入6093.15万元,农村经济纯收入4138.20万元,人均纯收入16797.38元。

【"不忘初心、牢记使命"主题教育】 2019年,林芝镇党委依托"党员之家"党建示范引领平台,把开展好主题教育工作作为重大政治任务,统筹谋划,确保主题教育顺利开展,同步抓好学习教育、调查研

究、检视问题和整改落实,共开展理论学习中心组学习3次,领导班子专题研讨5次,党员集中学习6次,领导班子讲专题党课12次,形成主题教育专题简报21期,并依托镇微信公众号"奋进林芝镇"发布主题教育信息14条。

【基层党建】 组织力提升。2019年,林芝镇党委立足实际,以专题党委会形式研究组织力提升,先后下发了《中共林芝市巴宜区林芝镇委员会关于抓牢抓实基层党建工作实施细则》《中共林芝市巴宜区林芝镇委员会关于加强基层党组织建设实施组织力提升工程的方案》,从各个方面对基层党建、组织力提升工作做出总体部署,特别是针对全镇9个行政村村级组织活动场所标准化建设及使用作出要求,真巴村、曲古村、达则村、立定村村级活动场所标准化建设已竣工,朗欧村、康扎村、卡斯木村村级活动场所基本

2019年4月26日,林芝镇召开党建、意识形态工作部署会

2019年12月3日，巴宜区直机关工委慰问林芝镇乡村振兴专干

达标，整体功能结构布局基本完成，帮纳村、尼池村改扩建项目已开工。

党员队伍建设。2019年，全镇党员干部职工集体学习35次，理论学习中心组11次，11个党支部共吸收入党积极分子22名，吸收中共预备党员10名，转正党员13名。

软弱涣散整治。多举措抓好"软弱涣散"基层组织整顿，紧紧把握达则村党支部在组织动员力弱、带领致富能力不强、在群众中威信不高等方面存在的问题，以党建领航贯穿整顿全过程，达到扩大先进、提高中间、整顿后进党组织的目的。10月通过听取汇报、群众满意度测评、实地查看、个别谈话等方式，区委组织部、林芝镇党委已基本完成达则村党支部软弱涣散党组织验收工作。

【人大建设】 4月24日，备受全镇人民瞩目的林芝镇第二届人民代表大会第四次会议召开，32名来自全镇各条战线的人大代表参加会议，共商林芝镇发展大计。为增强各级人大参与视察的责任感和积极性，做到知情知政，由镇人大主席团牵头，组织各级人大代表共17人在辖区内集中开展以"扫黑除恶、打非治乱"专项斗争、重点项目建设、环境整治情况为主要内容的视察工作。

【农牧业发展】 2019年，林芝镇与各村签订2019年农产品（蔬菜、瓜果）质量安全生产承诺书，明确了农牧兴镇的发展思路。为提升全镇农业科技发展与科技特派员业务能力提升，协助区农业科技局开展科技特派员培训工作培训2次，共20人次参加培训。积极兑现各类补助，全镇草畜平衡面积130801.56平方米，核定年末草畜平衡载畜量17773.28平方米，2019年牲畜存栏数17884万个绵羊单位，实现了草畜平衡，共兑现资金196202.34元。扎实开展畜禽防疫工作，定期组织人员加强日常巡查巡防，对全镇所有牲畜注射各类疫苗，实现免疫密度全覆盖。为推动种植业有效发展，办理农机加油一卡通619余张，受益群众2400多名。

【环境整治】 2019年，林芝镇动员广大农牧民群众广泛参与庭院经济建设和美化，着力解决村庄环境"脏乱差"问题，加大投入，进一步改善村容村貌，重点整治了辖区318国道至色季拉山路段，树牢了"绿水青山就是金山银山，冰山雪地也是金山银山"的环保意识。加强砂石黏土等矿产资源的开采管理，坚持"保护优先、有序开采、群众受益"的原则，促进砂石、黏土资源依法、有序、合理和可持续开发利用。针对全镇11条河湖（总长83.712公里），实行每月巡河一次，全年开展镇级河长巡河共110人次，并完成立定村、达则村、帮纳村、曲古村河道清理工作，投入资金185000元。

【项目建设】 2019年，林芝镇完成帮纳、立定、达则灌溉和尼洋河整治项目，总投资1231.72万元；完成真巴农家乐、嘎啦采摘园、帮纳养鸡场项目建设，资金投入580万元；完成嘎啦、立定美丽乡村建设和真巴小康示范村建设，总投资3700万元；新修建镇卫生院，占地709.59平方米，总投资331.64万元；建成镇派出所办公楼、住宿楼，建筑总面积2891.5平方米，总投资630万元；完成双拥路改造工程，总造价977.55万元;完成立定、曲古、达则、真巴村级活动场所标准化建设,总投资1100万元;升级改造嘎啦村家庭旅馆,总投资100万元;完成小集镇供水项目,总投资757.57万元;筹备建设康扎村美丽乡村项目,总投资2816.98万元。

【脱贫攻坚】 2019年,林芝镇增强产业扶贫实效,强化扶贫资金监督,努力推动全镇脱贫攻坚质量和成效实现双提升。全面落实党政"一把手"负总责的扶贫工作要求,及时认真整改中央第三巡视组脱贫攻坚专题反馈意见,加强帮扶队伍建设,提升运用政策帮扶能力,确保贫困群众应扶尽扶、应退尽退。截至2019年底,全镇建档立卡户77户228人已全部实现脱贫。

【社会事业】 教育工作。2019年,林芝镇始终坚持把办好人民满意的教育工作作为全镇工作的重中

之重,把教育工作放在优先位置,狠抓"控辍保学"工作,确保适龄儿童有学上,以创建"平安校园"活动为主题,构建和谐的育人环境。同时定期对学生开展安全知识宣传,实现"在校有机制、家庭有责任"的安全防范意识。2019年,林芝镇小学有教学班12个,小学生322人,教师35人。

卫生服务。镇卫生院积极开展家庭医生签约服务工作,共签约2454人,签约率达100%。针对慢性病病人(高血压病人223人,糖尿病病人8人,精神病病人10人),定期开展体检工作,并指导村医开展随访,询问病情,对用药、饮食等进行健康指导。全镇农村合作医疗参保总人数为2395人,参保率达100%。完成12岁以下常住儿童基础免疫251人,接种针次522次,强化免疫136人,接种率达100%。

参保、转移就业工作。2019年,全镇城乡养老保险共续保

2141人,完成目标的60%。积极开展高校毕业生就业"一对一"帮扶工作,全镇2019年应届高校毕业生22人,其中20人已就业,就业率达90.91%。

民政工作。2019年,全镇80岁以上寿星老人共有46人,新增4人。全镇五保户共18户18人,其中有意愿到镇养老院集中供养12人。全镇共有残疾人169人,其中重度残疾65人,困难残疾130人,享受残疾人护理补贴56人,发放补贴资金70500元;享受生活补贴169人,发放补贴67500元。

(徐海涛)

【机构领导】

党委书记、四级调研员
　　姜　　辉(12月套转)
党委副书记、政府镇长、四级调研员
　　索朗仁青(藏族,6月套转)
党委副书记、人大主席、一级主任科员
　　罗　　桑(藏族,12月晋升一级主任科员)
党委副书记
　　柳　明　渠
党委委员,统战、政法委员,武装部长
　　旦　　增(藏族)
党委委员、纪检书记
　　康珠益西(女,藏族,7月免)
　　王　兴　刚(7月任)
党委委员、组织、宣传委员
　　袁　海　翔
党委委员、政府副镇长
　　普巴卓玛(女,藏族,5月免)
　　王　昌　顶(5月任)
政府副镇长、三级主任科员
　　白玛曲杰(11月套转)

2019年11月15日,林芝镇举办喜迎工布新年文艺演出活动

政府副镇长、财政所所长

　　张　　霞（女,5月兔）

　　李 晓 波（5月任）

人大专职副主席

　　次尼拉姆（女,藏族）

农牧综合服务中心主任

　　何 婷 婷（女）

文化服务中心主任

　　桑杰旺姆（女,藏族）

四级主任科员

　　曲珍拉姆（女,藏族,6月套转）

　　拉　　拥（女,藏族,6月套转）

　　卓嘎泽措（女,藏族,6月套转）

　　巴桑卓玛（女,藏族,6月套转）

　　戴 纯 昌（6月套转）

　　徐 海 涛（6月套转）

鲁朗镇

【概况】 鲁朗,藏语意为"龙王谷",又称"神仙居住的地方"。鲁朗镇位于北纬29.7℃,东经94.7℃,辖区总面积2516.9平方公里,平均海拔约3385米,距巴宜区70公里。鲁朗镇属高原温带半湿润季风气候,年日照时间2016小时,无霜期156天,年气温在10℃以上183天,年平均气温12℃。全镇森林覆盖面积达80%以上,林木资源丰富,畜牧业生产较为发达。主要作物有冬小麦、青稞、油菜、玉米等;药材资源有手掌参、虫草、龙胆草、灵芝等;食用菌资源有松茸、羊肚菌、青冈菌等。畜禽饲养品种较多,林芝牦牛、林芝藏香猪、黄牛（包括犏牛）、马、藏鸡等均有饲养。旅游资源丰富,辖区内主要景观有色季拉国家级森林公园、杜鹃花海、田园风光、贡措湖、高山牧场、扎西岗村传统村落、鲁朗国际旅游小集镇等。鲁朗镇是全国影视指定拍摄景地、全国首批运动休闲特色小镇,获"国家级旅游度假区"殊荣,有"中国最美村镇""天然氧吧""生物基因库"之美誉。

　　鲁朗镇下辖9个行政村,分别为东巴才、明吉、罗布、扎西岗、东久、拉月、白木、巴嘎、洛木,16个自然村,分别为东巴才、明吉、南木林、崩巴才、纳麦、仲麦、扎西岗、折巴、德拉、茶场、拉月、白木、秀巴、易隆、贡丁、贡增。2019年,全镇总人口288户1354人（男性680人,女性674人）,劳动力695人,农牧民党员277人,建档立卡户32户89人。全镇农村经济总收入达5218.76万元,农牧民人均可支配收入达24889.5万元。

【基层党建】 基层组织建设。2019年,鲁朗镇深入推进农牧民党员量化考核工作,以制度规范全镇党员行为,鼓励党员积极参与村级建设,充分发挥党员先锋模范作用,提升基层党组织战斗堡垒作用。做细党员组织关系排查工作,再次对全镇277名党员组织关系进行梳理自查,更改校对信息,建立党员管理台账,落实按月缴纳党费制度。签订《党员不信教承诺书》,加强党章党规学习,强化政治纪律教育,提高党员政治素质。注重培养优秀年轻后备干部,全年转正党员14名,新吸收预备党员14名,培养后备村干部40名、创业致富带头人9名,着力解决部分村干部队伍年龄结构偏大、创新能力不足的问题。全面落实党内关怀机制,建立60岁以上老党员台账,对老党员、老干部进行慰问22次,提升老党员和困难党员的归属感和党员荣誉感。

　　开展"不忘初心、牢记使命"主题教育。把深入学习贯彻习近

2019年9月19日,鲁朗镇党委书记边巴在鲁朗镇东巴才村知青点开展讲党课活动

平新时代中国特色社会主义思想作为首要政治任务，灵活开展形式多样的学习教育，使党员干部静下心读原著、学原文、悟原理，推进主题教育往深处走，往心里走。坚持以问促改，抓牢问题导向，全体班子成员沉到一线抓调研，通过召开座谈会、个别谈话等形式，收集整理解决群众反映强烈的热点难点问题。坚持以干促进，助力活动成效，坚持把开展主题教育与推进全镇重点工作、解决突出问题深度结合起来，以实际的工作成效体现学习教育成果，做到主题教育与各项工作"两不误、两促进"。

意识形态工作。深入推进"四讲四爱"群众教育实践活动，创新宣讲形式，丰富宣讲内容，提升宣讲效果，全年共宣讲 200 余场次，受众达 6000 余人次，切实做到了"四讲四爱"无死角、全覆盖，宣传教育深入人心。积极组建镇村宣讲队伍，组织宣传党的十九大、十九届一中、二中、三中全会精神，习近平总书记系列重要讲话精神及各项惠农政策，共计宣讲 120 余次，提高了群众政策知晓率和运用率。开展精神文明创建工作，弘扬社会主义核心价值观，挖掘身边先进典型，加大表彰宣传力度，共表彰各类先进人物 10 人。

作风建设。坚持鲁朗镇党委书记为党建"第一责任人"的工作机制，按照"一手抓党建、一手抓发展"的工作思路，多次召开党建专题会议，始终坚持党建工作与中心工作目标同向、工作合

2019年8月12日，鲁朗景区管委会、鲁朗镇政府举办举办第三届鲁朗工布牧歌民俗文化旅游节——团糌粑比赛

拍、措施配套。年初与各村党支部书记逐一签订党建目标管理责任书，压实基层党组织书记抓党建工作责任。实施季度督查考核制度，建立村"两委"微信群，时时提醒、随时沟通，对党建工作进行再部署，重落实。强化班子建设，不定期召开班子成员碰头会，定目标、下任务、鼓斗志，促班子成员工作效率大提升。2019 年，共计组织中心理论组学习 13 场次，党员干部学习 8 场次，村党支部学习 51 场次，党员学习覆盖率达 97%，着力补足党员干部精神内涵。

【经济发展】 2019 年，鲁朗镇粮畜持续增收，粮食产量达 1409 吨，肉类超过 100 吨，蔬菜超过 300 吨。白木村温室项目带动 8 户群众户均增收 1 万元。鲁朗镇藏鸡养殖项目已初具规模，6—12 月出栏藏鸡 5000 只，带动增收 25 万元。东久村犏牛养殖项目带动东

久村 20 户年增收 5000 元。拉月村千亩茶场项目通过流转土地、转移就业，带动拉月村群众增收 60 万元。全年小镇接待国内外游客 82.85 万人次，收入 7852.41 万元，其中农牧民旅游收入 800 余万元。

【脱贫攻坚】 产业扶贫。2019 年，鲁朗镇产业扶贫项目共 9 个，涉及资金 2120 万元，其中扎西岗村双联户旅游休闲集散地建设项目已建成并运营，带动群众增收 30 万元。同时完善利益联结机制，引导更多贫困户参与到项目中。

"三岩"片区跨市整体搬迁。2019 年 10 月，"三岩"片区跨市整体搬迁群众共 47 户 312 人陆续入住，鲁朗镇积极采取措施，集中解决好搬迁群众生产、生活、教育、医疗等问题，组织技能培训，推进搬迁群众转移就业。

激发群众内生动力。注重思想扶贫、技能扶贫，深化干部"一对一"帮扶制度，加强对贫困户针

对性帮扶,全年共计开展慰问、谈话等帮扶活动153次,投入慰问资金4万余元。深入开展"身边人讲身边事"活动,用自己的亲身经历和故事,把抽象的脱贫攻坚思想教育变成看得见、摸得着、拿来能用的经验,让党的脱贫攻坚决策部署入心入脑。全年已有3户建档立卡贫困户递交了自愿稳定脱贫协议书(可不依靠任何政策保证稳定脱贫)。

做好生态岗位清退管理。严格按照《西藏自治区"十三五"时期生态补偿脱贫实施方案》和《关于全面排查生态岗位人员的通知》等文件要求,对全镇生态岗位人员进行多次摸排,逐一对超龄、高收入、残疾、在校生人员等情况进行清退,共计清退42人。

【民生福祉】完善基础设施。2019年,鲁朗镇落实安全饮水项目,扎西岗村水源地提升项目已完成,农牧民饮水安全得到进一步保障。各行政村邮站运转良好,行政村4G网络、光宽网络覆盖率达100%。村道基本实现全部亮化,群众"出行难"进一步缓解。推进白木村屋顶更换树脂瓦,提升群众居住条件。巴嘎村农田道路项目已完成,农业机械化基础进一步巩固。

教育事业。开展义务教育排查工作6次,控辍保学首次清零,小升初成绩名列巴宜区前茅。考入大中专院校9人,其中本科1人,发放大学生奖励资助185000元。开展六一儿童节、教师节庆祝活动,投入慰问资金25244.29元。

卫生健康。完善医疗基础设施,迁入新建卫生院,购置了价值2.2万元藏药浴器材。开展送医药、义诊等活动30场次,免费为全体小学生进行体检。开展医疗卫生宣传活动36次,高血压、糖尿病等慢病的防治知识健康讲座9次,包虫病防治宣传5场次,儿童免疫规划接种率均达100%。

公共文化服务。新建扎西岗村、罗布村射箭场,维修更换群众文体设施。加大传统古村落保护力度,推进扎西岗村传统村落保护项目。利用藏历新年、"3.28"百万农奴解放纪念日、国庆节等节点,开展各类文体活动20次,丰富群众节庆娱乐活动。开展文化市场整治6次,有效净化文化市场。以全民健身运动为载体,推动公共体育设施建设,组织开展健身、工间操等文体活动,提高群众参与积极性。顺利举办了第三届"工布牧歌民俗文化旅游节"活动。

就业工作。全镇15名高校毕业生通过各种渠道实现就业,就业率达93%;推进农牧民转移就业500余人,劳务收入达470余万元。

民政工作。为解决群众冬春受灾情况,及时发放了生活救助面粉142袋、糌粑430袋、大米215袋;开展"春节送温暖"活动,走访慰问各类民政救助帮扶对象23户,发放慰问金11500元;对全镇年满80岁的寿星老人进行全面摸底,经调查,全镇共有年满80岁的寿星老人29人;组建镇退役军人服务站,设立办公室和工作人员,负责退役军人日常工作,确保退役军人工作有人抓、有人管,同时按照要求悬挂了镇退役军人服务站门牌;对网上采集成功的退役军人进行"光荣之家"门牌悬挂,悬挂"光荣之家"门牌23块。

(周林凤)

2019年10月1日,鲁朗镇举办庆祝新中国成立70周年升国旗仪式

【机构领导】

党委书记

边　巴（藏族,5月任鲁朗景区管理委员会副主任）

党委副书记、政府镇长、一级主任科员

刘 可 疆（11月晋升一级主任科员）

党委副书记、人大主席、一级主任科员

廖 锦 屏（11月晋升一级主任科员）

党委副书记

赵 阳 阳（11月免）

许 芳 燕（女,藏族,11月任）

党委委员、纪检书记

白玛德吉（女,藏族）

党委委员,政法、统战委员

谭 金 松（土家族,11月免）

石　成（11月任）

党委委员、组织宣传委员

许 芳 燕（女,藏族,11月免）

赵 培 莎（女,藏族,11月任）

人大专职副主席、三级主任科员

次仁拥忠（女,藏族,11月套转）

三级主任科员

洛松彭措（藏族,11月任）

党委委员

索朗德吉（女,藏族,11月任）

政府副镇长、财政所所长

索朗德吉（女,藏族）

政府副镇长

石　成（11月免）

朗加丁增（藏族,11月任）

赵 培 莎（女,藏族,11月免）

尼玛顿珠（藏族,11月任）

文化站站长

尼玛措姆（女,藏族）

派出所副所长

蔡 炜 程

农推中心主任

宗　吉（女,藏族）

机关后勤服务中心主任（副科,试用期一年）

旦增色珍（女,藏族,11月任）

卫生院院长（副科,聘期三年,试用期一年）

普巴次仁（藏族,11月任）

二级主任科员

其美次仁（藏族,11月免）

四级主任科员

孙 统 才（6月套转）

黄　异（6月套转）

陈 甜 甜（女,6月套转）

武　鑫（6月套转）

百巴镇

【概况】　百巴镇位于巴宜区西部,尼洋河沿岸,距离巴宜区60公里,318国道和拉林高等级公路穿境而过,交通便利。全镇平均海拔3260米,国土面积1217.47平方千米,下辖12个行政村29个自然村。2019年,百巴镇总人口904户4370人,农村经济总收入达7181.33万元,人均纯收入达16433元,人均现金收入达10519元。

【基层党建】　2019年,百巴镇连别村争取150万元产业资金,探索"党支部+能人+群众"食用菌种植销售发展模式,带动全村44户群众增收。在连别村开展首期"红色流动课堂"宣讲活动,结合分管领导包村工作,化解矛盾纠纷等工作13次,收集群众反映问题20件,已解决9件,正在解决4件,并对7件不合理的诉求做好解释工作。色贡村、扎地村通过加强学习教育、谈心谈话、征求意见、外出考察等方式,达成党建工作整顿目标,村支部的创造力、凝聚力和战斗力显著增强。通过"三看"（身上是否有佛珠、院内是否悬挂国旗、家中是否有佛堂）"一问"（是否参与社会治

2019年5月12日,巴宜区委副书记、人大常委会主任人选荆涛（右一）在百巴镇检查人大工作开展情况

安和信访事件）"一谈"（谈入党动机和初心）"一听"（听群众反映口碑状况）确定入党积极分子。在"三岩"片区易地扶贫搬迁过程中，镇党委充分发挥老党员作用，与村民协调沟通，做好村民思想工作，消除村民担心和忧虑。以"三大节日""七一"建党节等为契机，开展老党员慰问帮扶活动，发放了34300元的现金和慰问品，并鼓励他们发挥余热，在村镇各项工作中积极发挥作用。

结合"党建+业务"双提升课堂开展专题学习18次，学习篇目26篇，交流发言10次，理论中心组集中学习10次，专题研讨会10次。观看《我和我的祖国》《孔繁森》《钱学森》等系列爱国教育片，传承红色精神、营造浓厚氛围，激发全体党员筑牢"不忘初心、牢记使命"的思想根基。党政领导班子结合分管工作和包村情况开展调研4次，形成调研报告13篇，并在成果交流会上交流学习。

始终坚持把党风廉政建设工作纳入党委工作主要议事日程，年初与各班子成员、13个党支部签订《百巴镇2019年党风廉政建设责任书》，严格执行"谁主管、谁负责、谁落实"的原则，把责任制的落实纳入各项管理工作之中，做到与党政工作同部署、同落实。建立健全廉政风险防控机制，细化完善《百巴镇廉政风险防控实施方案》，安排镇纪委和相关职能部门对全镇廉政风险防控点进行全覆盖排查，定岗定责，划分风险等级，逐个分析风险来源，制定相应的风险排除措施。

【农牧工作】　农业科技。2019年，百巴镇扩大"冬青18号"种植面积，种植面积达400余亩，箭舌豌豆种植面积达400亩，先后聘请专家举办青稞、箭舌豌豆、蔬菜优种及管理等培训班3期，参训人员200人次。召开虫草采挖工作动员部署会3次，严格审批虫草

采挖程序，采集期间，无纠纷、无事故，顺利完成虫草采挖工作。

畜牧养殖。总投资120万元，实施开朗村优质奶牛场项目，养殖优质奶牛100头，牛棚已修建完成。发放春秋季动物防疫疫苗及兽药65箱，疫苗注射率达到95%以上。成立非洲猪瘟防控工作领导小组，召开疫情防控工作动员部署会10余次，区级包片领导实地督导，发放非洲猪瘟防疫消毒毯80余个、海绵50余块、消毒药品110余箱、新建消毒池6个，建立疫情防控工作台账、督导台账12份，下发疫情防控工作实施方案、应急预案、日报表30余份。

【脱贫攻坚】　实施产业项目，巩固脱贫成效。2019年，百巴镇共实施7个产业项目，总投资2600万元，其中2018年精准扶贫项目共3个，投资140余万元（拉姆洗车场扩建项目、色贡村商店建设项目、百巴镇百亚吉林藏家乐扩建项目），有效带动色贡村4户建档立卡户、百巴村7户建档立卡户每户创收2000余元；2019年"4+1"模式扶贫产业项目1个，投资50万元，直接带动强嘎村1户建档立卡户增收，同时与施工方签订劳务转移就业责任书，安排强嘎村有劳动能力的建档立卡户参与到项目建设中，为其增加务工收入；实施2019年贫困县脱贫攻坚整合资金项目3个（折巴村伍巴自然村苗圃基地建设项目、银丰农牧堆龙村有机肥厂配套建设项目、拉格村藏香猪养殖项目），投入资金2410万元，带动拉格村

2019年3月28日，百巴镇开展庆祝西藏百万农奴解放纪念日——重温入党誓词活动

24 户建档立卡户和百巴镇 2 户养殖大户实现增收。

"转移就业"脱贫。2019 年，通过"转移就业"实现脱贫 45 人。在区人社局支持下，对建档立卡户分批次开展培训 4 次。筛查不符合生态岗位条件的人员，清退 19 人，其余 714 个生态岗位按一人一岗的原则安排，签订责任书，发放上岗证，全年兑现生态岗位工资 249.9 万元。

金融扶贫。不断完善金融扶贫工作机制，深化多方合作，加强扶贫信贷产品和服务模式创新，切实做好金融扶贫工作，支持百巴镇经济发展和建档立卡户增收。2019 年，百巴镇建档立卡贷款户数为 28 户，发放贷款资金 116.35 万元，主要用于购买农机等生产生活资料。

医疗精准扶贫。与区卫建委、镇卫生院协调，在 45 名医疗精准扶贫对象的基础上，新增加 10 名，对出现重大疾病的建档立卡户实施动态管理，享受与医疗精准扶贫同样的救助，让建档立卡户便捷就医。

"三岩片区"易地扶贫搬迁工作。2019 年，"三岩片区"易地扶贫搬迁群众 88 户 502 人，其中建档立卡户 60 户 356 人。为实现搬迁群众搬得出、留得住、能致富的目标，百巴镇党委积极与巴宜区党委、政府领导沟通协调，主动与区直各相关单位、部门积极对接，成立专项工作组 6 个，各专项工作组为嘎吉村群众协调解决生产生活需求 10 余件，开工建设养殖项目 1 个，准备开工建设项目 3

个，规划上报"十四五"重点项目 3 个，技能培训 40 余人次，安排劳动力就业近 70 余人，并与 35 家用人单位新达成就业意向 120 余人次。

【生态环保】 2019 年，百巴镇制订《关于百巴镇生态文明建设规划方案》《百巴镇环境卫生整治长效机制》《饮用水源地保护实施方案》《镇、村两级环境监督员管理办法》，并成立领导小组，大力开展乡村环境综合治理。全年开展城乡环境卫生综合整治督导检查 20 余次，各村环境卫生整治参与人数 1500 余人次，清理广告 10 处，清理卫生死角 60 处，清理垃圾 20 余吨。

【教育事业】 2019 年，百巴镇全镇适龄儿童入学率达 100%，中学生和大学生入学比重逐年提高，"控辍保学"工作顺利劝返 7 人；完成大学生资助 169 人（专科每

人 3000 元，本科 5000 元），奖励 59 人，每人 4000 元；安置"三岩片区"易地扶贫搬迁点嘎吉村适龄学生 166 名。

【文化工作】 2019 年，百巴镇村级农家书屋已实现全覆盖，并实行免费对外开放；镇综合文化站基础设施不断完善，活动室、篮球场、足球场、健身设施等已成为全镇群众文化活动的重要阵地。组织开展了迎春节和藏历新年文艺汇演、庆七一文艺汇演、70 周年大庆文艺汇演等系列活动，邀请区民间艺术团到百巴镇各村开展文艺汇演活动 12 场次。对网吧、音像店等重点文化场所，不定期开展大排查，确保全镇文化市场健康稳步发展。

【医疗卫生】 2019 年，百巴镇机关、卫生院组织人员深入 12 个行政村（居），开展包虫病相关知识宣传 39 场次，发放宣传单 800 余

2019 年 7 月 4 日，百巴镇连别村开展"红色流动课堂"宣讲活动

份；城乡应参加医疗保险人数为3748人，实际缴费人数为3634人（其中3295人个人缴费，建档立卡户339人国家代缴），缴费率为96.95%，收缴医疗保险金9.885万元。

【社保工作】　2019年，百巴镇居民养老保险缴费1121人，缴费金额112100元，养老保险参保率达到96.9%，全民参保信息库录入达到99%。18名高校毕业生17名已就业，就业率达94.44%，农牧民转移就业608人。对11名大学生进行一对一帮扶，6名实现就业，5名未就业，其中1名继续考研，1名暂无有效联系方式，1名只愿意参加公务员考试，1名参加乡村振兴招聘等待录取，1名在家待业。完成事业单位岗位设置工作（后勤岗位5个，管理岗位2个，专业技术岗位2个，工勤技能岗位1个）。

【群团工作】　团委工作。2019年，百巴镇按照共青团改革要求发展团员，共新发展团员6名。完善智慧团建系统所有团员信息资料，及时更新团员关系转入工作。组织各村团支部书记开展业务培训1场次，开展预防青少年犯罪宣传教育9场次，成立了由30人组成的青少年志愿服务队伍。

工会工作。关心关爱工会成员，在重大节日期间，为工会会员发放价值300元的慰问品和200元的蛋糕券。完成百巴镇第一届工会委员会的选举任务，选举产生第一届工会委员9人。开展"做

新时代雪域高原文明干部"的签名倡议活动，组织志愿者清扫小集镇、政府院内卫生3场次。

妇联工作。完成乡镇妇联组织区域化建设改革工作，选举产生第一届妇女执行委员会成员9人，其中妇联主席1人，专职副主席1人，兼职副主席3人，执行委员4人。及时召开村居妇改联工作动员会，并指导11个村居完成妇改联工作。配合区卫健委完成妇女"两癌"筛查工作，积极对接"两癌"患者的相关政策补贴事宜。

【民政工作】　2019年，百巴镇组织人员在三大节日期间，对养老院孤寡老人、残疾人、低保户、困难家庭进行慰问。配合自治区残疾人联合会康复中心到百巴镇开展残疾人辅助器具适配工作，发放辅助器具10余套，转介残疾人到自治区康复中心进行假肢适配3人次。对百巴镇辖区内120名残疾人进行入户登记，并录入系统。

（夏淳清）

【机构领导】

党委书记、四级调研员
　　孔　令　雪（12月套转）
党委副书记、政府镇长、一级主任科员
　　扎西旺堆（僜人，11月晋升一级主任科员）
党委副书记、人大主席
　　格桑平措（藏族）
党委副书记、组织委员
　　朱　相　冬（6月兔）

张　珍　杰（6月任）
党委委员、派出所所长
　　坚赞吉明（藏族）
党委委员、纪委书记
　　赵　　浪（6月兔）
　　赵　晓　凯（6月任）
党委委员、政府副镇长
　　斯郎达吉（藏族，6月兔）
党委委员、政法统战委员、人武部长
　　王　会　斌
党委委员、宣传委员
　　李　晓　仙（女）
人大专职副主席
　　王　兴　刚（6月兔）
政府副镇长
　　央　　宗（女，藏族，6月兔）
　　易　高　辉（6月任）
政府副镇长、财政所所长
　　格列平措（藏族）
文化站站长
　　平措旺堆（藏族）
四级主任科员
　　马　永　明（6月套转）
　　郝　董　林（7月任）
　　尼玛曲珍（女，藏族，6月任）
　　李　　丽（女，6月套转）
　　拉巴尼玛（女，藏族，6月套转）
　　旦增央吉（女，藏族，6月套转）

米瑞乡

【概况】　米瑞乡位于巴宜区东南方向，雅鲁藏布江江畔，西与林芝镇接壤，北与鲁朗镇相邻，南与米林县丹娘乡隔江相望，距区政府驻地57公里。辖区行政区域面积1506平方千米，平均海拔2900米。全乡辖12个行政村，19个自

然村(贡党、玉容增、通麦、木多、色古拉、米瑞、增巴、肖仲、本仲、拉奶、嘎沙、贡尼公嘎、达嘎扎、比东、吉定、仲沙、米粮麦、在来、丁拉 19 个村委会),总人口 495 户 2200 人,其中劳动力 850 人。耕地面积 5871 亩,牲畜总头数 16958 头(只、匹)。2019 年,全乡农村经济总收入 6962.10 万元,人均收入 18987.54 元,同比增长 5.06%,人均现金收入 13291.28 元,同比增长 5.06%。

【基层党建】 落实治党管党职责。2019 年,米瑞乡完善党建工作责任体系,全力做到党建工作与经济建设社会发展工作同安排、同部署,积极督导班子成员在分管领域范围内严格落实党建工作"一岗双责"职责。坚持深入开展支部书记、第一书记每季度抓党建学习交流活动,形成了党委书记整体抓、班子成员协作抓、支部书记具体抓的党建责任新格局。为深入推进从严治党任务落实,制定并下发《米瑞乡党建督导考核办法》《党建聚焦主业量化考核清单》,进一步明确督导重点内容,深入各支部开展督导 40 余次,下发整改通知 12 次。严格规范党员日常行为,对于部分思想站位不高、入党动机不纯、行为不端的党员,严格按照《中国共产党纪律处分条例》对其进行处理。

党员队伍建设。以《党章》为根本遵循,以严守政治纪律、严明政治规矩为抓手,积极开展党员政治教育、党员政治纪律教育,严格执行"三会一课"、固定党日、组

2019年6月9日,林芝市委常委、统战部部长达瓦(左一)在米瑞乡玉荣增村开展学经回流人员调研工作

织生活会等各项组织生活制度,通过设立党员先锋岗、过党员政治生日、观看党性教育纪录片等活动,进一步筑牢广大党员干部思想根基。2019 年,全乡共开展党员固定活动日 166 次,开展乡领导干部讲党课 8 次,各村班子、第一书记讲党课 48 次。在党员政治教育中,各党支部党员政治

教育达 36 课时,授课 600 余人,撰写思想汇报 300 余份。扎实开展"不忘初心、牢记使命"主题教育,全乡各党支部共开展集中学习 120 次,开展主题调研 150 次,领导干部上专题党课 28 次,形成调研报告 35 份,宣传团深入各村宣讲 52 次,受众 1233 人,巡回指导组督导检查 67 次。

2019年7月1日,米瑞乡朗乃村派驻单位——巴宜区人大办在派驻点开展联谊活动

【特色产业项目】 米瑞乡娟姗奶牛养殖项目。该项目总投资97万元,项目购买6个月大的娟姗奶牛97头,在玉荣增村(33头)、通麦村(31头)、色果拉村(33头)实施,2019年底,项目处于和区农业农村局对接中,准备从区外购买娟姗奶牛。

米瑞乡麦娘麦村60亩水果基地建设项目。该项目总投资25万元,新建60亩水果基地,种植优质苹果等水果,项目处于办理前置手续和初步设计阶段。

米瑞乡油用牡丹建设项目。项目总投资100万元,在全乡平整土地1000亩,用于种植油用牡丹,项目处于办理前置手续和初步设计阶段。

米瑞乡姆多村花田改造项目。项目总投资60万元,扩建花田200亩,建设碎石步道1.2×6000米及帐篷5个,项目处于办理前置手续和初步设计阶段。

米瑞乡嘎萨村藏香猪养殖项目。项目总投资60万元,修建猪舍300平方米,买小猪280头,项目处于办理前置手续和初步设计阶段。

【助力脱贫攻坚】 加强项目管理,巩固脱贫成效。2019年,米瑞乡加强对各扶贫产业项目的后续管理工作,细化扶贫工作职责,建立健全体制机制,实行每月登记管理制度和项目跟进汇报制度,切实加强对各帮扶项目后期的管理监督,使各帮扶项目实现健康、持续、平稳的发展,充分发挥帮扶项目带动贫困户持续增收的实效。色果拉村绵羊养殖项目带动36户172人(其中建档立卡贫困户4户15人)增收4.8万元。朗乃村到户养殖藏鸡建项目已完成建设,每户群众受益5000元。

落实扶贫政策,不折不扣惠及群众。根据全面清退不符合政策要求人员的通知,组织力量对全乡生态岗位人员进行再次核实,严格按照"一人、一岗、一卡"以及上级部门的文件要求和标准录用,先后清退不符合要求人员349人,并上报至生态岗位组进行审核。经过调整后,2019年底全乡生态岗位93人(其中建档立卡户76人,非建档立卡户17人),全年发放生态岗位补助共146.01万元。

建强基层扶贫力量,确保工作落到实处。为贯彻落实区委、区政府关于新时期精准扶贫精准脱贫工作部署,乡党委、政府以各村"两委"班子和村党支部第一书记为抓手,在各驻村工作队中设立2名扶贫专干协助村"两委"开展好相关工作,每月定期上报简报信息并入户宣讲中央和自治区脱贫攻坚政策,确保家喻户晓。实行村干部"一对一"服务管理工作,定期不定期地向贫困户宣讲精准扶贫相关政策知识,激发贫困户群众的内生动力。

【发展群众庭院经济】 2019年,米瑞乡按照巴宜区关于庭院绿化美化工作的安排部署,结合实际制定了《米瑞乡庭院绿化美化工作实施方案》,完成了498户庭院经济种植,主要种植品种樱桃771株、苹果39460株、梨57株、核桃68株、桃子14株、蔷薇6260余株。

【大学生就业】 2019年,米瑞乡应届毕业大学生共21名,实现就业学生20名,就业率达95.5%,正在积极核对最后一名大学生基本信息以及就业意向。

【推行河长制工作】 2019年,米瑞乡完成了辖区各河流河长制立

2019年11月11日,由林芝市巴宜区文化旅游投资发展有限公司主办,米瑞乡人民政府协办的首届西藏林芝市苹果品鉴推介会在通麦村举行

牌工作,全乡村级河长巡河 220 余次,乡级河长巡河 40 余次,同时建立巡河工作台账,对巡查出的问题及时登记,由乡村两级河长协调解决,乡河长办进行跟踪落实问题整改。按照"河畅、水清、坡绿、岸美"标准,以河道垃圾清理和周边卫生整治、污染源排查整治为工作重点,与米瑞村、玉荣增村、通麦村等雅江沿线村庄及曲尼贡嘎等河道环境问题严重村庄签订河道清理协议,集中整治主要河道环境污染问题,持续有效维持河道环境卫生。

(巴桑卓玛　格桑旺堆)

【机构领导】

区政协副主席、米瑞乡党委书记

　　卢俊平(5月任副区政协主席人选,12月任副主席)

党委副书记、乡长、一级主任科员

　　普　　巴(藏族,11月晋升一级主任科员)

党委副书记、人大主席

　　张　　英(女,4月免)

　　格桑旺堆(藏族,5月任)

党委副书记、组织委员、二级主任科员

　　刘　　辉(11月晋升一级主任科员)

党委委员、政府副乡长、三级主任科员

　　旺　　杰(门巴族,11月晋升一级主任科员)

党委委员、政法统战委员、人武部长

　　张　　力

党委委员、宣传委员

　　次仁曲措(女,藏族)

党委委员、纪委书记

　　王　　海(3月免)

人大专职副主席

　　米玛次仁(藏族)

政府副乡长、财务所长

　　孙俊杰

政府副乡长

　　力治刚(7月任)

副主任科员

　　仁青巴珍(女,藏族,5月免)

四级主任科员

　　陈　　波(6月套转)

农牧综合站站长

　　尼玛拉姆(女,藏族,5月任)

机关后勤主任

　　卓　　玛(女,藏族,5月任)

布久乡

【概况】　布久乡地处西藏自治区西南沿线,巴宜区南部,雅鲁藏布江与尼洋河交汇处,辖区总面积 2100 平方公里,海拔 2940 米,距巴宜区政府所在地 29 公里。全乡辖 10 个行政村,13 个自然村。行政村:杰麦、仲果、孜热、麦巴、朵当、简切、珠曲登、嘎玛、仲萨巴、甲日卡。自然村:杰麦、仲果、孜热、麦巴、朵当、简切、珠曲登、嘎玛、仲萨巴、甲日卡、卓木、孜拉岗、马边。全乡森林面积 2.84 万公顷,草场面积 435.7 公顷,耕地土壤有机质含量较高,偏酸性,适应多种农作物及经济作物生长,是巴宜区的主要产粮乡之一。主要农作物有春小麦、冬小麦、青稞、油菜、豌豆、玉米等;主要树种有柏树、桑树、云杉、高山松等;药材资源有三七、虫草、红景天、贝母、党参等;食用菌资源有银耳、木耳、猴头菇、茯苓、灵芝等;动物资源有麝、黑熊、猴、豹、棕熊、白唇鹿等。畜禽饲养品种较多,林芝牦牛、林芝藏香猪、藏系绵羊、山羊、黄牛(包括犏牛)、马、驴、

2019年6月4日,西藏自治区扶贫办主任、区脱贫攻坚指挥部办公室主任尹分水(右五)一行在巴宜区布久乡考察扶贫产业项目。巴宜区委书记米次(右四)等陪同

鸡、鸭、鹅等均有饲养。境内水资源丰富,主要河流有俄当曲、嘎玛曲、简切曲3条主干渠,总长42千米,布久乡境内水系发达,河网密布,湖泊众多,河网密度为0.80米/平方千米,水能蕴含量达100万千瓦,天然水能资源极为丰富。

2019年,布久乡农村总人口588户2749人(男性1370人,女性1379人),劳动力1294人,农牧民党员297人,建档立卡户88户272人。全乡农村经济总收入达9085.35万元,农牧民人均可支配收入达2.18万元。

【基层党建】 强化党组织学习和党员教育。2019年,布久乡把习近平新时代中国特色社会主义思想和党的十九大精神、"不忘初心、牢记使命"主题教育等内容列入党员教育培训必学课程,组织开展主题党日活动12次、党日学习活动21次、理论中心组学习12次,举办干部文化素质提升培训班6期,培训人数达300余人次,各村开展干部素质文化提升55期,培训人数达674人次,实现了村干部文化素质提升全覆盖。

深入开展群众教育实践活动。以"四讲四爱"群众教育实践活动、"不忘初心、牢记使命"主题教育活动以及庆祝新中国成立70周年和西藏民主改革60周年活动为契机,共组织实施周一升国旗仪式47次,开展"3.28"西藏百万农奴解放纪念日活动9场次、"7.1"为党庆生活动11场次、"10.1"共庆华诞主题活动11场次、"铭记党恩使命、助推乡村振兴"主题党建群众教育实践活动1场次,受教育群众达14000余人次。

党风廉政建设。始终把落实党风廉政建设主体责任贯穿到全乡经济社会发展的全过程,成立了以党委书记为组长,纪委书记为副组长的党风廉政建设领导小组,对全乡党风廉政建设的目标任务、主要措施、领导责任进行划分,进一步夯实工作职责,通过制订《布久乡2019年党风廉政建设工作计划》,对乡党委党风廉政建设和反腐败工作进行年度总体安排部署。与10个行政村、乡派出所、卫生院、小学签订《党风廉政建设目标责任书》,并层层分解责任,严格责任到人,与干部职工签订《禁赌承诺书》《禁酒承诺书》《党员不信仰宗教承诺书》。严格落实中央八项规定精神及其实施细则,及时传达学习上级关于违反中央八项规定精神、扶贫领域相关通报精神,对全乡干部职工进行廉政教育,促使干部职工绷紧廉政建设这根弦。完善布久乡公车使用、财务开支、来人接待、干部请销假、考勤、签到等制度,深化作风建设,认真贯彻落实自治区党委、市委和区委关于加强干部作风建设常态化的要求,不断提高干部队伍素质。严守廉政规定,明确公款使用细则,严格落实审批制度,确立了清晰的报销流程,遵守和执行公务接待标准和日常接待规定,加强对三公经费、村务公开、重要节假日期间"四风"的监督,严格工作程序和业务流程。

【产业发展】 藏香加工厂产业项目。新建120平方米厂房,购置了削刀机、粉碎机、风干机、打香机等相关设备,主要经营线香、香包、圆香等,2019年营业收入达10余万元,带动6户贫困户脱贫增收。

杰麦犏奶牛合作社养殖产业项目。该项目为能人带动到户脱贫项目,项目购买犏奶牛20头,新建牛舍182平方米,改造牛舍168

2019年9月26日,巴宜区委书记米次(右二),区委常委、政府常务副区长向军(右三)在布久乡派出所检查指导工作

平方米,带动3户贫困户脱贫增收。

圣域水果基地建设与果品冷藏与深加工项目。圣域公司实行"公司＋农户＋基地"的模式,通过土地流转、农户分红入股等形式,在布久乡建立水果种植加工合作基地,为保证农户收入,在前5年没收益的情况下,通过支付土地租金形式实现农户增收;后期通过土地入股分红形式,为农户实现分红增收。2019年,乡政府根据公司实际需求,申请上报了圣域公司果品冷藏与深加工项目,修建1座5000吨的果品保鲜库和1座万吨果品加工厂。在建300万元嘎玛圣域农牧果树种植推广项目和1500万元圣域公司果品冷藏与深加工项目已完成80%的建设任务。

"工布花谷"特色旅游产业园建设项目。该项目为产业扶贫项目,采取"公司＋农户"的模式,通过土地流转、提供就业岗位、技术指导、电商产品销售等方式,带动21户82人年户均增收2.5万余元。项目建设规模为打造一座占地面积300亩,集玫瑰生态旅游、种植、加工为一体的产业园区,新建占地20亩的玫瑰加工基地,其中修建8000平方米的生产厂房和1000平方米电子商务办公综合服务中心、2500平方米的产品展示及游客接待厅,配套园区绿化、景观、设施及相关设备。

电子商务基地项目。依托林芝林卡旅游开发有限公司,全面打造巴宜区第一个电子商务基地,以拓展农牧特色产品销售渠道、带动贫困户就业等形式,增加

2019年10月12日,布久乡第二届工布原乡旅游文化节在布久乡中心小学开幕。图为工布原乡旅游文化节开幕式文艺表演

农牧民群众收入,2019年底电子商务基地已筹备建设完成。

【农村经济】 嘎玛温室观光园项目。嘎玛村投资50.420万元,建设6连栋温室大棚1座,占地1728平方米,种植西瓜等优质水果,外加配套灌溉、引水沟等附属设施。同时建立乡村协调连接机制,依托嘎玛村农民专业经济合作社,采取"支部＋合作社＋企业＋社员"的模式,建立健全各项生产规章制度和安全生产制度,使基地高效灵活运转。

甲日卡露天葡萄种植项目。甲日卡村申请强基经费25万元,投资修建葡萄园护栏及给水排水、指示标示等设施,因地制宜发挥本村土地优势,发展露天葡萄种植产业。

麦巴村苹果林种植项目。麦巴村申报170亩苹果林种植造血项目,该项目已完成前期果苗栽种,解决带动4户贫困户在果林

固定就业打工,实现稳定脱贫。

利用重大项目建设拓展增收渠道。以火车站建设等重大项目建设为契机,积极引导各村农牧民群众参与到工程建设和运输中,重点发展沿线各村汽车运输业,并根据施工方用工需求,引导剩余劳动力实现增收。2019年,全乡农牧民通过参与各类项目建设实现收入达3119.69余万元。

【脱贫攻坚】 2019年,布久乡及时调整充实脱贫攻坚工作领导小组和扶贫专班成员,研究制订脱贫攻坚巩固提升工作方案及年度工作要点,明确工作目标和措施,进一步巩固脱贫成效。研究制订了布久乡扶贫产业项目后续管理责任分解方案,将各类扶贫产业项目后续管理责任落实到每名班子成员身上,确保各类扶贫产业项目有人问、有人管、有人帮。顺利完成中央第三巡视组脱贫攻坚专项巡视整改工作,共梳理问

题 27 个,整改完成 27 个,整改率达 100%。积极开展脱贫攻坚工作回头看活动,对各村脱贫攻坚工作开展情况进行督导检查,并建立问题台账,对建档立卡户人员增减及升学等情况进行动态调整,对一些效益不明显的产业项目提出整改要求,明确整改任务。强化项目前期论证,确保扶贫产业项目落地见效,通过召开扶贫专班会议,对 2019 年拟申报项目进行充分论证,并通过与企业、合作社等项目负责人沟通,确定项目利益联结机制。深入开展结对帮扶工作,从为民办实事经费和其他经费中支出 14 万余元为贫困户办实事解难事,开展入户帮扶 73 人次,集中慰问 2 次,发放慰问金额 5 万余元。

【村容村貌】 2019 年,布久乡以"庭院美化""三清一改"(三清:清理农村生活垃圾、清理村内塘沟、清理畜禽养殖粪污等农业生产废弃物。一改:改变影响农村人居环境的不良习惯)为契机,聚焦农村生活垃圾、生活污水处理和村容村貌提升等重点领域,稳步推进人畜分离,梯次改善人居环境整治,逐渐提高农牧民环保意识并养成良好的卫生健康习惯。投资 2011 万元的新型城镇建设项目道路改造和地下管网工程已建成并投入使用,简切村商业用房项目已竣工,完成 3 座寺庙国旗台翻新及绿化,卓木村美丽乡村建设项目完成验收,工布原乡游客接待服务中心完成主体建设,垃圾中转站项目正在建设中,5人制足球场项目已获批复立项。

【生态文明】 2019 年,布久乡境内开展环境综合整治共 1499 次,清理垃圾死角 70 处,治理排污沟渠 55 次,拆除旧温室大棚 7 座、旧房 1 间、废猪圈 3 座。落实公益林补偿政策,全年兑现生态效益公益林补偿金 1065400 元、草奖补贴 302615.5 元。成立森防工作领导小组,认真做好森林防火和严格控制乱砍滥伐行为,组织开展森防专项宣传 32 场次,并与各村签订《管护人员责任书》《森林防火责任书》,完善森林管护队伍建设,强化管护人员巡山力度。自 2012 年启动生态建设以来,乡党委、政府高度重视,结合小康示范村建设和美丽乡村建设,进一步完善基础设施,巩固生态文明建设成果。布久乡被评为"自治区级生态乡(镇)",全乡 90% 的行政村被评为"自治区级生态村"。

【社会保障】 2019 年,布久乡做好高校毕业生就业创业工作,通过建立微信群,及时转发招聘信息,设立未就业大学生一人一表思想帮扶动态台账,安排"一对一"帮扶对象,全乡 27 名应届毕业大学生登记就业率达 100%。不断加强养老保险、医疗保险、生育保险、农村新型合作医疗等宣传力度,逐步实现社会保障全覆盖,2019 年全乡共申报缴纳城乡居民养老保险 1182 人次,缴费额 11.92 万元。有效开展培训,推动转移就业,组织群众参加各类培训 13 场次 131 人,实现转移就业 522 人、657 人次,其中,建档立卡户 35 户。

(刘卫杰)

【机构领导】

党委书记、一级主任科员
达瓦尼玛(藏族,11 月晋升一级主任科员)

党委副书记、政府乡长
王晓波(1 月免)

党委副书记、政府乡长、一级主任科员
苏 海(1 月任,11 月晋升一级主任科员)

党委副书记、人大主席
布 琼(藏族)

党委政法、统战委员、武装部长、二级主任科员
拉巴才旺(藏族,6 月套转)

党委副书记、组织委员
拉 宗(女,藏族)

党委委员、纪委书记、二级主任科员
央 金(女,藏族,6 月套转)

党委委员、宣传委员
冯秀丽(女)

党委委员、政府副乡长、三级主任科员
贡嘎晋美(藏族,11 月套转)

党委委员、派出所所长
张 伟

人大专职副主席
洛桑曲珍(女,藏族)

政府副乡长、财务所所长
武俊丽(女)

政府副乡长
徐 平

文化站站长
强白多吉(藏族)

后勤服务中心主任
央 宗(女,藏族)

四级主任科员
德 钦(女,藏族,6 月套转)

尼玛平措（藏族，6 月套转）
刘 韵 喆（6 月套转）
高 阳（女，6 月套转）
德吉拉姆（女，藏族，6 月套转）
石 歌（7 月任）

更章门巴民族乡

【概况】 更章门巴民族乡隶属于巴宜区，辖区总面积 619 平方公里，草场面积 270343.67 亩，林地面积 108229 亩。下辖 6 个行政村 9 个自然村，318 国道、林拉高等级公路贯穿全乡，距巴宜区政府所在地约 35 公里。2019 年，全乡总人口 337 户 1458 人（藏族 949 人、门巴族 418 人、珞巴族 88 人、汉族 3 人），党员 246 人（农牧民党员 197 人），致富带头人 9 人。全乡农村经济总收入 38007972.95 万元，同比增长 3.3%；农牧民人均可支配收入 20543 元，同比增长 12.07%。农村经济总收入达 3679 万元，同比增长 3.8%，农牧民人均可支配收入达 18330 元，同比增长 3.3%。

【党建工作】 形成合力促党建。2019 年，更章门巴民族乡整合各类党建经费 20 余万元，对久巴村、白玛店村、更章村、门仲村公房进行改造升级与调整设置，全力推动村级组织活动场所标准化建设达标，村级活动场所标准化建设已全部完工，实现 100% 全覆盖。全乡 334 户群众把悬挂经幡转变为自觉更换国旗，实现家家国旗高高挂起。全乡 198 名农牧民党员把

2019 年 10 月 17 日，巴宜区委常委副书记、人大常委会主任（人选）荆涛（左二）一行在更章门巴民族乡开展入户调研工作

经堂佛堂转变为家庭荣誉屋和学习室，实现党员家家无经堂佛堂。

凝心聚力强队伍。投资 20 余万元改造升级职工之家，拓展职工的文体活动空间。每月 10 日开展主题党日活动，全年参加活动日的党员达 1200 余人次。开展党员结对帮扶活动，开展帮扶慰问 20 余次，解决群众实际困难 56 件，基层党组织为民服务能力进一步提升。

多措并举强基础。作为整体连片驻村试点，由区文旅局牵头，财政局、发改委、更章门巴民族乡 4 个单位联合派驻，共 9 名人员组成了第八批驻村工作队，全年为群众办实事、解难事 100 余件，帮助所驻村谋划理清发展路子 10

2019 年 4 月 23 日，更章门巴民族乡"三岩"片区搬迁群众入住新居活动现场

2019年2月15日，更章门巴民族乡举办"不忘初心、牢记使命"主题教育文体活动

条，开展各类主题教育活动200余场次，把影响农牧区社会稳定的10余件矛盾纠纷解决在萌芽状态。

【"四讲四爱"群众教育实践活动】2019年，更章门巴民族乡通过大型广告牌、永久性标语、宣传横幅等形式，实现宣传标语、宣传视频和音频全覆盖，为"四讲四爱"群众教育实践活动营造了浓厚氛围。开展"唱支山歌给党听"群众微拍、七一宣誓、喜迎大庆、"讲党恩爱核心、讲团结爱祖国、讲贡献爱家园、讲文明爱生活"主题教育实践等活动6场次。

【"不忘初心、牢记使命"主题教育活动】2019年，更章门巴民族乡围绕"不忘初心、牢记使命"主题教育活动宗旨，组织全乡党员干部集中观看了爱国主义教育电影《榜样4》，增强了党组织的凝聚力。通过知识竞赛、讲党课、廉政教育专题讲座等开展政治理论学习20余次，进一步筑牢理想信念，确保学习入脑入心。在"七一"建党节期间，组织全乡所有党员开展重温入党誓词和"不忘初心、牢记使命"政治承诺活动，签订政治承诺书247份。以庆祝新中国成立70周年和纪念西藏民主改革60周年为主线，组织在岗领导干部职工、乡派出所党支部、各村党支部、连片驻村工作队临时党支部共30余人，开展了"不忘初心、牢记使命"祭英烈主题活动，进一步增强全乡干部职工的党性意识和服务意识。

【产业发展】2019年，位于更章门巴民族乡境内投资2.4亿元的千亩产业园区现代化无土栽培和水肥一体化种植项目已完工30%，培育出了西州蜜、黄金瓜、绿宝、羊角蜜、千喜贝贝西红柿、红颜草莓等20多个适宜高原种植的优质品种，并实现一年四季均可上市，力争打造成全自治区首个现代化农业示范基地。投资300余万元建设的318亩黑钻苹果采摘基地项目已顺利完工，该项目采用"公司+合作社+农户"的运营模式，提高群众运用新技能、新技术发家致富。占地1000余亩的娘萨村藏猪养殖项目，通过以"公司+合作社+农户"的形式运营，2019年底养殖规模达500余头，能繁母猪300头，育肥猪200头，全年为娘萨村37户群众分红80万元。投资65万元新建10座草莓育苗大棚，每年产值10.3万余元，填补了林芝地区草莓育苗领域空白。由乡政府牵头，组建了覆盖全乡334户1473人的更章门巴民族乡雅觉草莓农牧民专业合作社，合作社共有占地36亩现代化温室大棚10座，并于10月种植红颜草莓14.5万株。

【教育医疗】2019年，更章门巴民族乡始终把教育放在优先发展的位置，全乡中小学生入学率、巩固率均达100%，52名农牧民子女顺利就读乡级幼儿园，保障了农牧民子女能在幼期接受教育。积极发挥乡卫生院的作用，实现农牧民健康档案全覆盖，全乡群众医疗参保率和养老保险参保率均达100%。

【脱贫攻坚】2019年，更章门巴民族乡继续加大脱贫攻坚工作力度，以老排龙门巴民族特色村寨项目、水果种植项目、犏奶牛养殖项目、藏鸡养殖项目、藏香猪养殖项目和政策性补贴为依托,巩固脱贫攻坚成果,实现脱贫2户8人,未发生一起返贫现象。三岩搬迁群众16户101人已率先落户并入住,并顺利完成了牛棚修建、庭院绿化、转移就业、适龄儿童入学等工作,初步实现了搬迁群众搬得出、稳得住。总投资170万元的农牧综合服务中心及防抗灾综合用房建设项目顺利完工,为全乡农牧事业发展提供有力保障。

【生态建设】 2019年,更章门巴民族乡组织群众植树8000余株,投资180万元实施门仲村村庄绿化工程,改善门仲村人居环境。加大对老排龙、更章沟和白玛店沟等破旧经幡、白色垃圾的清理整治力度,有效维护318国道沿线和村庄周边环境卫生。投入20多万元对辖区河道流域内的垃圾进行清理,同时加大砂石整治力度,完善台账和巡查机制,有效推进河长制工作的开展。

(刘 培)

【机构领导】
党委书记、四级调研员
　　徐 宝 珠(12月套转)
党委副书记、政府乡长
　　米珠措姆(女,门巴族)
党委副书记、人大主席
　　梁 柏 松
二级主任科员
　　元旦扎巴(藏族,6月套转)
党委副书记、组织委员、党群综合办主任、三级主任科员
　　曾 维(5月任,11月套转)

党委委员、政法统战委员、人武部长
　　梁 浏 崴
党委委员、纪委书记
　　顿 珠(藏族)
党委委员、政府副乡长
　　马 雷 钧
　　旦增卓玛(女,藏族,5月任)
政府副乡长、财政所长
　　何 金 鹏
人大专职副主席
　　央 宗(女,藏族,5月任)
农牧综合服务中心主任
　　格桑措姆(女,藏族)
后勤服务中心主任
　　加 鲁(女,藏族,5月任)
四级主任科员
　　拉巴卓玛(女,藏族)
　　胡 云 森(6月套转)
　　央 珍(女,藏族,5月任副主任科员,6月套转)
　　曲 珍(女,藏族,5月任副主任科员,6月套转)
　　杨 玉 强(7月任)

巴宜区白玛岗街道办事处

【概况】 巴宜区白玛岗街道办事处成立于2012年9月,科级建制,辖区面积6.8平方公里,下设白玛岗、尼池2个居民委员会,设白玛岗机关党支部、新城区派出所党支部、白玛岗社区党支部、尼池社区党支部共4个党支部,2019年共有正式党员172名,预备党员2名,积极分子11名。辖区共有居民小区73个,总人口10309户(其中白玛岗4433户,尼池5876户)、27482人(白玛岗13621人,尼池13861人);低保29户74人,残疾人数86人,寿星老人80岁以上39人、90岁以上2人;商铺1173家。街道、社区共有工作人员44名(行政编制27名,事业编制13名,工人4名)。

【党建工作】 2019年,白玛街道

2019年10月15日,国家慢病示范区建设考核评估专家组一行在白玛岗社区考察指导工作

办事处将基层党建品牌创建作为重要内容，着力打造基层党建特色亮点，建好各领域各层级党建示范点，实现"一社区一品牌"，用品牌效应来凝聚和带动基层党建工作整体质量提升。全年发展党员2名，5名预备党员转为正式党员。为更好地发挥组织领导核心作用和战斗堡垒作用，提高广大干部的政策水平和工作能力，以现场教学、实地参观、理论测试相结合的方式，开展了3期28学时的党员政治教育培训班。坚持正确导向，优化选人用人环境，严格按照干部选拔推荐程序操作，切实把好推荐关，"做到谁推荐谁负责"，优中择优，把综合素质过硬的人才推荐出来。严格考评考察程序，对社区第一书记、"两委"班子采取听取汇报、召开民主测评会、个人谈话等形式，对考核考察对象的现实表现、工作成效和群众评价等进行全面了解，让优秀的人员受到应有的待遇。

【"不忘初心、牢记使命"主题教育】2019年，白玛岗街道办事处围绕《习近平"不忘初心、牢记使命"论述摘编》等内容，通过理论中心组集体学习、班子成员个人自学、专题研讨等方式，使党员干部静下心来读原著、学原文、悟原理，谈认识体会、找差距不足、提改进措施，先后开展集体学习9次，专题研讨9次、讲党课3次。依托本地红色教育资源，组织80余人接受革命传统教育、形势政策教育、先进典型教育和警示教育。

【"四讲四爱"群众教育实践活动】2019年，白玛岗街道办事处组织各驻居工作队、各社区人员、党员干部及辖区居民开展"四讲四爱"群众教育实践活动宣传活动7场次，受教居民1960余人，开展"四讲四爱"宣讲活动14场次，受教居民690余人。

2019年2月20日，白玛岗街道办事处组织社区居民开展消防培训演练

【城市环境整治】2019年，白玛岗街道办事处爱卫办发动广大居民开展大扫除6次，清除垃圾1吨，出动车辆5次。

【卫生健康工作】2019年，白玛岗街道办事处联合巴宜区卫生服务中心对白玛岗社区、尼池社区开展家庭医生"一对一"签约服务，对10名家庭相对困难、慢病缠身的患者定期进行就诊。

【社会保障】2019年，白玛岗街道办事处组织人员深入城镇低保户家中，逐一对所有低保户进行入户核查，经核查，辖区共有低保户29户74人。全年辖区共有121名未就业大学生，通过宣传就业政策、做思想工作等方式，实现就业117人，就业率达96.69%。

【"爱心超市"平台服务】2019年，为切实解决八一城区生活困难居民的实际问题，创建新时期扶贫济困新模式，白玛岗街道办事处拓宽供货渠道，积极拓展"巴宜区爱心超市"服务平台覆盖面，定期为辖区内的低保户、困难户、残疾人、孤寡老人等发放爱心物资，全年共发放捐赠衣物253件，帮扶64人次，发放物品价值12302元。

（游　田）

【机构领导】

党工委书记、一级主任科员

格桑旺堆（门巴族，11月晋升一级主任科员）

党工委副书记、街道办事处主任
　　周　　玉（女）
党工委副书记、人大工委主任
　　赵　　凯
党工委副书记
　　罗　　婷（女，藏族）
党工委委员、纪工委书记、三级主任科员
　　徐 红 梅（女，珞巴族，11月套转）
党工委委员、组宣委员
　　李 骁 磊
党工委委员、政法统战委员、人武部长
　　顿珠平措（藏族）
街道办事处副主任
　　米 桂 香（女）
　　成 帅 荣
尼池社区第一书记
　　华 中 良（1月任）
白玛岗社区党支部第一书记
　　达瓦央宗（女，藏族，1月任）

觉木街道办事处

【概况】　觉木街道办事处成立于2018年1月，位于双拥路北段31号，辖区范围东至种畜场退休区、西至115医院、南至八一二桥与永久交汇处，处于林芝市老城区政治、经济、文化中心地段，辖区下辖双拥、沿河2个社区，划分为8个网格，配备网格员8名，双联户长532名，含有机关、企事业单位52个，居民小区47个，部队5个，医院8所，中小学校7所，各类商铺1542个，总人口6177户11276人（双拥路社区4908户8572人，沿河社区1269户2704人）。辖区内有街道党工委管理的基层党组织7个，包括街道机关党支部（党员16名）、双拥路社区党支部（党员58名）、沿河社区党支部（党员19名）、纺织路派出所党支部（党员27名）、学院路派出所党支部（党员15名）、商圈党支部（党员23名）、和谐小区党支部（党员6名）。街道办事处下设5个职能部门，分别是党群办、政务办、综治办、社会事务办、财政所，共有在编干部34名，其中，领导班子成员9名，科级非领导职务干部5名，科员6名，事业干部12名，乡村振兴专干2名。

【党的建设】　把思想政治教育抓在日常。2019年，觉木街道办事处扎实开展"不忘初心、牢记使命"主题教育活动，抓住深入学习贯彻习近平新时代中国特色社会主义思想这个根本任务，坚持问题导向，把学习教育研讨、调查研究、检视问题、整改落实四项重点措施有机融合、贯穿始终，突出为民服务解难题，把"不忘初心、牢记使命"作为加强党的建设的永恒课题和全体党员、干部的终身课题常抓不懈。坚持周工作学习例会制度，每周一组织全体党员干部（包括社区党支部书记）开展集中学习，及时将党中央的各项路线方针政策及决策部署传达到位并认真执行。

　　把规范组织生活抓在日常。严格落实《中国共产党支部工作条例》，依托"三会一课"制度抓好党支部学习，结合党员思想工作实际确定主题和具体方式。建立每周五"学习日"制度，固定时间组织开展学习。认真执行党组织生活"七项制度"（党课制度，民主生活制度，报告工作制度，会议制度，党日制度，党员汇报制度，民主评议党员制度），制定党课教育年度计划，开展领导班子、支部

2019年10月1日，觉木街道办事处开展"我与国旗"合影活动

委员上讲台讲党课活动,压实党员干部的政治责任。

利用商圈推进"两新"党建组织。积极探索城市党建新模式,利用工布映象商圈打造"两新"组织领域示范性党建服务点,组建成立了林芝市第一个商圈党组织——林芝巴宜区觉木街道工布映象商圈党支部,并通过打造商圈("小个专"经济组织)党建示范街,为辖区"两新"组织党的建设工作探索经验。

把党员纪律规矩抓在日常。第一时间传达学习违反"八项规定"及作风腐败典型案例,强化党员干部对党纪国法的敬畏之心,结合街道实际,研究制订了《林芝市巴宜区觉木街道党员干部党风廉政风险点防控清单》《节日廉洁自律提醒卡》《林芝市巴宜区觉木街道干部考核实施办法(试行)》,落实好街道干部每月一考核工作机制,将考核结果作为年底评先评优的依据。从严管理党员干部

队伍,强化党员干部严明政治纪律、严守政治规矩,牢固树立"四个自信"、坚定"四个意识",坚决做到"两个维护"。2019年,开展检视问题15项,廉政谈心谈话3场次10人,发放节日廉洁自律提醒卡52份。

【提升居民幸福感】 2019年,觉木街道办事处社区党组织从居民细小的生活愿望入手,在社区创新建立"暖心服务站",实施"微心愿圆梦暖心""咨询台便民暖心""志愿队关爱暖心""文艺队文化暖心""大讲堂健康暖心"等一系列以服务社区居民群众为主题的公益性活动,让社区大爱惠及每一位居民。"暖心服务站"创建以来,社区党组织先后为辖区居民解决微心愿21个,帮助263名外来务工人员找到称心满意的房屋和推介工作岗位。建立了由54名党员组成的志愿者服务队,为老人上门开展

家庭卫生清洁5次,为困难群体送医送药上门服务6次。开展义诊及各类慰问演出7场次,邀请辖区医院专家举办健康知识讲座6期。

【安全生产】 2019年,觉木街道办事处对辖区48家企业、5所学校、47个居民小区展开安全生产宣传教育,共发放安全生产法律法规、安全常识、应急逃生等宣传手册1100余份,悬挂横幅标语21条,大力营造安全生产氛围。同时,坚持"预防为先"原则,开展各类安全生产专项检查整治活动120次,共检查企业和单位24家,现场整改各类隐患75处,责令限期整改32家。

【环保工作】 2019年,觉木街道办事处沿河社区306省道环境问题开展专项整治,出动工作人员和辖区居民300余人,开展专项整治12次,开展辖区环境卫生常态工作18次。

【城市建设管理】 2019年,觉木街道办事处针对辖区开放式小区无人管理、居民生活环境脏乱差等现象,在小芳村成立业主委员会试点工作,通过前期入户调研,召开居民大会,选定业主委员会成员,制定相关职责草案,开展开放式小区居民服务管理。全年开展辖区违章建筑集中排查6次,排查出违章建筑59处,通过宣传和协调,拆除43处,正在协调拆除16户。

2019年10月26日,觉木街道办事处全体干部职工参观廉政教育基地

【民生事业】　排查低保边缘户。2019年，党木街道办事处组建调查小组，开展辖区低保户核实和审查工作，完善基础信息，对新增5户低保户进行第一季度调查情况公示张贴。2019年底，街道共有低保户55户。

认真做好民生工作。协助民政局开展"家电下乡补贴"活动，为186户困难低保户、残疾人、孤寡老人、特困边缘等家庭送去价值500元的优惠券。

完善寿星老人信息。通过电话、走访形式筛查寿星老人情况，收集身份证、户口本、银行卡号基础信息，确保符合条件的老人及时享受两项补贴，经调查，辖区符合条件的寿星老人36人。

失学儿童摸排核查。针对在辖区片内的52名疑似失学儿童，通过协调区公安局户籍科、中国移动林芝分公司和中国电信林芝分公司，获取失学儿童家长信息及联系电话，经过摸排核实，在校生36名，失踪失联11名，因病因残4名，不愿提供个人信息的1名，针对失学儿童家庭进行了一对一入户宣讲教育法律法规，收集未就学佐证材料，确保让每位儿童都能接收学习教育。

未就业大学生服务工作。对辖区121名大学生未就业人员，积极开展就业引导、岗位咨询、政策宣传等服务，2019年底辖区121名应届毕业大学生中已就业110人，未就业11人（无法联系2人，继续考公务员6人，考研究生3人），12名往届大学生中已就业的7人，继续参加公务员考试的2人，准备创业的2人，待孕待产暂时无就业意愿的1人。

（彭文静）

【机构领导】
党工委书记、一级主任科员
　　魏晓新（11月任晋升一级主任科员）
党工委副书记、办事处主任、一级主任科员
　　徐秀英（女，藏族，11月任晋升一级主任科员）
党工委副书记、人大工委主任、一级主任科员
　　边巴次仁（藏族，11月任晋升一级主任科员）
党工委副书记
　　索朗玉珍（女，藏族，5月套转）
党工委委员、纪工委书记、监察室主任
　　陈丹秀（女）
党工委委员、组织宣传委员
　　荆乐乐（女）
党工委委员、政法统战委员、人武部长
　　王英文
党工委委员、办事处副主任
　　次仁德吉（女，藏族，5月任）
办事处副主任
　　平措卓玛（女，藏族）
　　金秀兰（女，藏族，5月任）
社区服务管理中心主任
　　贾玮
二级主任科员
　　陈旭慧（女，6月套转）
　　央金（女，藏族，6月任）
四级主任科员
　　赵清平（女，6月套转）
　　边巴卓玛（女，藏族，6月任）

附　　录

受区（县）级以上表彰的先进集体名录

获奖单位	获奖名称	表彰时间	授予单位
林芝镇真巴村	全国乡村旅游重点村	2019年	文化和旅游部
巴宜区教育体育局	在中华人民共和国第十一届少数民族传统体育运动会中荣获一等奖	2019年9月	国家民委、国家体育总局
巴宜区文化和旅游局	2019年"舞动中国"全国排舞锦标赛 职工部机关工会青年组大集体民族采风曲目一等奖	2019年12月	国家体育总局体操管理中心、中国体操节组织委员会
巴宜区文化和旅游局	2019年"舞动中国"全国排舞锦标赛"体育道德风尚"奖	2019年12月	国家体育总局体操管理中心、中国体操节组织委员会
巴宜区更章门巴民族乡	农牧民专业合作社先进示范社	2019年1月	中共西藏自治区委员会、西藏自治区人民政府
巴宜区委组织部	2019年度创先争优强基础惠民生活动优秀组织单位	2019年12月	中共西藏自治区委员会、西藏自治区人民政府
巴宜区公安局	2019年度创先争优强基础惠民生活动优秀组织单位	2019年12月	中共西藏自治区委员会、西藏自治区人民政府
巴宜区发改委	2019年度创先争优强基础惠民生活动优秀组织单位	2019年12月	中共西藏自治区委员会、西藏自治区人民政府
巴宜区旅发委、发改委、财政局、更章门巴民族乡驻更章门巴民族乡连片工作队	2019年度创先争优强基础惠民生活动先进驻村（居）工作队	2019年12月	中共西藏自治区委员会、西藏自治区人民政府
巴宜区人民检察院	全区检察机关扫黑除恶打非治乱专项斗争先进集体	2019年8月	西藏自治区人民检察院
林芝森林消防中队	2019年西藏森林消防总队先进基层中队	2019年12月	西藏森林消防总队
共青团巴宜区委员会	共青团宣传思想文化工作先进单位	2019年12月	共青团西藏自治区委员会
巴宜区人力资源和社会保障局	全区农牧民转移就业增收工作先进集体	2020年1月	西藏自治区人力资源和社会保障厅
八一镇	2019年西藏自治区第六届户外运动大会——林芝响箭比赛第二名	2019年7月	西藏自治区体育局、林芝市人民政府

续表

获奖单位	获奖名称	表彰时间	授予单位
更章门巴民族乡小学	西藏自治区教育厅表彰全区教育系统先进表彰	2019 年 9 月	西藏自治区教育厅
巴宜区小学	校本研修示范校评估优秀	2019 年 10 月	西藏自治区教育厅
巴宜区邮政局	2019 年度全区邮政县（支）局进位争先达标网点	2020 年 1 月	西藏自治区邮政分公司
巴宜区邮政局	2019 年度全区邮政县（支）局进位争先优秀农村邮政支局	2020 年 2 月	西藏自治区邮政分公司
八一镇	2019 年西藏林芝雅鲁藏布生态文化旅游节传统体育活动响箭比赛（团体）第二名	2019 年 9 月	西藏林芝雅鲁藏布生态文化旅游节组委会办公室
农行巴宜区支行	2019 年"春天行动"对公业务综合营销第一名	2019 年	中国农行西藏分行
农行巴宜区支行	支行营业室获评为"五星网点"	2019 年	西藏银行业协会
巴宜区扶贫办	巴宜区脱贫攻坚指挥部办公室脱贫攻坚先进集体	2019 年 6 月	中共林芝市委员会、林芝市人民政府
巴宜区委办	2019 年度创先争优强基础惠民生活动优秀组织单位	2019 年 12 月	中共林芝市委员会、林芝市人民政府
巴宜区政府办	2019 年度创先争优强基础惠民生活动优秀组织单位	2019 年 12 月	中共林芝市委员会、林芝市人民政府
巴宜区政府办、百巴镇派驻百巴镇大坝村、连别村连片工作队	2019 年度创先争优强基础惠民生活动先进驻村（居）工作队	2019 年 12 月	中共林芝市委员会、林芝市人民政府
巴宜区检察院、八一镇巴吉村、永久村连片工作队	2019 年度创先争优强基础惠民生活动先进驻村（居）工作队	2019 年 12 月	中共林芝市委员会、林芝市人民政府
林芝市鲁朗景区管理委员会驻鲁朗镇洛木片区工作队	林芝市深入开展创先争优强基础惠民生活动第八批驻村工作先进驻村工作队	2019 年 12 月	中共林芝市委员会、林芝市人民政府
百巴镇大坝（连别）村	林芝市创先争优强基础惠民生活动先进驻村（居）工作队	2019 年 12 月	中共林芝市委员会、林芝市人民政府
布久乡杰麦村、仲果村连片驻村工作队	林芝市创先争优强基础惠民生活动先进驻村工作队	2019 年 12 月	中共林芝市委员会、林芝市人民政府
觉木街道办事处	2019 年度示范街道	2019 年 12 月	中共林芝市委员会、林芝市人民政府
沿河驻居工作队	先进驻村（居）工作队	2019 年 12 月	中共林芝市委员会、林芝市人民政府
巴宜区委政法委	林芝市 2019 年度平安建设（综治工作）第二名	2019 年	中共林芝市委员会、林芝市人民政府
米瑞乡色果拉村	2019 年林芝市农牧民专业合作社示范先进集体	2019 年	中共林芝市委员会、林芝市人民政府
觉木街道办事处	2019 年度平安乡镇（街道办）	2020 年 1 月	中共林芝市委员会、林芝市人民政府
巴宜区委办	林芝市级平安单位	2020 年 3 月	中共林芝市委员会、林芝市人民政府
巴宜区委办	林芝市党委系统信息工作先进集体	2020 年	中共林芝市委员会

获奖单位	获奖名称	表彰时间	授予单位
百巴镇人民政府	林芝市2018年"四讲四爱"群众教育实践活动先进集体	2019年1月	中共林芝市委员会、林芝市"四讲四爱"群众教育实践活动领导小组
巴宜区委宣传部	2018年度林芝市宣传思想工作先进集体	2019年2月	林芝市委宣传部
巴宜区纪委监委	2019年度林芝市纪检监察系统信息宣传工作先进集体	2020年5月	中共林芝市纪律检查委员会、林芝市监察委员会
巴宜区总工会	林芝市"不忘初心跟党走 职工有为新时代"学习强国知识竞赛三等奖	2019年	林芝市总工会、中共林芝市委宣传部、中共林芝市纪委、中共林芝市直机关工委、林芝市文广局、林芝广播电视台
巴宜区人民检察院	林芝市检察机关公益诉讼先进集体	2019年4月	林芝市人民检察院
巴宜区人民检察院	全市检察机关综合管理工作先进集体	2019年4月	林芝市人民检察院
林芝森林消防中队	2019年度火焰蓝专业技能比武支队单位成绩第一名	2019年7月	林芝森林消防支队
八一镇	中国少年先锋队70周年优秀少先队集体	2019年1月	共青团林芝市委员会、少先队林芝市工作委员会
共青团巴宜区委员会	优秀少工委	2019年4月	共青团林芝市委员会
共青团巴宜区委员会	五四红旗团委	2019年5月	共青团林芝市委员会
布久小学	2018年度林芝市少先队考核工作先进集体	2019年4月	共青团林芝市委员会、林芝市教育局、少先队林芝市工作委员会
八一镇小学	中国少年先锋队建队70周年"优秀少先队集体"奖	2019年10月	共青团林芝市委员会、少先队林芝市工作委员会
巴宜区文化和旅游局	林芝市2018年度非物质文化遗产传承工作先进单位	2019年4月	林芝市文化广播电视局
巴宜区教育局	林芝市第十届"南迦巴瓦峰杯"暨第三届"职工杯"篮球赛季军	2019年5月	林芝市总工会、林芝市体育局
巴宜区教育局	"林芝市第三届中小学(幼儿园)微课制作比赛"获优秀组织奖	2019年5月	林芝市教育局
巴宜区中学	教学质量先进单位	2019年9月	林芝市教育局
巴宜区小学	教学质量先进单位	2019年9月	林芝市教育局
巴宜区林草局	林芝市2017—2019年森林防火达标县(区)	2019年11月	林芝市森林和草原防火办公室
巴宜区扶贫办	林芝市2019年全国"扶贫日"产业扶贫成果展优秀组织奖	2019年10月	林芝市脱贫攻坚指挥部
农行巴宜区支行	2019年代理保险突出贡献奖	2019年	中国农行林芝分行
百巴镇	2019年度雅江文化旅游节响箭比赛第一名	2019年9月	西藏林芝雅鲁藏布生态文化旅游节组委会办公室
巴宜区市场监督管理局	平安单位	2019年1月	中共巴宜区委员会、巴宜区人民政府

获奖单位	获奖名称	表彰时间	授予单位
八一镇	2018 年度乡镇综合考评二等奖	2019 年 1 月	中共巴宜区委员会、巴宜区人民政府
百巴镇章巴村	林芝市巴宜区"先进双联户"创建评选工作先进村（居）	2019 年 1 月	中共巴宜区委员会、巴宜区人民政府
巴宜区更章门巴民族乡	2018 年度乡镇综合考评一等奖	2019 年 1 月	中共巴宜区委员会、巴宜区人民政府
巴宜区委统战部	2019 年度综合考评先进集体	2019 年	中共巴宜区委员会、巴宜区人民政府
农行巴宜区支行	2019 年度金融服务系统先进单位	2019 年	中共巴宜区委员会、巴宜区人民政府
巴宜区百巴镇	2019 年度创先争优强基础惠民生活动优秀组织单位	2019 年 12 月	中共巴宜区委员会、巴宜区人民政府
巴宜区八一镇	2019 年度创先争优强基础惠民生活动优秀组织单位	2019 年 12 月	中共巴宜区委员会、巴宜区人民政府
巴宜区财政局	2019 年度创先争优强基础惠民生活动优秀组织单位	2019 年 12 月	中共巴宜区委员会、巴宜区人民政府
巴宜区人大办	2019 年度创先争优强基础惠民生活动优秀组织单位	2019 年 12 月	中共巴宜区委员会、巴宜区人民政府
巴宜区政协办	2019 年度创先争优强基础惠民生活动优秀组织单位	2019 年 12 月	中共巴宜区委员会、巴宜区人民政府
巴宜区人民法院	2019 年度创先争优强基础惠民生活动优秀组织单位	2019 年 12 月	中共巴宜区委员会、巴宜区人民政府
巴宜区委统战部、区公安局、布久乡派驻布久乡朵当村、珠曲登村、简切村连片工作队	2019 年度创先争优强基础惠民生活动先进驻村（居）工作队	2019 年 12 月	中共巴宜区委员会、巴宜区人民政府
巴宜区法院、林芝镇派驻林芝镇立定村工作队	2019 年度创先争优强基础惠民生活动先进驻村（居）工作队	2019 年 12 月	中共巴宜区委员会、巴宜区人民政府
巴宜区委组织部、布久乡派驻布久乡杰麦村、仲果村连片工作队	2019 年度创先争优强基础惠民生活动先进驻村（居）工作队	2019 年 12 月	中共巴宜区委员会、巴宜区人民政府
巴宜区交通局、米瑞乡派驻米瑞乡麦娘麦村工作队	2019 年度创先争优强基础惠民生活动先进驻村（居）工作队	2019 年 12 月	中共巴宜区委员会、巴宜区人民政府
巴宜区商务局、米瑞乡派驻米瑞乡色果拉村、米瑞村工作队	2019 年度创先争优强基础惠民生活动先进驻村（居）工作队	2019 年 12 月	中共巴宜区委员会、巴宜区人民政府
巴宜区白玛岗街道办派驻白玛岗街道白玛岗社区工作队	2019 年度创先争优强基础惠民生活动先进驻村（居）工作队	2019 年 12 月	中共巴宜区委员会、巴宜区人民政府
巴宜区觉木街道办派驻觉木街道沿河社区工作队	2019 年度创先争优强基础惠民生活动先进驻村（居）工作队	2019 年 12 月	中共巴宜区委员会、巴宜区人民政府
百巴镇人民政府	巴宜区创先争优强基础惠民生活动优秀组织单位	2019 年 12 月	中共巴宜区委员会、巴宜区人民政府
布久乡朵当村、简切村、珠曲登村连片驻村工作队	巴宜区创先争优强基础惠民生活动先进驻村工作队	2019 年 12 月	中共巴宜区委员会、巴宜区人民政府

续表

获奖单位	获奖名称	表彰时间	授予单位
巴宜区人力资源和社会保障局	2019年度综合考评先进单位	2020年1月	中共巴宜区委员会、巴宜区人民政府
巴宜区农业农村局	巴宜区2019年度综合考评先进单位	2020年1月	中共巴宜区委员会、巴宜区人民政府
林芝市生态环境局巴宜区分局	重点任务推进先进单位	2020年1月	中共巴宜区委员会、巴宜区人民政府
巴宜区扶贫办	2019年度重点工作任务推进先进单位	2020年1月	中共巴宜区委员会、巴宜区人民政府
巴宜区医疗保障局	林芝市巴宜区2019年度平安建设（综治）工作先进单位	2020年1月	中共巴宜区委员会、巴宜区人民政府
觉木街道办事处	2019年度平安建设工作	2020年1月	中共巴宜区委员会、巴宜区人民政府
巴宜区纪委监委	2019年度综合考评先进单位	2020年1月	中共巴宜区委员会
米瑞乡人武部	巴宜区2019年"精武民兵"比武竞赛先进集体	2019年	中共巴宜区委员会、巴宜区国防动员委员会
百巴镇大坝村	巴宜区级"四讲四爱"先进集体	2019年1月	中共巴宜区委员会、巴宜区"四讲四爱"群众教育实践活动领导小组
更章门巴民族乡更章村驻村工作队	巴宜区2018年"四讲四爱"群众教育实践活动先进集体	2019年1月	中共巴宜区委员会、巴宜区"四讲四爱"群众教育实践活动领导小组
布久乡	巴宜区2018年"四讲四爱"群众教育实践活动先进集体	2019年1月	中共巴宜区委员会、巴宜区"四讲四爱"群众教育实践活动领导小组

说明：由于各单位资料提供不全，可能有遗漏。

受区(县)级以上表彰的先进个人名录

姓　　名	性别	民族	工作单位	获奖名称	表彰时间	授予单位
索朗朗杰	男	藏	巴宜区中学	第七届全国道德模范提名奖获得者	2019年	中央宣传部、中央文明办、全国总工会、共青团中央、全国妇联、中央军委政治工作部
邹明奇	男	汉	林芝森林消防中队	个人三等功	2019年12月	应急管理部森林消防局
奉　尧	男	汉	八一镇	2019年度创先争优强基础惠民生活动先进驻村(居)工作队员	2019年12月	中共西藏自治区委员会、西藏自治区人民政府
普布卓玛	女	藏	八一镇	2019年度创先争优强基础惠民生活动先进驻村(居)工作队员	2019年12月	中共西藏自治区委员会、西藏自治区人民政府
张珍杰	男	土家	百巴镇	2019年度创先争优强基础惠民生活动先进驻村(居)工作队员	2019年12月	中共西藏自治区委员会、西藏自治区人民政府
洛松丁增	男	藏	巴宜区公安局	2019年度创先争优强基础惠民生活动先进驻村(居)工作队员	2019年12月	中共西藏自治区委员会、西藏自治区人民政府
普布伍金	男	藏	巴宜区法院	2019年度创先争优强基础惠民生活动先进驻村(居)工作队员	2019年12月	中共西藏自治区委员会、西藏自治区人民政府
王荣华	女	汉	布久乡	2019年度创先争优强基础惠民生活动先进驻村(居)工作队员	2019年12月	中共西藏自治区委员会、西藏自治区人民政府
罗洪前	男	汉	巴宜区商务局	2019年度创先争优强基础惠民生活动先进驻村(居)工作队员	2019年12月	中共西藏自治区委员会、西藏自治区人民政府
邹济民	男	汉	米瑞乡	2019年度创先争优强基础惠民生活动先进驻村(居)工作队员	2019年12月	中共西藏自治区委员会、西藏自治区人民政府
曲　珍	女	藏	更章门巴民族乡	2019年度创先争优强基础惠民生活动先进驻村(居)工作队员	2019年12月	中共西藏自治区委员会、西藏自治区人民政府
胡　猛	男	汉	更章门巴民族乡	2019年度创先争优强基础惠民生活动先进驻村(居)工作队员	2019年12月	中共西藏自治区委员会、西藏自治区人民政府
平措卓玛	女	藏	巴宜区强基办	2019年度创先争优强基础惠民生活动先进工作者	2019年12月	中共西藏自治区委员会、西藏自治区人民政府
廖爱玲	女	汉	巴宜区强基办	2019年度创先争优强基础惠民生活动先进工作者	2019年12月	中共西藏自治区委员会、西藏自治区人民政府
多布杰	男	藏	更章门巴民族乡	2019年西藏自治区民族团结进步模范个人	2019年9月	西藏自治区人民政府
向巴次旺	男	藏	巴宜区发改委	第六期全国公共机构节能管理远程培训最佳学员	2019年	国家机关事务管理局节能司 清华大学继续教育学院
陈龙辉	男	汉	布久乡人民政府	2019年全国第二届"闪亮的日子——青春该有的模样"大学生就业创业典型人物事迹	2019年8月	全国高等学校学生信息咨询与就业中心
李　锦	男	汉	巴宜区纪委监委	2019年度全区纪检监察信息考核先进个人	2020年	中共西藏自治区纪委办公厅
邹春明	男	汉	巴宜区委统战部	2019年自治区统战系统信息工作优秀信息员	2019年	西藏自治区党委统战部
罗布顿珠	男	藏	更章门巴民族乡	民兵"创破纪录"比武竞赛92式手枪精度射击第二名	2019年9月	西藏军区

续表

姓　　名	性别	民族	工作单位	获奖名称	表彰时间	授予单位
罗布顿珠	男	藏	巴宜区更章门巴民族乡	民兵"创破纪录"比武竞赛95式自动步枪速射第一名	2019年9月	西藏军区
苏德超	男	汉	林芝森林消防中队	个人三等功	2019年12月	西藏森林消防总队
洛桑顿珠	男	藏	林芝森林消防中队	个人三等功	2019年12月	西藏森林消防总队
周光虎	男	汉	林芝森林消防中队	个人三等功	2019年12月	西藏森林消防总队
扎西尼玛	男	藏	巴宜区鲁朗镇小学	乡村从教25年终身成就奖	2019年9月	西藏自治区教育厅
尼玛卓玛	女	藏	巴宜区更章门巴民族乡小学	乡村从教25年终身成就奖	2019年9月	西藏自治区教育厅
拉姆普尺	女	藏	巴宜区更章门巴民族乡小学	乡村从教25年终身成就奖	2019年9月	西藏自治区教育厅
尼玛	男	藏	巴宜区更章门巴民族乡小学	乡村从教20年荣誉称号	2019年9月	西藏自治区教育厅
多吉扎西	男	藏	巴宜区更章门巴民族乡小学	乡村从教20年荣誉称号	2019年9月	西藏自治区教育厅
班登措姆	女	藏	巴宜区更章门巴民族乡小学	乡村从教20年荣誉称号	2019年9月	西藏自治区教育厅
次央	女	藏	巴宜区更章门巴民族乡小学	乡村从教20年荣誉称号	2019年9月	西藏自治区教育厅
桑巴顿珠	男	藏	巴宜区鲁朗镇小学	乡村教师从教25年终身成就奖	2019年9月	西藏自治区教育厅
宋佳	女	汉	巴宜区幼儿园	在全区第二届幼儿园教师教学竞赛决赛中荣获健康领域二等奖	2019年5月	西藏自治区教育厅
锋勇	男	藏	巴宜区布久乡小学	乡村教师从教25年终身成就奖	2019年9月	西藏自治区教育厅
妥俊才	男	藏	巴宜区布久乡小学	乡村教师从教25年终身成就奖	2019年9月	西藏自治区教育厅
次仁拉姆	女	藏	巴宜区百巴镇小学	乡村教师从教25年终身成就奖	2019年9月	西藏自治区教育厅
云丹	男	藏	巴宜区百巴镇小学	乡村教师从教25年终身成就奖	2019年9月	西藏自治区教育厅
拉巴国杰	男	藏	巴宜区米瑞乡小学	乡村教师从教25年终身成就奖	2019年9月	西藏自治区教育厅
其美央宗	女	藏	巴宜区布久乡小学	乡村从教20年荣誉称号	2019年9月	西藏自治区教育厅
巴桑欧珠	男	藏	巴宜区布久乡小学	乡村从教20年荣誉称号	2019年9月	西藏自治区教育厅
布布	女	藏	巴宜区百巴镇小学	乡村从教20年荣誉称号	2019年9月	西藏自治区教育厅
尼玛次仁	男	藏	巴宜区百巴镇小学	乡村从教20年荣誉称号	2019年9月	西藏自治区教育厅
卓	女	藏	巴宜区百巴镇小学	乡村从教20年荣誉称号	2019年9月	西藏自治区教育厅
扎西旺姆	女	藏	巴宜区百巴镇小学	乡村从教20年荣誉称号	2019年9月	西藏自治区教育厅

姓　　　名	性别	民族	工作单位	获奖名称	表彰时间	授予单位
多　吉	男	藏	巴宜区百巴镇小学	乡村从教 20 年荣誉称号	2019 年 9 月	西藏自治区教育厅
琼　琼	女	藏	巴宜区百巴镇小学	乡村从教 20 年荣誉称号	2019 年 9 月	西藏自治区教育厅
白　珍	女	藏	巴宜区百巴镇小学	乡村从教 20 年荣誉称号	2019 年 9 月	西藏自治区教育厅
白玛次旦	男	藏	巴宜区百巴镇小学	乡村从教 20 年荣誉称号	2019 年 9 月	西藏自治区教育厅
边巴次仁	男	藏	巴宜区米瑞乡小学	乡村从教 20 年荣誉称号	2019 年 9 月	西藏自治区教育厅
白玛达杰	男	藏	巴宜区百巴镇小学	乡村从教 20 年荣誉称号	2019 年 9 月	西藏自治区教育厅
贡桑次仁	男	藏	巴宜区米瑞乡小学	乡村从教 20 年荣誉称号	2019 年 9 月	西藏自治区教育厅
德吉央宗	女	藏	巴宜区布久乡小学	乡村从教 20 年荣誉称号	2019 年 9 月	西藏自治区教育厅
洛　折	男	藏	巴宜区布久乡小学	乡村从教 20 年荣誉称号	2019 年 9 月	西藏自治区教育厅
次仁德吉	女	藏	巴宜区布久乡小学	乡村从教 20 年荣誉称号	2019 年 9 月	西藏自治区教育厅
四郎卓玛	女	藏	巴宜区中学	全区优秀思想政治教育工作者	2019 年 9 月	西藏自治区教育厅
林文婕	女	汉	巴宜区中学	援藏先锋	2019 年 9 月	西藏自治区教育厅
骆英红	女	汉	巴宜区中学	优秀援藏教师	2019 年 9 月	西藏自治区教育厅
叶小莉	女	汉	巴宜区中学	优秀援藏教师	2019 年 9 月	西藏自治区教育厅
张丁胜	男	汉	巴宜区中学	优秀援藏教师	2019 年 9 月	西藏自治区教育厅
梁德宽	男	汉	巴宜区中学	优秀援藏教师	2019 年 9 月	西藏自治区教育厅
郭穗莹	男	汉	巴宜区中学	优秀援藏教育工作者	2019 年 9 月	西藏自治区教育厅
周　梅	女	汉	巴宜区八一镇小学	首届"101 教育 PPT 杯"西藏自治区中小学教师课件大赛二等奖	2019 年 5 月	西藏自治区教育厅
凌　玲	女	汉	巴宜区八一镇小学	第十二届全国中小学电脑制作活动西藏赛区小学组电脑绘画指导奖	2019 年 7 月	西藏自治区教育厅
徐宏冬	女	汉	巴宜区八一镇小学	首届"101 教育 PPT 杯"西藏自治区中小学教师课件大赛优秀奖	2019 年 5 月	西藏自治区教育厅
巩春容	女	汉	巴宜区幼儿园	第三届全国微课大赛优秀奖	2019 年 2 月	中国教师研修网、中国教研网
吴敢太	男	汉	巴宜区幼儿园	第三届全国微课大赛优秀奖	2019 年 2 月	中国教师研修网、中国教研网
多布杰	男	藏	更章门巴民族乡	脱贫攻坚先进个人	2019 年 6 月	中共林芝市委员会、林芝市人民政府
胡明元	男	汉	布久乡人民政府	脱贫攻坚先进个人	2019 年 7 月	中共林芝市委员会、林芝市人民政府

姓　名	性别	民族	工作单位	获奖名称	表彰时间	授予单位
尼玛次仁	男	藏	巴宜区米瑞乡小学	2019年优秀教师	2019年9月	中共林芝市委员会、林芝市人民政府
洛折	男	藏	巴宜区布久乡小学	2019年优秀班主任	2019年9月	中共林芝市委员会、林芝市人民政府
卓	女	藏	巴宜区八一镇小学	2019年最美乡村教师	2019年9月	中共林芝市委员会、林芝市人民政府
贡桑玉珍	女	藏	巴宜区幼儿园	2019年优秀教师	2019年9月	中共林芝市委员会、林芝市人民政府
白玛赤烈	男	藏	巴宜区政协	林芝市民族团结先进个人	2019年	中共林芝市委员会、林芝市人民政府
白玛赤烈	男	藏	巴宜区政协	"遵行四条准则，争做先进僧尼"教育实践活动优秀僧尼	2019年	中共林芝市委员会、林芝市人民政府
巴桑多吉	男	藏	米瑞乡德木寺	"遵行四条准则，争做先进僧尼"教育实践活动优秀僧尼	2019年	中共林芝市委员会、林芝市人民政府
索朗格列	男	藏	八一镇	2019年度创先争优强基础惠民生活动先进驻村(居)工作队员	2019年12月	中共林芝市委员会、林芝市人民政府
曹炜	男	汉	巴宜区检察院	2019年度创先争优强基础惠民生活动先进驻村(居)工作队员	2019年12月	中共林芝市委员会、林芝市人民政府
曲佳	女	藏	巴宜区统计局	2019年度创先争优强基础惠民生活动先进驻村(居)工作队员	2019年12月	中共林芝市委员会、林芝市人民政府
孙艳	女	汉	巴宜区发改委	2019年度创先争优强基础惠民生活动先进驻村(居)工作队员	2019年12月	中共林芝市委员会、林芝市人民政府
次仁卓嘎	女	藏	巴宜区民政局	2019年度创先争优强基础惠民生活动先进驻村(居)工作队员	2019年12月	中共林芝市委员会、林芝市人民政府
旦增曲珠	男	藏	百巴镇	2019年度创先争优强基础惠民生活动先进驻村(居)工作队员	2019年12月	中共林芝市委员会、林芝市人民政府
凌霞	女	汉	巴宜区委办	2019年度创先争优强基础惠民生活动先进驻村(居)工作队员	2019年12月	中共林芝市委员会、林芝市人民政府
罗布扎西	男	藏	巴宜区水利局	2019年度创先争优强基础惠民生活动先进驻村(居)工作队员	2019年12月	中共林芝市委员会、林芝市人民政府
温荃	男	汉	林芝市生态环境局巴宜区分局	2019年度创先争优强基础惠民生活动先进驻村(居)工作队员	2019年12月	中共林芝市委员会、林芝市人民政府
边珍	女	藏	布久乡	2019年度创先争优强基础惠民生活动先进驻村(居)工作队员	2019年12月	中共林芝市委员会、林芝市人民政府
张勇	男	汉	林芝镇	2019年度创先争优强基础惠民生活动先进驻村(居)工作队员	2019年12月	中共林芝市委员会、林芝市人民政府
扎西江措	男	藏	巴宜区公安局	2019年度创先争优强基础惠民生活动先进驻村(居)工作队员	2019年12月	中共林芝市委员会、林芝市人民政府
孙凡伟	男	汉	巴宜区委组织部	2019年度创先争优强基础惠民生活动先进驻村(居)工作队员	2019年12月	中共林芝市委员会、林芝市人民政府
旺久	男	藏	布久乡	2019年度创先争优强基础惠民生活动先进驻村(居)工作队员	2019年12月	中共林芝市委员会、林芝市人民政府
杨雪莲	女	汉	巴宜区交通局	2019年度创先争优强基础惠民生活动先进驻村(居)工作队员	2019年12月	中共林芝市委员会、林芝市人民政府

续表

姓 名	性别	民族	工作单位	获奖名称	表彰时间	授予单位
玉荣多杰	男	藏	米瑞乡	2019 年度创先争优强基础惠民生活动先进驻村(居)工作队员	2019 年 12 月	中共林芝市委员会、林芝市人民政府
李骁磊	男	汉	白玛岗街道	2019 年度创先争优强基础惠民生活动先进驻村(居)工作队员	2019 年 12 月	中共林芝市委员会、林芝市人民政府
仁增拉姆	女	藏	觉木街道	2019 年度创先争优强基础惠民生活动先进驻村(居)工作队员	2019 年 12 月	中共林芝市委员会、林芝市人民政府
凌 霞	女	藏	巴宜区委办	林芝市先进驻村工作队员	2020 年 1 月	中共林芝市委员会、林芝市人民政府
白玛乔	女	藏	巴宜区林业局森林公安局	2019 年脱贫攻坚先进个人	2020 年 1 月	中共林芝市委员会、林芝市人民政府
巴桑次仁	男	藏	鲁朗镇人民政府一级科员	林芝市先进驻村(居)工作队员	2020 年 1 月	中共林芝市委员会、林芝市人民政府
次仁扎西	男	藏	巴宜区人民检察院	市级 2019 年度优秀公务员	2020 年 1 月	中共林芝市委员会
扎 西	男	藏	林芝市巴宜区税务局	2019 年度第八批驻村工作先进个人	2020 年 3 月	林芝市人民政府
李 玉 领	男	汉	巴宜区委宣传部	林芝市优秀新闻作品一等奖,作品名称:《林芝鲁朗镇扎西岗村用党建引领促乡村振兴》	2019 年 7 月	林芝市委宣传部
李 玉 领	男	汉	巴宜区委宣传部	林芝市优秀新闻作品二等奖,作品名称:《娜拉山下是阿妈失散 55 年的家》	2019 年 7 月	林芝市委宣传部
李 玉 领	男	汉	巴宜区委宣传部	林芝市优秀新闻作品三等奖,作品名称:《吉祥坡上吉祥谣》	2019 年 7 月	林芝市委宣传部
黄海芬	女	汉	巴宜区委组织部	林芝市"不忘初心跟党走、职工有为新时代"学习强国知识竞赛学习达人奖	2019 年 8 月	中共林芝市委员会宣传部、林芝市总工会
贡嘎扎西	男	藏	罗布村	歌声礼赞新时代——林芝市第四届唱响林芝歌手大赛民族类三等奖	2019 年 12 月	中共林芝市委宣传部、林芝市文化广播电视局
洛桑群培	男	藏	巴宜区委统战部	2019 年度林芝市宗教管理先进工作者	2019 年	林芝市委统战部
黄海芬	女	汉	更章门巴民族乡	林芝市"不忘初跟党走、职工有为新时代"学习强国知识竞赛学习达人奖	2019 年 8 月	林芝市纪律检查委员会、中共林芝市直属机关工作委员会、林芝市文化广播电视局、林芝市广播电视台
黄海芬	女	汉	更章门巴民族乡	林芝市"不忘初跟党走、职工有为新时代"学习强国知识竞赛三等奖	2019 年 8 月	林芝市纪律检查委员会、中共林芝市直属机关工作委员会、林芝市文化广播电视局、林芝市广播电视台
董 婷	女	汉	巴宜区人民检察院	林芝市检察机关公益诉讼先进个人	2019 年 4 月	林芝市人民检察院
次仁扎西	男	藏	巴宜区人民检察院	2018 年度全市检察机关综合管理先进工作者	2019 年 4 月	林芝市人民检察院

续表

姓　名	性别	民族	工作单位	获奖名称	表彰时间	授予单位
次白珍	女	藏	巴宜区团委	2018 年度林芝市优秀共青团干部	2019 年 5 月	共青团林芝市委员会
次仁拥忠	女	藏	鲁朗镇人大	2018 年度林芝市优秀共青团干部	2019 年 5 月	共青团林芝市委员会
王荣华	女	汉	布久乡人民政府	林芝市优秀共青团干部	2020 年 4 月	共青团林芝市委员会
次仁拥忠	女	藏	鲁朗镇人大	2019 年度林芝市优秀共青团干部	2020 年 5 月	共青团林芝市委员会
曲尼百珍	女	藏	林芝市巴宜区税务局	2019 年度"沐改革春风 新税务扬帆起航"春训大讲堂三等奖	2020 年 3 月	国家税务总局林芝市税务局
曲尼百珍	女	藏	林芝市巴宜区税务局	2019 年度全市税务系统先进工作者	2020 年 3 月	国家税务总局林芝市税务局
杨健	男	汉	巴宜区人力资源和社会保障局	2019 年林芝市委党校中青年干部二班培训优秀员	2019 年 6 月	中共林芝市委党校
桑杰次仁	男	藏	林芝镇尼西村	林芝市非物质文化遗产优秀传承人	2019 年	林芝市文化局
德吉央宗	女	藏	巴宜区文化和旅游局	2018 年度文物安全工作先进个人	2019 年 4 月	林芝市文化广播电视局
牛柯	男	汉	巴宜区卫生服务中心	医德医术先进奖	2019 年	林芝市卫健委
王鑫	男	汉	巴宜区卫生服务中心	医德医术先进奖	2019 年	林芝市卫健委
次仁仲嘎	女	藏	巴宜区卫生服务中心	医德医术模范奖	2019 年	林芝市卫健委
群单罗布	男	藏	巴宜区卫生服务中心	医德医术模范奖	2019 年	林芝市卫健委
次仁旺姆	女	藏	巴宜区卫生服务中心	白衣天使先进奖	2019 年	林芝市卫健委
央珍	女	藏	巴宜区卫生服务中心	白衣天使先进奖	2019 年	林芝市卫健委
王金媛	女	满	巴宜区邮政分公司	林芝市邮政分公司 2019 年度先进管理者	2020 年 2 月	林芝市邮政分公司
王金媛	女	满	巴宜区邮政分公司	2019 年先进工作者	2020 年 2 月	林芝市邮政分公司
周林	女	汉	巴宜区邮政分公司	2019 年度先进生产者	2020 年 2 月	林芝市邮政分公司
张力	男	汉	巴宜区米瑞乡人民政府	林芝市 2019 年人武干部培训优秀学员	2019 年 4 月	林芝市国防动员委员会
乔德吉	女	藏	巴宜区人大常委会	民族团结进步模范个人	2019 年 12 月	中共巴宜区委员会、巴宜区人民政府
普布德吉	女	藏	巴宜区纪委监委派驻一组	2019 年度先进工作者	2019 年 12 月	中共巴宜区委员会、巴宜区人民政府
郭小岚	女	汉	巴宜区委巡察办	2019 年度优秀公务员	2019 年 12 月	中共巴宜区委员会、巴宜区人民政府
范清梅	女	汉	巴宜区委巡察办	2019 年度优秀公务员	2019 年 12 月	中共巴宜区委员会、巴宜区人民政府
杨永强	男	汉	巴宜区人民检察院	2019 年度优秀公务员	2019 年 12 月	中共巴宜区委员会、巴宜区人民政府

续表

姓　　名	性别	民族	工作单位	获奖名称	表彰时间	授予单位
宋筱芳	女	藏	巴宜区人民法院	2019 年度巴宜区先进工作者	2019 年 12 月	中共巴宜区委员会、巴宜区人民政府
康珠桑吉	女	藏	巴宜区审计局	2019 年度优秀党员	2019 年 12 月	中共巴宜区委员会、巴宜区人民政府
徐红霞	女	汉	巴宜区教育局	2019 年度优秀公务员	2019 年 12 月	中共巴宜区委员会、巴宜区人民政府
谢　瑜	男	汉	巴宜区教育局	2019 年度优秀公务员	2019 年 12 月	中共巴宜区委员会、巴宜区人民政府
卓　嘎	女	藏	巴宜区教育局	2019 年度优秀工作人员	2019 年 12 月	中共巴宜区委员会、巴宜区人民政府
高怀璧	男	汉	巴宜区教育局	2019 年度优秀工作人员	2019 年 12 月	中共巴宜区委员会、巴宜区人民政府
旦增罗布	男	藏	巴宜区教育局	2019 年度优秀工作人员	2019 年 12 月	中共巴宜区委员会、巴宜区人民政府
王菊梅	女	汉	巴宜区农业农村局	2019 年度先进工作者	2019 年 12 月	中共巴宜区委员会、巴宜区人民政府
德　吉	女	藏	巴宜区交通局	2019 年度巴宜区先进工作者	2019 年 12 月	中共巴宜区委员会、巴宜区人民政府
扎西曲宗	女	藏	八一镇人民政府	2019 年度先进工作者	2019 年 12 月	中共巴宜区委员会、巴宜区人民政府
赵政权	男	汉	八一镇人民政府	2019 年度先进工作者	2019 年 12 月	中共巴宜区委员会、巴宜区人民政府
张珍杰	男	土家	百巴镇人民政府	2019 年度优秀公务员	2019 年 12 月	中共巴宜区委员会、巴宜区人民政府
么传法	男	汉	百巴镇人民政府	2019 年度先进工作者	2019 年 12 月	中共巴宜区委员会、巴宜区人民政府
吕省伟	男	汉	百巴镇人民政府	2019 年度先进工作者	2019 年 12 月	中共巴宜区委员会、巴宜区人民政府
刘卫杰	男	汉	布久乡人民政府	2019 年度优秀公务员	2019 年 12 月	中共巴宜区委员会、巴宜区人民政府
徐　平	男	汉	布久乡人民政府	2019 年综治工作先进个人	2019 年 12 月	中共巴宜区委员会、巴宜区人民政府
拉巴德庆	女	藏	巴宜区政协办	2019 年度创先争优强基础惠民生活动先进驻村(居)工作队员	2019 年 12 月	中共巴宜区委员会、巴宜区人民政府
边巴卓玛	女	藏	八一镇	2019 年度创先争优强基础惠民生活动先进驻村(居)工作队员	2019 年 12 月	中共巴宜区委员会、巴宜区人民政府
索朗曲珍	女	藏	巴宜区检察院	2019 年度创先争优强基础惠民生活动先进驻村(居)工作队员	2019 年 12 月	中共巴宜区委员会、巴宜区人民政府
孙国栋	男	汉	巴宜区检察院	2019 年度创先争优强基础惠民生活动先进驻村(居)工作队员	2019 年 12 月	中共巴宜区委员会、巴宜区人民政府
旺堆次仁	男	藏	巴宜区纪委监委	2019 年度创先争优强基础惠民生活动先进驻村(居)工作队员	2019 年 12 月	中共巴宜区委员会、巴宜区人民政府
贡久措姆	女	藏	巴宜区纪委监委	2019 年度创先争优强基础惠民生活动先进驻村(居)工作队员	2019 年 12 月	中共巴宜区委员会、巴宜区人民政府

续表

姓 名	性别	民族	工作单位	获奖名称	表彰时间	授予单位
夏淳清	男	汉	百巴镇	2019年度创先争优强基础惠民生活动先进驻村(居)工作队员	2019年12月	中共巴宜区委员会、巴宜区人民政府
索朗措姆	女	藏	百巴镇	2019年度创先争优强基础惠民生活动先进驻村(居)工作队员	2019年12月	中共巴宜区委员会、巴宜区人民政府
罗布卓玛	女	藏	百巴镇	2019年度创先争优强基础惠民生活动先进驻村(居)工作队员	2019年12月	中共巴宜区委员会、巴宜区人民政府
德青永宗	女	藏	百巴镇	2019年度创先争优强基础惠民生活动先进工作者	2019年12月	中共巴宜区委员会、巴宜区人民政府
次仁巴姆	女	藏	巴宜区司法局	2019年度创先争优强基础惠民生活动先进驻村(居)工作队员	2019年12月	中共巴宜区委员会、巴宜区人民政府
巴桑卓玛	女	藏	林芝镇	2019年度创先争优强基础惠民生活动先进驻村(居)工作队员	2019年12月	中共巴宜区委员会、巴宜区人民政府
次 央	女	藏	林芝镇	2019年度创先争优强基础惠民生活动先进驻村(居)工作队员	2019年12月	中共巴宜区委员会、巴宜区人民政府
佐 罗	男	藏	林芝镇	2019年度创先争优强基础惠民生活动先进驻村(居)工作队员	2019年12月	中共巴宜区委员会、巴宜区人民政府
桑杰旺姆	女	藏	林芝镇	2019年度创先争优强基础惠民生活动先进驻村(居)工作队员	2019年12月	中共巴宜区委员会、巴宜区人民政府
白玛德吉	女	藏	巴宜区法院	2019年度创先争优强基础惠民生活动先进驻村(居)工作队员	2019年12月	中共巴宜区委员会、巴宜区人民政府
强白多吉	男	藏	布久乡	2019年度创先争优强基础惠民生活动先进驻村(居)工作队员	2019年12月	中共巴宜区委员会、巴宜区人民政府
刘卫杰	男	汉	布久乡	2019年度创先争优强基础惠民生活动先进驻村(居)工作队员	2019年12月	中共巴宜区委员会、巴宜区人民政府
拉 宗	女	藏	布久乡	2019年度创先争优强基础惠民生活动先进工作者	2019年12月	中共巴宜区委员会、巴宜区人民政府
李 玮	女	汉	应急管理局	2019年度创先争优强基础惠民生活动先进驻村(居)工作队员	2019年12月	中共巴宜区委员会、巴宜区人民政府
邵 军	男	汉	巴宜区总工会	2019年度创先争优强基础惠民生活动先进驻村(居)工作队员	2019年12月	中共巴宜区委员会、巴宜区人民政府
四郎拥措	女	藏	巴宜区委统战部	2019年度创先争优强基础惠民生活动先进驻村(居)工作队员	2019年12月	中共巴宜区委员会、巴宜区人民政府
次仁平措	男	藏	巴宜区交通局	2019年度创先争优强基础惠民生活动先进驻村(居)工作队员	2019年12月	中共巴宜区委员会、巴宜区人民政府
袁 辉	男	汉	巴宜区住建局	2019年度创先争优强基础惠民生活动先进驻村(居)工作队员	2019年12月	中共巴宜区委员会、巴宜区人民政府
边巴卓玛	女	藏	巴宜区商务局	2019年度创先争优强基础惠民生活动先进驻村(居)工作队员	2019年12月	中共巴宜区委员会、巴宜区人民政府
旦增曲珍	女	藏	巴宜区人大办	2019年度创先争优强基础惠民生活动先进驻村(居)工作队员	2019年12月	中共巴宜区委员会、巴宜区人民政府
白玛卓玛	女	藏	巴宜区扶贫办	2019年度创先争优强基础惠民生活动先进驻村(居)工作队员	2019年12月	中共巴宜区委员会、巴宜区人民政府
仓 琼	女	藏	巴宜区卫健委	2019年度创先争优强基础惠民生活动先进驻村(居)工作队员	2019年12月	中共巴宜区委员会、巴宜区人民政府

姓　名	性别	民族	工作单位	获奖名称	表彰时间	授予单位
曾德顺	男	汉	米瑞乡	2019年度创先争优强基础惠民生活动先进驻村(居)工作队员	2019年12月	中共巴宜区委员会、巴宜区人民政府
胡云森	男	汉	更章门巴民族乡	2019年度创先争优强基础惠民生活动先进驻村(居)工作队员	2019年12月	中共巴宜区委员会、巴宜区人民政府
华中良	男	汉	白玛岗街道	2019年度创先争优强基础惠民生活动先进驻村(居)工作队员	2019年12月	中共巴宜区委员会、巴宜区人民政府
李　艳	女	汉	觉木街道	2019年度创先争优强基础惠民生活动先进驻村(居)工作队员	2019年12月	中共巴宜区委员会、巴宜区人民政府
扎西白毛	女	藏	巴宜区强基办	2019年度创先争优强基础惠民生活动先进工作者	2019年12月	中共巴宜区委员会、巴宜区人民政府
李广旭	男	汉	八一镇	2019年度创先争优强基础惠民生活动先进工作者	2019年12月	中共巴宜区委员会、巴宜区人民政府
柳明渠	男	汉	林芝镇	2019年度创先争优强基础惠民生活动先进工作者	2019年12月	中共巴宜区委员会、巴宜区人民政府
刘　辉	男	汉	米瑞乡	2019年度创先争优强基础惠民生活动先进工作者	2019年12月	中共巴宜区委员会、巴宜区人民政府
曾　维	男	汉	更章门巴民族乡	2019年度创先争优强基础惠民生活动先进工作者	2019年12月	中共巴宜区委员会、巴宜区人民政府
贡久措姆	女	藏	巴宜区纪委监委	2019年度巴宜区创先争优强基础惠民生活动先进驻村(居)工作队员	2019年	中共巴宜区委员会、巴宜区人民政府
土旦益西	男	藏	巴宜区委统战部	2019年度维稳综治先进个人	2019年	中共巴宜区委员会、巴宜区人民政府
嘎卓玛	女	藏	巴宜区委统战部	2019年度民族团结进步模范个人	2019年	中共巴宜区委员会、巴宜区人民政府
唐茂先	男	汉	巴宜区委统战部	2019年度先进工作者	2019年	中共巴宜区委员会、巴宜区人民政府
次仁卓嘎	女	藏	巴宜区委统战部	2019年度先进工作者	2019年	中共巴宜区委员会、巴宜区人民政府
西饶罗布	男	藏	巴宜区委政法委	2019年度先进工作者	2019年	中共巴宜区委员会、巴宜区人民政府
边布迟	女	藏	巴宜区民政局	2019年度先进工作者	2019年	中共巴宜区委员会、巴宜区人民政府
扎西曲加	男	藏	巴宜区民政局	2019年度先进工作者	2019年	中共巴宜区委员会、巴宜区人民政府
张点点	女	汉	巴宜区自然资源局	2019年度先进个人	2019年	中共巴宜区委员会、巴宜区人民政府
白玛扎西	男	藏	巴宜区水利局	2019年度优秀工作人员	2019年	中共巴宜区委员会、巴宜区人民政府
扎西旺堆	男	僜人	百巴镇人民政府	2019年度个人三等功	2019年	中共巴宜区委员会、巴宜区人民政府
桑　珠	男	藏	百巴镇人民政府	2019年度优秀工作人员	2019年	中共巴宜区委员会、巴宜区人民政府
德青永宗	女	藏	百巴镇人民政府	2019年度优秀工作人员	2019年	中共巴宜区委员会、巴宜区人民政府

姓　名	性别	民族	工作单位	获奖名称	表彰时间	授予单位
董建英	女	汉	百巴镇人民政府	2019年度优秀工作人员	2019年	中共巴宜区委员会、巴宜区人民政府
达娃次仁	男	藏	百巴镇人民政府	2019年度优秀工作人员	2019年	中共巴宜区委员会、巴宜区人民政府
益西次旺	男	藏	百巴镇人民政府	2019年度优秀工作人员	2019年	中共巴宜区委员会、巴宜区人民政府
尼玛伟色	男	藏	巴宜区委办	2019年度优秀公务员	2020年1月	中共巴宜区委员会、巴宜区人民政府
周　越	女	汉	巴宜区委办	2019年度优秀公务员	2020年1月	中共巴宜区委员会、巴宜区人民政府
宋治燕	女	汉	巴宜区委办	2019年度优秀公务员	2020年1月	中共巴宜区委员会、巴宜区人民政府
李艳坪	男	汉	巴宜区委办	2019年度优秀公务员	2020年1月	中共巴宜区委员会、巴宜区人民政府
陈帝雄	男	汉	巴宜区委办	2019年度优秀公务员	2020年1月	中共巴宜区委员会、巴宜区人民政府
董宏志	男	汉	巴宜区委办	2019年度优秀公务员	2020年1月	中共巴宜区委员会、巴宜区人民政府
益西措姆	女	藏	巴宜区委办	2019年度先进工作者	2020年1月	中共巴宜区委员会、巴宜区人民政府
吕　宏	男	汉	巴宜区人大常委会	2019年度优秀公务员	2020年1月	中共巴宜区委员会、巴宜区人民政府
达瓦次仁	男	藏	巴宜区人大常委会办公室	2019年度优秀公务员	2020年1月	中共巴宜区委员会、巴宜区人民政府
胡开琼	女	汉	巴宜区人大常委会办公室	2019年度优秀公务员	2020年1月	中共巴宜区委员会、巴宜区人民政府
龙四艳	女	汉	巴宜区人大常委会办公室	2019年度优秀公务员	2020年1月	中共巴宜区委员会、巴宜区人民政府
刘　萍	女	汉	巴宜区人大常委会财经委	2019年度优秀公务员	2020年1月	中共巴宜区委员会、巴宜区人民政府
程　翀	女	汉	巴宜区纪委监委	2019年度优秀公务员	2020年1月	中共巴宜区委员会、巴宜区人民政府
阿旺罗布	男	藏	巴宜区纪委监委	2019年度优秀公务员	2020年1月	中共巴宜区委员会、巴宜区人民政府
吴　琼	女	汉	巴宜区纪委监委	2019年度优秀公务员	2020年1月	中共巴宜区委员会、巴宜区人民政府
王荟茗	女	汉	巴宜区纪委监委	2019年度优秀公务员	2020年1月	中共巴宜区委员会、巴宜区人民政府
柏云峰	男	汉	巴宜区纪委监委	2019年度优秀公务员	2020年1月	中共巴宜区委员会、巴宜区人民政府
贡觉罗布	男	藏	巴宜区纪委监委	2019年度优秀公务员	2020年1月	中共巴宜区委员会、巴宜区人民政府
李玉领	男	汉	巴宜区委宣传部	2019年度优秀公务员	2020年1月	中共巴宜区委员会、巴宜区人民政府

姓　　名	性别	民族	工作单位	获奖名称	表彰时间	授予单位
扎西群培	男	藏	巴宜区委宣传部	2019 年度优秀公务员	2020 年 1 月	中共巴宜区委员会、巴宜区人民政府
赵维鑫	男	汉	巴宜区委宣传部	2019 年度优秀公务员	2020 年 1 月	中共巴宜区委员会、巴宜区人民政府
徐　洁	女	汉	巴宜区委宣传部	2019 年度优秀公务员	2020 年 1 月	中共巴宜区委员会、巴宜区人民政府
周荣国	男	汉	巴宜区委宣传部	2019 年度优秀公务员	2020 年 1 月	中共巴宜区委员会、巴宜区人民政府
仁青措姆	女	藏	巴宜区委宣传部	2019 年度先进工作者	2020 年 1 月	中共巴宜区委员会、巴宜区人民政府
郑　昆	男	汉	巴宜区委宣传部	2019 年度先进工作者	2020 年 1 月	中共巴宜区委员会、巴宜区人民政府
益西江措	男	藏	巴宜区委统战部	2019 年度优秀公务员	2020 年 1 月	中共巴宜区委员会、巴宜区人民政府
杨丹丹	女	汉	巴宜区委统战部	2019 年度优秀公务员	2020 年 1 月	中共巴宜区委员会、巴宜区人民政府
邬春明	男	汉	巴宜区委统战部	2019 年度优秀公务员	2020 年 1 月	中共巴宜区委员会、巴宜区人民政府
刘会权	男	汉	巴宜区委政法委	2019 年度优秀公务员	2020 年 1 月	中共巴宜区委员会、巴宜区人民政府
刘　婷	女	汉	巴宜区委政法委	2019 年度优秀公务员	2020 年 1 月	中共巴宜区委员会、巴宜区人民政府
曾　飞	男	汉	巴宜区委政法委	2019 年度优秀公务员（三等功）	2020 年 1 月	中共巴宜区委员会、巴宜区人民政府
扎西次仁	男	藏	巴宜区委政法委	2019 年度优秀公务员（三等功）	2020 年 1 月	中共巴宜区委员会、巴宜区人民政府
张　峰	男	汉	巴宜区人民检察院	2019 年度优秀公务员	2020 年 1 月	中共巴宜区委员会、巴宜区人民政府
白玛央金	女	藏	巴宜区人民检察院	2019 年度优秀公务员	2020 年 1 月	中共巴宜区委员会、巴宜区人民政府
田　成	男	汉	巴宜区人民检察院	2019 年度优秀公务员	2020 年 1 月	中共巴宜区委员会、巴宜区人民政府
塔　姆	女	藏	巴宜区人民检察院	2019 年度优秀公务员	2020 年 1 月	中共巴宜区委员会、巴宜区人民政府
刘妍均	女	汉	巴宜区人民检察院	2019 年度优秀公务员	2020 年 1 月	中共巴宜区委员会、巴宜区人民政府
次仁曲加	男	藏	巴宜区人民检察院	2019 年度优秀公务员	2020 年 1 月	中共巴宜区委员会、巴宜区人民政府
桑吉卓嘎	女	藏	巴宜区人民检察院	2019 年度优秀公务员	2020 年 1 月	中共巴宜区委员会、巴宜区人民政府
旺　久	男	藏	巴宜区人民法院	2019 年度优秀公务员	2020 年 1 月	中共巴宜区委员会、巴宜区人民政府
其　加（大）	男	藏	巴宜区人民法院	2019 年度优秀公务员	2020 年 1 月	中共巴宜区委员会、巴宜区人民政府

姓名	性别	民族	工作单位	获奖名称	表彰时间	授予单位
田世平	男	汉	巴宜区人民法院	2019年度优秀公务员	2020年1月	中共巴宜区委员会、巴宜区人民政府
桑吉卓玛	女	藏	巴宜区人民法院	2019年度优秀公务员	2020年1月	中共巴宜区委员会、巴宜区人民政府
张璨凝	女	汉	巴宜区人民法院	2019年度优秀公务员	2020年1月	中共巴宜区委员会、巴宜区人民政府
于云涛	男	汉	巴宜区人民法院	2019年度优秀公务员	2020年1月	中共巴宜区委员会、巴宜区人民政府
杨海波	女	汉	巴宜区人民法院	2019年度优秀公务员	2020年1月	中共巴宜区委员会、巴宜区人民政府
陈金连	女	汉	巴宜区人民法院	2019年度优秀公务员	2020年1月	中共巴宜区委员会、巴宜区人民政府
唐永丽	女	汉	巴宜区人民法院	2019年度优秀公务员	2020年1月	中共巴宜区委员会、巴宜区人民政府
卓玛	女	藏	巴宜区人民法院	2019年度优秀公务员	2020年1月	中共巴宜区委员会、巴宜区人民政府
谢欣玫	女	藏	巴宜区人民法院	2019年度优秀公务员	2020年1月	中共巴宜区委员会、巴宜区人民政府
周睿	女	汉	巴宜区司法局	2019年度优秀公务员	2020年1月	中共巴宜区委员会、巴宜区人民政府
王旭	男	蒙古	巴宜区司法局	2019年度优秀公务员	2020年1月	中共巴宜区委员会、巴宜区人民政府
陈玲	女	汉	巴宜区司法局	2019年度优秀公务员	2020年1月	中共巴宜区委员会、巴宜区人民政府
阿牛次仁	女	藏	巴宜区司法局	2019年度优秀公务员	2020年1月	中共巴宜区委员会、巴宜区人民政府
冯秀敏	女	汉	巴宜区司法局	2019年度巴宜区先进工作者	2020年1月	中共巴宜区委员会、巴宜区人民政府
杨小龙	男	汉	巴宜区总工会	2019年度优秀公务员	2020年1月	中共巴宜区委员会、巴宜区人民政府
次仁央	女	藏	巴宜区团委	2019年度优秀公务员	2020年1月	中共巴宜区委员会、巴宜区人民政府
次白珍	女	藏	巴宜区团委	2019年度先进工作者	2020年1月	中共巴宜区委员会、巴宜区人民政府
晓梅	女	藏	巴宜区妇联	2019年度优秀公务员	2020年1月	中共巴宜区委员会、巴宜区人民政府
次仁曲吉	女	藏	巴宜区妇联	2019年度先进工作者	2020年1月	中共巴宜区委员会、巴宜区人民政府
扎西格桑	男	藏	巴宜区工商联	2019年度先进工作者	2020年1月	中共巴宜区委员会、巴宜区人民政府
四郎拥措	女	藏	巴宜区工商联	2019年度优秀公务员	2020年1月	中共巴宜区委员会、巴宜区人民政府
刘梦丽	女	汉	巴宜区发改委	2019年度优秀公务员	2020年1月	中共巴宜区委员会、巴宜区人民政府

姓　　名	性别	民族	工作单位	获奖名称	表彰时间	授予单位
高　展	男	汉	巴宜区发改委	2019 年度优秀公务员	2020 年 1 月	中共巴宜区委员会、巴宜区人民政府
向巴次旺	女	藏	巴宜区发改委	2019 年度优秀公务员	2020 年 1 月	中共巴宜区委员会、巴宜区人民政府
伍　平	男	汉	巴宜区发改委	2019 年度优秀公务员	2020 年 1 月	中共巴宜区委员会、巴宜区人民政府
袁丽娟	女	汉	巴宜区发改委	2019 年度先进个人	2020 年 1 月	中共巴宜区委员会、巴宜区人民政府
施海松	男	汉	巴宜区发改委	2019 年度优秀公务员	2020 年 1 月	中共巴宜区委员会、巴宜区人民政府
林春丽	女	汉	巴宜区财政局	2019 年度优秀公务员	2020 年 1 月	中共巴宜区委员会、巴宜区人民政府
高　虎	男	汉	巴宜区财政局	2019 年度优秀公务员	2020 年 1 月	中共巴宜区委员会、巴宜区人民政府
平措扎西	男	藏	巴宜区财政局	2019 年度优秀公务员	2020 年 1 月	中共巴宜区委员会、巴宜区人民政府
黄海燕	女	汉	巴宜区财政局	2019 年度优秀公务员	2020 年 1 月	中共巴宜区委员会、巴宜区人民政府
包亚宗	男	汉	巴宜区财政局	2019 年度优秀公务员	2020 年 1 月	中共巴宜区委员会、巴宜区人民政府
杨东臻	男	汉	巴宜区审计局	2019 年度先进工作者	2020 年 1 月	中共巴宜区委员会、巴宜区人民政府
巴　桑	男	藏	巴宜区审计局	2019 年度巴宜区优秀公务员	2020 年 1 月	中共巴宜区委员会、巴宜区人民政府
卓　嘎	女	藏	巴宜区统计局	2019 年优秀公务员	2020 年 1 月	中共巴宜区委员会、巴宜区人民政府
贡觉卓玛	女	藏	巴宜区统计局	2019 年优秀公务员	2020 年 1 月	中共巴宜区委员会、巴宜区人民政府
李万清	男	汉	巴宜区人力资源和社会保障局	2019 年度优秀公务员	2020 年 1 月	中共巴宜区委员会、巴宜区人民政府
唐青雯	女	汉	巴宜区人力资源和社会保障局	2019 年度优秀公务员	2020 年 1 月	中共巴宜区委员会、巴宜区人民政府
扎桑卓玛	女	藏	巴宜区人力资源和社会保障局	2019 年度先进工作者	2020 年 1 月	中共巴宜区委员会、巴宜区人民政府
王远方	男	汉	巴宜区人力资源和社会保障局	2019 年度优秀公务员	2020 年 1 月	中共巴宜区委员会、巴宜区人民政府
桑杰卓玛	女	门巴	巴宜区人力资源和社会保障局	2019 年度优秀公务员	2020 年 1 月	中共巴宜区委员会、巴宜区人民政府
白　珍	女	藏	巴宜区林业和草原局	巴宜区统战工作个人先进奖	2020 年 1 月	中共巴宜区委员会、巴宜区人民政府
白　珍	女	藏	巴宜区林业和草原局	2019 年度优秀公务员	2020 年 1 月	中共巴宜区委员会、巴宜区人民政府
白玛乔	女	藏	巴宜区林业局森林公安局	2019 年度优秀公务员	2020 年 1 月	中共巴宜区委员会、巴宜区人民政府

姓　　名	性别	民族	工作单位	获奖名称	表彰时间	授予单位
姜文涛	男	汉	巴宜区林业和草原局	2019 年度优秀公务员	2020 年 1 月	中共巴宜区委员会、巴宜区人民政府
扎西曲珍	女	藏	巴宜区林业和草原局	2019 年度宣传思想先进个人	2020 年 1 月	中共巴宜区委员会、巴宜区人民政府
米玛吉布	女	藏	巴宜区林业和草原局	2019 年度优秀工作人员	2020 年 1 月	中共巴宜区委员会、巴宜区人民政府
格桑达瓦	男	藏	巴宜区林业和草原局	2019 年度优秀公务员	2020 年 1 月	中共巴宜区委员会、巴宜区人民政府
尼玛仓	女	藏	巴宜区民政局	2019 年度优秀公务员	2020 年 1 月	中共巴宜区委员会、巴宜区人民政府
拉巴卓玛	女	藏	巴宜区民政局	2019 年度优秀公务员	2020 年 1 月	中共巴宜区委员会、巴宜区人民政府
措　姆	女	藏	巴宜区民政局	2019 年度优秀公务员	2020 年 1 月	中共巴宜区委员会、巴宜区人民政府
普布扎西	男	藏	巴宜区民政局	2019 年度优秀公务员	2020 年 1 月	中共巴宜区委员会、巴宜区人民政府
杨　芳	女	汉	巴宜区民政局	2019 年度优秀公务员	2020 年 1 月	中共巴宜区委员会、巴宜区人民政府
彭久强	男	汉	巴宜区住建局	2019 年度优秀公务员	2020 年 1 月	中共巴宜区委员会、巴宜区人民政府
才西永青	女	藏	巴宜区住建局	2019 年度优秀公务员	2020 年 1 月	中共巴宜区委员会、巴宜区人民政府
张　睿	男	汉	巴宜区住建局	2019 年度优秀公务员	2020 年 1 月	中共巴宜区委员会、巴宜区人民政府
唐　坚	男	汉	巴宜区住建局	2019 年度优秀公务员	2020 年 1 月	中共巴宜区委员会、巴宜区人民政府
索朗扎西	男	藏	巴宜区农业农村局	2019 年度林芝市巴宜区社会治安综合治理工作先进个人	2020 年 1 月	中共巴宜区委员会、巴宜区人民政府
朱相冬	男	汉	巴宜区农业农村局	2019 年度优秀公务员	2020 年 1 月	中共巴宜区委员会、巴宜区人民政府
安韶刚	男	汉	巴宜区农业农村局	2019 年度优秀公务员	2020 年 1 月	中共巴宜区委员会、巴宜区人民政府
雒小娟	女	汉	巴宜区农业农村局	2019 年度优秀公务员	2020 年 1 月	中共巴宜区委员会、巴宜区人民政府
彭延年	男	汉	巴宜区农业农村局	2019 年度优秀公务员	2020 年 1 月	中共巴宜区委员会、巴宜区人民政府
杨　超	男	汉	巴宜区农业农村局	2019 年度优秀公务员	2020 年 1 月	中共巴宜区委员会、巴宜区人民政府
晋美多吉	男	藏	巴宜区水利局	2019 年度优秀公务员	2020 年 1 月	中共巴宜区委员会、巴宜区人民政府
王林涛	男	白	巴宜区水利局水利服务站	2019 年度优秀公务员	2020 年 1 月	中共巴宜区委员会、巴宜区人民政府
宗　吉	女	藏	林芝市生态环境局巴宜区分局	2019 年度优秀公务员	2020 年 1 月	中共巴宜区委员会、巴宜区人民政府

姓　名	性别	民族	工作单位	获奖名称	表彰时间	授予单位
黄子舰	男	汉	林芝市生态环境局巴宜区分局	2019 年度优秀公务员	2020 年 1 月	中共巴宜区委员会、巴宜区人民政府
尼　玛	男	藏	林芝市生态环境局巴宜区分局	2019 年度优秀公务员	2020 年 1 月	中共巴宜区委员会、巴宜区人民政府
普布扎西	男	藏	巴宜区交通局	2019 年度优秀公务员	2020 年 1 月	中共巴宜区委员会、巴宜区人民政府
江白次旦	男	藏	巴宜区交通局	2019 年度优秀公务员	2020 年 1 月	中共巴宜区委员会、巴宜区人民政府
曲　婷	女	汉	巴宜区商务局	2019 年度优秀公务员	2020 年 1 月	中共巴宜区委员会、巴宜区人民政府
李晓斌	男	汉	巴宜区商务局	2019 年度优秀公务员	2020 年 1 月	中共巴宜区委员会、巴宜区人民政府
金　花	女	藏	巴宜区商务局	2019 年度先进工作者	2020 年 1 月	中共巴宜区委员会、巴宜区人民政府
谭　兵	男	汉	巴宜区扶贫办	2019 年度优秀公务员	2020 年 1 月	中共巴宜区委员会、巴宜区人民政府
郑小明	女	汉	巴宜区扶贫办	2019 年度优秀公务员	2020 年 1 月	中共巴宜区委员会、巴宜区人民政府
次仁帕珠	男	藏	巴宜区市场监督管理局	2019 年度优秀公务员	2020 年 1 月	中共巴宜区委员会、巴宜区人民政府
米　玛	女	藏	巴宜区市场监督管理局	2019 年度优秀公务员	2020 年 1 月	中共巴宜区委员会、巴宜区人民政府
杨建辉	男	汉	巴宜区市场监督管理局	2019 年度优秀公务员	2020 年 1 月	中共巴宜区委员会、巴宜区人民政府
刘　飞	男	汉	巴宜区市场监督管理局	2019 年度优秀公务员	2020 年 1 月	中共巴宜区委员会、巴宜区人民政府
白玛扎西	男	藏	巴宜区市场监督管理局	2019 年度优秀公务员	2020 年 1 月	中共巴宜区委员会、巴宜区人民政府
贵桑央宗	女	藏	巴宜区市场监督管理局	2019 年度优秀公务员	2020 年 1 月	中共巴宜区委员会、巴宜区人民政府
梁　萍	女	汉	巴宜区卫健委	2019 年度优秀公务员	2020 年 1 月	中共巴宜区委员会、巴宜区人民政府
索朗年扎	男	藏	巴宜区卫健委	2019 年度优秀公务员	2020 年 1 月	中共巴宜区委员会、巴宜区人民政府
高小杰	男	藏	巴宜区卫健委	2019 年度优秀公务员	2020 年 1 月	中共巴宜区委员会、巴宜区人民政府
胡晓锋	男	汉	巴宜区卫健委	2019 年度优秀党员	2020 年 1 月	中共巴宜区委员会、巴宜区人民政府
洛桑拉姆	女	藏	巴宜区卫健委	2019 年度优秀党员	2020 年 1 月	中共巴宜区委员会、巴宜区人民政府
丁增次巴	男	藏	八一镇人民政府	2019 年度优秀公务员	2020 年 1 月	中共巴宜区委员会、巴宜区人民政府
杨　烨	男	汉	八一镇人民政府	2019 年度优秀公务员	2020 年 1 月	中共巴宜区委员会、巴宜区人民政府

续表

姓　名	性别	民族	工作单位	获奖名称	表彰时间	授予单位
赤列旺堆	男	藏	八一镇人民政府	2019 年度优秀公务员	2020 年 1 月	中共巴宜区委员会、巴宜区人民政府
白　吉	女	藏	八一镇人民政府	2019 年度优秀公务员	2020 年 1 月	中共巴宜区委员会、巴宜区人民政府
邢　薇	女	汉	八一镇人民政府	2019 年度优秀公务员	2020 年 1 月	中共巴宜区委员会、巴宜区人民政府
王慧琦	女	汉	八一镇人民政府	2019 年度优秀公务员	2020 年 1 月	中共巴宜区委员会、巴宜区人民政府
尼玛帕珠	男	藏	八一镇人民政府	2019 年度优秀公务员	2020 年 1 月	中共巴宜区委员会、巴宜区人民政府
周　皓	男	藏	八一镇人民政府	2019 年度优秀公务员	2020 年 1 月	中共巴宜区委员会、巴宜区人民政府
次　央	女	藏	八一镇人民政府	2019 年度优秀公务员	2020 年 1 月	中共巴宜区委员会、巴宜区人民政府
曹　珊	女	汉	八一镇人民政府	2019 年度优秀公务员	2020 年 1 月	中共巴宜区委员会、巴宜区人民政府
唐　豪	男	汉	八一镇人民政府	2019 年度优秀公务员	2020 年 1 月	中共巴宜区委员会、巴宜区人民政府
次仁卓嘎	女	藏	八一镇人民政府	2019 年度优秀公务员	2020 年 1 月	中共巴宜区委员会、巴宜区人民政府
明珠（小）	女	藏	八一镇人民政府	2019 年度优秀公务员	2020 年 1 月	中共巴宜区委员会、巴宜区人民政府
姜　辉	男	汉	林芝镇人民政府	2019 年度优秀公务员	2020 年 1 月	中共巴宜区委员会、巴宜区人民政府
罗　桑	男	藏	林芝镇人民政府	2019 年度优秀公务员	2020 年 1 月	中共巴宜区委员会、巴宜区人民政府
王兴刚	男	汉	林芝镇人民政府	2019 年度优秀公务员	2020 年 1 月	中共巴宜区委员会、巴宜区人民政府
白玛曲杰	男	藏	林芝镇人民政府	2019 年度优秀公务员	2020 年 1 月	中共巴宜区委员会、巴宜区人民政府
张轩源	男	汉	林芝镇人民政府	2019 年度优秀公务员	2020 年 1 月	中共巴宜区委员会、巴宜区人民政府
杨　智	男	汉	林芝镇人民政府	2019 年度优秀公务员	2020 年 1 月	中共巴宜区委员会、巴宜区人民政府
索朗旺姆	女	藏	林芝镇人民政府	2019 年度优秀公务员	2020 年 1 月	中共巴宜区委员会、巴宜区人民政府
白玛央金	女	藏	林芝镇人民政府	2019 年度优秀公务员	2020 年 1 月	中共巴宜区委员会、巴宜区人民政府
仓　决	女	藏	林芝镇人民政府	2019 年度优秀公务员	2020 年 1 月	中共巴宜区委员会、巴宜区人民政府
白玛德吉	女	藏	鲁朗镇委员会	2019 年度优秀公务员	2020 年 1 月	中共巴宜区委员会、巴宜区人民政府
石　成	男	汉	鲁朗镇委员会	2019 年度优秀公务员	2020 年 1 月	中共巴宜区委员会、巴宜区人民政府

续表

姓　名	性别	民族	工作单位	获奖名称	表彰时间	授予单位
尼玛顿珠	男	藏	鲁朗镇人民政府	2019 年度优秀公务员	2020 年 1 月	中共巴宜区委员会、巴宜区人民政府
黄　异	男	汉	鲁朗镇人民政府	2019 年度优秀公务员	2020 年 1 月	中共巴宜区委员会、巴宜区人民政府
洛松彭措	男	藏	鲁朗镇人民政府	2019 年度优秀公务员	2020 年 1 月	中共巴宜区委员会、巴宜区人民政府
陈俊波	男	汉	鲁朗镇人民政府	2019 年度优秀公务员	2020 年 1 月	中共巴宜区委员会、巴宜区人民政府
毛勇才	男	汉	鲁朗镇人民政府	2019 年度优秀公务员	2020 年 1 月	中共巴宜区委员会、巴宜区人民政府
宗　吉	女	藏	鲁朗镇人民政府	2019 年度先进工作者	2020 年 1 月	中共巴宜区委员会、巴宜区人民政府
田　雨	男	汉	鲁朗镇人民政府	2019 年度先进工作者	2020 年 1 月	中共巴宜区委员会、巴宜区人民政府
次　拉	女	藏	鲁朗镇人民政府	2019 年度先进工作者	2020 年 1 月	中共巴宜区委员会、巴宜区人民政府
洛桑罗布	男	藏	鲁朗镇人民政府	2019 年度先进工作者	2020 年 1 月	中共巴宜区委员会、巴宜区人民政府
扎西旺堆	男	僜人	百巴镇人民政府	2019 年度优秀公务员	2020 年 1 月	中共巴宜区委员会、巴宜区人民政府
尼玛曲珍	女	藏	百巴镇人民政府	2019 年度优秀公务员	2020 年 1 月	中共巴宜区委员会、巴宜区人民政府
旦增曲珠	男	藏	百巴镇人民政府	2019 年度优秀公务员	2020 年 1 月	中共巴宜区委员会、巴宜区人民政府
岗　吉	女	藏	百巴镇人民政府	2019 年度优秀公务员	2020 年 1 月	中共巴宜区委员会、巴宜区人民政府
罗布卓玛	女	藏	百巴镇人民政府	2019 年度优秀公务员	2020 年 1 月	中共巴宜区委员会、巴宜区人民政府
钟玉容	女	藏	百巴镇人民政府	2019 年度优秀公务员	2020 年 1 月	中共巴宜区委员会、巴宜区人民政府
普　巴	男	藏	巴宜区米瑞乡人民政府	2019 年度优秀公务员	2020 年 1 月	中共巴宜区委员会、巴宜区人民政府
格桑旺堆	男	藏	巴宜区米瑞乡人民政府	2019 年度优秀公务员	2020 年 1 月	中共巴宜区委员会、巴宜区人民政府
刘　辉	男	汉	巴宜区米瑞乡人民政府	2019 年度优秀公务员	2020 年 1 月	中共巴宜区委员会、巴宜区人民政府
格桑措姆	女	藏	巴宜区米瑞乡人民政府	2019 年度优秀公务员	2020 年 1 月	中共巴宜区委员会、巴宜区人民政府
张　琪	男	汉	巴宜区米瑞乡人民政府	2019 年度优秀公务员	2020 年 1 月	中共巴宜区委员会、巴宜区人民政府
达　珍	女	藏	巴宜区米瑞乡人民政府	2019 年度优秀公务员	2020 年 1 月	中共巴宜区委员会、巴宜区人民政府
张华刚	男	汉	巴宜区米瑞乡人民政府	2019 年度优秀公务员	2020 年 1 月	中共巴宜区委员会、巴宜区人民政府

续表

姓　名	性别	民族	工作单位	获奖名称	表彰时间	授予单位
拉　宗	女	藏	布久乡人民政府	2019年度优秀公务员	2020年1月	中共巴宜区委员会、巴宜区人民政府
武俊丽	女	汉	布久乡人民政府	2019年度优秀公务员	2020年1月	中共巴宜区委员会、巴宜区人民政府
武俊丽	女	汉	布久乡人民政府	三等功	2020年1月	中共巴宜区委员会、巴宜区人民政府
布　琼	女	藏	布久乡人民政府	2019年度优秀公务员	2020年1月	中共巴宜区委员会、巴宜区人民政府
贡嘎晋美	男	藏	布久乡人民政府	2019年度优秀公务员	2020年1月	中共巴宜区委员会、巴宜区人民政府
扎西拉珍	女	藏	布久乡人民政府	2019年度优秀公务员	2020年1月	中共巴宜区委员会、巴宜区人民政府
多杰卓玛	女	藏	布久乡人民政府	2019年度优秀公务员	2020年1月	中共巴宜区委员会、巴宜区人民政府
旺　久	男	藏	布久乡人民政府	2019年度优秀公务员	2020年1月	中共巴宜区委员会、巴宜区人民政府
刘韵喆	男	汉	布久乡人民政府	2019年度先进工作者	2020年1月	中共巴宜区委员会、巴宜区人民政府
央　金	女	藏	布久乡人民政府	2019年度先进工作者	2020年1月	中共巴宜区委员会、巴宜区人民政府
陈林杰	汉	男	巴宜区觉木街道办事处	2019年度优秀工作人员	2020年1月	中共巴宜区委员会、巴宜区人民政府
索朗曲宗	藏	女	巴宜区觉木街道办事处	2019年度优秀工作人员	2020年1月	中共巴宜区委员会、巴宜区人民政府
尼玛玉珍	藏	女	巴宜区觉木街道办事处	巴宜区社会治安综合治理工作先进个人	2020年1月	中共巴宜区委员会、巴宜区人民政府
彭　彬	男	汉	巴宜区扶贫办	2019年度先进工作者	2020年2月	中共巴宜区委员会、巴宜区人民政府
张艳平	女	汉	巴宜区卫健委	2019年度先进工作者	2020年2月	中共巴宜区委员会、巴宜区人民政府
祝正红	女	汉	巴宜区审计局	民族团结进步模范个人	2020年4月	中共巴宜区委员会、巴宜区人民政府
扎西白毛	女	藏	巴宜区强基办	2019年度优秀工作人员	2019年12月	中共巴宜区委员会
丁增桑姆	女	藏	巴宜区纪委监委	2019年度巴宜区先进个人	2019年12月	中共巴宜区委员会
尼　珍	女	藏	巴宜区委巡察一组	2019年度先进工作者	2019年12月	中共巴宜区委员会
柳明渠	男	汉	林芝镇人民政府	优秀党务工作者	2019年12月	中共巴宜区委员会
曲珍拉姆	女	藏	林芝镇人民政府	优秀党务工作者	2019年12月	中共巴宜区委员会
益西江措	男	藏	巴宜区委统战部	2019年度优秀党员	2019年	中共巴宜区委员会

续表

姓　名	性别	民族	工作单位	获奖名称	表彰时间	授予单位
樊　杰	男	藏	巴宜区统计局	2019年先进工作者	2019年	中共巴宜区委员会
莫广发	男	汉	巴宜区住建局	2019年度优秀事业工作人员	2019年	中共巴宜区委员会
杨继成	男	汉	巴宜区住建局	2019年度先进工作者	2019年	中共巴宜区委员会
巴桑多吉	男	藏	巴宜区住建局	2019年度优秀工人	2019年	中共巴宜区委员会
达娃央宗	女	藏	林芝市生态环境局巴宜区分局	2019年度先进工作者	2019年	中共巴宜区委员会
刘荣芳	女	汉	巴宜区人民检察院	2019年度优秀公务员	2020年1月	中共巴宜区委员会
达　娃	女	藏	巴宜区妇联	2019年度优秀党员	2020年1月	中共巴宜区委员会
任俊成	男	汉	巴宜区财政局	2019年度先进工作者	2020年1月	中共巴宜区委员会
次仁帕珠	男	藏	巴宜区市场监督管理局	2017—2019年考核优秀,记三等功一次	2020年1月	中共巴宜区委员会
韩晓燕	女	汉	巴宜区市场监督管理局	2019年度先进工作者	2020年1月	中共巴宜区委员会
杨建辉	男	汉	巴宜区市场监督管理局	2017—2019年考核优秀,记三等功一次	2020年1月	中共巴宜区委员会
刘　飞	男	汉	巴宜区市场监督管理局	2017—2019年考核优秀,记三等功一次	2020年1月	中共巴宜区委员会
王　珂	女	汉	林芝镇人民政府	优秀干部	2020年1月	中共巴宜区委员会
索朗卓玛	女	藏	林芝镇人民政府	优秀干部	2020年1月	中共巴宜区委员会
徐秀英	藏	女	巴宜区觉木街道办事处	2019年度优秀公务员	2020年1月	中共巴宜区委员会
荆乐乐	汉	女	巴宜区觉木街道办事处	2019年度优秀公务员	2020年1月	中共巴宜区委员会
王英文	汉	男	巴宜区觉木街道办事处	2019年度优秀公务员	2020年1月	中共巴宜区委员会
陈　鸿	汉	女	巴宜区觉木街道办事处	2019年度优秀公务员	2020年1月	中共巴宜区委员会
曾雪敏	汉	女	巴宜区觉木街道办事处	2019年底优秀公务员	2020年1月	中共巴宜区委员会
四朗旺姆	藏	女	巴宜区觉木街道办事处	2019年度优秀公务员	2020年1月	中共巴宜区委员会

说明:由于各单位资料提供不全,可能有遗漏。

2019年巴宜区国民经济和社会发展统计公报

巴宜区统计局

2019年,在自治区党委、政府的亲切关心下,市委市政府、巴宜区委、区政府带领全区各族干部群众,坚持以习近平新时代中国特色社会主义思想为指导,全面贯彻党的十九大和十九届二中、三中、四中全会精神和中央经济工作会议、中央第六次西藏工作座谈会精神,坚决贯彻党的基本理论、基本路线、基本方略,深入贯彻落实习近平总书记治边稳藏重要论述,紧扣全面建成小康社会目标任务,坚持创新协调绿色开放共享的新发展理念,坚持稳中求进、进中求好、补齐短板的工作总基调,坚持以供给侧结构性改革为主线,全力做好"六稳"工作,正确处理好"十三对关系",全力打好"三大攻坚战",坚持推动高质量发展,扎实做好稳增长、促改革、调结构、惠民生、防风险等各项措施。全区经济运行情况总体平稳,发展质量不断提高。

一、综合

初步核算,2019年巴宜区实现地区生产总值(GDP)84.59亿元,可比增长8%。其中,第一产业增加值1.65亿元,增长3%;第二产业增加值28.95亿元,增长7.6%;第三产业增加值53.99亿元,增长8.7%。全区公共预算收入2.3亿元,下降16.36%。公共财政预算支出13.9亿元,增长12.1%。

2015—2019年巴宜区地区生产总值

二、农业

2019年,全区农林牧渔业总产值完成25497.95万元,增长6%。其中,农业产值12087.66万元,增长9.9%;林业产值368.34万元,增长21.2%;牧业产值12462.95万元,下降0.6%;渔业产值272万元,增长240%;农林牧渔服务业产值307万元,增长5.9%。

全年农作物播种面积4817.54公顷,增长12.8%。其中,粮食作物播种面积2388.76公顷,下降4%;油菜籽播种植面积571.84公顷,增长15.1%;蔬菜种植面积1481.38公顷,增长115.9%。

全年粮食总产量15392.4吨,增长11.2%。其中,青稞3853.2吨,增长48.8%;小麦7122吨,增长4.1%;油料986.4吨,增长13.9%;蔬菜8827.68吨,增长70.6%。

全年肉类总产量2527.72吨,增长21.7%。其中,牛肉产量870.08吨,增长37.6%;猪肉产量1070.48吨,减少9.5%。

全年奶类产量4561.45吨,减少1.3%。

三、工业和建筑业

2019年,实现工业增加值6.36亿元,可比增长6.8%。规模以上工业增加值6.21亿元,同比增长13.2%。

四、固定资产投资

2019年,全区完成固定资产投资比上年同期增长1.9%。其中,民间投资同比增长85.9%。

2019年,全区施工项目87个,其中:500—5000万元以下项目80个,5000万元以上联网直报项目7个。

五、国内贸易

2019年全区社会消费品零售总额达31.10亿元,同比增长7.4%。按销售单位所在地分,城镇消费品零售总额24.55亿元,同比增长5.5%;乡村消费品零售总额12.55亿元,同比增长11.3%。

2015—2019年巴宜区社会消费品零售总额

从行业分组来看,商品零售额27.32亿元,增长5.8%;餐饮收入9.78亿元,增长12.0%。

表1 2019年居民消费价格指数

（以上年为100）

指标名称	2019年
居民消费价格总指数	103.0
1. 食品烟酒	105.2
粮食	105.8
鲜果	103.5
2. 衣着	103.5
3. 居住	103.6
4. 生活用品及服务	100.4
5. 交通和通信	98.6
6. 教育文化和娱乐	100.7
7. 医疗保健	102.1
8. 其他用品和服务	106.4

六、交通、旅游

7个乡镇中7个乡镇实现通车,乡镇通车率100%;7个乡镇实现通畅,通畅率100%。全区共有73个行政村(居委会),73个行政村(居)实现通达,通达率100%;73个行政村(居)通畅,通畅率100%。

2019年,旅游业全年累计接待国内外游客222.43万人次,减少11.5%;旅游总收入20.34亿元,增长2.6%。

七、金融业

2019年末,各项存款余额达到234.93亿元,同比增长8.17%;各项贷款余额214.88亿元,同比增长0.93%;绿色金融贷款完成83.92亿元。

八、教育体育

中学1所,招生人数323人,在校生数1039人,教职工数94人。小学7所,招生人数361人,在校生数1912人,教职工数142人。幼儿园在园儿童1093人。

九、文化和环境

2019年,全区拥有艺术表演团体1个、文化馆1个、文化站7个、公共图书馆1个。

2019年,全区空气质量指数优良率为100%,集中式饮用水源地水质达标率100%。水环境质量安全达到稳定,全区主要河流雅鲁藏布江、尼洋河水质达标。八一镇一水厂水源地水质各项监测指标符合《地表水环境质量标准》(GB3838–2002)Ⅲ类标准。二水厂水源地水质各项指标符合《地下水质量标准》(GB/T14848–93)Ⅲ类标准。

十、人口、人民生活和社会保障

2019年末,全区常住人口65805人。其中,城镇人口48772人,乡村人口17033人。

2019年,农村居民人均可支配收入20029元,增长12.8%;城镇居民人均可支配收入33041元,增长11.3%,

2019年,全区城镇新增就业380人;农村劳动力转移就业8262人次、3864人;全区共有公益性岗位195人。全年各类社会保障参保人员中:城镇职工基本养老保险参保人数845人;城乡居民基本养老保险参保人数10353人;城镇职工基本医疗保险参保人数3138人(在职2652人,退休486人);城镇居民基本医疗保险参保人数3327人;失业保险参保人数1165人,征缴失业保险金113.5万元。

2015—2019年巴宜区城镇居民人均可支配收入

2015—2019年巴宜区农村居民人均可支配收入

表2　七县区固定资产投资同比增长情况

县（区）	同比增长（%）
全市	−22.8
巴宜区	1.9
工布江达县	23.6
米林县	−17.8
墨脱县	−18.4
波密县	−64.8
察隅县	25.1
朗县	−32.3

2019 年巴宜区主要经济指标完成情况

指标名称	单位	2018 年	2019 年	2019 年比 2018 年增长（ ± %）	备注
生产总值	亿元	72.93	84.59	8	可比速度
第一产业	亿元	1.59	1.65	3	可比速度
第二产业	亿元	29.01	28.95	7.6	可比速度
其中：工业	亿元	5.96	6.36	6.8	
建筑业	亿元	23.05	22.59	7.9	
第三产业	亿元	42.33	53.99	8.7	可比速度
主要农产品产量					
粮食产量	吨	13839	15392	11.2	
肉类产量	吨	2077.45	2527.72	21.7	
奶类	吨	4621.5	4561.45	−1.3	
油料	吨	866	986	13.9	
牲畜存栏	万（头只）	12.15	7.31	−39.8	
城镇居民人均可支配收入	元	29680	33041	11.3	
农村居民人均可支配收入	元	17757	20029	12.8	
固定资产投资		−	−	1.9	
其中：民间投资		−	−	85.9	
社会消费品零售总额	亿元	29	31.15	7.4	
CPI 指数（上年 =100）	%	103	101.3	3	

2019 年巴宜区七乡镇农牧民人均可支配收入

乡镇名称	农村经济总收入（万元）	农牧民人均可支配收入（万元）	备注
百巴镇	7218.3	1.34	
米瑞乡	7411.4	2	
更章门巴民族乡	3820.8	2.05	
八一镇	16118.3	2.67	
鲁朗镇	5218.8	2.49	
林芝镇	5924.9	1.81	
布久乡	9085.3	2.18	
合计	54797.8	2	

2019 年巴宜区七乡镇农牧民人口

乡镇名称	户数	全乡总人口数	性别	
			男	女
百巴镇	816	3768	1851	1917
米瑞乡	498	2198	1021	1177
更章门巴民族乡	321	1357	680	677
八一镇	874	3559	1700	1859
鲁朗镇	288	1354	680	674
林芝镇	612	2460	1193	1267
布久乡	588	2749	1370	1379
合计	3997	17445	8495	8950

2019 年巴宜区七乡镇乡村人口（含外来人员）

乡镇名称	户数	全乡总人口数	性别	
			男	女
百巴镇	904	4291	2108	2183
米瑞乡	498	2198	1021	1177
更章门巴民族乡	321	1357	680	677
八一镇	874	3559	1700	1859
鲁朗镇	288	1354	680	674
林芝镇	612	2460	1193	1267
布久乡	588	2871	1455	1416
合计	4085	18090	8837	9253

2019 年巴宜区生产总值

指 标	单位	2018 年	2019 年	2019 年比 2018 年增长（±%）
地区生产总值	亿元	72.93	84.59	8
第一产业	亿元	1.59	1.65	3
第二产业	亿元	29.01	28.95	7.6
第三产业	亿元	42.33	53.99	8.7
增速 GDP	%	9.3	8	
第一产业	%	4.1	3	
第二产业	%	16.7	7.6	
第三产业	%	5.1	8.7	
构成				
地区生产总值构成占比	%	100	100	
第一产业	%	2.2	2.0	
第二产业	%	39.8	34.2	
第三产业	%	58	63.8	
人均 GDP	元	114375	129918	13.59

2019 年农林牧渔业

指标	单位	2018 年	2019 年	2019 年比 2018 年增长（±%）
农林牧渔业总产值（现价）	万元	24054	25498	6
#农业	万元	10997	12088	9.9
林业	万元	304	368	21.2
牧业	万元	12383	12463	0.6
渔业	万元	80	272	240.0
农林牧渔服务业	万元	290	307	5.9
构成				
农林牧渔业总产值	%	100	100	
#农业	%	45.7	47.4	
林业	%	1.3	1.4	
牧业	%	51.5	48.9	
渔业	%	0.3	1.1	
农林牧渔服务业	%	1.2	1.2	
农作物播种面积	公顷	4271.16	4817.54	12.8
粮食作物	公顷	2489	2389	-4.0
#青稞	公顷	647	536	-17.1
小麦	公顷	1336	1412	5.7
#油菜籽	公顷	497	572	15.1
蔬菜	公顷	686	1481	115.9
主要农产品产量				
粮食总产量	吨	13839	15392	11.2
青稞	吨	2590	3853	48.8
小麦	吨	6839	7122	4.1
油料	吨	866	986	13.9
蔬菜	吨	5174	8828	70.6

续表

指标	单位	2018 年	2019 年	2018 年比 2017 年增长（±%）
牲畜存栏				
年末牲畜存栏总头数	头只	121499	73101	−39.8
大牲畜	头	65594	58620	−10.6
#牛	头	61631	54875	−11
羊	只	2756	1497	−45.7
猪	头	53149	12984	−75.6
牲畜出栏				
牛	头	4265	6445	51.1
羊	只	384	9	−97.7
猪	头	19050	17694	−7.1
畜禽产品产量				
肉类总产量	吨	2077.45	2527.72	21.7
猪牛羊肉产量	吨	1836.64	1940.72	5.7
#牛肉	吨	632.30	870.08	37.6
羊肉	吨	21.14	0.16	−99.2
猪肉	吨	1183.2	1070.48	−9.52
奶类产量	吨	4621.48	4561.45	−1.3

2019 年工业

指标	单位	2018 年	2019 年	2019 年比 2018 年增长（±%）
工业增加值	亿元	5.96	6.36	6.8
规模以上工业增加值	亿元	5.8	6.21	13.2

2019 年贸易

指标	单位	2018 年	2019 年	2019 年比 2018 年增长（±%）
社会消费品零售总额	亿元	29	31.15	7.4
#城镇	亿元	19.54	20.61	5.5
乡村	亿元	9.47	10.54	11.3
按行业分				
#餐饮收入	亿元	7.33	8.21	12
商品零售	亿元	21.67	22.94	5.8

2019 年居民消费价格指数

以上年为 100

指标名称	2019 年
居民消费价格总指数	103
1. 食品烟酒	105.2
#粮食	105.8
鲜果	103.5
2. 衣着	103.5
3. 居住	103.6
4. 生活用品及服务	100.4
5. 交通和通信	98.6
6. 教育文化和娱乐	100.7
7. 医疗保健	102.1
8. 其他用品和服务	106.4

2019 年旅游

指标	单位	2018 年	2019 年	2019 年比 2018 年增长（±%）
接待旅游总人数	万人次	251.2	222.43	−11.5
旅游总收入	亿元	19.82	20.34	2.6

2019 年财政金融

指标	单位	2018 年	2019 年	2019 年比 2018 年增长（±%）
财政				
公共财政预算收入	万元	27500	23000	−16.36
#税收收入	万元	20936	17878	−14.61
非税收入	万元	6564	5122	−21.97
公共财政预算支出	万元	124179	139155	12.06
一般公共服务支出	万元	28805	29611	2.8
国防支出	万元	0	0	0
公共安全支出	万元	8965	13900	55.05
教育支出	万元	16738	17533	4.75
科学技术支出	万元	107	99	−7.48
文化旅游体育与传媒支出	万元	1471	2477	68.39
社会保障和就业支出	万元	9944	10582	6.42
卫生健康支出	万元	4667	5481	17.44
节能环保支出	万元	3163	4295	35.79
城乡社区支出	万元	5664	2310	−59.22
农林水支出	万元	34412	36825	7.01
交通运输支出	万元	198	579	192.42
资源勘探信息等支出	万元	3688	1595	−56.75
商业服务业等支出	万元	927	0	
金融支出	万元	0	0	0

续表

指标	单位	2018 年	2019 年	2019 年比 2018 年增长（±%）
自然资源海洋气象等支出	万元	1051	7933	654.8
住房保障支出	万元	4050	3165	−21.85
粮食物资储备支出	万元	0	0	0
灾害防治及应急管理支出	万元	0	519	
其他支出	万元	224	2176	871.43
债务付息支出	万元	105	105	0
债务发行费用支出	万元	0	0	0
金融				
各项存款	万元	2171943.26	2349296.67	8.17
#境内存款	万元	2171918.61	2349272.95	8.17
#住户存款	万元	494438.42	538122.57	8.84
非金融企业存款	万元	492938.54	428928.01	−12.8
广义政府存款	万元	1184458.48	1382103.5	16.69
非银行业金融机构存款	万元	83.16	118.87	42.94
境外存款	万元	24.65	23.72	−3.77
各项贷款	万元	2305529.22	2148849.58	0.93
#境内贷款	万元	2305529.22	2148849.58	0.93
#住户贷款	万元	242779.23	282049.26	16.17
非金融企业及机关团体贷款	万元	2062749.99	1866801.33	−9.5

备注：2019 年一般公共预算支出预算科目与前一年发生变化不能进行比较。

2019 年卫生

指标	单位	2019 年
卫生机构数	个	
#医院	个	1
卫生院	个	7
卫生防疫机构	个	1
床位数	张	67
#医院	张	52
卫生院	张	7
卫生技术人员	人	142

注：卫生机构数仅指政府公立医疗机构,不包含军队医院和民营医院、门诊所等。

2019 年教育

指标	单位	2019 年
学校		
学校数	所	8
招生人数	人	684
在校生数	人	2951
教职工数	人	236

2019 年农业主要产品播种情况表

指标	单位	2019 年	八一镇	更章门巴民族乡	百巴镇	布久乡	林芝镇	鲁朗镇	米瑞乡
农作物总播种面积	公顷	4817.15	1049.70	192.36	1043.24	709.88	629.38	290.59	901.99
一、粮食作物合计	公顷	2388.75	311.57	62.76	512.01	429.98	351.72	226.00	494.72
其中：夏收谷物	公顷	0.00	0.00	0.00	0.00	0.00	0.00	0.00	0.00
（一）谷物	公顷	2315.26	292.55	58.27	475.86	424.94	349.86	225.77	488.01
1. 稻谷	公顷	0.00	0.00	0.00	0.00	0.00	0.00	0.00	0.00
2. 小麦	公顷	1412.05	208.53	44.26	237.20	320.33	237.22	163.09	201.42
其中：春小麦	公顷	271.46	208.53	0.00	0.00	58.19	4.17	0.00	0.57
冬小麦	公顷	1140.59	0.00	44.26	237.20	262.14	233.06	163.09	200.85
3. 玉米	公顷	349.96	6.80	6.23	54.79	39.71	46.97	14.55	180.90
其中：杂交玉米	公顷	349.96	6.80	6.23	54.79	39.71	46.97	14.55	180.90
4. 其他谷物	公顷	553.25	77.22	7.78	183.87	64.90	65.67	48.13	105.68
其中：青稞	公顷	536.09	75.49	7.78	182.21	57.65	63.69	47.67	101.62
大麦	公顷	0.00	0.00	0.00	0.00	0.00	0.00	0.00	0.00
荞麦	公顷	17.16	1.73	0.00	1.67	7.25	1.97	0.47	4.07
（二）豆类合计	公顷	24.70	1.97	0.52	8.37	5.04	1.85	0.23	6.72
1. 大豆	公顷	0.00	0.00	0.00	0.00	0.00	0.00	0.00	0.00
2. 杂豆	公顷	0.00	0.00	0.00	0.00	0.00	0.00	0.00	0.00
3. 豌豆	公顷	24.70	1.97	0.52	8.37	5.04	1.85	0.23	6.72
（三）薯类（按折凉粮薯类计算）	公顷	48.80	17.05	3.97	27.78	0.00	0.00	0.00	0.00
其中：马铃薯	公顷	48.80	17.05	3.97	27.78	0.00	0.00	0.00	0.00
二、油料合计	公顷	571.84	33.87	42.98	245.38	91.65	85.69	17.71	54.56
其中：花生	公顷	131523.51	7789.33	9885.40	56438.01	21079.35	19709.01	4072.53	12549.87
油菜籽	公顷	571.84	33.87	42.98	245.38	91.65	85.69	17.71	54.56
三、烟草类	公顷	0.00	0.00	0.00	0.00	0.00	0.00	0.00	0.00
四、药材类合计	公顷	24.57	4.10	0.00	3.30	0.57	0.80	6.67	9.13
五、蔬菜	公顷	1481.39	648.87	79.41	183.68	153.55	174.82	32.45	208.60
六、瓜果类	公顷	87.69	25.30	3.08	0.02	1.19	0.00	0.00	58.10
其中：西瓜	公顷	65.74	23.00	0.29	0.02	0.41	0.00	0.00	42.02
草莓	公顷	21.94	2.30	2.79	0.00	0.78	0.00	0.00	16.08
七、其他农作物	公顷	262.91	26.00	4.13	98.84	32.95	16.35	7.77	76.87
其中：青饲料	公顷	262.91	26.00	4.13	98.84	32.95	16.35	7.77	76.87

2019 年农业主要产品产量情况表

指标	单位	2019 年合计	八一镇	更章门巴民族乡	百巴镇	布久乡	林芝镇	鲁朗镇	米瑞乡
一、粮食作物合计	吨	15392.39	2926.15	313.82	2827.86	2364.55	2047.99	1046.05	3865.98
其中：夏收谷物	吨	0.00	0.00	0.00	0.00	0.00	0.00	0.00	0.00
（一）谷物	吨	14658.43	2718.33	246.27	2420.19	2357.74	2009.11	1045.78	3860.99
1. 稻谷	吨	0.00	0.00	0.00	0.00	0.00	0.00	0.00	0.00
2. 小麦	吨	7122.03	881.02	170.95	1174.14	1705.73	1257.18	721.66	1211.36
其中：春小麦	吨	330.50	0.00	0.00	0.00	309.86	17.22	0.00	3.43
冬小麦	吨	6791.53	881.02	170.95	1174.14	1395.87	1239.96	721.66	1207.93
3. 玉米	吨	3557.76	53.49	49.06	452.02	357.42	422.77	120.01	2102.99
其中：杂交玉米	吨	3557.76	53.49	49.06	452.02	357.42	422.77	120.01	2102.99
4. 其他谷物	吨	3978.64	1783.83	26.26	794.04	294.59	329.17	204.11	546.64
其中：青稞	吨	3953.28	1778.63	26.26	792.29	285.34	326.75	202.15	541.86
大麦	吨	0.00	0.00	0.00	0.00	0.00	0.00	0.00	0.00
荞麦	吨	25.36	5.20	0.00	1.75	9.25	2.42	1.96	4.78
（二）豆类合计	吨	288.57	44.25	5.07	188.31	6.80	38.88	0.26	4.99
1. 大豆	吨	0.00	0.00	0.00	0.00	0.00	0.00	0.00	0.00
2. 杂豆	吨	0.00	0.00	0.00	0.00	0.00	0.00	0.00	0.00
3. 豌豆	吨	288.57	44.25	5.07	188.31	6.80	38.88	0.26	4.99
（三）薯类	吨	445.40	163.57	62.48	219.36	0.00	0.00	0.00	0.00
其中：马铃薯	吨	445.40	163.57	62.48	219.36	0.00	0.00	0.00	0.00

指标	单位	2019年合计	八一镇	更章门巴民族乡	百巴镇	布久乡	林芝镇	鲁朗镇	米瑞乡
二、油料合计	吨	986.43	58.42	74.14	423.29	158.10	147.82	30.54	94.12
其中：花生	吨	0.00	0.00	0.00	0.00	0.00	0.00	0.00	0.00
油菜籽	吨	986.43	58.42	74.14	423.29	158.10	147.82	30.54	94.12
三、烟草类		0.00	0.00	0.00	0.00	0.00	0.00	0.00	0.00
四、植物的采集		0.00	0.00		0.00	0.00		0.00	
1.野生采集	公斤	8619.95	1439.66	1347.72	233.50	4214.62	9.32	1374.33	0.80
虫草	公斤	472.24	21.61	16.86	233.50	115.82	9.32	74.33	0.80
贝母（黄连）	公斤	40.72	18.05	16.67	0.00	6.00	0.00	0.00	0.00
天麻	公斤	2371.80	0.00	0.00	0.00	1086.80	0.00	1285.00	0.00
雪莲花	公斤	3000.00	0.00	0.00	0.00	3000.00	0.00	0.00	0.00
红景天	公斤	2624.46	1400.00	1203.96	0.00	5.50	0.00	15.00	0.00
食用菌（灵芝）	公斤	110.74	0.00	110.24	0.00	0.50	0.00	0.00	0.00
其他	公斤	0.00	0.00			0.00	0.00	0.00	
2.柴草	车	2524.50	0.00	802.50	0.00	1470.00	0.00	252.00	0.00
五、蔬菜	吨	8811.27	3856.63	493.04	1156.17	935.46	994.90	177.94	1197.14
六、瓜果类	吨	601.16	127.07	18.92	0.10	19.42	0.00	0.00	435.66
其中：西瓜	吨	367.36	112.64	1.44	0.10	2.00	0.00	0.00	251.18
草莓	吨	233.80	14.43	17.48	0.00	17.41	0.00	0.00	184.49
七、其他农作物	吨	3198.93	29.25	93.00	730.26	741.33	367.95	116.50	1120.64
其中：青饲料	吨	3198.93	29.25	93.00	730.26	741.33	367.95	116.50	1120.64

2019 年各乡镇牲畜生产情况表

项目	计量单位	2019 年合计	更章门巴民族乡	布久乡	八一镇	米瑞乡	鲁朗镇
牲畜总头数	头	73101	2966	10684	13493	12115	11465
一、大牲畜	头	58620	2352	7935	12915	6322	9988
1. 牛	头	54875	2272	7742	11445	6154	9192
2. 马	头	3722	70	193	1470	168	794
3. 驴	头	0	0	0	0	0	0
4. 骡	头	23	10	0	0	0	2
二、猪	头	12984	614	2696	578	4835	1477
三、羊	只	1497	0	53	0	958	0
四、家禽	只	156873	0	572	357	1320	279
其中：鸡	只	156873	0	572	357	1320	279
五、禽蛋	吨	6.185185	0.00	0.00	0.31	0.22	1.65
六、当年栏猪	头	17694	560	348	10560	2227	710
七、当年栏牛	头	6445	547	248	3068	522	634
八、当年栏羊	只	9	0	0	0	0	0
八、当年栏家禽	只	393174	0	0	0	230	5544
九、当年肉类总产量	吨	2527.7215	110.245	56.1	1100.58	215.57	116.154
1. 当年猪牛羊总产量	吨	1940.7125	110.245	56.1	1100.58	215.225	110.61
其中：猪肉	吨	1070.48	36.4	22.62	686.4	144.755	25.02
牛肉	吨	870.075	73.845	33.48	414.18	70.47	85.59
羊肉	吨	0.1575	0	0	0	0	0
（1）山羊	吨	0	0	0	0	0	0
（2）绵羊	吨	0.1575	0	0	0	0	0
2. 家禽肉产量	吨	587.009	0	0	0	0.345	5.544
十一、奶类产量	吨	4561.446475	0	865.3175	751.1	696.248	496.5415

项目	计量单位	百巴镇	林芝镇	宇高(猪)	南江(鸡)	公众(鸡)	市农牧(牛)	种蓄场(牛)
牲畜总头数	头	10674	10440	650	0	0	14	600
一、大牲畜	头	10532	7962	0	0	0	14	600
1.牛	头	9765	7691	0	0	0	14	600
2.马	头	756	271	0	0	0	0	0
3.驴	头	0	0					
4.骡	头	11	0	0	0	0	0	0
二、猪	头	142	1992	650	0	0	0	0
三、羊	只	0	486	0	0	0	0	0
四、家禽	只	0	745	0	150000	3600	0	0
其中:鸡	只	0	745		150000	3600		
五、禽蛋	吨	0.00	2.17	0.00	0.00	1.83		
六、当年栏猪	头	526	1863	900				
七、当年栏牛	头	355	1071					
八、当年栏羊	只		9					
八、当年栏家禽	只	0	0	0	360000	27400	0	0
九、当年肉类总产量	吨	82.115	265.8575	0	540	41.1	0	0
1.当年猪牛羊总产量	吨	82.115	265.8375	0	0	0	0	0
其中:猪肉	吨	34.19	121.095	0	0	0	0	0
牛肉	吨	47.925	144.585	0	0	0	0	0
羊肉	吨	0	0.1575	0	0	0	0	0
(1)山羊	吨	0	0	0	0	0	0	0
(2)绵羊	吨	0	0.1575	0	0	0	0	0
2.家禽肉产量	吨	0	0.02	0	540	41.1	0	0
十一、奶类产量	吨	235.547475	820.392	0	0	0	0	696.3

2019 年农村经济收入分配表

单位：万元

指标	合计	八一镇	更章门巴民族乡	百巴镇	布久乡	林芝镇	鲁朗镇	米瑞乡
（一）农村经济总收入	54797.8	16118.3	3820.8	7218.3	9085.3	5924.9	5218.8	7411.4
1. 第一产业收入	15562.9	896.3	1241.2	1978.6	3412.3	2581.0	1455.0	3998.5
（1）种植业收入	6699.8	536.0	552.7	1461.5	1135.4	1029.6	536.1	1448.7
（2）林业收入	1125.1	58.4	43.2	97.3	203.0	61.7	35.6	625.9
（3）牧业收入	7602.0	301.9	645.3	419.8	2074.0	1353.7	883.3	1924.0
（4）渔业收入	136.0	0.0	0.0	0.0	0.0	136.0	0.0	0.0
2. 第二产业收入	3476.7	2144.6	0.0	133.6	583.6	94.9	140.0	379.9
（1）工业收入	1031.4	699.8	0.0	59.0	246.6	26.0	0.0	0.0
（2）建筑业收入	2445.2	1444.8	0.0	74.6	337.0	68.9	140.0	379.9
3. 第三产业	35758.2	13077.4	2579.6	5106.2	5089.4	3249.0	3623.8	3032.9
（1）交通运输业收入	5037.0	1911.9	722.8	814.9	704.6	467.2	191.4	224.3
（2）商业、饮食业收入	3162.1	1188.9	238.8	486.7	360.2	176.7	254.4	456.5
（3）服务业收入	1193.4	273.7	81.7	169.0	191.5	300.0	39.6	138.0
（4）其他收入	26365.8	9702.9	1536.4	3635.6	3833.2	2305.2	3138.4	2214.1
（二）总费用	19075.0	5641.4	1007.1	2606.5	3086.1	2073.7	1848.7	2811.4
其中：生产费用	15917.0	3949.0	1007.1	2606.5	3086.1	1451.6	1848.7	1968.0
（三）纯收入	35722.8	10476.9	2813.6	4611.8	5999.2	3851.2	3370.0	4600.0

2019 年分县区主要经济指标

指标	地区生产总值（亿元）		公共财政预算收入（万元）		固定资产投资完成额（亿元）	
		比上年增长（±%）		比上年增长（±%）		比上年增长（±%）
全市	172.45	8.1	99618	−27.82	−	−22.8
巴宜区	84.59	8	23000	−16.36	−	1.9
工布江达县	17.05	8.2	5089	7.86	−	23.6
米林县	18.14	8.1	12040	7.2	−	−17.8
墨脱县	6.86	7.9	3444	28.46	−	−18.4
波密县	27.4	8.2	5585	−19.96	−	−64.8
察隅县	10.34	8.1	6969	11.24	−	25.1
朗县	8.07	8	4641	−25.36	−	−32.3

指标	社会消费品零售总额（亿元）		农村居民人均可支配收入（元）	
		比上年增长（±%）		比上年增长（±%）
全市	44.89	8.1	16710	12.8
巴宜区	37.10	7.4	20029	12.8
工布江达县	3.89	9.4	17597	12.4
米林县	2.97	10.4	19710	12.7
墨脱县	0.55	9.4	11354	13.1
波密县	2.9	10.7	18460	12.8
察隅县	1.97	9.5	11471	12.8
朗县	1.46	9.5	16912	12.9

2019 年全国、全区七地市主要经济指标

指标	单位	全国	全区	林芝	拉萨	昌都	日喀则	山南	那曲	阿里
地区生产总值	亿元	990865	1697.82	172.45	617.88	191.42	243.2	164.32	157.53	62.04
可比增速	%	6.1	8.1	8.1	8	9.1	8.9	9.1	7.9	7.9
规上工业增加值	亿元	317109	99.51	6.21	54.22	10.72	8.55	16.96	2.28	0.56
可比增速	%	5.7	3	13.2	0.1	13.9	13.5	13.8	−0.4	12.8
固定资产投资	亿元	−	−	−	−	−	−	−	−	−
增速	%	5.1	−2.1	−22.8	−3.1	14.5	11.2	−7.4	−5.5	0.5
社会消费品零售总额	亿元	411649	649.33	44.89	322.17	61.85	120.91	59.11	26.21	14.19
增速	%	8	8.7	8.1	9.1	10.4	8.7	5.9	6.7	9.1
公共财政预算收入	亿元	190382	222	9.96	117.04	18.03	15.69	19.28	8.72	4.34
增速	%	3.8	−3.6	−27.8	6.3	2.8	−10.8	2.1	−1.8	1.3
公共财政预算支出	亿元	238874	2180.88	122.83	366.01	308.55	317.24	182.06	235.02	107.64
增速	%	8.1	10.6	3.2	22	32.4	10.5	22.3	11.5	21.8
农村居民人均可支配收入	元	16021	12951	16710	16216	11545	11580	14116	12150	12228
增速	%	9.6	13.1	12.8	12.9	13.4	13.4	13	12.5	12.5
城镇居民人均可支配收入	元	42359	37410	33041	39686	32650	36455	34650	37870	39989
增速	%	7.9	10.7	11.3	10.7	10.9	10.5	10.6	10.5	10.3
居民消费价格指数	%	102.9	102.3	103	102.2	102.5	102.7	102.5	102	102.1
上涨	%	2.9	2.3	3	2.2	2.5	2.7	2.5	2	2.1

索　引

说　明

一、本索引采用主题分析法编制。索引范围包括篇目、类目、部(门)目、条目等。

二、本索引按主题词首字汉语拼音音序(同音按音调)排列,若首字拼音相同则按第二字音序排列,以此类推。

三、索引款目后的数字表示内容所在的页码,数字后的拉丁字母(a、b、c)表示栏别(从左至右)。

四、篇目、类目、部(门)目用黑体字。